九色鹿

Reinterpreting Inner
Asian History

重释内亚史

以研究方法论的检视为中心

钟焓 著

社会科学文献出版社

SOCIAL SCIENCES ACADEMIC PRESS (CHINA)

目 录

导 言 ……………………………………………………………………… 1

第一章 伯希和及其内亚史研究概观 ……………………………… 59

第二章 丹尼斯·塞诺眼中的内亚史 ……………………………… 113

第三章 傅礼初在西方内亚史研究中的位置及影响 …………… 179

第四章 乌瑞夫人北亚民族学研究的贡献与启示 ……………… 251

第五章 王明珂与历史学研究的人类学化 ……………………… 303

第六章 从森部丰看日本粟特研究的新动向 …………………… 347

溯往与展望 …………………………………………………………… 382

导　言*

本书所涉及的"内亚"（"内陆亚洲"的简称）诚属一个界定起来颇费思量的概念。首先，它无疑属于翻译成中文的外来词。以笔者个人粗浅的观察，"内亚"一词起初应该主要流行于英语世界，即英语的 Inner Asia，日后才逐渐成为一个在国际上频繁使用的专用词。总之，它出现及流行的时间并不太长。① 与人们耳熟能详的"中亚"（Central Asia）相比，"内亚"似乎更多的是在学术场合使用，而"中亚"一词则不仅在学界流通，甚至也被大众传媒广泛运用。

在作为学术用语的"内亚"一词流行之前，法国学界长期以来惯于使用"高地亚洲"（la Haute Asie）一词，这大概是根植于 18～19 世纪的欧洲地理学观念。在当时的欧洲地理学家看来，远离亚洲海岸线的内陆腹地都被海拔相对较高的山脉和高原占据。像伯希和撰写的一本介绍内亚历史文化的概论性著作就叫作《高地亚洲》。② 至于俄国、德国学术界，过去则倾向于使用"中部亚洲"和"中央

　＊　"导言"的部分内容改写自《东方早报·上海书评》编辑部编《殊方未远：古代中国的疆域、民族与认同》（中华书局，2016）中的《钟焓谈辽史与内亚史研究》，并增补了相应的文献注释，删去了其中关于辽史的部分。该次访谈的主题系由郑诗亮先生费心设计，他以后又拙文多有润色，笔者在此对郑先生的辛勤工作深表致谢。

　①　"内亚"（Inner Asia）直到 19 世纪 80 年代才由俄国学者莫希凯托夫（I. Mushketov）正式提出，而"中亚"（Asie centrale）早在 1843 年就出现在洪堡（A von Humboldt）的著作中。参见 L. I. 米罗什尼科夫《释本书"中亚"一词的含义》，载 A. H. 丹尼等主编《中亚文明史》第一卷，芮传明译，中国对外翻译出版公司，2002，第 366～367 页。

　②　P. Pelliot, *La Haute Asie*, Paris: L'édition artistique J. Goudard, 1931.

亚洲"这两个含义接近但又彼此区别的专业术语——前者对应俄语的 Средняя Азия、德语的 Mittelasien；后者对应俄语的 Центральная Азия、德语的 Zentralasien。第一个概念主要是包括今天的中亚五国及其邻近地区，第二个概念起初包括的地区非常广阔，大致从里海东岸一直延伸到蒙古高原一带，不过后来在实际运用中逐渐缩小到专指以蒙古高原为中心的亚洲腹地。① 2008 年，一位德国学者出版的论内亚古突厥人历史的专著即叫作《中部亚洲和中央亚洲的古突厥人时代》。如此命名，是因为该书的主题主要涉及古突厥人在蒙古高原和中亚河中地区（Mawarannahr）两大区域的历史活动，同时这位学者认为所谓的"内亚"包括的地理范围非常广泛，往往还涵盖了黑海北岸、乌拉尔河 - 伏尔加河流域、中国的西藏和东北、外贝加尔地区，而上述地区一般来说并非该书在考察古突厥人历史时所重点关注的区域。②

可见"内亚"这个概念，虽然在应用中有其方便之处，但的确包含太广，很容易遭到质疑，因为所谓的"内亚"竟可以被用来指代西起南俄草原，东抵黑龙江下游甚至库页岛一带的极其广袤的地区，有时其北限接近北极地区，南界则止于青藏高原。显然，其中有不少地区间的生态差异很大，如直接濒临漫长海岸线的中国东北和俄属远东，就与地理意义上的亚洲腹地明显不同。将它们共用一个术语来概括，至少从生态环境上来说有些牵强。由此自然引申出一个问题，即当初这一概念的提倡者是如何处理其定义严密性的？

关于这一点，塞诺先后发表过《论中央欧亚》和《何为内亚？》两文来详细介绍其对"内亚"的看法。③ 在他的概念界定中，内亚

---

① 潘志平、石岚：《新疆和中亚及有关的地理概念》，《中国边疆史地研究》2008 年第 3 期。

② S. Stark, *Die Alttürkenzeit in Mittel-und Zentralasien: Archäologische und Historische Studien*, Wiesbaden: Dr. Ludwig Reichert Verlag, 2008, SS. 6 – 8.

③ D. Sinor, "Central Eurasia", in. D. Sinor ed. *Orientalism and History*, Cambridge: W. Heffer and Sons, 1954, pp. 82 – 103; "What is Inner Asia?" in. W. Heissig ed. *Altaica Collecta*, Wiesbaden: Otto Harrassowitz, 1976, pp. 245 – 266.

和中央欧亚（Central Eurasia）实际上可以相互置换。而他对内亚概念的类似梳理也见于由他主编的《剑桥早期内亚史》的导论。塞诺坦承，内亚这一术语所涉及的空间范围实在太广，无法用统一的经济生态或自然环境来定义；在他看来，内亚作为学术概念的生命力恰在于这一巨大的区域在人类历史上总是成为挑战欧亚各大文明的蛮族的活动舞台。简言之，在塞诺构建的欧亚大陆历史观中，传统文明的承载者与来自内亚的蛮族之间的冲突对抗与交流互动，构成了理解人类历史发展的一条基本主线；而在承受蛮族影响这一点上，欧洲与中国在历史上均未幸免。因此，他在《剑桥早期内亚史》中不仅为影响中国历史甚大的匈奴、突厥－回鹘、吐蕃等设立专章，而且把在欧洲历史上扮演过重要角色的匈人、阿瓦尔人以及南俄草原的游牧民族也一同囊括进来，以此呈现内亚民族作用于整个欧亚大陆历史进程的全貌。[1] 如此看来，"内亚"在塞诺的定义中所展现出的地理广袤性也就不难让人理解了。

需要补充的是，早在塞诺之前，拉铁摩尔已经于 1940 年出版了《中国的内陆亚洲边疆》一书，随后在欧美学界引起极大反响，其影响一直延续至今。[2] 这大概是第一部将"内亚"作为关键词嵌进书名并大获成功的西文学术经典。当然，拉铁摩尔关注的"内亚"只限于处在当时中国国境以内西－北边疆的几大地理板块，远远没有像后来塞诺定义得那样宽广。不过正因如此，它才适宜被定性为一部中国史著作，而非像后来陆续出现的许多以"内亚"命名的专著那样，实际上已经部分或者全部属于世界史的范畴了。不过，在拉铁摩尔所处理的东北、蒙古、新疆、西藏这四大板块中，只有蒙古草原才被他视作最典型的边疆历史，而其余三大板块所对应的各自社会均被当作蒙古草原历史的各种变形。

基于拉铁摩尔此书的影响，并结合国内史学界的通例，我们不

---

[1]　D. Sinor ed. *The Cambridge History of Early Inner Asia*, Cambridge Univ. Press, 1990.

[2]　O. Lattimore, *Inner Asian Frontiers of China*, New York, 1940. 国内最近有唐晓峰先生的新译本，书名叫作《中国的亚洲内陆边疆》，江苏人民出版社，2005。

妨把狭义的"内亚史"聚焦到对以上四大板块及其临近地区的研究之上。从范围上看，它仍然与传统的中国史研究有着较多的交集，尤其是与国内专门史下的民族史研究有着更多的重叠。至于那些以南俄草原、高加索地区以及西伯利亚的历史为考察对象的内亚史研究，在当前的学科划分中，则仍应被置于世界史的研究范围内。当然，在目前国内历史学大学科中设有三个平行一级学科的基本背景下，也可以尝试将内亚史打造成沟通中国史与世界史及考古学的一座桥梁。就这一点而言，提倡内亚史的研究，有助于打破长期以来专业设置所造成的中国史与世界史彼此隔阂、缺少交流的封闭局面。

不过作为学术概念的"内亚"一词被国内史学界所接受，在时间上则要明显晚于日本。早在 1940 年代初，日本为了侵略中国所设立的"蒙古善邻协会"就创办过带有明显政治色彩的《内陆亚洲》（内陆アジア）杂志。"二战"结束以后，日本东洋史学界又在东京成立了欧亚学会，并于 1955 年编辑出版了一部以纪念斯文·赫定为主题的《内陆亚洲之研究》，所收论文涉及历史学、考古学、民族学等多个方面，[1] 随后冠以内陆亚洲之名的日文学术出版物渐趋增多。此外，自 1950 年日本全国性的内亚史学会成立后，将中国北方边疆的民族史研究纳入"内亚史"的框架，以取代"二战"结束前带有浓厚政治色彩的"满蒙史"一名的新认知范式，逐渐成为日本东洋史学界的共识。在此前后，与内亚有着密切关系，并在指代地域上常常与之部分重合的"中央欧亚"（中央ユーラシア）、"北部欧亚"（ユーラシア北方）、"东部欧亚"（东ユーラシア）、"西北欧亚"（北西ユーラシア）等概念也在日本学界逐渐流行起来。[2]

相比之下，国内学术界在新中国成立后随即引入了民族史的研究理念，因此地域色彩突出的内亚史研究长期以来并未得到应有重

---

[1] 『内陆アジアの研究—ヘーディン博士记念号』ユーラシア学会、1955。

[2] 其中"中央欧亚"的概念最常用，"北部欧亚"则被江上波夫、角田文卫等考古学者所使用，最近流行的则是"东部欧亚"和"西北欧亚"，对前者的介绍详见后文，而"西北欧亚"则主要指包括南俄草原在内的俄属欧洲部分。

视。直到 20 世纪 70 年代末期，有赖于联合国教科文组织主持运作的多卷本《中亚文明史》国际学术项目的启动，与之关联的"内亚"概念才逐渐受到国内史学界的关注，当时以南京大学历史系韩儒林先生及其弟子对它的接受最为明显。在韩先生于 1983 年去世以后，国内外的学界同仁有了编辑一部文集以志纪念的动议，这部文集也就是最终在 1996 年问世的《内陆亚洲历史文化研究》。① 它应该是国内第一部以内亚作为书名的专业类史学著作。同时以内亚史作为主要研究分野的学术路线在韩先生培养的弟子那里得到了清晰的延续。以后随着中外学界的交流日趋频繁和获取外文资讯的途径日渐通畅，这种以内亚为重心的地域史研究范式在最近十多年得到更多学人的积极认同，突出表现为中国社会科学院历史所中外关系研究室所承办和编辑的多种学术出版物。② 可以说，在当今国内学界，该研究室和南大历史学院同为内亚史研究的两大传统重镇。

说到"内亚"，不免牵涉与之相关的一些概念，如"内亚性""内亚视角""内亚因素"等，这些概念也被诸多学者在不同论文中加以应用。因此有必要首先认真梳理这些学术概念，从而准确识别出建立在这些概念基础上的学术研究成果。坦率地说，笔者对这类问题的思考可能会显得力不从心，失于片面。这主要是因为笔者对内亚的知识了解基本都是来自课堂和图书馆，缺乏在边疆地区进行田野调查和学术考察的经历，而要很好地梳理回答上述问题，相关的实地考察工作显然是不可或缺的。以个人肤浅的体会，由内亚这个术语衍生出的诸如内亚性之类的概念渐渐出现在学术研究中，至少反映了这样一个学界共识：内亚史具有相对的独立性和连续性，并非像我们以前熟知的民族史那样，完全附属于中国史之下；此外，内亚史和中国史之间从始至终都存在着很大的重合部分，将两

---

① 南京大学元史研究室主编《内陆亚洲历史文化研究——韩儒林先生纪念文集》，南京大学出版社，1996。

② 该研究室主编的此类代表性连续出版物相继有《中亚学刊》《欧亚学刊》《丝瓷之路》《欧亚译丛》等。

者割裂对立起来也是不足取的。① 从最近"内亚性"在年轻学人中引起的共鸣来看，它在未来有希望成为国内史学界的一种主流认知。这也意味着深入探究中国史的内亚性或许会成为更加全面地理解我国历史的一种基本研究方法和理念，对比之下，此前我们强调较多的民族史主要关注的还是族别史和民族关系史的问题，往往缺乏从更为宏观深入的层面把握思考中国历史的变迁与走向。

此外，对内亚性、内亚因素、内亚视角这类衍生概念，各位学者之间的界定可能时有出入，不尽一致，对此自然也不宜强求。着眼于内亚民族对中国历史的深度作用与长期影响，我们不妨把这种影响化约为三个不同的层次：一是基本制度下的内亚政治因素在中国的移植与变形，二是政治观念方面的浸染体现，三是大众层面的特定外来习俗在中国传统社会的传播流变。以下拟举具体的研究实例对其略作说明。

罗新教授的《黑毡上的北魏皇帝》一书，重点探讨了属于"代都旧制"下的北朝皇帝和后来蒙元君主的即位仪式，似乎适宜被归入第一层次，彰显了内亚独有的政治传统在传统华夏帝制文明的大背景下的延续轨迹。② 而最近川本芳昭在其新著中将北朝的鲜卑人内朝亲信侍从集团、辽金统治集团的著帐官制度、元朝的那可儿 - 怯薛政治群体等进行类比研究后，所揭示的结论大体上也属于这一层次。③ 同属于此的，还有杉山清彦在《大清帝国的形成与八旗制》第五章"作为中央欧亚国家的大清帝国"中，对八旗制、分封制与侧近侍卫制与蒙元帝国做的比较研究；④ 志茂硕敏在《蒙古帝国史研究正篇》第三部《中央欧亚游牧国家史研究上的终极课题》中的

① 罗新：《内亚视角的北朝史》，载氏著《黑毡上的北魏皇帝》，海豚出版社，2014，第 88 ~ 91 页。

② 罗新：《黑毡上的北魏皇帝》，第 1 ~ 74 页。

③ 川本芳昭『東アジア古代における諸民族と国家』汲古書院、2015、451 - 487 頁。以类似的角度研究北朝史的成果还有会田大辅「北周侍卫考——游牧官制との関係をめぐつて一」『东洋史研究』第 74 卷 2 号、2015 等。

④ 杉山清彦『大清帝国の形成と八旗制』名古屋大学出版会、2015、251 - 301 頁。

相关展望等。① 由此可见，内亚政治传统以制度化的方式在中国历史上的长期延续是日本学界重点关注的领域，这方面他们也取得了若干有启发性的成果。显然，这是因为日本很早就引入了内亚史的研究范式，这一学术流派在东洋史学科下业已发展得相对成熟。毋庸讳言，日本学者在将内亚史与中国史相结合时，无论是研究视角，还是具体结论，都有值得商榷的地方。对其取得的成果，我们宜采取"一分为二"的辩证态度。

至于第二层次，也就是内亚元素在观念上对中国政治文明的形塑改造，突出体现在如下方面：传统君臣之间是天子－士大夫的格局，而内亚政治传统中则存在着历久不衰的主奴观念，后者对前者形成了侵蚀。现在学界大体已经取得共识：辽、金、元、清四朝都不同程度地存在着主奴关系在整个官僚统治体制中弥漫和渗透的现象。换言之，与君主存在主奴关系的对象，绝不仅限于和君主同族或存在传统亲密联系的特定群体，相当程度上，还包含了通常由科举制度选拔上来的汉人文官集团。这也意味着，历来儒家政治伦理中崇尚讲求的"君待臣以礼，臣事君以忠"原则，从根本上遭到了破坏和消解。主奴关系在官僚体制中的扩散泛化与长久延续，很可能又是导致宋朝以后中国君权专制的程度愈发加强的根源之一。同时，这种关系也是长久以来维系中原与内亚之间政治秩序的一种基本手段。我们从《册府元龟》所载的粟特城邦君主给唐玄宗的国书和晚期满文档案中所见的清朝－哈萨克之间的主子－属民关系中，都能发现它的踪迹。② 不过，我们对政治层面上的"内亚性"的界

---

① 志茂硕敏『モンゴル帝国史研究正篇　中央ユーラシア游牧诸政权の国家构造』东京大学出版会、2013、1011－1023 頁。

② 王静如：《论吐火罗及吐火罗语》（原文发表于 1942 年），载《王静如民族研究文集》，民族出版社，1998，第 114～115 页；蔡鸿生：《唐代九姓胡与突厥文化》，中华书局，1998，第 53～57 页。Onuma Takahiro, "Political Relations between the Qing Dynasty and Kazakh Nomads in the Mid-18th Century: Promotion of the ejen-albatu Relationship in Central Asia", in. Noda Jin and Onuma Takahiro, *A Collection of Documents from the Kazakh Sultans to the Qing Dynasty*, The Univ. of Tokyo, 2010, pp. 86－125.

定也应该趋于严密，不能罔顾基本事实而动辄滥用。举例来说，1634 年皇太极从蒙古察哈尔林丹汗遗孀处获得了所谓的元朝传国玉玺，两年后即将国号改金为大清，国外有个别学者将之解读为清朝继承蒙古的政治遗产，将清朝定位成所谓"中央欧亚型国家"，从而把清朝从中国正统王朝的谱系中剔除。[①] 然而，传国玉玺恰恰不是内亚政治传统中素有的象征正统的基本权力符号，林丹汗和皇太极看重所谓传国玉玺所承载的正统性，反而凸显中原政治传统对内亚政治传统的改造。

中国历史中的第三层次"内亚性"，表现为汉族在日常生活层面上受到的内亚文化的影响。这种影响具体反映在衣食住行、娱乐、艺术、宗教甚至行为规范等社会生活的方方面面。过去历史研究者用笼统的"胡化"一词指代的许多具体事物、现象，其实都与"内亚性"有着或多或少的关联。这一点，我们可以从向达、薛爱华（E. Schafer）、贾敬颜、吕一飞、陈三平等学者的著作中找到较为集中的答案。[②] 而我们今天日常生活中常用的某些汉语词语，如马、哥哥、荷包等，词源上很可能来自内亚地区的古代语言，对此感兴趣的读者，可以参看杨虎嫩（J. Juha）对"马"的词源学考察，以及陈三平和司律思（H. Serruys）对"哥哥"和"荷包"两词所做的个案研究。[③] 不过，按照多年以前葛晓音的一个概括性论

---

① H. Okada（冈田英弘），"The Yüan Seal in the Manchu Hands: The Source of the Ch'ing Legitimacy", in. G. Bethlenfalvy etc eds. *Altaic Religious Beliefs and Practices*: *Proceedings of the 33rd Meeting of the PIAC*, *Budapest June 24 – 29*, *1990*, Budapest, 1992, pp. 267 – 270.

② 向达：《唐代长安与西域文明》，三联书店，1957；谢弗：《唐代的外来文明》，吴玉贵译，中国社会科学出版社，1995；贾敬颜：《民族历史文化萃要》，吉林教育出版社，1990；吕一飞：《胡族习俗与隋唐风韵》，书目文献出版社，1994。Sanping Chen, *Multicultural China in the Early Middle Ages*, Univ. of Pennsylvania Press, 2012.

③ J. Juha, "The Horse in East Asia: Reviewing the Linguistic Evidence", in. Victor E. Mair ed. *The Bronze Age and Early Iron Age Peoples of Eastern Central Asia*, Vol. 1, Washington, D. C., 1998, pp. 415 – 430; Sanping Chen, "Agan Revisited – The Tuoba's Cultural and Political Heritage", *Journal of Asian History* Vol. 30/1, 1996; H. Serruys, "Ho-po, ho-pao 'pouch' = Turkic qap, xap", *Oriens Extremus* 15/1968.

断，这第三层次表征中的许多具体现象如衣食住行等所经历的"胡化"都属于较浅层次的文化接受行为，还不足以显示汲取它们的汉族群体已经在精神面貌上也发生了本质性的变化。①

至于与"内亚性"存在关联的"内亚视角"，不妨将其定义为是一种站在内亚民族的立场上，对历史现象的独到观察和解读。对此不妨以历史上非常著名的"靖难之役"为例稍做说明。众所周知，本来这次夺权之争所涉及的两位人物明成祖朱棣和惠宗朱允炆是辈分存在明显差异的叔侄关系。仅仅在"靖难之役"结束后两年，前往中亚帖木儿汗国的西班牙使者就在撒马尔罕附近获悉了发生于明朝内部的这场政变。不过使臣从当地打探到的消息却是明朝皇帝去世后，遗嘱规定帝国疆土由三位皇子分别统治。结果大太子试图兼并两位兄弟的封地，以致引起了内战。最终大太子因战事失利而自焚身亡，新的天子随后即位，并遣使出访帖木儿汗国催索贡品。② 因此，叔侄之争的信息传到了中亚一带以后，被改换成了兄弟冲突。耐人寻味的是，在后来的《黄金史纲》等蒙古史书中，同样是将此次内战说成是名义上的兄弟之争，只不过一为洪武皇帝的亲生子，一为被洪武帝当作义子抚养长大的元顺帝之子。③

两者的一致性并非偶然，因为我们在内陆亚洲地区流行的众多始祖起源传说中都能找到这种"兄弟之争"的母题模式。譬如《宋书》记载的慕容鲜卑部首领去世以后，长兄吐谷浑因为与弟弟在放牧中发生纠纷，于是带领部下离开故土远迁青海。11 世纪的波斯文史书《记述的装饰》也记载了两个相同类型的故事。一是说中亚草

---

① 葛晓音：《论唐前期文明华化的主导倾向——从各族文化的交流对初盛唐诗的影响谈起》，《中国社会科学》1997 年第 3 期。
② 〔西班牙〕罗·哥泽来滋·克拉维约：《克拉维约东使记》，杨兆钧译，商务印书馆，1997，第 158～159 页。
③ 朱风、贾敬颜：《汉译蒙古黄金史纲》，内蒙古人民出版社，1985，第 46～47 页。

原的基马克汗国的始祖本是鞑靼部落首领的幼子，父亲去世以后，和继承首领职务的兄长不和，最后设法离开故土，前往额尔齐斯河一带定居。二是说西州回鹘原来的可汗被其兄弟阙特勤用武力推翻，于是后者成为回鹘人的新任可汗。[①]

以上这类故事很可能并非史实，但其背后反映出内亚民族习惯用一种兄弟相争的叙事模式来解释统治权力在男性亲属之间的转移，以及由此产生的统治家族的分裂－再生现象。如果深入挖掘产生这一叙事模式的社会机制的话，这显然与傅礼初总结的内亚民族中常见的"血腥的竞争继承制"（bloody tanistry）有着内在的关联。同时，人类学家克拉德（L. Krader）在《突厥－蒙古游牧人的社会组织》一书中，也揭示了草原游牧社会进行资源分配的二元化模式：部落首领晚年在分配政治遗产时，经常倾向于将政治头衔传授给社会经验和阅历人脉都相对丰富的长子，又将部民财产更多地赐予通常肩负"看家守灶"之责的幼子。[②] 这样一来，更为容易发生权力竞争的兄弟双方同时打下了实力基础。因此，帖木儿汗国的民众和草原上的蒙古人不约而同地把本为叔侄之争的"靖难之役"重新解读为符合他们自身观念的"兄弟之争"。这一不合史实的刻意修改恰恰正是以"内亚视角"理解历史事件的真实写照。

需要对读者说明的是，尽管本书的主题涉及对国外内亚史研究成果的评析，但严格地说，笔者并非从专业角度评价西方内亚史研究水准的妥当人选。这是由个人自身学术训练中的弱项所决定的。首先，笔者并无任何海外留学或访学的经历，因此对国外学术动态的了解只能依靠阅读相关图书馆收藏的极其有限的外文资料来补救，不难想象在见闻上受到的局限之大。其次，在工具性外语和专业型研究语言的训练上严重不足，这一点直接影响了

---

① 参见王小甫译《加尔迪齐著〈记述的装饰〉摘要》，《西北史地》1983年第4期。
② L. Krader, *Social Organization of the Mongol-Turkic Pastoral Nomads*, Bloomington: Indiana Univ. Press, 1963, pp. 349–351.

笔者自身考据水平的切实提高。最后，如前所述，笔者欠缺进行实地学术考察以搜集获取第一手资料的能力和经历。因此，笔者个人此前所做的思考总结仅仅是一种极不成熟的尝试之作，充其量也就是可备一说而已。而以下展开的一些分析概括同样只能当作挂一漏万的抛砖引玉之论。

20世纪上半期可说是用考据方法研治内亚史的黄金时期，其中影响最大的三位学科巨匠是俄国的巴托尔德（V. V. Barthold）、德国的马夸特（J. Marquart）以及法国的伯希和（Paul Pelliot）。三人当中，只有伯希和的考据成果才显示了明晰的汉学研究模式，而巴托尔德和马夸特所秉持的都是典型的欧洲东方学家的治学路数。对中国学界影响最大的也是伯希和，对此笔者将在本书的第一章对其学术成就做专门的评价。[①] 至于巴托尔德，目前他也已有若干专著被译成了中文，国内的专业读者对其治史的风格想必也不陌生。[②] 故对这两位大家，导言中就不再赘述。

只有马夸特的研究成果，几乎完全没有被译成中文，甚至连向来非常注意搜集学术情报的日本学界对他的关注度也不高。[③] 日本一位颇有影响的中亚史学者在列举西方的老一辈研究内亚史的代表性学者时，就漏掉了马夸特而代之以劳费尔（B. Laufer），其实后者在相关领域的贡献与影响明显不及前者。故马夸特在西方学界的影响之大与其在中、日等国的影响之小形成了莫大的反差，而按照塞诺的观察，马夸特独具的宽广知识面竟然让被推崇为拥有"无限知识"的伯希和都为之望而生畏，由此可见马夸特学术成就的粲然可观。依笔者极不全面的个人观察，综观整个20世纪

---

① 相关的内容初刊于 *Journal of Sino-Western Communications*, Vol. 7/2, 2015.
② 巴托尔德的中文译著除了1984年中国社会科学出版社推出的《中亚突厥史十二讲》和2007年上海古籍出版社策划的《蒙古入侵时期的突厥斯坦》以外，还有兰州大学出版社近年刊出的译自作者全集的《中亚历史》两卷本。
③ 马夸特的著述目录参见 *Journal Asiatique* 1930, pp. 313 – 324.

后半期的相关学界，大概只有前些年去世的匈牙利东方学家哈尔玛塔（J. Harmatta）在治学的广博程度上有接近马夸特的趋势，可惜他的不少重要论著只用匈牙利文发表，以致极不便于国外学者参考。[①] 故我们寄希望于将来年轻一代的中国学者能够掌握匈牙利语，并将匈牙利东方学界取得的大批学术成果系统、全面地介绍给国内知识界。

而在"后伯希和时代"之后的国际东方学界，似乎陷入一种因大师不在而回归平常的局面。当然，我国史学界也存在类似情况，可见因学术发展趋于专业化而难以产生大师的总态势，在东西方都存在。故今天的中国史学界大可不必以缘何当下的教育体制培育不出陈寅恪这样的学者而自寻烦恼。仅以笔者个人平时的阅读体会来说，对以下三位外籍学者的内亚史研究成果最为钦佩。

第一位是日本的榎一雄（1913～1989），他或许是最有资格被誉为"东方伯希和"的东亚历史学家。[②] 除了治学领域皆以广博见称以外，榎氏与伯希和还有几点酷似。其一，他掌握的语言工具非常之多，绝不限于通常所知的那几种欧洲语言，据称在那一代治中国古代史的日本学者中，他是唯一能够阅读意大利语专业文献的人。因此其中亚史论文中基本上能够做到对欧美学者的研究成果竭泽而渔，这对东亚学者来说，实在是极难做到的。举例来说，他考察亚美尼亚史料中所见的厌哒与贵霜的论文，在引用资料的完备程度上甚至足以压倒欧美学者的同类论著。其二，他的考据悟性极其敏锐，几可追步伯希和，其去世后由汲古书院刊行的多卷本论文集

---

① 关于这一点，参见本书第二章最后的补记。哈尔玛塔1977年前的著述目录参见 *Acta Antiqua Academiae Scientiarum Hungaricae*，Vol. 25，1977，pp. 13 – 24. 该刊物的上述第25卷实际是哈尔玛塔的贺寿专辑。据笔者所知，他只出过一本西文个人论文集，即 *János Harmatta Selected Writings：West and East in the Unity of the Ancient World*，eds by L. Harvas etc，Debrecen，2002. 是书收入了34篇作者用英语、法语和德语发表的论文，并划分为五个不同的主题。

② 海外华裔汉学界曾将杨联陞推重为"东方伯希和"（周一良：《郊叟曝言》，新世界出版社，2001，第43页），但验诸实际贡献和研究领域，十七岁就写下长篇论文《赵翼的史学》的榎氏与伯希和的治学共同点显然更多。

中，数量最多的是以考据成果为支撑的实证型论文。① 其三，榎一雄同样精熟于汉语文献，目录学功力尤其深厚。其四，他也撰写了相当数量的颇见深度的专业书评，这些书评与论文一样，共同反映出榎氏对内亚史的精深造诣。

第二位则是 1999 年去世的法国学者石泰安（Rolf A. Stein），他可以说是自伯希和之后法国唯一在汉学、藏学、阿尔泰学和印度支那研究中都有建树的学者。一般来说，国内知识界常常将他仅看作藏学家，这其实很不全面。石泰安论东亚宗教思维中的"小宇宙"模式的专著《微缩世界》曾被薛爱华夫人译作英文，② 薛爱华为此特地写了一篇导言，高度评价了石氏的学术成就，将他定位成自伯希和这一代汉学大师陆续凋零后，能够真正继承法国传统汉学研究模式的最佳人选。这种评价可能跟我们通常所知的法国汉学传承学术谱系大不相同，因为戴密微、韩百诗乃至年龄更小的谢和耐在中国学界的知名度都要明显高于石泰安。然而，薛爱华的评语并非恭维溢美之词。就已有中文译本的《西藏史诗与说唱艺人的研究》《观音：从男神变女神的一例》等著述来看，石泰安的研究深度在他那一代法国汉学家当中确实无人可及。③ 尤其是将他的上述著作和同样也有中文译本的谢和耐个人论文集对读，更能直接印证当年闻宥做出的后者功力远逊于石泰安的评价。④

以《西藏史诗与说唱艺人的研究》为例，其中的不少注释都可以扩充成一篇论文。而该书的第六章"从冲木格萨尔到岭格萨尔"

① 从 1992 年开始，汲古书院陆续出齐了多达 12 卷的《榎一雄著作集》。其西文论文集 Studia Asiatica: the Collected Papers in Western Languages of the late Dr. Kazuo Enoki 也于 1998 年在同一出版社出版。

② Rolf A. Stein, The World in Miniature: Container Gardens and Dwellings in Far Eastern Religious Thought, Stanford Univ. Press, 1990.

③ 〔法〕石泰安：《西藏史诗与说唱艺人的研究》，耿昇译，西藏人民出版社，1993；同氏译《观音：从男神变女神一例》，载《法国汉学》第二辑，清华大学出版社，1997，第 86~192 页。

④ 〔法〕谢和耐：《中国人的智慧》，何高济译，上海古籍出版社，2004。闻宥的评价参见张永言整理《闻宥遗札》（上），载王元化主编《学术集林》卷五，上海远东出版社，1995，第 80~81 页。

对内亚史学者来说，尤其具有启发性。该章主要揭示了冲木格萨尔在名称和含义上与中亚流行的"四天子"观念中的罗马恺撒的联系，这在以后逐渐被麦克唐纳夫人和乌瑞（G. Uray）用藏文史料、洪巴赫（H. Humbach）和西姆斯－威廉姆斯（N. Sims-Williams）用大夏文铭文及钱币资料等基本坐实。① 而石泰安独特学风的形成得益于他同时受教于伯希和与葛兰言，从前者那里学到了以考据法治学的基本要领，又从后者那里掌握了在实证研究中进行逻辑思辨的本领，因此他的成果才体现出独有的研究深度。他的弟子司马虚

---

① 继石泰安之后讨论 Frōm Kēsar 问题的重要研究成果有〔法〕麦克唐纳夫人《"四天子理论"在吐蕃的传播》，罗汝译，载《国外藏学研究译文集》第二辑，西藏人民出版社，1987，第 88～108 页。（原文发表于 1962 年）J. Harmatta，"Late Bactrian Inscriptions"，*Acta Antiqua Academiae Scientiarum Hungaricae*，Vol. 17，1969，pp. 409－412，pp. 431－432；H. Humbach，"Phrom Gesar and The Bactrian Rome"，in. P. Snoy Hrsg. *Ethnologie und Geschichte*：*Festschrift für Karl Jettmar*，Wiesbaden，1983，pp. 303－309；"New Coins of Frōm Kēsar"，in. G. Pollet ed. *India and the Ancient World*，leuven，1987，pp. 81－85；G. Uray，"Vom Römischen Kaiser bis zum König Ge-sar von Gling"，in. W. Heissig（Hrsg）*Fragen der mongolischen Heldendichtung* Ⅲ，Wiesbaden：Harrassowitz，1985，SS. 530－548；H. Stang，"Arabic Sources on the Amdo and a Note on Gesar of Gling"，*Acta Orientalia Academiae Scientiarum Hungarica* Vol. 44，1990，pp. 170－173，J. Harmatta/B. A. Litvinsky，"Tokharistan and Gandhara under Western Türk Rule"，in. B. A. litvinsky ed. *History of Civilizations of Central Asia* Vol. Ⅲ：*The Crossroads of Civilizations*：*A. D. 250 to 750*，Delhi，1991，pp. 380－383；桑山正进：「6～8 世纪 Kāpiśī-Kābul-Zābul の货币と支配者」『东方学报』第 65 卷、1993；森安孝夫「唐代における胡と仏教の世界地理」『东洋史研究』第 66 卷 3 号、2007；N. Sims-Williams，"The Arab-Sasanian and Arab-Hephthalite Coinage：a View from the East"，in. É de la Vaissière ed. *Islamisation de L' Asie Centrale*：*Processus locaux d' acculturation du* Ⅶᵉ *au* Ⅺᵉ *siècle*，Paris，2008，pp. 123－127；M. Inaba（稻叶穰），"From Kesar the Kābulšāh and Central Asia"，in. M. Alram etc eds. *Coins，Art and Chronology* Ⅱ：*The First Millennium C. E. in the Indo-Iranian Borderlands*，Wien，2010，pp. 443－455. S. Kordoses，"Connecting Tibet's Kesar of Glin with Menander，the Greek King of India"，载特力更、李锦绣主编《内陆欧亚历史文化国际学术研讨会论文集》，内蒙古人民出版社，2015，第 153～160 页。最近法国粟特学家葛乐耐在纪念石泰安诞生一百周年的国际学术会议上也宣读了涉及这一主题的论文，拟刊于即将出版的相关会议论文集中。参见 F. Grenet，"A Hisorical Figure at the Origin of Phrom Gesar：The State of Research on Frūm Gesar，King of Kabul（737－745）"，in. M. T. Kapstein etc eds. *The Many Faces of Ling Gesar*：*Hommage of Rolf A. Stein*［forthcoming］.

（M. Strickmann）曾将他的广阔学术视野和法国印欧研究的开创者杜梅齐尔（G. Dumézil）相提并论。① 这实在是唯有真正专家才能做出的准确判断，因为石泰安和杜梅齐尔的研究领域看似相距遥远，但实际上存在交集。例如两人都研究过"世界拯救者"这一故事类型，该类故事的主题是说主人公为了拯救世界众生，不惜牺牲自己的眼睛和手臂。其中石泰安研究的是妙善传说和佛经中的大自在故事，而杜梅齐尔考察的则是罗马城得救的传说和古老的北欧神话，② 两人的研究方法和分析模式差可比拟，在结论上也殊途同归。大体上说，石泰安虽然在考据的精确性上不及伯希和，但在思维的训练上每有超出后者之处，或为 20 世纪国外汉学家中逻辑思辨能力最强的学者之一。

　　第三位学者则是几年前去世的德国汉学－蒙古学家傅海波（H. Franke）。作为海尼士（E. Haenisch）的弟子，他的主业也是通过处理 13、14 世纪的汉语－蒙古语书面文献来研究蒙元时期的历史。不过，他的研究范围大大超出了其老师的治学领域——他还程度不一地研究过契丹、女真、党项、满洲等民族在历史上使用的语言文字，最终成为继伯希和之后，又一位能够以汉学实证方法为主，博采众长地沟通中国史与内亚史的学者。傅氏的治学向来以渊博与多产著称，其个人著述的目录长达五十余页。③ 他的兴趣十分广泛，无论是只有极个别专家才会问津的出自孟格斯（K. H. Menges）之手的《通古斯与辽》，还是拥有广泛读者群的高罗佩

① M. Strickmann, "Introduction", in. *Tantric and Taoist Studies in honour of R. A. Stein*, Vol. 1, Leuven, 1981, Ⅷ. 按三卷本《密教与道教研究》是鲁汶大学在 20 世纪 80 年代相继刊出的侧重于宗教史主题的石泰安祝寿文集。

② G. Dumézil, "'Le Borgne' et 'Le Manchot': The State of the Problem", in. G. J. Larson ed. *Myth in Indo-European Antiquity*, Berkeley: Univ. of California Press, 1974, pp. 17 – 28; C Scott. Littleton, *The New Comparative Mythology*: *An Anthropological Assessment of the Theories of George Dumézil*, third edition. Univ. of California Press, 1982, p. 99. 这一类比观察有助于我们认识佛教化中国民间传说中类似主题背后深藏的不为人知的印欧因素。

③ 傅海波的著述目录参见 P. Zieme（Hrsg.）*Bibliographe Herbert Franke*（*1933 – 2010*）, Istanbul, 2010, SS. 7 – 61.

（R. Van Gulik）的著作《秘戏图考》，傅海波都写过相当深入的学术评论进行商榷。在他逝世以后，专攻欧洲汉学史、兼治满学的魏汉茂（H. Walravens）大概是德国现有汉学家中掌握内亚历史知识较多的一位，他编辑的大量学术史著作为国内读者了解19世纪以来包括内亚研究在内的欧美东方学的进展提供了捷径。

而对于在内亚史领域尚处于"师夷长技"现状的中国学者来说，学习和研究内亚史的基本出发点还是为了全面地透视与把握中国史的发展走向。因此，从更高的要求来说，我们亟须一种能够将内亚史与中国史合二为一的历史观，而不能仅仅止步于从中国史中发现"内亚性"。在这一点上，有必要对妹尾达彦的有关研究略作介绍。

目前妹尾氏研究唐代都市史的成果已经受到国内唐史学界的关注与推重，不过他从宏大历史观出发，将宏观透视与微观研究结合在一起的几篇重要论文似乎尚少见讨论。它们分别是《中华的分裂与再生：3～13世纪》《中国的都城与亚洲世界》《北京的小桥：从街角所见的全球史》等。① 这些文章的共同之处在于作者超越了日本学者通常擅长的小题大做式的个案研究模式，代之以运用自己特有的历史观来组织调动长时段下的诸多史实，并将前人的研究成果和自己的独到观察融于一体。而作者的历史观又是建立在对欧亚大陆和北非历史的通盘考量之上，这一点尤其清晰地表现在《中国的都城与亚洲世界》《北京的小桥：从街角所见的全球史》中。

以前文为例，作者通过捕捉见于欧亚大陆的"农业－游牧交接地带"这一命题，将中国内地与内陆亚洲从空间的角度加以整合，

---

① 妹尾达彦「中華の分裂と再生」載『岩波世界歴史』9『中華の分裂と再生』岩波书店、1999、3 - 82頁；「中国の都城とアジア世界」載鈴木博之等编『記念的建造物の成立』（シリーズ都市・建築・歴史1）、东京大学出版会、2006、第151 - 222頁；「北京の小さ橋街角のゲローバル・ヒストリー」載関根康正编『ストリートの人類学』下卷（『国立民族学博物館調査报告』第81号）、2009、95 - 183頁。

并结合民族的迁徙移动现象，宏观解释中国都城布局变化的内在规律以及陆海交通干线的兴衰变迁。这对我们更好地观察中国史与内亚史之间错综复杂的内在联系，提供了全新的瞭望点。《北京的小桥：从街角所见的全球史》具体分析了蒙元时代北京城市布局的改变与当时欧亚大陆水陆交通体系重组的关联，并论及后来明朝北京城建设从中受到的影响。至于《中华的分裂与再生》一文则是新版《岩波讲座 世界历史》系列中第九卷的导论，这在该讲座涉及东亚大陆历史的各卷导论中，堪称研究格局最为壮阔、处理时限也最长的一篇，不啻为我们了解一千年间中国史与内亚史相互关系的全新切入点。而国内学者将数百年间中国与内亚的关联性进行整合论述的论文则以张广达先生的大作《从"安史之乱"到"澶渊之盟"：唐宋变革之际的中原与北方》为代表，该文清晰地梳理了两个半世纪以来中原与内亚政治格局的变迁与重组的全过程。[①]

　　当然我们从对这种宏大史观的学习中也能体会到社会科学理论在内亚史研究中发挥的巨大作用，其中的人类学理论修养在提升研究者的历史洞察力方面的作用可能尤为关键。不过在将社科理论与历史研究相互结合方面，笔者虽不属于那种勇于创新、大胆实践的新派学者类型，但自认也没有僵化守旧，排斥理论。以下的有关分析仅属笔者个人的一点浅见。

　　无可否认，内亚史的有些重大课题如游牧社会的起源及其与传统农耕世界的联系－冲突等本身也属于人类学的研究范围，所以引入人类学的视角和分析模式对于深入探讨上述问题也是学科发展的内在要求。可惜在"二战"以后，鉴于政治上的原因，多数西方国家的学者往往不能进入中、苏、蒙所属的内亚地区进行人类学（含考古学）的田野调查，这给相关课题的研究带来了直接的负面影

----

① 张广达：《从"安史之乱"到"澶渊之盟"：唐宋变革之际的中原与北方》，载黄宽重主编《基调与变奏：七至二十世纪的中国》三《政治　外交　军事编》，台湾政治大学历史系，2008。

响。以游牧社会研究为例，西方学者常常只能退而求其次，前往西亚、非洲等地调研，对最为关键的内亚地区却缺乏系统深入的现场考察，而在其他地域获得的经验知识能在多大程度上适用于内亚，尚有待观察。至少我们不能无条件地将一些理论模式直接照搬硬套入内亚史研究。内亚地区在欧美国家的人类学研究中所处的这种相对边缘的地位可以从《人类学的四大传统——英国、德国、法国和美国的人类学》这部导论式的人类学名著中清楚地反映出来。① 值得注意的是，该书主要仅提及两位以内亚为主攻方向的西方人类学家，即长期在西德工作和研究的克拉德和耶特马尔（K. Jettmar）。

克拉德具有马克思主义倾向，曾以整理出版马克思笔记中的人类学内容而闻名学界。虽然他被划入西方的左翼知识分子行列，但仍然难以前往内亚地区进行长时间的深入调研，因此其成名作《突厥－蒙古游牧人的社会组织》主要还是依据图书馆中所能查阅到的书面材料写成的。长期以来他的一个主要兴趣点是尝试以马克思主义原理中关于社会演进的分析模式来解释游牧社会从部落到国家的进化过程，并用唯物史观解释游牧社会与农耕地区的关系。② 实际上，他的若干认识和我国学者中最擅长以历史唯物主义来研究北方民族历史的亦邻真先生的观点较为接近。

出生于奥地利的耶特马尔（1918~2002）则在《人类学的四大传统——英国、德国、法国和美国的人类学》一书中被定位成"一位经验主义取向的历史传播论者"。这里的"经验主义"实际上是含蓄地承认了他的研究成果具有实证性，但"传播论者"的定位又明示他的理论已然落伍。或许该书的作者并不清楚，虽然传播论的宏大叙事在世界上大多数地域的人类学研究中早已过时，但在内亚

---

① 〔挪威〕弗雷德里克·巴特等：《人类学的四大传统——英国、德国、法国和美国的人类学》，高丙中等译，商务印书馆，2008。书中将哈扎诺夫误解为在民主德国工作的学者。

② 克拉德的著作目录参见其祝寿文集 D. Schorkowitz（Hrsg.）*Ethnohistorische Wege und Lehrjahre eines Philosophen：Festschrift für L. Krader zum 75 Geburtstag*，Frankfurt am Main：Peter Lang，1995，SS. 475 – 483.

地域迟迟没有淡出，对考古学和历史人类学来说，就更是如此。[①]
这一点在俄、德等内亚研究大国中都是一样，时至近期我们仍然能
在这些国家的专业出版物上看到和传播论密切关联的"印度－伊朗
人的迁徙"、"黑海大迁徙"（Pontic Migration）、"塞伊马－图宾诺
文化丛现象"（Seima-Turbino Cultural Complex）等这类专业得让人
望而生畏的概念术语。

因此，对耶特马尔这样一位主攻考古学与艺术史，并一直专注
于深究内亚众多人种族群起源和迁徙的学者来说，采用传播论作为
支撑其学术研究的理论基石，其实是非常容易理解的。[②] 只是他的
这种传播论不再像其导师"黑海大迁徙"的倡导者海涅格尔登
（R. Heine-Geldern）那样天马行空、随心所欲，也不像由施密特
（W. Schmidt）神父创立的奥地利天主教学派那样充斥着臆想的神学
色彩，而是更多地与考古物证结合了起来。今天涉足内亚相关领域
的人无论是否在理论上赞同他的这种"新传播论"，都不得不为这
位学术大家留下来的众多研究成果而深感惊叹。耶特马尔的一大功
绩是当他发现狭义的内亚地区不对西方学者开放时，深具学术眼光
的他及时将田野调研的重心转向兴都库什山区所在的巴基斯坦北部
地区。这里仍然属于广义的内亚地区，在历史上恰是欧亚大陆人群
交流移动的十字路口。以他为首的海德堡大学南亚科考队在该地区
持续工作长达 30 年以上，陆续完成的资料汇集、考察报告与相关专
著不胜枚举，足以保证德国在广义内亚地区的历史人类学研究依然

① 相关的分析参见 D. Anthony，"Prehistoric Migration as Social Process"，in. J. Chap-
man ed. *Migrations and Invasions in Archaeological Explanation*，Oxford：BAR Interna-
tional Series，1997，pp. 21 - 32；M D. Frachetti，"Migration Concepts in Central
Eurasian Archaeology"，*Annual Review of Anthropology*，Vol. 40，2011.

② 耶特马尔 1941 ~ 1983 年的著述目录参见其祝寿论文集《民族学与历史》，即
P. Snoy（Hrsg.）*Ethnologie und Geschichte*：*Festschrift für Karl Jettmar*，Wiesbaden：
Franz Steiner Verlag，1983，SS. 16 - 28. 该论文集涵盖的地理范围从东欧直到日
本，南起泰国、印尼，北到西伯利亚，是笔者读过的主题内容最为丰富的同类
记念文集之一，耶特马尔的学术地位和影响范围由此可见一斑。关于对其一生
学术活动的基本回顾和评价，参见 G. Kossack，"In Memoriam Karl Jettmar"，*Eur-
asia Antiqua 9/2003*，SS. 321 - 334.

处于世界领先水平，拥有的学术成果远远超过英、美等国。①

　　这种较以往传播学派观念有所改进的"新传播论"在国内相关领域的一个突出表现，则是童恩正在 20 世纪 80 年代提出的"半月形文化传播带"概念。② 作为曾在 20 世纪前期留学美国并主攻人类学的冯汉骥先生的弟子，童氏是一位具有明显人类学思考取向的考古学者。他所定义的这一传播带，从东北兴安岭山地向西南方向依次穿过阴山、河套、贺兰山、祁连山等，最后通过青藏高原东部和横断山，一直到滇西高原。他将这条绵延几千公里的传播带定性为中国历史上西 – 北民族迁徙移动和文化交流的空间走廊，并强调整条文化带中所具备的大致相近的自然生态因素构成了促使民族移动具有空间规律性的内在机制。这种以生态环境的相似性解释历史上的民族移动的理论模式，实际上也见于前述妹尾达彦的那几篇论文中，后者在文中所附地图中勾画出来的"农业 – 游牧交接地带"的蜿蜒走向，与童恩正标出的"半月形文化传播带"重合度颇高，可谓英雄所见略同。而这条东北 – 西南向的"半月形文化传播带"的基本走向又与标识中国人口分布东多西少现象的"胡焕庸线"大致重叠。正由于童氏理论在今天仍然显得颇富启发，最近罗泰（L von Falkenhausen）的博士生安可（Anke Hein）专门主编了一本英文论文集，收入多国学者的论文，集中讨论该理论对考古学研究的学术意义。③ 安可还专门撰写了一篇学术导言，从理论上分析传播论仍

---

① 其中最重要者包括他主编的三卷本论文集《北巴地区的古物：报告与研究》（*Antiquities of Northern Pakistan. Reports and Studies* Vol. 1 – 3，Mainz，1989，1993，1994）；独著的《兴都库什山的民间宗教》（*Des Religonen des Hindukusch*. Stuttgart：W. Kohlhammer，1975）等，以及后来由 M. Bemmann 等编撰的六卷本大开本图录性考察报告《北巴考古资料集》（*Materialien zur Archäologie der Nordgebiete Pakistans*，6 Bands，Mainz，1994 – 2005）。

② 童恩正：《试论我国从东北到西南的边地半月形文化传播带》，载《文物与考古论集》，文物出版社，1987，第 17 ~ 43 页。这大概是作者一生中影响最大的学术论文。

③ Anke Hein ed. The "*Crescent-Shaped Cultural-Communication Belt*" Tong Enzheng's *Model in Retrospect*，Oxford：BAR International Series，2014. 书中还收入了罗泰的一篇带有显著个人感情色彩的长篇童氏生平评介。

然蕴含的研究潜力。

　　而以具体的历史事件来说，众所周知，历史上的吐谷浑人从东北的辽河流域西迁青海，党项人从青藏高原边陲北迁西北地区以及在西夏亡国后，部分党项人又重新迁回横断山北麓的藏彝走廊等，都是各民族沿该走廊带进行移动的明确证据。最令人惊异的是，聂鸿音先生曾经发现西夏国内一部分党项人所操的语言与已知的羌语支下的西夏语差别非常明显，却与目前仅仅分布在藏南地区的珞巴语、僜语颇为接近。在此基础上，他提出了一个假说：古代有一个起源于藏南之地、属于藏缅语族下的族群，开启了一场从西南折向东北、迁徙路程长达几千公里的惊人迁徙，最后抵达西北内陆地区，虽然他们在后来建立的西夏王国内也被视为党项人，但长久地保持了自己的语言特征。① 他希望将来考古学或人类学能够解决这个依靠传统文献记载无法破解的谜案。

　　这一传播带的文化共性，也清晰地体现了特定地名或者相关传说的分布规律。例如宋代学者就注意到西北地区的内陆湖泊多以海命名，如西海、居延海、白亭海、蒲昌海、楼兰海、秦海等，规律十分明显。② 如果我们以这条文化传播带为观察点，就会发现，以海名湖的地名在东北方向一直延伸到呼伦贝尔湖（古称捕鱼儿海）和镜泊湖（《新唐书·地理志》引贾耽书作忽汗海），在西南方则见于云贵高原的洱海、草海等。此外，所谓的龙马传说虽然主要分布在青海湖及更为靠西的中亚、西亚一带，但根据冈崎精郎的考察，它在中国西南的四川盆地和云贵高原也有颇为集中的分布。③ 以上例子都是"半月形文化传播带"在理论上确可成立的证据。因此，童恩正的例子清楚地表明了人类学视野在学术研究中的重大意义。

---

① 聂鸿音：《勒尼——一种未知的古代藏缅语》，《宁夏大学学报》1996 年第 4 期。
② 王子今教授最近也注意到相关现象，参见氏著《"海"和"海子"："北中"语言现象》，载沈卫荣主编《西域历史语言研究集刊》第八辑，科学出版社，2016，第 69 ~ 79 页。
③ 冈崎精郎「龙马地名考」载『内田吟风博士颂寿记念东洋史论集』同朋舍、1978、103 – 116 頁。

在接下来本书的具体评述部分中，所论及的六位学者大致按照年齿和时代为序，故率先出现的自然就是已经离世 70 年之久的伯希和，这也是 20 世纪上半叶在内亚史研究成就最大、影响力最为深远的一位学者。想必对于许多专注于内亚史的学者来说，每当他们在研究中遇到棘手的考据难题时，脑海中自然而然地就会跳出这样的念头：这个疑难有没有在伯希和那里得到过解决或者说伯希和对于它的考证结论是什么？这种非同寻常的下意识式的信任感反照出伯希和取得的学术成就和在内亚史研究领域中所拥有的地位。因此，相信任何学人如果要撰写以内亚史为主题的学术史，伯希和都是一个必需予以重点关注的焦点人物。

所幸的是，目前国内学术界对于伯氏所代表的法国汉学的黄金阶段已有比较深入的研究，其中在笔者看来最为中肯的评介莫过于桑兵教授在归纳"二战"以后美国汉学的发展趋势及治学特征时做出的如下对比性评论："巴黎学派的形成发展，建立在聚集若干兼备语言和社会人文科学天赋的绝顶聪明人才之上，故意味着难于普及。费正清的贡献恰在于成功地将少数天才的事业变成多数平凡人的职业，批量培养标准化的学位获得者，乃是其成功的关键。"我们也可将以上评价中针对法国汉学的前半部分概括为："天才总是成群的来"，即作为沙畹三大门徒的伯希和、马伯乐、葛兰言均为不世之材，他们的学术活动共同造就了法国汉学最为辉煌的鼎盛时代。

而在这种评价之外，笔者想提醒读者的是，从伯希和一生的时间和精力付出来看，其与表现出明确的"南方取向"的马、葛二位不同，内陆亚洲的历史语言与文化才是伯希和最为关注与用功的领域。这一点极大地凸显了伯氏的个人治学特色。我们知道，在 20 世纪上半期殖民时代尚未终结的大背景下，欧洲各国的学术活动往往与殖民时期划分势力范围所形成的政治背景密不可分。以法国为例，其在亚洲的主要殖民地是东南亚的印度支那三国，因此，法国当初在河内设置的远东学院旨在培养熟悉印支和华南一带历史语言及文化的传统型东方学家，以期让他们的专业知识能够在殖民事业中派上实际用场，故马伯乐和葛兰言的汉学研究，终其一生均未脱离这种特征明显的"南方取向"。也可以说，坚持"南方取向"并积极利用政治之便以就地取材的学术取径，正是法国汉学长期以来得以在欧美扬名的一大法宝。而伯希和虽然起初同样以此成名，但是很快就转入法国素无殖民经验的内陆亚洲的领域，且一经转向即终生不移。这在与他同代的这批具有河内背景的汉学家中，可谓独一无二的异数。他的这种学术选择意味着其对内亚知识的浓厚兴趣和忘我投入，实际上与法国政学两界当时的主流关注对象并不重合，这或可解释为何他在从中国西域和敦煌满载而归后，却未在第一时间得到本国上流社会应有的回馈性承认，反倒一度为其招来了不少物议，竟埋怨指责出资赞助伯希和考察队的相关活动，对法国来说纯属亏本生意。

而且在 1911 年之后，随着东亚政治形势的变化，加之法国官方从未特别注重内陆亚洲在地缘政治中的作用，在本国政教机关的那些政客官僚看来，恐怕伯氏在内亚地区弄出来的名堂只是对法兰西的殖民事业毫无裨益的屠龙之术，因此他失去了在其钟爱的地区继续猎取第一手原始资料的机会，这与那些河内远东学院的昔日同行依然得享殖民体制之便服务于其学术活动的境遇截然不同。缺乏政治奥援和经济后盾可能也在很大程度上驱使他放弃了整理出版西域考古报告和编目敦煌汉文文书的恢宏设想——此类工作本来理应由他本人来完成才合适，转而将个人精力较多地投入对传世汉文文献的钻研上，他后来在《通报》上发表的数量浩博的传统文献学札记和书评见证了他学术上的这一悄然转型。

伯氏工作计划的调整也意味着秉性要强的他在考古领域已经退出了和英籍印度学家斯坦因之间的学术竞争。享有爵士头衔的后者在伦敦－德里政学两界提供的充足物力和财力的保障下，不仅在 1911 年后陆续完成出版了像《西域》（*Serindia*）和《亚洲腹地》（*Innermost Asia*）这样的多卷册大型综合考古报告，甚至直到 20 年代以后还在英国间谍机关的暗中襄助与技术支持下，试图进入新疆从事兼具学术性与情报性的考察活动。斯坦因此类损害中国主权的行为在政治后果上是很是严重的，引起了当时中国有关方面的高度警惕。① 不妨说，当斯坦因马不停蹄地推出他所编撰整理的让人叹为观止的大部头考古报告时，伯希和则在很大程度上满足于在其主编的学术期刊上发表传统历史文献学方面的研究成果。因此，尽管国内在 20 世纪 80 年代出版的《中国大百科全书·考古卷》中的"外国考古学家"词条中同时收录了以西域考察而闻名于世的伯希和与斯坦因，但前者终因受制于本国的政治社会环境，对西域考古学的贡献远不能和后者相比肩。总之，伯氏既非一位事事皆得依靠新见材料方才取胜的新式资料型学人，也不是仅仅只靠爬梳图书馆的现成藏书进行学术研究的旧式书斋型学者。

　　然而作为萨义德尖锐揭露的殖民时代"东方学"大背景下的产儿，伯希和与斯坦因一样，皆未摆脱和帝国主义政治的纠葛，这也透视出他作为学者以外的世俗政客的一面。显然正是缘于他系当时法国屈指可数的蒙古学家，在俄国十月革命胜利以后的国内革命战争期间，接受了本国政府和军方委派的特殊任务，以职业军官的身份前往布里亚特蒙古人聚居的外贝加尔一带，联络纠合那时在远东一带蠢蠢欲动的反苏维埃势力，积极为后者出谋划策，妄图使之威胁新生革命政权在当地的存在。而伯氏天性中挥之不去的爱好暴力与好出风头以求出人头地的一面在他的这次极其特殊的人生之旅中暴露无遗。于是我们也就不会对伯希和竟然与恩琴男爵和谢苗诺夫这样杀人如麻的嗜血怪物交情莫逆感到奇怪了。② 伯希和的这段特

---

① 〔俄〕维克托·乌索夫：《20 世纪 30 年代苏联情报机关在中国》，赖铭传译，解放军出版社，2013，第 472～473 页。

② 伯氏的这段离奇生涯详见于弗朗德兰完成的《伯希和传》中，参见 P. Flandrin, *Les Sept Vies du mandarin français*, *Paul Pelliot ou la passion de l' Oreint*, Monaco: Éditions du Rocher, 2008, pp. 203 - 225. 〔法〕菲利普·弗朗德兰：《伯希和传》，一梧译，广西师范大学出版社，2017，第 235～262 页。作者在书中没有回避恩琴和谢苗诺夫犯下的战争罪行，并直称后者是个蓝胡子似的妓女杀手。以上二人，或用作家柯南道尔在《四签名》中借主人公之口道出的对惯以分食落难海员而令人毛骨悚然的安达曼土人的反讽式评语"这真是可爱的人儿"，最为妥帖合适。

殊经历使得向来高产的他付出了在 1917~1919 年居然没有发表一篇学术论文或札记的深重代价，在此期间他所做的一切也因违逆了历史潮流，而在深得人心的红军的节节胜利下彻底化为乌有。显然伯希和的投机政治与嗜好冒险使他浪费了对一位年富力强的学者来说极为宝贵的三年时光，在建功扬名方面毫无建树后，最终只是带着一位白俄妻子黯然回国，解甲归田。无奈之下，生性要强以致有时流于逞能的他只得对这段徒劳无功的经历终身保持缄默。

重回巴黎学界的伯希和好像是要拼命抢回此前白白失去的三年宝贵光阴一样，立即以过人的精力如饥似渴地猛扑到学术研究中，这样从 1920 年开始，一直持续到"二战"爆发之前的 1938年，他每年都要发表大量考证性文章，其数量之多，质量之精，在西方汉学界堪称空前绝后。此外，在他去世以后方正式出版的著作大多也产生于这一时期。伯希和的天才和勤奋最终使得他的著述目录成了一本长达 140 页以上的专书。[①] 今天，当读者面对如此一本专书时，最感敬畏的，莫过于数量庞大的论著背后所折射的作者付出的高强度体力与脑力劳动。伯希和未享高寿，应该和他为了学术研究而过度透支其生命和体能有着直接的关系。因此，起初酷爱冒险、战争与暴力，还不时沉溺于外交官政客迷梦的伯希和凭借其难以言状的学术成就，终于升华为一位将后半生完全献给了纯学术事业的圣徒，结局也算是求仁得仁，死得其所。的确，当他为《圣武亲征录》中的一句看似平淡无奇的叙述"时闻脱脱复出八儿忽真隘，居统烈泽，上率兵复讨之"，写下将近五页的考证性注释时，恐怕没有业内同行会怀疑这是一位追求完美臻于极致的知识理想主义者。

值得注意的是，他在学术生涯的后期，毅然放弃了原本持续了多年的对《蒙古秘史》的注释而转入对史料性质更显著的《圣武亲

---

① H. Walravens, *Paul Pelliot (1878 - 1945)*: *His Life and Works—A Bibliography*, Bloominton, Indiana: Indiana Univ. Research Institute for Inner Asian Studies, 2001.

征录》的深密笺证，这尤其彰显出彼时的他对历史研究的兴趣已经远在语言学之上。伯希和在考据功力上的炉火纯青实得力于他前所未有地将西方传统的历史语言学和东方的乾嘉史学考证手段融会贯通。可以说，在伯氏之外，整个西方汉学界当时尚无他人能够对中国传统的文史考证方法有如此精深的体悟和"同情"式理解，伯希和能够达到这一境界自然源于其对清代考据学者的研究成果的极为熟稔。事实上，他不仅关注搜集像钱大昕、徐松等广为人知的学者的著述，甚至像张澍这样不甚知名的学者的西夏研究手稿，他也设法购求搜集。可惜在他去世以后，西方学界总是将其治学的成功片面地归结为其个人的天赋或时代的际遇，而很少认识到这背后所蕴藏的深刻原因。

伯希和对于乾嘉史学的内行也表现在他对民国时期中国学者学术能力的鉴品上。有一段今天时常被人提及的民国学术插曲，伯氏20世纪30年代曾在北平参加一次学术名流济济一堂的盛会，当被问及谁是那时国内史学的翘楚时，他不假思索地举出了真正擅长考据的陈垣的大名，这使得历来以讲求"使旧考证走上科学化道路"而居功自诩，并长期在北大开设史学研究方法课程的胡适倍感失落，为此甚至还迁怒于将伯氏的回答当众直译的梁宗岱。无独有偶，伯希和在其去世前夕造访美国时，曾在哈佛大学汉学家贾德纳举行的欢迎宴会上再次邂逅了胡适，这或许也是两人的最后一次会晤。而在同席陪坐的贾的助手杨联陞看来，伯希和似乎对于胡适并未表示出特别的敬意，这自然让平素将胡适视为尊长的杨联陞感到不快。①

显然，伯氏的治学路数更为接近继承了乾嘉学派正宗嫡系的陈垣（此外还包括屠寄、王国维等），而与新派学者胡适始终存在隔膜。盖后者的治学方法新则新矣，却在朴学的实证功夫和内在的史

---

① 杨联陞：《书评经验谈》，载蒋力编、杨联陞著《汉学书评》，商务印书馆，2016，第461页。

学修养上明显不足，① 尤其与从钱大昕至陈垣等一脉相承，在考据实践中奉行的"证据抵半，始立假说；证据稳妥，方可操觚"这一基本准则相去甚远。同时也正像自钱大昕以来，真正伟大的考据学者在为人上总有谦虚的一面一样，表面争强好胜并且对人向来严苛甚至显得有些冷傲拒人的伯希和在本质上也不例外。根据其本国同行的回忆，当另一位东方学家费琅公开赞扬伯希和拥有超人的记忆力（这本已为他在藏经洞的经历所证实），能够将阅读过的书立即完整地储存在脑海时，后者听到之后的本能反应却是有些羞涩不安的脸红了，而非表现出任何的沾沾自喜乃至扬扬得意。②

　　本书评论的第二位内亚史学者是伯希和晚年的学生，出生于匈牙利，以后相继在法、英、美任职工作的塞诺。而在亲炙过伯氏教诲的人当中，他可谓学术生命最长的学者之一，其处女作经伯希和首肯，发表于1937年的《通报》上，最后一篇论文则发表于其去世前夕的2010年，堪称"后伯希和时代"完全落幕的最后见证人。2006年中华书局出版了由北大历史系民族史教研室翻译的《丹尼斯·塞诺内亚研究文选》。笔者的评论即针对此译著收录的论文而发，指出相对于伯希和来说，塞诺在学术上展现出的优长和不足，即后者在将内亚史研究从史料学层次推进到宏观与微观相结合的更高史学境界上明显较其师有所推进，而在多语种史料的互证上则有所不足。关于后一点，本书是通过大量的具体举证来揭示的，在读者看来，可能会有些失于烦琐，并且容易给人留下笔者对塞诺的学术能力没有给予较高评价的印象。实际上，从内亚史研究方法论的角度上看，《文选》中所收的那篇原文发表于2005年的《中央欧亚游牧帝国的历史与历史学》

---

① 对胡适考据能力与学术水准的评估，笔者基本赞同桑兵教授的观点，参见桑兵《晚清民国的国学研究》，上海古籍出版社，2001，第244～254页。作者还在此书的绪论中，一针见血地指出，胡适自己并无金针，却喜欢教人绣鸳鸯，后继者取法其中，则难免一片涂鸦了。相比之下，唐德刚称赞胡适的考据功夫不逊乾嘉，这种议论真不知从何说起。

② 〔法〕德尼：《法国阿尔泰学研究先驱伯希和》，耿昇译，《蒙古学信息》2001年第3期。

才最值得我们关注重视。塞诺的这篇晚年之作集中浓缩了一位资深学者对于内亚史研究中的流行观点和常用方法论的最终反思。

在笔者看来，此文的讨论在两个方面批评了西方内亚史研究中盛行的主流性观点。首先是影响较大的“链式迁徙论”，即以蒙古高原为中心的欧亚大陆东部的游牧民族在短时间内因为政治局势的变动，就举族整体向西迁徙，从而近乎自动地改变欧亚大陆西部的历史面貌。除了西方的俄国史专家维纳德斯基（G. Vernadsky）之外，塞诺的论文中没有再提到持“链式迁徙论”的内亚史学者的具体名字和代表作。不过如果我们对西方内亚史研究成果有所掌握的话，不难看出以生前在哈佛工作的乌克兰裔学者普里察克，以及匈牙利本国学者策格雷迪对这种学说最为热衷。前者的代表作《9～11世纪欧亚草原上的两次迁徙运动》和《失必儿起源考》中都将“民族迁徙中的链式效应”（a chain reaction like migration of peoples）作为理解内亚史的一个基本理念。① 而策格雷迪的近于专著的长篇论文《从东向西：欧亚大陆游牧人迁徙的时代》同样重视这一理念，特别是其最后的结论部分提示读者，中世纪可萨汗国的建立即应当被理解为“链式运动”的最后一环。② 当然与之近似的观点还不同程度地在其他学者的论著中被发现。

我们或可把这种链式迁徙论的要素总结如下：第一，迁徙多是在短时间内完成的，并且总是遵循从东至西的移动方向，其结果却足以影响欧亚草原的大部分空间地域。第二，正因为迁徙完成的短时性，所以不会影响到民族集团在迁徙前后的构成成分、使用语言的质变，故可以相信西方的匈人和中国史料中的匈奴本系同族。第

① O. Pritsak, “Two Migratory Movements in Eurasian Steppe in the 9th－11th Centuries”, in. *Proceedings of the 26th International Congress of Orientalists, New Delhi 1964*, Vol. 2, New Delhi, 1968, pp. 157－163; “The Origin of the name *Sibir*”, in. W. Heissig etc eds. *Gedanke und Wirkung. Festschrift zum 90 Geburtstag von Nikolaus Poppe*, Wiesbaden: Harrassowitz, 1989, pp. 271－280.

② K. Czeglédy, “From East to West: The Age of Nomadic Migrations in Eurasia” (trans. by P. Golden), *Archivum Eurasiae Medii Aevi*, Vol. 3, 1983.

三，链式迁徙行为的发生与展开犹如骨牌效应一般迅速，故在很短的时间内就波及欧亚草原从东到西的众多民族。第四，它的起源往往始于事先难以预见的偶发性历史事件的刺激，故带有很大程度的突发性，这使得历史上欧亚草原上各民族的分布格局常常并非游牧人群的相对缓慢的渐进性移动所能解释。事实上，塞诺在步入内亚史领域之初，也曾在一定程度上使用过这一理论来指导其具体研究。① 不过，塞诺在很早的时候就开始对它有所保留，这反映在他长期以来坚持不宜将匈人和匈奴直接勘同的观点上。而从20世纪90年代以来，他对这一流行的理论更是表现出日益鲜明的扬弃态度，其所持的修正性立场从他1997年发表的质疑突厥人向西迁移的论文，② 直到最后撰写的这篇《中央欧亚游牧帝国的历史与历史学》中相继得到了非常清晰的阐述。总体上看，他更倾向于将欧亚草原上游牧民族的迁徙界定为一种渐进式的缓慢移动，故耗时较长，其间还伴随着不同人群间的混血、重组与同化，因此按照这一解释模式，经过了长途迁徙才姗姗来到欧洲的匈人和此前定居在从蒙古高原至哈萨克草原一带的匈奴人已经远非同一民族。

依然是在这篇晚年总结之作中，塞诺还把批判的锋芒指向欧洲东方学家传统上经常采用的一种方法或者观念，即通过考证某些见于文献记载中的族名或其他专名，来努力澄清某个历史上的人群属于何种语系或语族的成员，并与现代语言学－民族学分类体系下的人群单位建立起一种从古代延续至今天的谱系上的承继关联。上述研究思路和"链式迁徙论"同属欧洲18世纪以后兴起的古典东方学中的核心知识理念，其影响一直延续到"二战"以后的国际内亚研究领域内。而在实际研究过程中，这种方法时常遭到滥用，并与

---

① D. Sinor, "Autour d'une migration de peoples au Ve siècle", *Journal Asiatique*, Vol. 235, 1946 – 1947.

② D. Sinor, "Early Turks in Western Eurasia (accompanied by some thoughts on migrations)", in. B. Kellner-Heinkele etc eds. *Studia Ottomanica*, *Festschrift für György Hazai zum 65. Geburtstag*, Wiesbaden: Harrassowitz, 1997, pp. 165 – 179.

前面提到的迁徙论交织在一起，以致衍生诸多极不可靠的历史学结论，甚至连不少非常优秀的学者也深陷其中而未能自察其非。

譬如普里察克就在相关论文中直接将"慕容/慕舆根"一名勘合为马扎尔人中的统治氏族 mǎgč-ger/meščer，以论证一部分鲜卑人从 5 世纪后半期起即由内蒙古一带西迁到乌拉尔山内侧的奥卡河（Oka）流域，并在匈牙利（马扎尔）人的形成中起到了关键性的定型作用。① 再如以出版《新波斯语中的突厥-蒙古语言成分》驰名学界，并对阿尔泰语系下的三大语族均有精湛造诣的德福则深信汉文史料中的乌桓/乌丸（Uwan）就是现在居住在俄属远东地区的属于通古斯语族的埃文人（Ewen），并断定正是东汉末期曹操的北征乌桓导致了后者向东北偏远地区的远程迁徙。② 近来一位移居德国的叶尼塞语首席专家更是试图从发音上把起初分布在匈奴之北的位于南西伯利亚的丁零人的族名，同原始叶尼塞语中表示"人们"的一个词语以及北美印第安人中的 Tlingit 人统统串联起来，认为秦汉之际匈奴对丁零的讨伐与兼并导致后者的大批民众向西伯利亚北部迁移，最终甚至不远万里渡过白令海峡移居到了北美洲。③ 以上这些极不可靠的研究结论彰显出传统东方学中的那些需要认真清理的"古典"式遗产。从这一点来看，塞诺在晚年所做的反思当有助于以后的学者在相关研究中少走弯路。

本书评议的第三位学者是学术辈分比塞诺还晚一代的傅礼初，对他的评价构成了全书篇幅最长的一章。在西方的内亚史研究领域，颇具学者气质的傅氏曾被认为是唯一可在语言天赋上追步伯希和的学者。这位早逝天才的生平虽然不像伯氏那样充满了传奇性，但其生前发表的作品数量之少又与身后产生的巨大影响形成了令人

---

① O. Pritsak, "From the Säbirs to the Hungarians", in. *Hungaro-Turcica. Studies in honour of Julius Németh*, Budapest：Loránd Eötvös Univ. , 1976, pp. 17 – 30.

② G. Doerfer, "Prolegomena zu Einer Untersuchung der dem Tungusischen und Mongolischen Gemeinsamen Wörter", *Journal de la Société Finno-Ougrienne*, Vol. 79, 1984.

③ H. Werner, *Zur Jenissejisch-indianischen Urverwandtschaft*, Wiesbaden：Harrassowitz, 2004, SS. 17 – 29.

惊讶的反比，此种情况在相关领域恐怕难有一见。笔者在此章中大致按照时间顺序先后分析了傅氏较有影响的几篇内亚史代表作的写作思路和其中所显示出的研究方法，并向下梳理了它们对后继者的具体影响。概括来说，笔者认为，傅礼初的论著在西方内亚史研究的发展上犹如一座将现代社会科学理论和传统东方学实证方法联结起来的桥梁，最终在相当程度上改变了既有的研究模式。这或许是前后学风有所变化的傅氏在其相对短暂的一生中，贡献与功绩最显突出也最值得后人缅怀之处。

　　毫无疑问，傅氏治史天才绽放的最为璀璨夺目的成果当属写于多年之前，但直到去世后才正式发表的《全史：论早期近代（1500～1800）的平行化与关联性》。它大概是 20 世纪出自专业的内亚史学者之手的唯一的研究范围完全超出本地域，并延伸至整个欧亚大陆旧世界的论述。总的来说内亚史研究因为该学科的专业门槛甚高而素称难治，这导致其森严的学科壁垒在很大程度上妨碍了它和历史学科下的其他专业分支的交流融合，故内亚史学者的研究成果对本专业之外的学科领域也产生了相当影响的例子实属罕见，而傅礼初就是这寥寥无几的学者之一，《全史》一文的观点得到了许多内亚史以外人士的欣赏与赞同。此文的主要篇幅系对前近代时期的七种遍及欧亚大陆许多地区的平行性现象进行论述，最后还分析了它们之间可能存在的彼此联系，认为是从人口的快速增长开始，最终促成了世界史上定居世界和游牧力量的地位发生转化。至少在笔者的阅读范围内，出自非全球史研究者之手而又如此大跨度地论述从日本到西班牙的整个欧亚世界历史的论述极难一见。

　　也许唯一与之可比的是前引妹尾达彦的《中国的都城与亚洲世界》一文。[①] 后者在此文中重点处理了 5～15 世纪的欧亚历史的大体走势和基本特征，以之作为解释这一时期东亚都城圈现象出现的时代

---

① 作者后来进一步提出 7～8 世纪的"东亚都城时代"（详后）的概念，以凸显就整个东亚区域而言，唯有 7～8 世纪在整个前近代时期内才独具的这种"枢纽时间"的关键地位，而都城时代的到来则无比清晰地反映出当时历史的全新脉动。

背景。与傅礼初先揭示共同性再寻找联系性的行文次序相反，妹尾氏则是首先从建立规律性历史现象的因果联系链开始，逐步揭示出欧亚大陆各地区的历史呈现出平行发展的共性特征，从而证明与此前以自行孤立地发展为醒目标志的"古典文明时代"不同，欧亚大陆的各部分在5世纪开始的新千年纪中逐渐被紧紧铰合，正是在游牧力量闯入的时代大背景下，各大地域开始共享相似的历史发展机遇，彼此之间的联系也因陆海交通路线的交织于一体而大大加强，最终使得欧亚大陆各主要地域的历史演进因为这种全新的"联动性"效应而最终趋于共性增多的平行发展，由之诞生了真正意义上的"欧亚史"。

从对平行性现象的仔细搜求来看，妹尾氏和傅礼初观察历史的共同点有：一是他们均重视游牧力量的活动及其与定居人群之间的融合混居。前者认为，游牧力量入主农耕地带导致了这一时期以内部成分多元化为特征的"征服王朝"在欧亚大陆各地的普遍建立。后者则指出晚期的游牧力量虽因火药帝国的兴起而在军事上处于劣势，但通过加强与定居社会的联系而慢慢步入农牧混合并且定居因素愈渐明显的新阶段。总之，虽然在前后两个大时段中，游牧人对农耕地区的威胁程度截然不同，但都一致出现了经济上农牧混合，政治上也逐渐联为一体的共性。

二是两人都高度重视宗教现象在历史上所起到的作用。妹尾氏把第一个时期的宗教现象概括为三大世界性宗教圈的形成，即覆盖了整个东亚、大半个东南亚以及内亚部分地区的佛教圈，从北非马格里布一直延伸到塔里木盆地的伊斯兰教圈和与欧洲的自然地理界线基本重合的基督教圈。而世界性宗教圈的形成又与都市的经济发展与文化的灿烂繁荣共同构成了彼此联动、相互促进的新的社会发展模式。傅氏则把遍布于各大世界性宗教在后一时期普遍经历的改革运动列为七大共性现象之一，并把它的发生契机与经济发展和城市化浪潮出现联系起来，并注意到新兴宗教在很大程度上适应并改造了日趋壮大的市民阶层的伦理价值观，从而为进一步的社会改革运动奠定了思想基础。

三是两人也都把城市的发展置于观察历史的主要坐标轴上。妹尾氏强调的是5世纪以后中国的分裂局面导致了东亚都城圈的形成及扩大，北朝－隋唐的以洛阳－长安为中心的里坊制新型都市模式最终影响催生出日本、朝鲜的京城布局结构。而南朝建康的都市布局特点又间接影响到后来琉球和越南的京城形制。而傅礼初列举的七大现象中则有两项直接是以城市为着眼点，即区域化城市的增多和新兴市民阶层的崛起，其中第一项也可定性为新型地方性城市群如雨后春笋一般在整个欧亚大陆出现及拓展。

当然傅礼初和妹尾达彦的上述"全史－欧亚史"历史观均得力于采取东西纬度的横向观察法，用前者的形象性比喻来说，就好像是历史学者乘坐在沿欧亚大陆东西向航线上穿梭的客机上鸟瞰下面的世界得出的总体观感。与之相反，如果在这前后不同的两个大时间段中，有一位历史学家恰好是乘坐在沿欧亚大陆南北向航线直线飞行的航空器上，再度鸟瞰展现在其视野中的世界的话，那么其看到的现象又会激发他做出何种思考呢？打开地图，从北到南，他将依次穿越北极－亚北极苔原带、典型的西伯利亚针叶林带、温带阔叶林带和与之纬度接近但更靠西的北温带大草原区、亚热带阔叶林带以及同纬度的江河平原，直至在接近赤道的热带雨林区才结束整个旅程。

在他的空中旅行出发之际，位于地球最北部的苔原带恐怕仅有或者自然繁衍或者人工放养的大批驯鹿群才会给其留下少许印象，至于那些受制于恶劣的生态环境，仅能维持数十人规模大小的游团社会几乎不大可能吸引飞机上观察者的视线。到了自然环境最为单调的"树海"型针叶林带的上空时，观察者如果目力敏锐并注意搜寻的话，或许有机会发现一般在数百人上下的大型游群乃至容纳更多人口的典型部落社会的存在踪迹，不过通常来说，他在北半球的这个陆地面积最为广袤的大区依然很难找到真正意义上的城镇据点，尤其是在较早的第一个时段中。此后当飞机进入第三个大区时他才可以兴奋地看到在其东部已经出现了真正意义上的城镇，尽管其规模尚不可观，而西部则是典型的游牧社会，无论是两地容纳的人口数量还是社会组织的复杂程度，比起他此前飞经的地区均已显现出质的跨跃。

最让其惊叹不已的地域当是从该区南部长城以内的华北平原一带直到地理位置更靠南的分布着亚热带阔叶林的华南江河流域，因为这些地区会出现那时世界上人口密度最大的城市集群和社会组织程度最复杂的庞大国家政治体，特别是那种能够把上亿人口紧密地联系在一起的综合性陆路交通系统（驿道）和水路枢纽系统（大运河），想必是在观察者的整个旅行过程中给其留下印象最深的地方。[1] 其堪称工业革命的巨大能量释放之前，人类社会所能进化出的最为完备的政体组织形式，同时也达到了前工业化条件下生产力和科技知识的顶峰。当飞机距离北回归线越来越近，渐渐航至素以拥有物种多样性而著称的热带雨林覆盖下的东南亚的上空时，他从此告别了超大城市和巨型帝国政治体如影随形的震撼景象，但此时飞机的下方又不全是像北亚针叶林"树海"掩荫下的部落社会，因为有些地方会出现人类学家定义的较小的"酋邦"或者像占婆这样的较大王国政体，还有的地区则形成了极富地域特色的巴厘岛型"剧场国家"。最后当历史学家在赤道地带结束整个空中之旅后，他所感受到的显然决非历史发展的平行性，而是欧亚大陆随纬度变化呈现的南北各地千差万别的歧异性，以及社会进化与生态环境之间的那种目前尚难用完整无缺的证据链进行勾连，却又始终让学者为之憧憬着迷的内在关联性。

傅礼初的内亚历史观还体现在他和其他学者的观点争鸣上。塞诺曾在《大汗的选立》一文中主张，虽然草原汗国中君主的位置要经过家族成员之间的相互竞争才可取得，但该过程在本质上仍然是和平选立式的，并不带有军事政变或冲突的暴力血腥色彩。傅氏此前发表的《奥斯曼帝国中的突厥-蒙古君权传统》等文已经指出内亚君权的确立是通过"血腥的竞争推举继承制"（bloody tanistry）方式，进而认为继位之争充斥着武力对抗，极有可能演化扩大为内战。笔者在这一点上总体倾向于后者的观点，试以《大汗的选立》所举的蒙哥继位风波为例，塞诺全然忽略了以下史实，即那些不甘

---

① 川胜守『明清贡纳制と巨大都市连锁』汲古书院、2009。

让出大汗地位的部分窝阔台－察合台系宗王试图在新汗即位之时采取武力方式解决掉蒙哥及其支持者的事实，这些政变者只是在图谋过程中不慎泄密才导致了最终一败涂地。① 因此，蒙哥继位的案例恰好对塞诺文中的观点构成了反证。

另外笔者在评论《奥斯曼帝国中的突厥－蒙古君权传统》时曾强调其文主要使用的是政治学理论，对此也有论者提出质疑，断定傅氏论文系以运用人类学理论为主，即游牧社会的生存环境本身并不会催生比部落首领更高的领导权力。不过与之相关的论述在傅氏全文第一部分的理论叙述中仅有一个自然段而已，其他部分的理论叙述大多是从政治学的角度分析超部落的君权在草原上的确立及其如何延续和转型的问题。况且傅氏此文其实是对他在 1978 年帝国政治学理论会议上提交的未刊长篇论文《血腥的竞争继承制：奥斯曼帝国、印度穆斯林政权和晚期中华帝国的权力与承袭》中的奥斯曼土耳其君主继承制度内容的扩写。故政治学的理论和视角当仁不让的是这篇文章中最为倚重的分析工具。

本书评述的第四位学者是匈牙利民族学家乌瑞夫人。她大概是全书所评六位学者中对国内读者而言最不熟悉的一位，也是其中唯一的女学者。总体上说，20 世纪的欧美内亚史学者中，鲜有女性投入政治－军事史研究中，反而涌现了不少有过杰出贡献的女性民族学家，并且她们的研究在很大程度上都可以归入广义的历史人类学领域。这些学者包括早逝的法国西伯利亚研究的奠基者洛德－法尔克（E. Lot-Falck，1918 - 1974）和其事业的接班人阿马雍（R. Hamayon）以及蒙古学家鄂法兰（F. Aubin），东德"莱比锡东方学学派"在"二战"后的主要代表、图瓦研究权威陶贝夫人（E. Taube）以及相对年轻的拉铁摩尔的英国弟子汉弗莱（C. Humphrey）和塞诺的学生梅泽芙（R. I. Meserve）等。

---

① 刘迎胜：《蒙哥即位风波中的察合台、窝阔台系诸王》，载《内陆亚洲历史文化研究——韩儒林先生纪念文集》，南京大学出版社，1996，第 69 ~ 96 页。

　　乌瑞夫人可以说是在这批西方女民族学家中"历史化"取向最为显著的一位。这应该与她起初是以主攻内亚游牧民族物质文化史步入学术领域有关。她充分利用了"二战"以后匈牙利与苏联、蒙古等国同属社会主义阵营的有利政治环境，有机会多次前往上述国家进行包括田野调查在内的学术考察活动，并且熟练掌握了有关语言，这些条件是她相较西欧与美国同行的最大优势所在。总结乌瑞夫人的研究成果，其在历史领域内的最大贡献当属熟练运用以类比为主的民族学研究方法极大地澄清了蒙古汗国成立之前，草原游牧民在文化习俗上承受的来自其北邻西伯利亚针叶林森林狩猎民族的强烈影响。这对自拉铁摩尔以来学界在考察蒙古兴起的时代背景时，习惯所持的"南向关注"的视角（即主要重视草原牧民与南方华北农耕地带的交流与互动）其实形成了很好的平衡和补充。下面笔者就以"成吉思汗"这个现已家喻户晓的名称（用罗新教授的话说，其在世界上比蒙古更知名）为例再做一点阐释。

　　早期的学者如兰司铁和伯希和，倾向于把成吉思（čiŋis/čiŋgis）看作突厥 – 蒙古语 teŋis（大海）的音变形式。不过后来这种几乎被当作定论的解释渐渐受到了质疑。先是德福从分布地区远远深入西伯利亚高纬度地带的雅库特突厥语中找到了该词的踪迹，含义正像 14 世纪初的波斯文史书《史集》中所定义的那样，表示"坚强的、残酷的"等义。此后法国突厥学家巴赞（L. Bazin）又在安纳托利亚土耳其语的一种方言中也发现了它的存在，语义基本与它在雅库特语中的用法相当。更为重要的是巴赞还在图瓦地区所出的时代为 10 世纪前后的一件突厥卢尼文铭刻中，辨认识读出了这个词语，并根据其在上下文中的语境位置，确定其含义为"坚强的"。故罗依果综合上述证据，彻底地否定了成吉思词义源于"大海"的旧说，将成吉思汗重新释义为"坚强、凶猛的汗"。①

---

①　Igor de Rachewiltz, "The Title Cinggis Qan/Qagan Re-examined", in. W. Heissig ed. *Gedanke und Wirkung*, *Festschrift zum 90. Geburtstag von Nikolaus Poppe*, Wiesbaden: Harrassowitz, 1989, pp. 283 – 288.

　　进一步细究这些证据的话，可以确定"成吉思"一词虽然来自突厥语，但它又明显不属于共同突厥语的词语，因其只存在于两种现代突厥语中。尽管雅库特语和安纳托利亚土耳其语中的这一方言在空间上的距离遥不可及，但考虑到后者是古代乌古斯突厥语的直系后裔，而操该语言的乌古斯人是在8世纪以来由蒙古高原迁往中亚，最后在塞尔柱突厥政权时代才开始定居于今天的小亚地区，故乌古斯人应当是在西迁发生之前，由其中的个别部落从某一特定区域偶然借入了该词，或者就是由于某些源自这一特定地域的突厥人融入了乌古斯突厥人的群体中，这才带来了这个极富地域特征的名词；正由于它不是当初草原上乌古斯人固有的本语支原生性词语，所以目前仅能在土耳其语的一种特殊方言中才能找到，而远非那种在各种安纳托利亚方言中皆触目可见的共通性成分。

　　证以前述南西伯利亚图瓦所出的卢尼文铭记材料，再联系到同样保存了"成吉思"名称古老含义的雅库特语几乎是世界上分布地理位置最为靠北的一种突厥语，由此我们不难判断，西迁之前的乌古斯人必定是从蒙古高原的北方，也即南西伯利亚森林地带借入该词的。同样12～13世纪之际游牧于鄂嫩河流域的蒙古人应该是从其北方的森林地区，引入这个仅分布在特定地域的稀见词语。故源自南西伯利亚突厥语的成吉思一词带有非常清晰的"北方化"印记。而铁木真在成功统一草原诸部以后，径直将它作为自己的汗名，则直观地映照出草原上的蒙古人与南西伯利亚的森林中人之间长期存在的密切文化联系。要之"成吉思"的案例不啻增强了乌瑞夫人相关论断的说服力。①

　　我们若将她的研究再加以引申和综合的话，那么不难看出12～

---

　　①　"成吉思"（čiŋgis）一词的本义在晚期蒙古语中仅保存在祭火文中，指的是一种用以打火的质地坚硬的石头或铁（额尔登泰等：《〈蒙古秘史〉词汇选译》，内蒙古人民出版社，1980，第315页）。蒙古先民对火的这种特殊祭祀当与其掌握了高温冶炼金属的知识有关，按照乌瑞夫人的论证，以冶铁为主的金属冶炼技术正是南西伯利亚森林狩猎民文化特征群的内容，后来再影响到草原上的游牧民。

13 世纪之际的蒙古部活动的鄂嫩河流域正好是文化与地理上的 "双重边疆" 地带，一方面它处于北方的森林狩猎文化与南方的草原游牧文化的重合交界区，另一方面它又由于向南直接面对辽金时代兴修拓展的界壕边堡，故不失为草原区与南方农业区的中介地带。因此，表面上看，因未能占据漠北草原腹心地带而显得并不起眼的蒙古部却凭借着这种特有的地理机缘，足以从南北两方吸收文化要素、资源技术乃至同时吸纳来自双方的人才，最终成就了蒙古汗国的霸业。这有助于我们深入思考，为何在回鹘汗国崩溃之后，重新统一蒙古草原的力量并非一直占据着传统意义上的草原政治中心区杭爱山一带的克烈部，却是来自蒙古草原东北边缘区域的蒙古部。不妨说，崛起于 "双重边疆" 的蒙古汗国的出现才真正打破了此前长期延续的草原汗国赖以立国的 "鄂尔浑传统"。事实上，直到窝阔台即位以后，为了更好地服务于西征和南侵，大蒙古国的政治中心才逐步西移到相对靠近杭爱山和鄂尔浑河一带的哈剌和林。①

如果说像乌瑞夫人这一代欧洲人类学家还或多或少受到过古典人类学如以强调长途迁徙和高级文化的传布输出为特色的传播论等的影响，并基本接受民族由 "客观文化特征" 构成的解释流派；那么本书接下来要评论的王明珂则完全是受知于 1970 年代以来流行在北美的新型人类学流派，故在他提炼出的诠释范式中，生态环境、气候变迁、资源竞争与民族生成过程中的 "主观认同" 等向量要素构成了最为醒目的关键词。随着这类分析范式被其娴熟地运用于对 "华夏边缘" 和北亚游牧社会形成过程的解析，他也由此成为 20 多年来在华语知识界影响力最为深远的历史人类学家。毫不夸张地说，王明珂系统阐述的这一整套分析模式在当下国内民族学界的影响已仅次于此前费孝通倡导的 "中华民族的多元一体性" 命题，故

---

① 也有学者从成吉思汗死后，窝阔台系和拖雷系围绕汗位归属之间的起初微妙关系和最终全面爆发的矛盾冲突，来解释和林一带的政治地位的凸显。参见邱轶皓《哈剌和林成立史考》，载沈卫荣主编《西域历史语言研究集刊》第五辑，科学出版社，2012，第 270~304 页。

对民族史研究的深入发展起到了不可估量的推进作用。难怪不少学人阅读以后竟相慨叹，倘若他们当初在构思研究课题时业已接触到王氏大作的话，那么最终写出来的作品一定会在视野境界上更上层楼。限于本书的主题，笔者这里无法全面探讨王氏的学术思想及其研究模式，仅就与内亚史相关的部分略抒己见。

王明珂的解释体系具有同时覆盖中国南北边疆的内在完整性。他在位于青藏高原与四川盆地间的岷江上游羌人村落从事田野调查时，发现了此前少为学者论及的以歧视的层层传递为表象的"一截骂一截"的族群形成体系，并随即将其引入对历史的观察中，进而断定非汉人群的华夏化非但不是华夏认同宽容性的结果，相反则是以华夏自居的群体对于"他者"的歧视推动了整个"华夏化"过程，而且这种进程还是发生在主客观构成特征皆十分近似的人群之间。① 王氏总结出的理论在解释西南边疆经历的"华夏化"进程时对我们多有启发，但一旦要将其扩展到对复杂而纷乱的历史现象进行通盘解说时，这种建立在歧视性话语的泛化和再传递基础上的分析模式即常常与大量最基本的史实抵牾不合。

从内亚史的角度看，中原汉地在两晋之际、五代和宋朝以及明末清初时期都经历了来自内亚的非汉民族的南下，最后导致了一系列部分或全部占有内地的北族王朝的建立，如南北朝分裂时代的鲜卑系王朝、先后与两宋对峙的辽金两朝，以及最后实现了内地和边疆大一统的元清两朝。无论今天学者对其历史地位持何种评价立场，都不妨碍我们承认当初在这些王朝的统治下，均程度不同地存在族际歧视及由此形成的社会鸿沟，甚至有时还表现得非常严重，导致了民族矛盾的尖锐，但产生此类歧视现象的主因决不能归于当时身为被统治者的"华夏"群体，而只能算在其时已高居在上，掌握国家权力的源自内亚地区的统治者们的头上。作为人数较少且因

---

① 王明珂：《羌在汉藏之间——川西羌族的历史人类学研究》，中华书局，2008，第32~76、313~317页；《论攀附：近代炎黄子孙国族建构的古代基础》，《中研院历史语言研究所集刊》第73本第3分，2002。

文化底蕴不深而缺乏行政治理经验的统治者，在陡然面临需要统治文化上处于绝对优势，数量上也远超自己的汉人这道难题时，自身潜藏的文化自卑感常常不由自主地表露出来，结果导致了国家政治生活中的种种不正常现象。

更为严重的是，北族统治者的这种根深蒂固的狭隘自私心态如果再和长期得不到舒缓排遣的因自感"汉人难治"而愈发焦灼不安的心结，相互碰撞激荡并且最终叠加在一起时，就非常容易罗织发展成政治上的大狱。最典型者莫过于北魏太武帝时原本与君主相得甚欢的汉人重臣、大族名士崔浩仅仅因为在他主持修撰国史时继承了历来史家讲求的"直书"优良传统，就被对之怀恨愤懑的鲜卑大族攻讦为"备而不典""暴扬国恶"，最终竟然举家遭逢灭族惨祸，并牵连众多汉人士族大家。崔浩之狱的惨痛教训直接影响到此后北魏一朝史官的撰述心态，最终造成了修史进程的拖沓迟缓和史风的长久不正。① 与之性质有些类似，而惩治力度和株连范围相对较小的还有金初宇文虚中文字狱一案。② 至于在文字狱频现高发的雍正与乾隆时期，固然其中有的案件如曾静之狱诚属极少数南方士人对清朝的统治不满所致，他们散布的言论中也确有一些不必为其开脱的陈腐偏颇的歧视性言论，但更多的此类事件还是源于清朝最高统治者自身却之不去的多疑敏感，狭隘猜忌而又师心自用的虚骄与自卑共存的主观统治心理。因此，尽管这些入主汉地的内亚民族最终都不同程度地实现了与汉族的融合与同化，从而为中华民族的发展壮大贡献了自己的力量，但验诸其统治者当时实施的这种高压政策的历史背景和自身心态，怎么能够不分青红皂白地把历史上"华夏化"现象的主因和动力皆归之于汉人对"他者"歧视话语的重重传递上呢？

以下我们再看王明珂研究北亚游牧社会的两部大作《华夏边

---

① 田余庆：《拓跋史探》，三联书店，2003，第 235～243 页。
② 刘浦江：《金代的一桩文字狱——宇文虚中案发覆》，载氏著《辽金史论》，辽宁大学出版社，1999，第 23～34 页。

缘：历史记忆与族群认同》和《游牧者的抉择：面对汉帝国的北亚游牧部族》。无论人们是否赞同两书的具体观点，都不能不被作者展示出的宽广视野和恢宏气象所折服。正像以前拉铁摩尔在《中国的内陆亚洲边疆》中同时处理中国西 - 北的几大边疆一样，王氏同样深入考察了历史上中原内地面临的西北 - 正北 - 东北三大自然地理板块上的族群形成、经济基础和社会政治组织情况。他先是在1997 年初刊的《华夏边缘》中的"第二部分：华夏生态边界的形成"详细讨论了青海河湟地区（西北）、鄂尔多斯及其邻近地区（正北）、西辽河地区这三大地理板块的游牧社会的形成，时间的跨度基本处于夏商周时期。而根据作者 2008 年推出的《游牧者的抉择》的描述，三大板块的游牧社会在汉代已分别发展为"去中心化"的西羌各部、强大到足以维持国家形态的匈奴、时常结合成部落联盟的鲜卑 - 乌桓。这就是两书写作思路的前后承袭关系。

王氏在具体论证游牧社会形成的契机时在很大程度上受到了拉铁摩尔"逐离理论"的启发，这一理论认为游牧经济的起源地是在草原边缘和中亚绿洲 - 东亚平原的交界处，那里原本以经营农牧混合经济为生的群体中的一部分成员由于不能抑制农业社会的扩张，逐渐退居到宜牧不宜农的空旷草原地带，从而转型为真正的游牧人。这样在拉铁摩尔理论的解说下，游牧生活的产生是农业经济的强势推进倒逼出来的结果，故历史上看似经常咄咄逼人，富有侵略性与威胁性的游牧人群其实在相当程度上只是那些无力抵抗农业社会的扩展以致不得不退往草原谋生的弱势人群的后裔。拉铁摩尔在20 世纪 40 年代提出这一理论时，主要还是凭借他在内亚地区旅行考察中收获的感性田野经验，因此其论证方式带有鲜明的直观性或先验色彩，严重缺乏二手研究文献或者原始史料（含考古数据）的坚实支撑。再加上当时研究内亚游牧起源的主流民族学 - 历史学观念皆围绕传播论和游牧民的东西迁徙论推演立说，而拉铁摩尔本人的学术背景与之大相径庭，故"逐离理论"在很长一段时间内未能成为主流学说不足为奇。

不过从 20 世纪 70 年代以后，随着研究范式的推陈出新，彼时的北美人类学界开始把资源竞争和社会进化中的生态因素等列为人类学考察中的最主要选项。多年之前就已问世的"逐离理论"恰好和当时人类学发展中的这一时新动向全然暗合，于是拉氏的理论转而受到学界的重视，尤以先是从苏联移民到以色列、之后长期在美国工作的游牧问题权威哈扎诺夫（Khazanov）对它的倡导和宣传最为用力。① 后者还试图从气候干旱化的角度揭示游牧经济产生的环境气候因素，以促使原先在实证方面存在缺陷的拉铁摩尔的理论显得相对周延一些。这样在北美人类学界，由拉铁摩尔率先提出，继而由哈扎诺夫加以补充完善的"逐离理论"在研究游牧起源的问题上占据了主流化的位置，所以当王明珂在 1980 年代留学哈佛人类学系时，自然也接受了上述蔚然流行的解释模式，并将哈扎诺夫的干旱化解释方案扩大为干冷气候导致游牧产生说（两者的微妙差异详见第五章的分析），以更为有力地解说在他看来，为何游牧经济的产生经历了一个从约前 2000 年持续到前 1000 年内的长期化过程。无独有偶，同期由中山大学前往北美学习工作的乔晓勤同样也接受了气候干冷化刺激游牧业产生的观点。②

可惜王氏建构的整个解释体系在两方面都存在很大问题，一是"逐离理论"本身存在的固有缺陷。二是王氏又专门强调的"气候干冷化"命题也因过度推论并不属实。先看后者，亨廷顿（E. Huntington）在 1919 年出版的《亚洲之脉搏》（*The Pulse of Asia*）提供的实地记录数据显示，降水量的增减与牧场的载畜能力高低成几何级数关系，故年均降水量从 10 英寸增高到 13 英寸时，每平方英里草场的载畜量就从原先的 10 只羊剧增到 100 只羊，反之一旦降水量稍有下降，牧场的载畜量就加速衰减。据此仅从逻辑上进行推导，我们便可

① A. Khazanov, *Nomads and the Outside World*, Cambridge：Cambridge Univ. Press, 1984, p. 89.
② 乔晓勤：《关于北方游牧文化起源的探讨》，《内蒙古文物考古》1992 年第 1 ~ 2 合期。

得出结论，那些农牧兼营的混合经济社团在遇到干旱化的气候条件时，转而大力发展牧业并一步步向王氏所说的"专化游牧业"演变，其实很不现实，尤其是在生产力技术水平偏低，不得不严重受制于气候因素的几千年前，人定胜天的实现概率就更困难。与之不同，一定幅度内的气候湿冷化意味着虽然气温下降然而降水却在增多，这样才会既增加农业生产的困难和成本，同时又促使草场载畜量的显著上升，由此给原先农牧兼营的混合经济社会通过调整提高畜牧经济的比重，以规避直接面临的风险困境，提供了富于理性化的选择路径，从而成为刺激牧业比重加大直至游牧产生的真正推手。事实情况也与我们的逻辑推理完全吻合，本书第五章中已列举了详细的参考文献，它们足以证实湿冷化的气候条件才是促使游牧经济出现的真正契机。

至于"逐离理论"本身的最大弱点，那就是自其诞生以来，始终不见考古资料的印证和支持，狄宇宙对此已明确指出。[①] 相当多的学者还是采取带有传播论色彩的人群迁徙观点来解释游牧的出现及其扩张。只不过早期的学者倾向于把黑海沿岸的南俄草原作为游牧起源的原点，而靠近华北的蒙古草原则属于其后来的二次或三次传播地，故游牧业在欧亚草原的传播进程伴随着斯基泰人从西到东的迁徙。随着 20 世纪 30 年代以来图瓦阿尔赞等地大型斯基泰王墓的成功发掘，并且其时间断代明显要早于南俄草原的同类遗迹，故许多学者又主张把斯基泰人的发源地定在从阿尔泰山到图瓦地区这片区域，而欧亚草原游牧经济的起源地在地望上应该距其不会太远，因此斯基泰–西伯利亚文化圈的概念不胫而走。日本考古学家林俊雄就是后一学说的坚定支持者。[②] 故游牧人的迁徙和游牧经济的

① N Di Cosmo, *Ancient China and Its Enemies：The Rise of Nomadic Power in East Asian History*, Cambridge Univ. Press, 2002, pp. 33 – 34. 他对王明珂提出的游牧起源观点的批评参见 *Ancient China and Its Enemies：The Rise of Nomadic Power in East Asian History*, pp. 79 – 80, No. 103.

② 林俊雄「草原世界の展開」載小松久男編『中央ユーラシア史』山川出版社、2000、15 – 36 頁；「草原の考古学」載菊池俊彦編『北東アジアの歴史と文化』北海道大学出版社、2010、110 – 117 頁。

传播可能遵循的是以其发源地为中心（巧合的是，图瓦恰好有欧亚大陆几何中心之称）向东 - 西两个方向大概同时进行的双向扩展模式。现在大多数主攻欧亚草原早期考古的外国学者都不约而同地把田野调查的重点区域锁定在西起哈萨克草原，东到萨彦岭山脉这一狭长形地带，以期能够早日真正解决游牧起源于何处这一重大课题。

虽然有考古数据方面的有力反证，但"逐离理论"还不能说是连挽回局面的一丝机会都没有，或可告诉读者，在其面前确有一根稻草可抓，只不过这根稻草似乎显得过于纤细，尚不足以支撑起该学说的整个架构体系。它就是已故俄国语言学家斯达罗斯廷（S. A. Starostin，1953 - 2005）提出的原始阿尔泰人华北农夫说。斯达罗斯廷等人经过多年努力，在 2003 年编撰出版了三卷本《阿尔泰语系词源词典》（EDAL）。[1] 正是通过对阿尔泰语系的原始词根进行尝试性的构拟，他逐渐相信作为后来突厥 - 蒙古 - 通古斯以及日本 - 朝鲜诸多人群的共同祖先原始阿尔泰人，实际从事的是农业经济而非仰赖畜牧 - 游牧为生。其对这一观点的系统阐述最后以遗著的形式发表，并加上了另一位认同其观点的语言学家白洛士（I. Peiros）专门为之撰写的解题性质的导言。[2]

斯氏的中心观点强调原始阿尔泰人本系定居在华北地带的农夫，也是早期东亚大陆农业文明的主要创造者，当这一人群在华北从事农耕时，原始汉藏语系的人群还生活在相对偏南的区域，并靠从事以狩猎采集为特征的自然经济聊以为生。他们在与原始阿尔泰人发生了文化接触以后，才逐渐从后者那里学习到了更为先进的农业生产技术以及相关知识，进而再把原始阿尔泰人向北方的内陆亚洲一带排挤，最终鸠占鹊巢，摇身一变为入据黄河流域平原地带的

---

[1] S. A. Starostin, A. Dybo and O. Mudrak, *Etymological Dictionary of the Altaic Languages*, 3 Vols, Leiden: Brill, 2003.

[2] S. A. Starostin, with an introduction by Ilia Peiros, "Altaic loans in Old Chinese", in. A. Sanchez-Mazas etc eds. *Past Human Migrations in East Asia*, London, New York: Routledge, 2008, pp. 254 - 262.

新主人。而原始阿尔泰人被迫离开华北之后，才因迁徙地区的差异开始了人群和语言的分化，渐渐形成了阿尔泰语系下的多个语族，其中那些迁往蒙古高原的群体以后转型为游牧人。为了证明其观点，他在论文中将汉语中许多与农林作物种植或定居生活密切相关的指标性词语都判断为本自原始阿尔泰语的借词，如粒、李、梅、兔、芥、麦、农、稷、轨、县等。

不论是其平生学说的支持者还是反对者都公认，斯达罗斯廷无疑是"莫斯科语言学派"在战后涌现出的语言天赋最高的一位学者，但同时很可能也是其中学术观点最富争议的一人。远非每位天才都能像伯希和那样汲取乾嘉学派所长，善于以理性思维平衡驾驭其超迈众生的想象力。如果斯氏的学说成立，那么无疑等于彻底改写了以农业和定居为奠基石的东亚大陆文明的起源历史，也完全推翻了几代中国考古学家经过近一个世纪的无数田野发掘和反复推敲验证才终于确立的东亚农业文明的进化连续性这一基本结论。这等于说，巍然屹立已有百年之久的整个中国考古学派竟然在最基础性的立论上，就这样轻易败在了一位素无任何考古田野经历的外籍语言学家的手上。

可惜在学术史上，天才因为自命不凡而刻意追求惊世骇俗的震撼效果，以致过犹不及地被其想象力引入歧途从而偏离正轨，致其立说谬以千里的事例也不罕见。斯氏的学说固然石破天惊，然而往往从立论之初就存在重大争议。譬如他赖以为据的关于原始阿尔泰语的基本观点就显得推测成分过于浓重，《阿尔泰语系词源词典》中引起商榷批评的词源构拟实例是如此之多，不可避免地暴露出作者的方法论存在着结构性缺陷。[①] 何况语言学界对上古汉语的构拟和复原仍处在摸索阶段，包括斯达罗斯廷在内的各家拿出的方案均因无法有效地验证其妥当与否，故都带有相当大的

---

① A. Vovin, "The End of the Altaic Controversy: In Memory of Gerhard Doerfer", *Central Asiatic Journal*, Vol. 49, 2005.

猜测性。故斯氏立论的两大支柱——对原始阿尔泰语和原始汉语的构拟——均极不稳固,很难被视作定论采信。与之相反,对考古学文化分析的结果依然指向新石器时代以来东亚大陆居民的构成以本土的连续进化为主,这与体质人类学领域的鉴定结论完全可以互证。迄今为止,要动摇那种自新石器晚期至铜石并用的龙山文化时期,作为早期汉语的"夏语"就已经在中原地区形成并向四周传播的传统学说,[①] 还显得缺乏有力证据。当然我们并不欲因此而全盘否定斯氏做的探索性努力的启发性,对于后者这种天才型学者来说,或许用列宁评价其论敌卢森堡的话,"鹰有时飞得比鸡还低",来形容其观点的不够成熟最为贴切。只是依据目前的研究,笔者还是认为阿尔泰语系在长城沿线和北极圈之间的广袤北亚区域的扩散,主要依托的是出现时间比农业更晚的游牧业的后发扩张优势。[②]

其实对于中国的多数学者来说,欧亚草原上最早游牧人的历史毕竟主要属于世界史的范畴,远非我们的关注焦点。大家普遍更感兴趣的还是如何理解公元前 3 世纪战国秦汉之际匈奴的异军突起。而在这一点上,似乎"逐离理论"提供的解释框架更具适效。从王国维到林幹以来,国内匈奴史的主流观点皆是承认晚期的匈奴与早期(晚商西周 – 春秋战国之交)的戎狄之间存在着进化的连续性。[③]

---

① 代表者参见邢公畹《汉藏语系研究和中国考古学》,《民族语文》1996 年第 4 期。

② 近来伦福儒等提出,除了农业的发明是促使语言传播和人口迁徙的一大要因外,游牧的产生同样也能产生类似的效果,以高纬度的北亚地区为例,适宜于草原环境的骑马游牧业最终导致了蒙古语和突厥语在蒙古高原和南西伯利亚等占据了统治地位,而以饲养驯鹿为经济基础的另一种森林游牧业则使得通古斯语几乎覆盖了远到北极圈的大半个西伯利亚,并且同化了更早出现在那里的一些语言。参见 P. Heggarty and C. Renfrew, "East Asia: Languages", in. C. Renfrew and, P. Bahn eds. *Cambridge World Prehistory*, Vol. 2, Cambridge Univ. Press, 2014, pp. 890 – 891, pp. 894 – 895.

③ 陈得芝:《重温王国维的西北民族史研究》,载姚大力、刘迎胜主编《清华元史》第一辑,商务印书馆,2011,第 81 页。此前余大均在评王国维的匈奴史研究时也持类似的认可立场。

因此，如果说有些较早活动在中原附近的兼事农牧的戎狄集团为了避免被华夏人群同化，转而移往更北的区域生存发展，并在战国中后期成长为驰骋大漠南北的游牧部族，也是不难想象的事；故该理论和史学界的上述认识并无冲突。不过，已有学者在评论拉铁摩尔的"逐离理论"时注意到它和王国维在文中使用"同种"一词界定戎狄和匈奴的关系其实存在着区别，盖前者认为与汉人应该在语言和人种上差别不大的戎狄人群中只有一部分人进入了草原，故他们在新兴成长起来的草原游牧部族中所占的比重相对有限。这可能较王氏的观点在证据上更为妥当。①

王国维的学说此后在考古学界受到了极大挑战。本书第五章中列举的江上波夫和林沄的学术观点从考古学的角度全面动摇了其立论的基础，林沄言简明扼要地用"戎狄非胡"来表述两者间的不同，并确信这种差异可以从体质人类学的角度进行疏解，即身为定居居民的前者主要属于和华夏人群相近的蒙古人种东亚类型，作为游牧人的后者则大多属于与华夏集团差异明显的蒙古人种北亚类型。以上指导性意见后来被他的学生继承发挥，最终体现在 2016 年出版的《欧亚草原东部的金属之路》中，书中还首次提出了"文献早期匈奴"和"考古早期匈奴"的不同概念以处理匈奴起源问题的复杂性。②

相对来说，拉铁摩尔的观点成立的可能性更大一些。这是因为，现在多数国外语言学家已经确认匈奴语并非阿尔泰语系的成员，而属于目前分布区域已非常狭窄的北亚叶尼塞语，后者还和汉

---

① 姚大力：《评拉铁摩尔〈中国的亚洲内陆边疆〉》，载姚大力、刘迎胜主编《清华元史》第三辑，商务印书馆，2015，第 489~492 页。
② 杨建华、邵会秋、潘玲：《欧亚草原东部的金属之路：丝绸之路与匈奴联盟的孕育过程》，上海古籍出版社，2016，第 444~445 页。按照此书作者们的共识，所谓的匈奴人应该是战国时期南下中国北方文化带的北亚人，后来由于战国后期各北方诸侯国纷纷开始了长城的修筑，才又退回到长城以外的西方和北方地区，并进一步游牧化。对相关课题的近期研究也参见单月英《东周秦代中国北方地区考古学文化格局》，《考古学报》2015 年第 3 期。

藏语系存在着关联。① 故最早说叶尼塞语的人群应该和南方的汉藏语系成员毗邻而居，而非一开始就生活在蒙古、西伯利亚等北亚地区，那时其在体质人类学上也应不属于北亚人种。这样看来"逐离理论"不失为在解释匈奴兴起时值得我们加以关注的"建设性假说"（a working hypothesis）。当然由于现在基本可以证实匈奴人种主要属于北亚类型的蒙古人种，因而此类在数量上并不占据优势的北向移民所操的特殊语言很可能是凭借政治上的地位，才逐渐在公元前3世纪以降覆盖到了蒙古高原上的大多数北亚类型人种集团那里，后者既包括一直没有离开草原地带的土著意义上的北亚人，也涵盖了近期从长城沿线回迁的另外一批北亚人，故疑为匈奴语的叶尼塞语和历史上许多北亚人种袭用的阿尔泰语系并不同源。同时这一北迁人群在体质特征上最终也融合到了北亚类型中。最终当匈奴在漠北的统治在公元1世纪以后全面衰落时，继续使用叶尼塞语，以抵制阿尔泰语同化的部分匈奴人才从蒙古高原向更北的南西伯利亚迁徙，他们被怀疑是当地的塔施提克考古学文化的承载者。② 大概在突厥兴起之后，其部分后裔才又继续北迁到叶尼塞河中游的现居地。③ 总之，"逐离理论"或许更有助于解释相对较晚的匈奴崛起，而非时间较早的游牧业在欧亚草原的起源问题。

本书最后评论的是日本学者森部丰在2010年付梓的论入华粟特人

① 在一部出版于近期的关于叶尼塞语研究书目综览的工具书内，其列举的相关外文研究成果中大多数均不同程度地支持叶尼塞语与历史上的匈奴语存在关联，并且与汉藏语系还有某种尚待完全证实的亲缘关系。E. J. Vajda, *Yeniseian Peoples and Languages: A History of Yeniseian Studies with an Annotated Bibliography and a Sources Guide*, Curzon Press, 2001, pp. 357 – 359. 关于语言学以外的分子生物学方面的证据，参见黄韵之、李辉《遗传学和语言学证据指向匈奴属于叶尼塞语系人群》，《清华元史》第三辑，第 435 ~ 453 页。

② J. Juha, "Ethnicity and Language in Prehistoric Northeast Asia", in. R. Blench etc eds. *Archaeology and Language* Ⅱ: *Archaeological Data and Linguistic Hypothesis*, London: Routledge, 1998, p. 204.

③ 留在当地，没有北迁的另一部分叶尼塞语人群很可能最终融入了现在分布于南西伯利亚的说突厥语的绍尔人（Shors）之中。参见 L. P. Potapov, "The Origin of the Altayans", in. H. N. Michael ed. *Studies in Siberian Ethnogenesis*, Univ. of Toronto Press, 1962, pp. 185 – 186.

的新著，这部分内容的成文时间是在 2013 年，系应胡鸿博士之约写的一篇评介。近来笔者又读到了森部氏此书刊布以后，包括他在内的一些日本学者在该领域的较新成果，由此加深了对其学术理路形成背景的理解。这里拟从大的方面将自己的体会概括成几个要点介绍如下。

首先应该值得我们关注的是，作者的书名和相应正文中时常出现的 "东欧亚" 或类似术语所反映的空间定位取向。笔者当初撰稿时已经注意到，它应当来自其导师妹尾达彦首先在该国学界提倡的 "欧亚大陆东部" 地理概念。近期妹尾氏又将其明确界定为 "东方欧亚" （東方ユ-ラシア），并赋予它更多的历史学色彩。按照他的新说，"东方欧亚" 的提出有助于克服此前西嶋定生的 "东亚世界" 论的不足，后者首创的这一理论因将游牧地区排除在观察视线之外而具有致命缺陷。与之相对，"东方欧亚" 的空间范围则囊括了紧邻东亚农业区域的游牧世界，因此其西部边界直达伊犁河流域和帕米尔高原，西南方向纳入青藏高原，北方则包括蒙古高原和西伯利亚的东部，同时向南涵盖了整个东南亚。至于 "东方欧亚" 西边的 "中央欧亚" 则从帕米尔高原以西的锡尔河、阿姆河流域一直延伸到欧亚分界处附近的乌拉尔山和高加索地区。在他看来，在从游牧产生之后到 16 世纪之前的漫长时期里，"东方欧亚" 自成一个独立单元的历史系统，这才是它得以成立的实质所在。妹尾氏在具体的研究中则以 "农牧接壤地带" 为中心，在此基础上通过论述东亚都城时代的到来，横贯整个这一地域的巨大交通网的形成以及相应宗教圈等命题，旨在凸显 "东方欧亚" 在当时具备的历史共性。他还确信，相应学说的出台同时也修正了自白鸟库吉以来，日本北亚史学界视为主流的农耕 – 游牧二元对抗历史观的缺失。① 这样我们看到，此前在介绍傅礼初 "全史" 观时，作为对比而举出的当初由妹尾氏提出的个人化 "欧亚史" 理念后来得到了明显的细化发展。故

---

① 妹尾达彦「东アジア都城时代の形成と都市网の变迁——四～十世纪一」载中央大学人文科学研究所编『アフロ・ユ–ラシア大陆という空间と历史』中央大学出版部、2014、77–90、186–188、196–197 頁。

作为后者学生的森部氏接受相应的空间划分以及与其对应的"欧亚史"观绝非偶然。

当然将森部氏的学术思路单纯归结为其老师的影响仍是远远不够的。在近来日本东洋史学界出现的将欧亚史与隋唐时密切结合的最新研究趋势中，与妹尾氏的如上学说共为推手的还有森安孝夫将"征服王朝"的出现时代由以前公认的辽代前置到安史之乱的新观点，也即"早期征服王朝"论。[1] 事实上，后者对森部氏研究的影响同等深远。这具见于本书正文中的论析。仅在森安氏所勾画的正式形成的"征服王朝"（作者也称为"中央欧亚型王朝"）名单中，就容纳了以沙陀系王朝代表的五代、西州 - 甘州回鹘汗国、黑汗王朝和原本就被划入这一类型的辽和西夏。如果再加上森安氏历来主张同样属于征服王朝的渤海和现在又被视为此类王朝雏形的安史大燕政权与试图利用唐朝内乱而南下建国的漠北回鹘，那么可以断言，森安氏学说的出笼意味着至少在唐宋之际的时段内，"征服王朝"的范围在时空上已经达到了空前的极限化。[2] 若其说合理的话，即意味着作为中国历史分水岭的唐宋变革是发生在以来自内亚地区的"征服王朝"蜂起并立为突出标志的欧亚史的大背景下，或者更形象地说，此时的中国史已经内化为内亚史的一分子。而森部氏在书中将汉人相继建立的后周和北宋同样归入"沙陀系王朝"则再清楚不过地显示出这种思路取向，即当时的情况已不再是内亚史附庸或从属于中国史，而是内亚史全然覆盖了中国史。

以魏特夫首创的"征服王朝"理论本身而论，其成立的一大先决条件是该王朝的核心统治集团必须是一个起源自长城以外的内亚族群，并且不同于此前"潜入王朝"的建立者，他们即使在入主汉

---

[1] 石见清裕「中国隋唐史研究とユーラシア史」載工藤元男、李成市編『アジア学のすすめ』第三巻『アジア歴史・思想論』弘文堂、2010、37 - 38 頁。

[2] 森安孝夫『シルクロードと唐帝国』講談社、2007、306 - 310 頁。森安氏在其书中坦承、除了关于漠北回鹘的论证以外、他的此类关于从"大燕"到五代王朝的重新历史定位只是转换了观察视角的结果、并非源于在史实考据上取得了新的突破。

地以后，仍然清晰地在族群意识上维系其自我认同，为此坚决拒绝和排斥种种通向"汉化"的政治路径。显然，如果没有这一作为统治集团的非汉族群的存在，所谓的"征服王朝"理论就纯属毫无史实依托的架空立说。因此，作为中国学者便不难理解为何森部氏在将这套理论应用到整个唐宋时期的历史变迁时，有必要首先创造出一个并不见于文献记载的术语"粟特系突厥"以取代中国学者更为习用的胡人和沙陀这两个固有名称。大约在其看来，前者的含义过于宽泛，常常可以指代多个族群，故明显缺乏针对性；后者不仅出现在中原的时间相对较晚，并且单看族名，实在无法让人将其与粟特联系起来，故两者都因难以承载起自己选择的理论学说而不堪中选。可以说，"粟特系突厥"正是他为满足"早期征服王朝"的成立要素而务必事先设定的历史主体，并将其在历史上活动的时限规范为从北朝末期一直到五代宋初。故森部氏在最新发表的一篇导言中，仍然强调入华粟特人依靠内部通婚关系为纽带长久保持了"民族"的特点。[1] 这种认知理念与中国学者历来着重考察的入华粟特人在通婚问题上多持灵活开放性，未必局限于同类，且与汉、突厥、奚 - 契丹、沙陀等多个民族都有融合迹象的思考趋向无疑是大异其趣的。[2]

　　"征服王朝"理论赖以成立的另一项不可或缺的基本条件是通过将"征服"命题本体化和持久化，对内强调非汉族群和汉人（Chinese）之间作为统治者和被统治群体之间的隔阂差别，对外则重视该政权和传统中华王朝间的政治对峙和武力冲突。按照这一思路，"征服王朝"正是在对内控驭镇压汉人，对外军事讨伐作为政治体的中国的过程中逐渐成长壮大起来的。因此"征服王朝"从诞

[1]　森部豊「ソグドと東ユ-ラジアの文化交渉——ソグド人の東方活動史研究序説」載同氏編『ソグドと東ユ-ラジアの文化交渉』勉誠出版、2014、4 - 5頁。
[2]　近来的研究甚至表明一定数量的粟特人可能东迁进入了朝鲜半岛，参见刘永连《朝鲜半岛康安诸姓群体初探》，《文史》2013年第2辑，第27～51页。

生之初就带有强烈的游牧－渔猎对农耕定居的二元对立冲突论的色彩。故森安孝夫最先将安史集团与唐朝中央政府的对抗原因解释成前者欲在政治上建立一个入主中国的前所未有的"征服王朝"。随后的森部氏显然接受了这一主张，并且有所发挥。这表现在其新作中，森部氏并不像森安那样充满伤感地唏嘘"大燕"的覆灭宣告了"早期征服王朝"这个历史早产儿的不幸夭折，而是将后续建立的河朔藩镇联合体定性为大燕帝国的复活，因此安氏为之奋斗不已的政治梦想最终还是在河北地区得到实现。他对安禄山的历史定位或可归结为两点。第一，安、史的政治事业并未因他们相继身亡而彻底中辍，故河朔地区在安史之乱前后存在清晰的政治延续性。第二，河朔藩镇模式最终为沙陀－契丹这两大征服王朝的崛起准备和提供了历史出口。正是源于他对安禄山的评价如此之高，所以其新著中径直把安史之乱后的整个唐朝后期定性为"后安禄山时代"，昭示从此以后直到宋辽时期的整个"东部欧亚"的总体历史演进方向皆由这位先知先觉的时代弄潮儿开辟确定。[①] 想必在他看来，对安氏其人连同安史之乱所享有的历史地位，即使评价再高也不过分。

日本学者对我国历史所做的上述翻案工作新则新矣，但能否成立是另一回事。首先"粟特系突厥"概念能否成立便极富争议，这一术语从匆匆创制出台到不顾历史语境四处应用，明显具有为了迎合某种学说而人为建构的嫌疑。笔者在本书正文中对此已有分析。另外安史之乱的性质是否能被归结为"早期征服王朝"和中华王朝之间的剧烈碰撞，事实上更富争议。安史叛军的构成姑且不论，而唐军的兵力结构同样体现出与前者近似的蕃汉混合的多元化特征，而且这一点早就被彼时的唐人所深悉。

当至德二年（757）秋末唐军经过苦战收复长安以后，闻报后

---

① 森部豊「『安禄山』研究篇」载森部豊代表『ソグド人の东方活动に关する基础的研究』（研究成果报告书）、2013、41－43页。值得玩味的是，作者有意回避阿保机时期采用武力征战手段才从卢龙节度使刘仁恭父子手中夺取的今河北东北部的事实，而将其定性为"继承"了该藩镇的统治地域。

欣喜无比的杜甫随即写下《喜闻官军已临贼寇二十韵》，其中就有"花门腾绝漠，拓（柘）羯渡临洮。此辈感恩至，赢俘何足操"等句。诗中以唐朝回纥边界上的花门山代指回纥，这在当时诗文中属于常典，描写的是回纥援兵前来为唐助战；但后一句的柘羯按照《大唐西域记》等中本指中亚康国、安国等粟特城邦的精锐之士，以后又在两《唐书》中被用来指代安史叛军中的特定群体。故有的学者认为杜诗中的这一名称指的是被唐军俘虏的叛军中的粟特士兵。① 可是，如果他们真是在前线作战被俘的安史兵士的话，唐朝怎么会听允其渡过当时尚处于唐朝大后方，位于今甘肃岷县附近的洮水呢？而且从诗歌的上下文来理解，其明显是来为唐朝效力的西方援军，所以才先是"渡临洮"继而开赴关中前线，协助唐军克复长安。黄永年先生则断定诗句中的"花门"和"柘羯"均为回纥援军，并以之论证柘羯一名不像陈寅恪指出的，必指中亚九姓胡（即粟特人）无疑。② 这里姑且不论临洮一带是否正处于回纥援兵的行军路线上，仅从诗歌赏析的角度审视即知其说欠妥。如果"花门"和"柘羯"同指回纥的话，那不啻在说这两句诗的主语同义重复，对于一代诗圣杜甫而言，在其诗歌写作中竟然出现近于"合掌"的外行硬伤，实在让人难以想象。何况《喜闻官军已临贼寇二十韵》历来被评为诗人记述安史之乱史事的"诗史"名作，就更不会出此低级差池。因此，杜诗的"柘羯"只能是指那些从西方赶来为唐平叛而出力的西域援军。

事实上，日本青年学者中田美绘业已从传世史料中详尽钩沉安史之乱爆发后，葱岭以西各国如拔汗那、吐火罗、柘羯（即粟特）、大食等主动遣军勤王平乱的史实，从而坐实了杜诗中的柘羯确系从西域远道赶来，急渡洮水以驰援关中，并在相关战役中立下功勋的

---

① 　前岛信次「安史の乱时代の一二の胡语」载『石田博士颂寿记念东洋史论丛』石田博士古稀记念事业会、1965、418 页。

② 　黄永年：《"羯胡""柘羯""杂种胡"考辨》，载氏著《文史探微》，中华书局，2000，第 317～318 页。原文刊于 1980 年。

粟特援军。① 中田氏新说既出，森部氏不得不改变其先前关于这一时期史料中所见的"柘羯"一概指代安史叛军的旧说，② 并承认唐朝和安史双方的军力皆为相似的多民族兵员构成。③ 这实际上已经自行否定了"早期征服王朝"概念成立所必备的一项基础条件。相关史实同时也对陈寅恪在其著述中将安史之乱定位成胡汉对立的传统观点提出了反证。④ 看来《册府元龟》所收表文反映出的唐玄宗以天可汗的身份，凭借与传统的册封体制截然不同的主奴关系，对远在葱岭以西的地域行使号令决非史官所能杜撰。从这一点来看，那时的唐朝反而较"大燕"更加具备"中央欧亚型"国家的基本特质。同时，以上显示葱岭以西地区与唐朝长期维持密切政治联系的史实也暴露出前述妹尾氏学说中将"东方欧亚"的西界止步于帕米尔高原与伊犁河流域的处理方案显得不够周全。因此，我们诚有必要重新考虑妹尾氏关于"东方欧亚"自成一历史系统在历史空间上的有效性。

最后我们在全面评估森安氏的"征服王朝"扩大化论点时，也必须认识到，当初学界之所以认为"征服王朝论"虽然存有明显缺陷，但在解释中国历史时依然有其新意和贡献，这恰是因为该理论确实抓住了以下几项与西嶋定生归纳出的以中国为主体的"东亚世界"迥然不同的核心要素。一是"征服王朝"皆创制过能够承载本

① 中田美绘「八世纪后半における中央ユ−ラジアの动向と长安佛教界——德宗期〈大乘理趣六波罗蜜多经〉翻译参加者の分析より」『东西学术研究所纪要』第44号、2011、165−169页。按其中的大食援军是指当时因反对阿巴斯哈里发而滞留在中亚河中地区不肯西归故土的一部分原阿拉伯东征军。参见稻叶穰「安史の乱时に入唐したアラフ兵について」『国际文化研究』第5卷、2001、24−26页。

② 森部豊「『安史の乱』三论」载同氏等编『アジアにおける文化システム展开と交流』关西大学东西学术研究所、2012、28−30页。

③ 森部豊『「安禄山」研究篇』、39−41页。此外于阗、龟兹遣师勤王以及如『安禄山事迹』所载，哥舒翰所统的河西陇右两大藩镇的兵力中，包括了分布于葱岭以东的奴剌等十三部族的大量番兵等史实早已为人熟知，毋庸再论。

④ 此前以类似理由反驳陈氏学说者，参见 J. K. Skaff, "Barbarians at the Gates? The Tang Frontier Military and the An Lushan Rebellion", *War and Society* Vol. 18/2, 2000.

民族语言的书面文字，而不像以前的北朝尽以汉字音写"国语"（鲜卑语）。故这些竞争性的书面文字的出现与应用促使原先长期存在的"汉字文化圈"在空间上遭到压缩，影响力也开始内敛。二是"征服王朝"的内部关系因民族隔阂和对立未能消除而常态化地充满张力。三是"征服王朝"的统治机制中有大量超出传统的律令制官僚国家以外的"国俗"成分。四是"征服王朝"在很大程度上均恪守内亚传统的精神信仰，有的王朝还礼遇藏传佛教，不像以前的"潜入王朝"完全皈依汉传佛教或道教，并以儒家理念作为统治指导思想。以这些标准对从"大燕"到五代的这些政权进行衡量，发现它们大多并不具备以上要素。譬如上述政权从未将已有的外族文字升格为官方书面文字（如粟特文、突厥文等），更未创制新的文字体系，而在确立国号、颁布年号以及制定朝仪等诸多方面则遵循的是中华帝国的既有政治传统，同时几乎看不到外来官制在统治机构中的影响。唯在一定程度上保留了一些内亚旧俗，但也就仅此而已。[①] 总之，"征服王朝"论赖以成立的必要性条件和要素在这些政权身上还多不具备。因此，由森安氏首创，为森部丰等铺陈发挥的"早期征服王朝"论仅是一套说辞，尚不能被视为科学的建设性假说（a working hypothesis）。

尽管笔者反对上述征服王朝前置论，但也承认五代王朝与辽朝确有共同性，这鲜明地表现在它们均系 6~9 世纪东亚最大的普适性帝国唐朝的政治遗产最主要的受益者，也即该帝国遗产的两大主流继承者，差别仅在于从地理空间上着眼，五代－宋朝继承的主要是唐朝在中原内地的遗留成果，而辽朝则继承的多为唐朝在华北北部以及内亚部分地区（主要是辽东半岛及位于蒙古草原边缘地区的漠南一隅）的政治成果。这非常近似于 14 世纪后期的明朝和帖木儿王朝都是蒙古帝国遗产的继承者。除了五代和辽朝之外，西夏、西

---

① 冈崎精郎「后唐の明宗と旧习」（上、下）、『东洋史研究』第 9 卷 4 号、1945；第 10 卷 2 号、1948。

州 – 甘州回鹘和黑汗王朝以及远在南方的安南吴朝也在很大程度上具有唐朝遗产继承者的政治特质。西夏的主体民族党项人曾被内亚的许多北方民族称作唐古特人（Tangut），这一名称很可能在词源上与唐朝的国号有关。① 而且西夏后来的领土也均位于原来唐朝的河西陇右地区，其早期统治者均以和唐朝国姓相同的赐姓李氏作为家族自称。

此外，西州 – 甘州回鹘的疆域也未超出以前唐朝的西域及河西的传统地域范围。甚至相继在葱岭两侧立国的黑汗王朝在正统性和地域空间上更应视作唐朝在中亚的继承者。这体现在：第一，黑汗王朝无论东支还是西支，其君主的头衔上多带有桃花石可汗的名号，并以之冲制钱币，而桃花石可汗在此前的几个世纪中恰是内亚世界称呼唐朝皇帝的专用名称。故黑汗君主实际上是以唐朝皇帝在中亚地区的后继人自居，以此来号令兼跨葱岭两侧的中亚多地。第二，当黑汗王朝与内地的宋朝进行政治交往时，当然不能再像前面那样摆出唯一唐朝正统后继者的身份，而是仿照原先回鹘等与唐朝交往的先例，先是在神宗年间的表文中把自己界定为"于阗国偻儸有福力量知文法黑汗王"等，称呼宋朝皇帝为"东方日出处大世界田地主汉家阿舅大官家"，后来又在徽宗年间的上表中既自称为"西方五百国條贯主狮子黑汗王"，又把宋朝君主唤作"日出东方……四天下條贯主阿舅大官家"。

以上表文的措辞显示出黑汗王朝在形式上依然延续先前唐朝与内亚长期维系的主奴关系和甥舅关系，尤其是试图通过建构君主间的拟血缘关系来营造一种类似于唐代"东亚政治共同体"的政治秩序。② 最重要的是，在上徽宗表文中，黑汗王朝用以自称，同时兼指宋朝

① J. Juha, "On the Names of the Tangut", *Studia Etymologica Cracoviensia* Vol. 12, 2007.

② 除了黑汗王朝以外，关于五代北宋时期中原政权与契丹 – 回鹘之间继续以缺乏实际婚姻内涵的"甥舅关系"相称的情况参见藤野月子「契丹におげる中原王朝との婚姻に基づいた外交政策に对する认识について」『史渊』第 151 辑、2014。

的"條贯主"一词正是"桃花石"的又一译名。① 故这种双重用法反映出在黑汗王朝的历史观中，自己和宋朝均为唐朝（桃花石）的继承者，只是各自所处的地望一西一东而已。② 因此黑汗王朝统治当地的合法性即源于其以唐朝在中亚的名正言顺的遗产承袭人和相应政治观念的延续者自居。综上分析，唐宋之际东亚大陆历史演变的最根本特征并不是什么"早期征服王朝"登上舞台，而是普适性大帝国统治的终结最后促成了若干个作为其遗产继承者的新政治势力的出现，并下启金元时代的到来，故这一转变时期的宏观历史格局或被提炼概括为"后唐帝国时代"更符合史实。③

① 黄时鉴：《"條贯主"考》，载氏著《东西交流史论稿》，上海古籍出版社，1998，第 34~38 页。
② 此外黑汗王朝还将西州回鹘也看成作为"桃花石继承国家"的"塔特桃花石"。参见蒋其祥《新疆黑汗朝钱币》，新疆人民出版社，1990，第 104~105 页。
③ 根据童岭在《唐研究》第二十二卷（北京大学出版社，2016）的书评介绍，韩国学者朴汉济在 2015 年出版了《大唐帝国及其遗产：胡汉统合与多民族国家的形成》一书。惜笔者不通韩语，无法据以参考。附识于此，至盼读者指教。

第一章

伯希和及其内亚史研究概观

在评价伯希和（Paul Pelliot）那根本无法用语言来描述的惊人学术成就及其超凡的人格魅力方面，或许没有比他的同胞挚友，同时也对他有着深深了解的突厥学家德尼（Jean Deny）的如下点评更为精当的了："溢美之词对于平凡的人或常人来说是必需的；可是对于像伯希和那样素质的人来说，却显得毫无必要。"的确，伯希和正是 20 世纪欧美东方学界为数寥寥的一位不需要任何通常性质的恭维与赞扬的非凡人物，虽然自从其去世至今已经七十多年了，而相关学术研究成果又更新发展得极快，但是其著述依然在整体上经受住了时间的苛刻考验而并未过时，他生前发表在《通报》等刊物上的数以百计的论文、书评以及其去世后才得以付梓的多部专著一直都在图书馆的书库内悄然静待着世界各地的专业读者，就仿佛这位大师的身影从来就没有离开学界一样。因此也可以说，对于那些在其去世以后方才进入相关研究领域的专家学人来说，他们与伯希和著述之间的学术对话始终不曾停息过。

然而相对于他同时代的一些具有可比性的学人而言，大量关于伯希和的重要学术信息却长期未被仔细澄清。其中最受人关注的是，伯氏生前究竟发表了多少篇（部）研究论著？这个难题直到魏汉茂（H. Walravens）编制的极其详尽的伯氏著述目录在 2001 年以专书的形式刊布以后，好奇的人们才从中找出了一个大致准确的答案。① 该

---

① H. Walravens, *Paul Pelliot（1878 - 1945）: His Life and Works—A Bibliography*, Bloominton, Indiana: Indiana Univ. Research Institute for Inner Asian Studies, 2001. 根据这一权威性目录，截止到伯希和去世的 1945 年，伯氏累计发表了 842 篇各种形式的学术著述，而在其去世以后的 70 年内，其生前所撰的业已接近成品的大量文稿还在源源不断地被专业人士整理发表。

书的问世从此为学界更为深入适当地评价伯希和的学术成果提供了
一个必不可少的资料基础。也许更让人意外的是，尽管伯氏的生平
经历极富传奇性而其本人又向来深富异乎寻常的人格魅力，但是关
于这位伟大的学术人物的圣徒传记却长期付诸阙如，迟至 2008 年，
一部他的个人传记才填补空白式地在法国出版问世。① 这比起他平
生在中亚探险领域所遭逢的最强对手斯坦因（Auel Stein）早在 1977
年就有了一部相当翔实的学术性传记来说，实在是有些过于滞后。②
同样也是在这一年，伯希和于 1906～1908 年在新疆等地的考察笔记
等原始材料也被法国吉美博物馆的一个专门小组整理出版，这也为
我们了解伯氏当时的实地考察活动提供了弥足珍贵的第一手信息。③
更值得一提的则是在最近的 2013 年，法国敦煌学家戴仁（Jean-Pi-
erre Drège）主编的一部由法、德、美、俄、中、日多国学者共同
撰稿的以纪念并总结伯氏学术成就为主题的论文集终于刊布，此时
距离当初巴黎亚细亚学会在 1946 年出版的以伯希和命名的追思性纪
念集又历经了足足一个甲子以上。④ 随着上列著作在近年来的陆续
问世，逐渐使得我们在更加精准清晰地定位伯希和的学术贡献方面
拥有了相对坚实的研究基础。在本章中，笔者试图对伯氏在其一生
的研究中成绩最为突出的研究领域即内亚历史语言文化方面暂做一
个概观性质的学术史考察。而在具体分析伯氏的学术经历及其成就
以前，拟就伯氏登上内亚研究这一学术舞台之前的欧洲学界提出几

---

① P. Flandrin, *Les Sept Vies du mandarin français*, *Paul Pelliot ou la passion de l'Oreint*, Monaco：Éditions du Rocher, 2008. 〔法〕菲利普·弗朗德兰：《伯希和传》，一梧译，广西师范大学出版社，2017。此书详于伯氏的探险经历，对其后半生的叙述则较为简单。

② 该书的中文本也早已出版，参见〔英〕珍妮特·米斯基《斯坦因：考古与探险》，田卫疆等译，新疆美术摄影出版社，1992。

③ P. Pelliot（transcri. par E. Monteil etc），*Carnets de route：1906–1908*，Paris：Indes Savantes, 2008.

④ Jean-Pierre Drège ed. *Paul Pelliot：de l'histoire à la légend*，Paris：Académie des Inscriptions et Belles-Lettres, 2013.

点简要的观察结论。

一 截止到 19～20 世纪之交时欧洲内亚研究的国别化特征

在评价伯希和内亚研究的贡献时，有一个基本前提宜首先明确，那就是在他崭露头角之前的 19 世纪，法国所拥有的关于西起南俄草原，东到满洲地区尤其是与中国内地接壤的内亚地区的相关研究成果其实相对于有些欧陆国家来说，并不具备某种先发优势。简言之，当时在研究这一地域的历史、语言与文化方面处于领先地位的是德国等国。其中德国在 19 世纪前期即出现了一位因精通汉语、满语、回鹘语等多种语言而对内亚历史语言有精深研究的大学者克拉普罗特（J. Klaproth）。他所取得的代表性研究成果如 1820 年出版的关于回鹘文－汉文双语对照的《高昌馆译语》的研究因为富有价值曾在 1985 年再版过，并由知名突厥学家夏利普（W. Scharlipp）为之加写了前言。[1] 稍后在 1822 年和 1828 年，克氏又相继出版了柏林国立图书馆中的汉满书目编制的专著和一部满文文献阅读选编，基本奠定了他在汉学及与之关联的内亚研究方面的权威地位。[2] 克氏惊人的语言天赋和极其出众的学术研究能力也在目前被整理出版的其留下的大量学术性书札中表露得清晰无遗。[3]

需要强调的是，克氏虽然精通多种语言，但他首先纯熟掌握的是汉语文言文，随后其才将学术兴趣扩大到其他相关语言中。因此早在 1804 年，他率先成功编制了当时德国的第一份馆藏中文书籍目

---

[1] J. Klaproth, *Abhaundlung über die Sprache und Schrift der Uiguren*, Hamburg: H. Buch, 1985.

[2] J. Klaproth, *Verzeichnis der Chinesischen und Mandschuischen Bücher und Handschriften der Königlichen Bibliothek zu Berlin*, Paris 1922; *Chrestomathie mandschou, ou recueil de texts mandschou*, Paris 1828. 这两部著作分别在 1988 年和 1985 年再版发行。

[3] 相关资料同样是由魏汉茂整理完成，参见 H. Walravens, *Julius Klaproth（1783 - 1835）: Briefe und Dokumente*, Weisbaden: Harrassowitz, 1999; *Julius Klaproth（1783 - 1835）: Briefwechsel mit Gelehrten grosserteil aus dem Akademiearchiv in St. Petersburg*, Weisbaden: Harrassowitz, 2002.

录。[①] 克氏在 19 世纪上半叶所贡献的研究成果标志着欧洲的内亚研究在当时业已达到了现代学术的水准。如果把克氏的学术成就与一个世纪之后的伯氏对比，明显可以发现显著的相近之处。首先，两人的天赋同样出类拔萃而又共同拥有无以克制的知识求知欲，因此均能够游刃有余地掌握运用多种语言作为研究工具。其次，两人都是先从深入钻研古汉语入手，进而再扩大到其他内陆亚洲历史上所流行的语文上，并以之为工具研究内亚地区的历史与文明。换言之，他们所进行的内亚历史与语言的研究在学科属性上均为汉学的向外延伸。最后，与伯希和的学术风格非常相似，克氏也相当重视与学术研究直接相关的实地考察，曾亲自前往当时俄国境内的高加索与西伯利亚、中亚地区进行学术旅行，同样也留下了珍贵的考察记录。[②] 因此，或许在一定程度上可将克氏看作 19 世纪的伯希和。目前学界在习惯上容易把伯氏当作这种汉学式内亚研究的开创者，事实上这种学风早在一个世纪以前的克拉普罗特那里就已显现得相当成熟，他和伯氏一样都属于依靠汉学起家，但学术足迹最终又大大超出传统汉学樊篱的"超级东方学家"。

上述从汉学出发再延及内亚语言历史的研究路数在克氏英年早逝后继续在德国传承下来，虽然后继者在掌握相关语言的数量上不一定都能达到克氏的高度。在 19 世纪中后期，继承了这一学风的德国汉学家代表应属艿兑（W. Schott, 1807 – 1889）和贾柏莲（G von der Gabelentz, 1840 – 1893）。其中艿兑掌握的语言工具较多，除了汉语之外，还基本上覆盖了阿尔泰语系的主要语言——突厥语、蒙古语和满语。他大体上是最早对这一语系进行整体研究以确定其存在起源关联性的学者之一，并且作为汉学家同样长于爬梳汉文史料

---

① M. Gimm, "Zu Klaproths erstem Katalog Chinesischer Bücher, Weimar 1804", in. *Das andere China：Festschrift für Wolfgang Bauer zum 65 Geburtstag*, Weisbaden：Harrassowitz, 1995, SS. 559 – 599.

② 克氏的考察日志在 1812 年初刊，并在 1970 年再版。参见 J. Klaproth, *Reise in den Kaukasus und nach Georgien*, 2 V. Leipzig：Zentralantiquariat d. DDr, 1970.

并从中发掘内亚民族的历史信息。① 贾柏莲虽然对内亚语言的掌握在数量与程度上皆不及芍兑，但因为其父 H. C. von der Gabelentz（1807 - 1873）也是德国满文研究的奠基人之一，因此家学背景促使他对于满语等非汉语种也不陌生，出版过研究满汉对照的《太极图》的论著。②

而这种学风继续传至 19 世纪至 20 世纪之交的代表人物则是名高一时的顾路柏（W. Grube, 1855 - 1908）和福兰阁（Otto Franke, 1863 - 1946）。顾氏的内亚研究聚焦在语文方面，突出成果便是研究明代《华夷译语》中的《女真译语》部分，其成就至今不可忽视。③ 他以汉语入手，进而研究《华夷译语》这类汉语 - 内亚语言相互对照的双语辞书的语文学研究路数显然与克拉普罗特对回鹘语的类似研究一脉相承。显然在对《华夷译语》这类双语材料的研究中，古汉语起着入门指南的津梁作用，而有别于一般东方学者的汉学家的职业素养也由此能够得到充分展现与发挥。同时也正像克氏通过深研回鹘语这种古代语言而渐渐产生了对于 19 世纪新疆一带流行的近代突厥语的浓厚兴趣一样，④ 顾路柏也对通古斯语族的现代语言形式（主要是赫哲语）进行了研究，其取得的成果在西方的相关研究中具有开拓性的意义。⑤ 随后他又对现代蒙古方言的某些特

---

① H. Walravens, "A Forerunner of Louis Ligeti", in. A. Sárközi ed. *Altaica Budapestinensia MMII: Proceedings of the 45th PIAC, Budapest, Hungary, June 23 - 28, 2002*, Budapest: Eötvös Loránd Univ. 2003, pp. 395 - 403.

② G. von der Gabelentz, *Thai-kih-thu, des Tscheutsi, Tafel des Urprinzipes mit Tschu-Hi' Commentar*, Dresden 1876.

③ W. Grube, *Die Sprache und Schrift der Jučen*, Leipzig, 1896. 该书后来在 1941 年于天津再版。

④ 克氏对于回鹘语和近代新疆突厥语的浓厚兴趣与精深造诣导致他最终坚信两者之间存在直系继承关系，再考虑到语言和民族的对应关系，他首次建议将新疆操突厥语的所谓"东部突厥斯坦"居民改用维吾尔人这个新名词来指代。这一基于学术研究而非政治实用目的的倡议在随后近一个世纪的不断实践中逐渐被国际东方学界和相关国家政府所共同采纳。

⑤ W. Grube, *Goldisch-deutsches Wörterverzeichnis mit Vergleichender Berücksichtigung der übrigen tungusischen Dialekete*, St. Petersburg, 1900.

征进行了一系列的描述性研究。① 与顾氏的研究形成鲜明对比的是，福兰阁的学术兴趣完全集中在历史方面，中原王朝与周边民族的政治关系成为他重点关注的课题之一。为此他曾编辑过荷兰学者高延的相关专著，又发表过上百页的讨论汉文史料中的塞人和突厥人问题的长文。② 此外有关中国的内陆亚洲边疆历史的内容同时也是他的多卷本《中华帝国史》中的一个主要侧重点。虽然福氏在考据的原创性上建树有限，但他作为职业历史学家的善于综合写作的突出优点却无法否定。③ 此外，像闻宥这样同时精通语言与历史的硕学则充分肯定了他所著的关于《蒙古秘史》研究论文的学术价值。④ 要之，他与顾路柏的学术组合使得德国在汉学模式下的内亚研究方面继续保持着领先势头。

以柏林大学为主要学术阵地的顾路柏和福兰阁在教学上的成绩则是培养出了青出于蓝的弟子劳费尔（Berthold Laufer，1874 – 1934），他稍长于伯希和，在柏林和莱比锡受到了以汉语为主的多语种和多学科的系统知识训练，尤以语言天赋和悟性奇佳而闻名学界，1908 年迁居芝加哥后，改用英语发表论著。其平生的最大治学特点是善于把语言学和民族学融汇结合，从而在内亚的语言研究、中国与西方在文化与物种方面的交流以及素称专门的科技史领域中

---

① W. Grube, "Proben der Mongolischen Umgangssprache", *Wiener Zeitschrift für die Kunde des Morgenlandes*, Vol. 18/1904, SS. 343 – 378; 19/1905, SS. 26 – 61; 25/1911, SS. 263 – 289.

② J. M. De Groot, *Chinesische Urkunden zur Geschichte Asiens*, Ⅱ. *Die Westlande Chinas in der vorchristlichen Zeit*, ed. by O. Franke, Berlin-Leipzig, 1926; O. Franke, Beiträge aus chinesischen Quellenzur Kenntnis der Türkvölker und Skythen Zentralasiens, *Abhandlungen der Preussischen Akademie der Wissenschaften Phil. hist. Klasse*, 1904, Anhang.

③ 1930 年南京的中央研究院曾拟聘福氏为近似于今天外籍通信院士的职位，但是陈寅恪基于学术理由明确表示异议。参见桑兵《陈垣与国际汉学界——以与伯希和的交往为中心》，载氏著《晚清民国的国学研究》，上海古籍出版社，2001，第 197 ~ 198 页。

④ 张永言整理《闻宥遗札》（上），载王元化主编《学术集林》卷五，上海远东出版社，1995，第 81 页。

都极有成就。① 他的语言天分可谓与伯氏处在伯仲之间，惜因未享永年而无以在学术上更上层楼。从 20 世纪 70 年代以来陆续汇集出版的其个人文集的内容来看，劳氏对于内亚的研究无论是在数量还是质量上均超出了其前辈师长和同时代的绝大多数同行学人，在耕耘深度上大体处于和伯希和并驾齐驱的水准。② 顾路柏在柏林大学的另一高足则是选择汉学与蒙古学为主攻方向，并以满学为辅的海尼士（E. Haenisch，1880 - 1966）。日后他成为德国 20 世纪前中期的汉学及内亚研究的中坚，尤其是在《蒙古秘史》的文献学研究上成为伯希和最主要的竞争对手。③

反观这一时期的法国，虽然在汉学与满学的研究上起步较德国更早，这反映在 17 ~ 18 世纪的传教士汉学阶段的初期成果中，而且德经（J. Deguignes，1721 - 1800）院士的相关著述也已为汉学式的内亚研究模式在法国的扎根开了一个好头。不过当传统的传教士汉学到 19 世纪时期彻底转型为职业化的学术研究时，法国却在汉学式的内亚研究方面明显落后于德国。虽然克拉普罗特在其晚年因为个人原因选择前往巴黎定居工作，故其后期著作多在巴黎刊行，④ 但这似乎并未促成相应的学风传入法国。总体上看，在 19 世纪的法国，所盛行的与内陆亚洲有关的汉学研究模式大多还是注重对相关文献（多为求法僧人行记）的翻译注释方面，具体表现在雷慕沙（Abel-Rémusat，1788 - 1832）关于法显《佛国记》的译注和儒莲（S. Julien，1797 - 1873）对《大慈恩寺三藏法师传》和《大唐西域

---

① David B. Honey, *Incense at the Altar*: *Pioneering Sinologists and the Development of Classical Chinese Philology*, New Haven, 2001, pp. 252 - 257.

② H. Walravens, *Kleinere Schriften von Berthold Laufer*, Teil I - II, Wiesbaden: Franz Steiner Verlag GmbH, 1976 - 1979; *Sino-Tibetan Studies*, 2 Vols, New Delhi, 1987.

③ 根据伯氏学生的回忆，伯希和对海尼士抢先发表关于《蒙古秘史》的蒙文复原本一事始终耿耿于怀。参见 D. Sinor, "Remembering Pelliot", in. H. Walravens, *Paul Pelliot (1878 - 1945)*: *His Life and Works—A Bibliography*, XXVIII - XIX.

④ David B. Honey, *Incense at the Altar*: *Pioneering Sinologists and the Development of Classical Chinese Philology*, pp. 121 - 122.

记》的翻译上。此外满语长期未能进入东方现代语言学院（专门培养东方学人才的专业机构）的教学计划中，而仅仅在法兰西学院的汉学讲座中保持一席之地。① 虽然上述译注工作迄今仍有相当的学术意义，但毕竟在研究的原创性上较同期已经发展到将汉语和其他语言进行互证发明以综合处理《华夷译语》之类双语文献的德国汉学界来说，明显落于下风已是不争的事实，尽管雷慕沙对于蒙古等民族的语言历史也曾有过一定深度的涉猎。此外，德国当时在满蒙语言的人才培养上业已形成柏林和莱比锡两大重镇，其教研阵容之完整强大，远非同期的法国巴黎可比。

此外德国学界在内亚研究上领先于法国还表现在以下方面。即早在克拉普罗特时代前后，具有德国背景的一批东方学家（当然并不只限于克氏这样的汉学家）曾亲往俄国所属的欧亚内陆进行实地学术考察，有的还直接在俄国刊行著作。除了克氏以外，这批学者中对内陆亚洲民族具有浓厚学术兴趣的代表人物还有帕拉斯（P. S. Pallas，1741 – 1811）和施密特（I. J. Schmidt，1779 – 1847）。其中克氏和施氏虽然在关于古回鹘人的民族属性等具体问题上观点迥异，但支撑他们的共同信念不无相近，即他们都殷切盼望能够在靠近远东的中亚内陆地区发现解决原始印欧人祖先起源地难题的答案，并认为印欧人在早期曾经迁徙进入过蒙藏地区和狭义上的中国西部。其中又以最早翻译刊布《蒙古源流》的蒙古学家施密特的理论走得最远，他曾经推测中国人种实际上是由印度人和高地亚洲人混血形成的种族。② 而生活时代更早的帕拉斯则利用受邀前往俄属亚洲内陆考察的宝贵机会，深入了解伏尔加河流域的土尔扈特人，在 1776 年即出版了至今仍有重要学术价值的两卷本《蒙古历史资

① 〔法〕戴密微：《法国汉学研究史》，载〔法〕戴仁主编《法国当代中国学》，耿昇译，中国社会科学出版社，1998，第 26～32 页。
② T. Benes, "Comparative Linguistics as Ethnology: In Search of Indo-German in Central Asia, 1770 – 1830", *Comparative Studies of South Asia, Africa and the Middle East*, Vol. 44, No. 2, 2004, pp. 117 – 132.

料汇编》。以后从 1785 年起他还在官方资助下前往西伯利亚进行了费时更长的考察，以广泛搜集从语言学、民族学到动植物等各类资料。① 虽然他们的若干观点现在看来有违科学性，但毕竟通过实地考察积累了相当珍贵的知识信息和一手材料，随着相关研究成果和考察行记的发表，促使德国东方学界对内陆亚洲民族历史文化面貌的总体认识远超西欧其他国家的知识界。②

法国学界在相关研究领域的落后状况直到 20 世纪的来临才略有改善。汉学家沙畹（E. Chavannes，1865 - 1918）于 1903 年在圣彼得堡出版了其生平最为重要的著作《西突厥史料》。③ 此书的优点在于，作者充分发挥了其兼备希腊拉丁古典和欧洲汉学双重学术训练水平，因此不仅在东西方史料的选取组织上颇显功力，而且在审音勘同和名物考证上大有创获。可以说，此书的刊布将法国汉学界对内陆亚洲历史的研究带入一个全新的境界中。不过对比欧陆各国学界的进展，法国的内亚研究现状虽然有所改观，但仍旧难称乐观。同样是在 1900 年前后，俄德两国的学者都在相关领域拿出了各自的扛鼎之作。1900 年俄国东方学家巴托尔德（V. V. Barthold，1869 - 1930）的成名作《蒙古入侵时期的突厥斯坦》在圣彼得堡出版。④ 该书一经刊出即受好评，不仅从此奠定了巴氏在相关领域的学术权威地位，而且标志着继《多桑蒙古史》之后，在西方有着悠久传统

---

① D. Schorkowitz, "Peter Simon Pallas（1741 - 1811）und die Ethnographie Russisch-Asiens im 18. Jahrhundert", in. D. Schorkowitz ed. *Ethnohistorische Wege und Lehrjahre eines philosophen: Festschrift für L. Krader zum 75 Geburtstag*, Frankfurt am Main: Peter Lang, 1995, SS. 331 - 344.

② 关于施密特的著述生平，参见 H. Walravens, *Issak Jacob Schmidt: Leben und Werk des Pioniers der Mongolischen und Tibetischen Studies: eine Dokumentation*, Wiesbaden: Harrassowitz, 2002.

③ E. Chavannes, *Documents sur les T'ou-Kiue（Turcs）occidentaux*, St. Petersbourg, 1903. 该书很早即有冯承钧的中文译本。

④ 有关该书的系统性介绍，参见张锡彤、张广达《试论俄国东方学家瓦·弗·巴托尔德对蒙古史的研究及其〈突厥斯坦〉一书》，载元史研究会编《元史论丛》第一辑，中华书局，1982，第 200～213 页。由张锡彤、张广达父子完成的该书中译本已于 2007 年在上海古籍出版社正式出版。

的伊斯兰研究在与蒙古史研究相互整合的基础上业已抵达了全新的
高度。而德国的伊朗学家马夸特自 1898 年发表长文《论古突厥碑
铭中的历史词汇》后，又于 1901 年和 1903 年接连推出两部以中亚
史地为主题的大书，即《亚美尼亚史料中所见伊朗 - 中亚舆地考》
和《东欧 - 东亚历史札记》。① 巴氏和马氏的著作分别从伊斯兰研究
和伊朗学的角度切入内亚研究，在素称难治的相关历史舆地领域的
考察中取得了辉煌的成果。虽然二者皆不能直接利用汉文史料，但
在各自的治学中将欧洲传统的东方学研究技巧发挥到极致，因此博
得了欧洲学术界的一片赞赏之声，它们在当时引起的震动和反响并
不在沙畹《西突厥史料》之下。换言之，法国学界在与德俄等国的
以内亚研究为中心的学术竞争中，依然没有摆脱那种"道高一尺，
魔高一丈"的尴尬局面。

还是在 1900 年前后，英、俄、德等欧洲大国抢先一步，利用
清末中国主权沦丧的衰弱时机，陆续从俄属中亚和阿富汗进入中
国的新疆和甘肃地区进行肆无忌惮的掠夺式考古发掘，将通过各
种手段巧取豪夺的文物和文书整箱整车地盗运回国，由此成就了
这些国家的知识界直接利用全新出土资料研究内陆亚洲的学术辉
煌。② 可能是因为本国的殖民利益始终是以东南亚的印度支那为重
心而对内陆欧亚难以顾及，起初法国学界在这场方兴未艾的夺宝
竞赛中仍然处于"后知后觉"的状态，迟迟坐视其他列强在中国
的巨大文物收获而无所行动。最早前往中国西部进行实地探察和
资料搜集的法国科考队则是由军人出身，且缺乏必要学术素养的
吕推（Duteuil de Rhins）率领，此人在考察旅行中处处表现出来

---

① J. Marquart, "Historische Glossen zu den alttürkischen Inschriften", *Wiener Zeitschrift für die Kunde des Morgenlandes*, Vol. 12/1898, SS. 157 - 200; *Ērānšahr nach der Geographie des Ps. Moses Xorenac'i*, Berlin, 1901; *Osteuropäische und Ostasiatische Streifzüge*, Leipzig, 1903.

② 参见〔英〕彼得·霍普科克《丝绸路上的外国魔鬼》，杨汉章译，甘肃人民出版
社，1983；〔英〕珍妮特·米斯基：《斯坦因：考古与探险》，田卫疆、黄建华、
胡锦洲等译，新疆美术摄影出版社，1992。

的那种无视中国主权的霸道作风以及时常冒犯当地民众民族感情的殖民者粗鲁行径最终导致了整个科考工作的彻底失败。吕推本人也落得了一个像马嘉理那样的下场。[①] 谙熟梵藏语言的法国佛教文献学大家烈维（S. Lévi）对该国学界所处的这种落后地位深感焦虑，在他和其他一些有影响人物的努力推动下，受到法国官方学术机构资助的首支新疆探险队在 1906 年夏季终于启程出发，而当时还只是一位年轻汉学家的伯希和作为此行的领队被推到了学术竞争的第一线。也是在这一年，他才在《通报》和《法兰西远东学院学报》上发表中亚史地的论文，从此开始了在这一全新领域几乎达四十年的个人漫长学术征途。

今天探究学术史的学人常常习惯用"天才成群的来"这样的说法来概括那种学术史上因群星闪耀而令人神往的黄金时代。表面上看，这一说辞似乎也很切合沙畹和他的三位杰出弟子一起开创的巴黎学派的全盛时期。不过具体就 20 世纪初期的内亚研究而论，相比其时的德、俄两国，巴黎和河内的学术环境均不令人惬意。总的来看伯希和的师辈中缺乏深通汉语以外的内亚语言的硕学大家，或许烈维是个例外，因此伯氏和他的紧密学术联系可以在目前已刊布的相关学术通信中得到证实。[②] 可惜烈维对于西域语言以外的阿尔泰语系同样并不擅长。而在同时期的西域考察探险中，英德两国皆由专业训练非常精深的学者来承担。以斯坦因为例，他不仅是业务娴熟的考古学家，而且受到过良好的印度学训练，并在这一领域做出过骄人的成绩。目前国际学界通用的印度及中亚古史上重要的梵文历史类文献《克什米尔王统记》（又译《王河》）的英译注释本即

---

① 有关吕推探险队的基本活动情况，参见〔法〕米歇尔·泰勒《西方发现西藏史》（下），岳岩译，载《国外藏学研究译文集》第十一辑，西藏人民出版社，1994，第 394~400 页；杨镰：《法国杜特雷依探险队遭际考实》，载马大正等主编《西域考察与研究》，新疆人民出版社，1994，第 59~79 页。

② R. Lardinois, " Paul Pelliot au regard épistolaire de Sylvain Lévi", in. Jean-Pierre Drège ed. *Paul Pelliot: de l' histoire à la légend*, pp. 234 – 265.

由斯坦因凭一己之力完成。[①] 德国西域探险队的主持人之一的勒柯克（von Le Coq, 1860 – 1930）受到过专业化的突厥学训练，另一位关键人物格伦威德尔（A. Grünwedel, 1856 – 1935）则是资深的印度学家，并且在艺术史领域也颇有造诣。和他们令人羡慕的知识背景和从业经历相比，伯氏除了拥有职业汉学家这一有利条件之外，在内亚学术训练的其他诸多方面无疑还只是一个新手。事实上，当法国方面把相关考察的重任承交给伯希和这样一位初出茅庐的汉学家的时候，多少应该看作在缺乏专业性学术人才环境下的无奈选择。而从学术训练来看，像伯氏这种具有显著河内远东学院学术背景的学者，本来大显身手的地点应该是像沙畹那样聚焦于广袤的中国内地，或者是像同样有着非凡语言天赋的于伯（E. Huber, 1879 – 1914）为之献身的热带印度支那，何况他此前已经发表过篇幅近乎专著的深受业内专家好评的《交广印度两道考》（1904）。因此，当伯希和在 1906 年夏从巴黎登上驶向莫斯科的火车并辗转前往中亚和新疆时，对他个人而言，明显属于一种前途未卜的学术转向。那时即使对他的学术能力深信不疑的旁观者也只能对他此去的收获抱一种谨慎的乐观态度，毕竟在十年以前，法国经历了吕推考察队出事的惨痛教训；更不会有人想到，正是这个此前长期在河内工作的年轻人将在若干年后把相关的学术研究中心从柏林和莱比锡成功抢回至巴黎。

二　青出于蓝的一代宗师：伯希和学术宫殿的汉学基石

如前所述，"前伯希和时代"的法国汉学界尚不足以在内亚研究中抗衡在这方面有着悠久学术积累的德俄等国。即使以凭借《西突厥史料》一书为本国学界挣回了荣誉的沙畹来说，他在东方语言上的训练主要还是局限于汉语本身，而对阿尔泰语系下的各种语言

[①]　该书于 2007 年再版，参见 *Kalhana's Rajatarangini: A Chronicle of the Kings of Kashmir*, trans. with commentary by M. A. Stein, 3 Vols. Kashmir: Gulshan Books, 2007.

以及传统伊斯兰研究和印度－伊朗学研究所需具备的各种西亚－南
亚语言均显得较弱,基本上可以被定义为狭义的汉学家或中国学家
之列,因此他后来在《通报》上发表的考释元代双语圣旨碑文的论
著均仅处理其中的汉文部分,而对八思巴字蒙古文的部分则未能释
读。① 他的三大弟子中葛兰言（M. Granet, 1884－1940）所熟悉的
东方语言基本上限于汉语,而另一位弟子马伯乐（Henri Maspéro,
1883－1945）则在汉语之外,还利用在河内法兰西远东学院深造的
机会,较好地掌握了越南语。可以说,除了伯希和之外,葛兰言和
马伯乐的兴趣关注点都不在内陆亚洲而是中国内地和印度支那,虽
然后来马伯乐曾应斯坦因之邀着手整理过后者第三次中亚探险中所
获取的出土文书。②

　　不过在叙述伯希和对汉语以外的各种语言的掌握情况之前,似
有必要对他的汉学功底稍做分析,特别是与他的老师沙畹和两位同
学相比究竟有何独到之处。在此我们不妨把伯氏的汉学素养分为两
大部分:狭义上的汉语能力和更为深入的文献学知识。以前者而
论,一般公认葛兰言的汉语能力最弱,此点学界早有定评,当初丁
文江在《中国社会与政治科学》（The Chinese Social and Political Sci-
ence）1931 年第 15 卷 2 期上发表的针对葛氏著作的苛评即由此引
发。马伯乐一向被认为长于汉语,可是按照闻宥的评价,却是“马
伯乐虽以汉学名家,但对于汉文之程度实远不如伯希和”。③ 至于马
氏的书面文献阅读水平如何,曾经翻译过他的论文《晚唐几种语录
中的白话》的冯承钧则有言在先:“马伯乐的研究,我向来是不愿

---

① E. Chavannes, “Inscriptions et piéces de chancellerie chinoises de l'époque mongole”,
T'oung Pao 5 (series 2) /1904, pp. 357－447; “Incriptions et piéces de chancelle-
rie chinoises de l'époque mongole”, T'oung Pao (series 2) 9/1908, pp. 297－428.

② 葛、马二人治中国学的这种“华南取向”清晰地体现在前者在诠释《诗经·国
风》的形成背景时多以东南亚当地社会的知识背景作为类比参照,马伯乐的音
韵学代表作《长安方音考》则多取材于越南语中保存的汉字古音例据,而在讨
论《尚书》中的神话因素时又征引越南民间传说予以比较。

③ 张永言整理《闻宥遗札》（上）,载王元化主编《学术集林》卷五,第 43 页。

意翻译的，因为他的研究，我总觉得有些小疵，而且他对于所引的原书卷页面行，常不校正，错误很多，往往检遍原著才寻得出处，这篇研究也不免有此毛病，所以有几条错解的原文，我径直把他删了，附注的卷页面行，改正的有十之三四。"[①] 据此可知，马氏引用原书不时有误解原文等疏失发生，以致被冯承钧诟病不已甚至影响到其翻译的积极性上。而我们深知冯氏的译作向来以源自伯氏者为最多，却并不见他对后者的引文有过类似的批评或埋怨之语。因此，伯希和对于原文的理解能力实较马伯乐为优诚可论定。综上而论，伯氏不仅在掌握语种的数量上大大超过马氏，而且即以马氏最为擅长的汉语而论，也无法望伯氏之项背，故两人虽然都是难以复制的学术大家，但二人的语言能力，客观上犹存高下之分。

当然对于伯氏的汉语能力，我们在充分肯定的前提下也不必过于夸大，尤其是其早期对汉语音韵学和书面汉语的理解偶然也会有差池。他在早年的一篇针对夏德（F. Hirth）与柔克义（W. Rockhill）合著的《赵汝适〈诸蕃志〉译注》书评中有一处明显的论断瑕疵，即将《佩文韵府》"径路"条中转引的张说诗"径路池水拂藤萝"中的"径路"解释为池名，以为出自《汉书》中的匈奴刀名。[②] 此点理解失误已被张永言先生指出，伯氏转引的张说诗句的原文实际上是"山花迷径路，池水拂藤萝"，故"径路"与"池水"本不相属，而伯氏所做的解释纯属句读误断。张永言同时还对伯氏该文中否定"路"字在音韵史上从未出现过韵尾辅音的判断也有所质疑。[③] 不过从总体上来看，伯氏的汉语理解能力还是令人信服的，他在相关方面的失误远较其他欧洲知名汉学家要少得多。在

---

① 该译文原刊于《中国学报》第一卷第一期，1946，载《马伯乐汉学论著选译》，中华书局，2014，第 486 页。

② P. Pelliot, "Notes sur Chau Ju-kua", *T'oung Pao*, 13/1912, p. 470 No. 3.

③ 张永言：《"轻吕"和"乌育"》，《语言研究》1983 年第 2 期。张永言文中所持"路"字在上古阶段出现过舌根辅音韵尾的论断系来自高木汉，特指先秦阶段而言，而伯氏的看法则同大多数清代音韵学家的观点一致，并得到了王力的支持。此点承聂鸿音师指教。

此不妨以他对唐代《大秦景教碑》的一处文句的理解作为例证。

《景教碑》开篇不久即有如下的表述"洎乎娑殚施妄，钿饰纯精，间平大于此是之中，隙冥同于彼非之内"。[①] 此处前半部分因"娑殚"系魔鬼撒旦（satan）的音译，故文意不难推知，但后半部分的语意究竟何指，则历来的西方译者因其表达晦涩而莫衷一是。伯氏对于这一不易解决的细节问题，先是撰写专文缜密考察，后又在拟刊的专著中详细阐释，充分展现了自己高超的文献理解能力和聪颖过人的学术悟性。[②] 伯氏从古文中的"伺间候隙"一语得到启发，故将"间"和"隙"的词性判断成名词活用为动词，表示"介入、隔开"之类的含义；而后又将历来让人困惑的"平大"解释为"并大"，喻指试图与上帝同等伟大的错误思想观念，继而引用宋人吕本中《紫微王夫人诗》中"萧条象数外，有无自冥同"的用例，将"冥同"理解为同样错误的神秘化归一思想。而最为关键也最费解的"此是"与"彼非"的含义则分别代指当初亚当夏娃在伊甸园的快乐生活和后来因为受惑堕落而被上帝放逐出去的不同阶段。至此《景教碑》中这个让西方传教士和汉学家前后困惑了足足几个世纪的谜团才得以涣然冰释。

对于欧美汉学家来说，具有了基本的汉语理解力只是成长为学术专家的第一步，在此之后他还必须具备相应的版本目录学方面的知识才能独立开展文史研究工作，这类基本训练属于中国学人平时常说的"四把钥匙"中的范畴。恰恰是在文献学的造诣高度上，伯希和达到了自欧洲汉学有史以来的最高水平，甚至在欧美汉学界予人以空前绝后之感。这主要体现在以下方面。首先伯氏在《通报》等刊物上发表的札记式文献学短文以及文献学性质的书评文章数量

---

① 目前国内学界常引的朱谦之著《中国景教》的录文，误作"闲平大于此是之中"。参见氏著《中国景教》，人民出版社，1993，第 223 页。

② Paul. Pelliot, "Une phrase obscure de l'inscription de Si-ngan-fou", *T'oung Pao* 28/1931, pp. 369 – 378; *L' inscription nestorienne de Si-ngan-fou*, ed. avec supplements par A. Forte, Kyoto-Paris, 1996, pp. 196 – 199.

极大，占了其生前发表的 800 多篇文章中的很大一部分。而自欧洲汉学在 17 世纪出现以来，此前还从来没有一位汉学家有学力撰写数量如此庞大浩繁，所涉内容上至先秦秦汉，下到清末民初以至几无涯岸可寻的整个中国历史时期的文献学论述。这些文章的质量如何，还是先来听取业内人士的专业性评价。

身为卜弼德（P. A. Boodberg）的高足，以研究唐代文化史著称并关注中外文化交流主题的薛爱华（E. H. Schafer, 1913－1991）曾在 1982 年的一次关于汉学的讲座中为当时美国的中国文史研究正在迅速告别传统实证路线而深感忧虑，他语重心长地提醒学界："我们这个时代中几乎没有学者能够意识到，那些让他们深感困扰的各类语言学、文献学及文化问题其实每每早在伯希和的短文注释中已得到了解决。"[1] 而曾经负责整理伯希和《大秦景教碑》遗著的意大利汉学家富安敦（A. Forte）在为伯氏梵蒂冈图书馆汉文目录正式出版时所撰的序言中就伯氏生前发表的大量书目学作品做了一个总体性的概括评价："这些文章是关于中国书籍与其历史、作者情况、版本的珍贵信息库，可惜常被人忽略。把这些文章搜集起来，成书出版，并加上一个总目录，当然会使其比目前更为人了解和称许。"[2] 证实伯希和具有极其渊博的文献学知识的一个事例正体现在 1995 年才在京都正式出版的《梵蒂冈图书馆所藏汉籍目录》上，这是他在 1922 年春仅用三个多星期就编撰完成的。这对当时西方汉学界的任何其他文献学专家来说，要在如此短促的时间内胜任这件繁重工作都是难以想象的。

其实对中国的专业文献学者来说，伯希和的相关作品并不陌生。不过中国学界了解的伯氏此类著述仅限于其撰写的若干较长文章。有赖于其著作最积极的翻译者冯承钧先生，国内的专业期刊在

---

① Paul W. Kroll, review of H. Walravens (compiler); "Paul Pelliot (1878－1945): His Life and Works—A Bibliography", *Journal of Asian History* Vol. 36/2, 2002, p. 201.

② 〔法〕伯希和编，〔日〕高田时雄校订补编《梵蒂冈图书馆所藏汉籍目录》，郭可译，中华书局，2006。

1932 年连续登载过他翻译的三篇文献学论文《说郛考》《牟子考》《千字文考》，这只是向中国文史学界介绍了伯氏一小部分文献学研究成果而已。① 而在当时能够单挟传统文献学著作即能唤起中国文史学者普遍关注的欧洲汉学家大概就只有伯希和与以讨论《左传》真伪问题而知名的瑞典音韵学家高本汉（B. Karlgren，1889 - 1978）了。以上文献学论文中，当以发表在 1924 年的《说郛考》影响最大，以后中日各国的学术界都发表过相关新著以回应最初由伯氏提出的种种结论。② 伯氏发表的其他有影响的较长文献学论文还有《耕织图考》和《古文尚书及尚书释文考》。③ 伯氏的以上著述充分证明，即使他在内亚历史语言研究上毫无著述，仅仅凭借这些文献学研究的长篇短札也足以成为有史以来西方汉学界文献功力最深的一位大师。

那么伯希和的文献功底相比当时中国的一流学者水平又如何呢？在王国维的遗著由其门人整理出版后，伯希和出于对这位中国友人的缅怀纪念，同时也为了提醒西方汉学界对王氏研究业绩关注重视，特意在《通报》上发表了评《王国维遗书》的长篇文字。④ 该文除了称赞王氏的成就以外，也就其研究的若干细节问题提出了

---

① 《说郛考》，《国立北平图书馆馆刊》1932 年，第 6 卷 6 号；《牟子考》，《国立北平图书馆馆刊》1932 年，第 6 卷 3 号；《千字文考》，《图书馆学季刊》1932 年，第 6 卷第 1 号。

② Paul Pelliot, "Quelques remarques sur le Chouo Fou 说郛", *T'oung Pao* 23/1924; pp. 163 - 220. 渡边幸三「说郛考」『东方学报』（京都）第九册、1938；榎一雄「书评五种」收入『榎一雄著作集』第七卷、汲古书院、1994、512 - 519 页。中国学者中参与讨论的则先后有饶宗颐、昌彼得和最近的徐三见等人。美国学者艾骛德则因研究《圣武亲征录》也注意到这一问题，参见 Christopher P. Atood 著、向正树译「陶宗仪『说郛』と『圣武亲征录』『蒙鞑备录』のテキスト传承」『东洋史苑』77 号、2011、127 - 145 页。

③ Paul Pelliot, "A propos du Keng tche t'ou 耕织图", *Mémoires concernant l'Asie orientale*, Paris, 1913, pp. 65 - 122; "Le Chou king en caractères et le Chang chou che w en 尚书释文", *Mémoires concernant l'Asie orientale* 2, Paris, 1916, pp. 123 - 177.

④ Paul Pelliot, "L'édition collective des œuvres de Wang Kouo-Wei", *T'oung Pao* 16/1929, pp. 113 - 182; 冯承钧译《评王国维遗书》，载《西域南海史地考证译丛五编》，中华书局，1956。

自己的建设性补充意见。譬如，在讨论王氏《古行记校录》中所收的《王延德使高昌记》时，一方面肯定了其校本远比儒莲的法文译本优秀，但同时也指出该校本在采择传世诸本过程中仍有遗珠之憾。他的这一评价大致同于日本元史学者前田直典（1915～1949），后者在一篇考证九姓鞑靼问题的论文注释中，也指出王氏校本尚有不够完善之处，如果对勘《文献通考》和《挥麈前录》的各种不同版本，犹可校出不少问题。① 伯氏随后在评价《黑鞑事略笺证》时，又以王氏因未克详检胡思敬本以致书中偶有差池，表明关于此书仍有合校诸本的必要。此外对于王氏晚年精心撰就的《长春真人西游记注》，伯希和除充分肯定其注释赅博压倒前人以外，也不忘指出尚有《道藏》中的《玄风庆会录》一文未见征引。凡此种种，皆说明伯希和对于蒙元初期的这几种重要文献做过相当深密的研究，故所做评论皆能切中要害，远非泛泛之词可比。

陈垣是20世纪上半期被各方公认为以擅长文献学而独步海内的史学大师，同时伯希和在20世纪30年代来华期间在公众场合中也将其赞誉为国内史学翘楚。而两人的研究兴趣恰好在摩尼教入华问题上形成交集。在伯希和与沙畹发表《摩尼教流行中国考》（1913）后十年，陈垣凭借自己对文献的熟悉，在补充了大量中文史料的基础上推陈出新，撰就《摩尼教入中国考》（1923）。② 伯希和读到陈氏新作以后，欣慰之余迅速在当年的《通报》上发表《福建摩尼教遗迹》予以回应。③ 他在文中又补充了陈氏失引的明人何乔远《名山藏》中关于福建摩尼教的记载，并且将其与敦煌所出摩尼教文书相对证，进一步肯定了何氏著作的价值。同时伯氏还对陈氏论文中关于福建华表山等地不载于晚期方志史料的判断提出商榷，转而征

---

① 〔日〕前田直典：《十世纪的九族达靼》，辛德勇译，载刘俊文主编《日本学者研究中国史论著选译》第九卷《民族交通》，中华书局，1993，第320页注释4。原文发表于1948年。

② 此文载《陈垣学术论文集》（第一集），中华书局，1980，第329～397页。

③ Paul Pelliot，"Les traditions manichéennes au Fou-Kien"，*T'oung Pao* 22/1923，pp. 193–208；冯氏译文载《西域南海史地考证译丛九编》，中华书局，1958。

引相关文献证实了清代的多种地方志中尚有关于此类名山的记载。有学者对此评价说，伯希和这篇文章好像在和中国学者进行搜集史料的竞赛，力图不断扩展搜索汉文摩尼教史料的范围。① 众所周知，陈垣治史向以竭泽而渔、慎下断语的严谨学风驰誉学界。非有高深文献功力，岂能轻易在极短时间内从其笔下发现漏网之鱼？放眼当时整个西方汉学界，能够具备此等学力者，大概非伯氏不作第二人想。

总的来说，如果与王国维去世以后的中国文史学界进行横向比较的话，伯氏的传统文献学功力或较陈垣、余嘉锡等极少数顶尖学者稍有不逮，但至少较当时活跃在学界的胡适、傅斯年等多数成名学者更具优长，大体和以撰《礼记引得序》荣膺儒莲汉学研究奖，并著有《考利玛窦的世界地图》等考证名篇的洪业处在同一学术层面上。当然伯氏同时拥有的处理非汉文文献的学术素养又是同时代的这些中国文史学者多不具备的。伯希和的文献学水平突出地反映在他多年心血汇成的遗著《马可·波罗注释》一书中。② 在评价伯氏的终身学术成就时，这部在其去世的已刊论著中篇幅最巨的鸿著实具一种近于金字塔塔尖的显耀地位。正如作为其弟子的整理者韩百诗（L. Hambis）在前言中所说的，此书早已不再仅是马可·波罗行记的注释，而是多篇足以展示其渊博学识的专题论文的汇集。而伯氏的中国弟子翁独健先生也有类似定评，他认为其师撰写此书是试图将他毕生的研究心得和广博学识都竭力整合进这部著作的相关条目中，因此才能形成让人惊叹不已的著述规模。书中的多数条目通常就是一篇考证翔实的专业论文，有的条目考证竟至前后长达百余页，篇幅几近十万言。③ 简言之，此书处理的考证课题实际上横

---

① 王楠、史睿：《伯希和与中国学者关于摩尼教研究的交流》，载朱凤玉主编《张广达先生八十华诞祝寿文集》（下），新文丰出版公司，2010，第1289页。
② Paul Pelliot, *Notes on Marco Polo*, 3 Vols. Paris：Imprimerie nationale, 1959–1973. 该书前两卷为正文，第三卷为索引，正文共计近900页。
③ 陈得芝：《马可·波罗补注数则》，载氏著《蒙元史研究丛稿》，人民出版社，第529页。原文发表于1995年。

跨了汉学、阿尔泰学、印度伊朗学和伊斯兰研究等几大领域，它的写作体例决定了它不是那种自成体系、章节清晰的专著，但是终究不失为继巴托尔德《蒙古入侵时期的突厥斯坦》之后再度将中亚研究与蒙元史成功会通的又一巅峰巨制。而从考证创获的深密度和成果的丰硕性来置评，它完全有资格被誉为 20 世纪国际内亚史考证第一书，或者也可以被比喻成在相关学术领域中蕴藏考证成果富矿最多的一座宝山。因此有的西方学者所做的伯希和总是将中亚历史写进他的注释中的这一评价在该书中得到了至为确凿的证实。

该书虽然旁征博引东西方多种语言史料，但其中征引数量最多的依然还是伯氏造诣最深的汉文文献。试以此书中的两则长篇注释性条目"棉花"① 和"女国"② 观之，均可谓注中藏注，考中有考；所涉及的文献数量实堪惊人，这在西方汉学研究史上无疑是空前之作。仅以"棉花"条目下的一个"地生羊"故事的查证稽考为例，伯氏就从金代刘祁的《北使记》开始一直征引到清代以来的大量笔记杂著如《晓读书斋杂录》《茶余客话》《西域闻见录》《榆巢杂识》《两般秋雨庵随笔》等，这还不包括其查考出相关外文文献中的类似记载以及与汉文记载的对勘。可以说，即使在当下可以凭借电子数据库进行检索的有利条件下，研究者要想搜集齐备如此之多而又类型多样的相关史料也是一件十分困难的事，而要打通东西方史料障碍以相互参证就更是难上加难。何况在伯氏之前的欧洲汉学界，不少学者还只能借助《佩文韵府》和查找一些类书来寻找主题相近的史料以勉强敷衍成文。这种治学路径与伯氏的巨著相比，学术境界差别之大实不可同日而语。过去国内学界因受伯氏译著主题的影响，容易对伯希和的文献浏览数量产生不够全面的认识，以为他关注的文献在时代上径直限于与敦煌学研究和蒙元史相联系的中古时期，恐怕难以料想到他对明清以来的晚期文献甚至包括不少冷

---

① 《马可·波罗注释》，第 425～531 页。
② 《马可·波罗注释》，第 671～725 页。

僻著作的具体内容竟然也是如此熟稔，完全可以做到根据自己的研究需要随时随地信手拈来。这也让人联想到他其实早在 1932 年就在《通报》中专门介绍过当时尚少为人知的明末杨英所著的《先王实录》一书。毫不夸张地说，20 世纪欧洲汉学的真正顶峰实际上恰恰就隐藏在《马可·波罗注释》的众多深邃注文中。

而伯氏书中的若干具体考证则明显反映出一种西方学者吸收乾嘉考证优长的学术取向。以他书中关于"女直"条目中的注释为例，其中用数页篇幅讨论了《大金国志》和《契丹国志》两书的真伪问题①。他从严密核查内证入手，同时详细调查元明藏书家的相关书目著述，并汲取清代学者的研究成果，再认真比较两书体例，最后得出结论认为两书实际上都是撰成于元代，原书自题的作者皆为伪托，而且二者皆为同一批书籍撰述计划的产物，甚至极有可能作者相同。因此两书的价值只是抄引保留了一些元人当时尚能见到的宋代著述而已。伯希和的这一考证事实上将两书定性为史料价值高度存疑的疑伪之作。在伯氏去世半个多世纪以后，精熟辽金文献的国内学者刘浦江教授大致采用类似的考证方法，发掘征引出更多的有说服力的论据，最终坐实完善了伯氏当年所下的相关论断，即两书确实均成书于元代（具体应当在 1306 年之前），并出自同一家坊肆书贾之手。② 需要指出的是，刘先生完全是在传统学术背景下成长起来的考据型学者，他在撰写相关论文时并未参考伯希和的著述，而最终得出的结论却又如此相近。这种巧合既证明了考史工作自有其内在的轨辙可寻，同时也反映出伯希和在与中国学者的频繁学术交往中已经熟练掌握了以讲求史源学和注重史料辨伪著称的乾

---

① 《马可·波罗注释》，第 369~371 页。

② 刘浦江：《〈契丹国志〉与〈大金国志〉关系试探》，载氏著《辽金史论》，辽宁大学出版社，1999，第 357~372 页。原文发表于 1993 年。关于这一问题，也可参见同书中所收的《关于〈契丹国志〉的若干问题》《再论〈大金国志〉的真伪——兼评〈大金国志〉校证》两文。惜刘教授因病英年早逝，中断了其原本无可限量的学术道路，参见邓小南、荣新江、张帆主编《大节落落 高文炳炳——刘浦江教授纪念文集》，中华书局，2016。

嘉考据方法并自觉应用于具体的史学研究中。伯氏倘若地下有知，或当为中国学者用相似方法证明其观点而莞尔。

伯希和对清代考据学方法的运用自如甚至还体现在并非他主业的艺术史研究中。20 世纪 30 年代专事搜集中国文物的美国收藏家福开森（J. C. Ferguson）在陶瓷界权威郭葆昌的协助下，校注出版了题名为明代鉴赏家项元汴（1525～1590）所撰的图文并茂的《历代名瓷图谱》一书，一度在文物收藏界和相关学界引起轰动。向来有着敏锐考据意识的伯氏得读此书后，随即发现了它在内证上存在的疑点和硬伤，并再运用其渊博的历史知识，通过严谨的辨伪方法，最终将其考定为一部在 17 世纪中后期的清代才被炮制出来的伪书，可谓对艺术史的研究毫无价值可言。[1] 此文的发表再次震动了相关学界，冯承钧特地将其译为中文，向国人介绍了上述考证成果。[2] 而伯氏此文值得注意的考据方法计有：一是将史源学的方法移用于艺术史，既揭示了书中图录实取材于《考古图》《博古图》等宋代金石著作，同时又明辨出相关文字内容则抄摘取材自明人曹昭《格古要论》和颇不知名的僻书《绍兴稽古图》等。此外他还指出另外一部成书时间相近的伪书《宣德鼎彝谱》在内容取材上和所谓的项著有着明显的共通性。二是认真检证史料以发现其中的漏洞，具体是将书中前序中出现的多位明朝知名人物的生平经历与该书假托的撰写时间进行对证，结果发现了不少硬伤，既有所处时代与成书时间矛盾乖谬的，又有相关人物的官衔与已知史书记载全不吻合的。总之，造伪者因疏于史实，结果多处露出了马脚。三是时间错置的情况也不时可见。譬如文中提到 1428 年时使用的熔铸原料中出现了天方国硇砂和贺兰国花洋斗锡的名称。而伯希和根据自己此前深研明朝与南洋的海上交通史的知识积累（其成果反映在 1933 年所写的近于专著篇幅的《郑和下西洋考》等），查考出明朝与天

---

① Paul Pelliot, "Le pretend album de porcelains de Hiang Yuan-pien", *T'oung Pao* 32/ 1936, pp. 15–58.

② 冯承钧译《历代名瓷图谱真伪考》，《中国学报》1942 年第 2 卷 2 号。

方国的往来始于 1433 年，而花洋斗锡的产地是在马来半岛，并且中国对于贺兰（荷兰）的认识肇始于 17 世纪前期。这样在伯氏建立的多重有效证据链面前，这部曾在陶瓷界名噪一时的大书彻底遁现伪书的原形。此文虽使伯氏开罪于一些收藏界资深人士，但成为传统考据方法运用于艺术史研究的经典文章。

综合地看，虽然不可否认其确有常人难及的天赋，但伯希和汉学研究的两大法宝是精深博大的文献学知识和极其敏锐的考证悟性。而这两点实际上都来源于伯氏和中国学界的密切交往，并善于学习吸收清人考据治学的长处和优点，因此在学风路数上和此前的西方汉学家甚至那种人所熟知的传统东方学路数均有显著不同。或者更准确地说，伯氏实际上是通过他自己撰写的一篇篇考证论文把中国传统治学方法中成熟而精华的部分更多地传布到西方汉学界，以从整体上提升西方汉学的实证水准。遗憾的是，虽然伯氏的个人研究水平已经达到向中国文史学界一流水准看齐的地步，可是他的苦心却未必能为大多数西方同行所理解。他们往往只是炫目于伯氏所取得的辉煌成绩，而对隐藏在成果背后的学术训练认识得颇不全面，以致常常片面地把其取得成就的最重要原因归结为个人天分。这也最终导致了在其去世以后，西方汉学的实证水平随即下滑这一令人遗憾的后果。

需要指出的是，伯氏关注的中国学者中有的因为年龄关系，并未与伯氏有过实质性的学术交往，但其研究成果对伯氏产生的影响启发却仍然不可忽视。在这方面，以撰著《蒙兀儿史记》而知名的清末民初学者屠寄（1856～1921）可以说是一个比较典型的例证。在 20 世纪初期的中国，屠氏在掌握元代汉文文献和精于元史考据两方面，皆为当时海内之第一人，突出的考据创获和精辟的史学见解共同使得《蒙兀儿史记》在学术价值上不仅大大超过被北洋政府定为"正史"的柯劭忞《新元史》，甚至若干考证相比已经能够兼取西方史学之长的日本著名学者那珂通世（白鸟库吉之师）先期推出的《蒙古秘史》的第一部现代意义上的学术详注本《成吉思汗实录》也能后出转精。① 可以说，屠氏的学术成果恰好处于中国的元史研究从传统的清代旧史学阶段（以钱大昕、洪钧等为代表）开始向民国时期的新史学（以陈垣、王国维等为代表）转变的中间位置上。尤其是在很大程度上可以被视为《蒙兀儿史记》定本的该书第四版在作者去世后的 1934～1935 年刻印刊行以后，迅速引起了伯希和的高度关注（先前他参考的是该书较早的版本），甚至在一定程度上改变了他的蒙元史研究计划。

此前伯氏关于蒙元史研究的系统性专著写作计划主要是围绕《蒙古秘史》的复原与译注而展开，当然同时还在进行其他若干平行的写作计划，如撰写一部以西蒙古人历史为主题的文献学著作（后来成为遗著《卡尔梅克史评注》的基础）和为穆勒（A. C. Moule）《马可·波罗行记》（1938 年出版了两人合作的英译本）提供更为详尽的注释以及关于蒙元时期的基督教士的活动等。而从1937 年开始，海尼士却抢先一步在德国发表他的《蒙古秘史》的复原本，这对伯希和持续了多年的同一课题的研究构成直接的冲击。② 从塞诺的相关回忆来看，此事对于向来性格要强好胜的伯氏的触动是相当大的，以至他对海尼士是终身不肯释怀。在这以后，伯氏对于《蒙古秘史》的兴趣明显在降低，投入的精力也不如往常之多，以致当他去世以后作为其遗著第一种在 1949 年出版的《蒙古秘史》专著只是一个简要的复原本再加上起初六卷的法文翻译，让专家尤为吃惊的是，所附注释通常非常简短，这与伯希和历来大刀阔斧地进行缜密详注的撰著风格大相径庭，因此在学术价值上也远未达到学界的预期，故学者对此书的评价议论也不是很高。或许在伯氏去世以后被整理成书的此类蒙古史著述中只能视作三流之作（相比《马可·波罗注释》等来说）。

---

① 关于屠氏著述的学术成就，参见余大钧《论屠寄的〈蒙兀儿史记〉》，载元史研究会编《元史论丛》第三辑，中华书局，1986，第 219～230 页。

② E. Haenisch ed. *Mongol un Niuca Tobca'an*（*Yüan-ch'ao pi-shi*）；*Die Geheime Geschichte der Mongols*，Vol. 1，1937，Vol. 2. 1939. Leipzig：Otto Harrassowitz.

与此形成对比的是，在他的另一部与弟子合作的遗著《圣武亲征录译注》（1951年出版）中，学界却再度领略到那种唯他独有的注释极其详尽的论著风格。① 根据此书的前言介绍，此书原文的法文翻译是韩百诗应伯希和的要求于1935年完成，而后伯氏开始对韩百诗复原的蒙古语专名进行修正，并共同开始注释工作。事实上根据塞诺的回忆，正文后面的详尽注释大半应归功于伯希和。不过需要强调的是，两人完成的这一《译注》其实只是注释了全书正文的一小部分内容而已，其实《圣武亲征录》本来就不是一本篇幅很大的汉文史书，其记事只限于成吉思汗和窝阔台两代人时期，远比《蒙古秘史》短得多。但是，即使以这样一部小书来说，《译注》所完成的部分也仅止于成吉思汗和王罕逐渐产生怨隙以及前者再次讨伐塔塔儿部之役的部分。然而，更出人意料的是，伯氏和他的弟子对如此之少的正文内容加上了400页以上的详细注文。可以说在迄今为止欧美学界所产生的大量汉学及内亚史笺注类著作中，尚无一本书的正文与注文在篇幅数量上反差如此之大。换言之，在目前如林的汉学或内亚史学术著作中，要找出一部对正文笺注最赅密之作，恐非《圣武亲征录译注》莫属。纵然暂不考虑该书的考据原创性如何，仅从这一点上观察，它在相关学术史中也理应占有一席之地。伯氏在具体着手译注时，仿造学界处理《蒙古秘史》时的通行做法，同样将原书正文划分成若干节，目前完成注释的部分只是关于前21节的正文而已。其中第16节原文只有寥寥数语："时闻脱脱复出八儿忽真隩，居统烈泽，上率兵复讨之"，与之对应的注文却几乎有整整五页的篇幅②。支撑赅密注释的考证工作量之繁复，由此可见一斑。

那么导致伯氏将蒙元史研究重心从《蒙古秘史》转移到《圣武亲征录》这样一部在知名度上明显逊于前者的汉文史料的原因何在

---

① P. Pelliot et L. Hambis trad. et anno. *Histoire des campagnes de Genghis Khan. Cheng-wou ts'in-tcheng lou*, Leiden：Brill, 1951.

② 《圣武亲征录译注》，第382~386页。

呢？从史料的原始性来看，他认为《圣武亲征录》和《史集》中的相关部分均是源出《金册》（*altan debter*）的平行译本（一为汉语，一为波斯语），前者同时又是《元史》中头两卷本纪的史源。[1] 同时在他的心目中，《金册》的重要性还应在《蒙古秘史》之上（详见下节），因此在《金册》的蒙古文原文已佚而早期蒙古历史史料现存有限的情况下，通过参照《蒙古秘史》《史集》《元史》等汉文文献的记载异同来详细笺注《圣武亲征录》不失为厘清史源以最终重建蒙古早期历史的有效途径，所以伯氏关于蒙古早期历史的大量考证成果自然也就体现在《亲征录》的注释中。反过来说，与《马可·波罗注释》相似，《亲征录》的正文很大程度上也为作为汉学家的伯氏笺证这段历史提供了一个可以详细拓展其考证成果的史料平台。从这一点上看，伯氏在其学术生涯后期重《亲征录》而略《蒙古秘史》的工作重心调整十分清晰地体现出其平生治学虽然多从语言学入门，但最终的学术旨趣还是转向到史学研究的领域。可惜完成的笺注部分占全书的比例非常有限，相较伯氏欲通过笺注此书以全面重建蒙古兴起之际的史实这一宏伟目标距离甚远，而且由于许多注释内容过于集中在对音勘同等技术细节上，所以即使专业读者有时也难于从中把握住伯氏对于早期蒙古历史的独到见解。因此史学界在利用此书时，还需参考《马可·波罗注释》中成吉思汗词条[2]内的有关内容，后者往往更为明朗畅快地展现出伯氏关于早期蒙古历史的基本认识。

此外，屠寄的《蒙兀儿史记》在某种程度上恰是当时主要利用汉文史料系统整理蒙元历史的考据最为深入的一部专著，虽然也存在不少论断失误之处，但因为该书引用史料极其丰富且皆明示出处，所以

---

[1]　Pelliot et L. Hambis trad. et anno. *Histoire des campagnes de Genghis Khan. Cheng-wou ts'in-tcheng lou*, XIII - XV. 伯希和的这一判断被许多学者接受，但也有学者如亦邻真认为《金册》本身是从汉文实录翻译成蒙古文的，因此并非《亲征录》的史源。故这一问题仍有商榷余地。

[2]　《马可·波罗注释》，第 281 ~ 363 页。

对于伯希和这样擅长选择、鉴别并利用繁复史料，同时悟性又异常敏锐的考据型汉学家来说，自然就是一座再好不过的基础平台，伯氏所独具的精深学力使其能够最大限度地汲取此书提供的大量史料信息和考据成果，作为自己在学术上再上层楼的坚实基础。因此虽然那珂通世早在 1915 年就已发表了此书的校注本（《校正增注元亲征录》），但后来在研究上能够给伯氏更多启发并与其进行学术对话的著作还是他在 1930 年代后期读到的屠寄此书的定本，所以在他对《亲征录》的精细注释中，《蒙兀儿史记》自然就成为伯氏征引评价最多的前人成果。事实上刘迎胜教授早在 1980 年代的关于察合台汗国的研究中已经注意到，屠氏此书出版以后极大地激发了伯希和的研究热情，故在《亲征录》的注释中对此多有评注，而且其中有的论述正是因受屠著的启示故较自己的先前研究有所深入。① 他所指出的这种情况其实在《亲征录》的注释中相当普遍。

伯氏深受屠寄影响的另一著作则是仍然由他和韩百诗合作完成的《〈元史〉卷 107〈宗室世系表〉笺注》。② 该书的写作分工大致与《亲征录》相似，也是由韩百诗完成正文的翻译和初步的人名还原，而伯氏则主要负责修正译文并加上更加详细的注释。最后该书同样成为一部因注释缜密而正文多达 160 页的专著。屠氏之书再度成为伯氏在笺注过程中征引最多的一部著作，伯氏在书中的许多具体讨论往往都是从分析推敲屠寄的考据得失开始的。当然无论是王国维，还是屠寄，因为在多语种史料的勘同互证上确有学术训练的不足，所以难免时有考证上的失误臆断之处。③ 对此伯氏无论是在

① 刘迎胜：《西北民族史与察合台汗国史研究》，南京大学出版社，1994，第 47 ~ 49 页，59 ~ 60 页。

② L. Hambis et P. Pelliot trad. et anno. *Le chapitre CVII du Yuan Che*, Leiden: Brill, 1945.

③ 这种知识结构上的缺陷在当时民国前期的那一代本土元史学者群体中较为普遍，以同时期成名的另一位大家陈垣来说，当他在完成《元西域人华化考》后，因自知治蒙元史所需语言工具的薄弱，遂逐渐将关注重点转移到其他学术领域以求扬长避短。参见萧启庆《推陈出新的史学家陈垣》，载氏著《元代的族群文化与科举》，联经出版公司，2008，第 392 页。

《评王国维遗书》中，还是在《亲征录》等书的笺注中，都明确予以指正，并代之以自己认为更为合理的考据答案。而且在重视汉文史料之外，伯氏同样敏于稀见非汉文史料的引用，像以《〈宗室世系表〉笺注》为例，应当是在他的建议下，韩百诗还征引了巴黎图书馆收藏的帖木儿汗国时期的谱系史料《贵显世系》（Le Mu "izza" l-Ansāb）。此类参照非汉文史料所取得的考证成果当然不再是屠、王这一代中国学者所能想见的了。事实上，以后国内元史学界能够直接引用非汉文史料取得原创性考证突破的韩儒林、邵循正、翁独健这三位在民国后期成长起来的学者无一例外地都曾在学生时代问学于伯希和。

概括地说，《马可·波罗注释》和《圣武亲征录译注》正是足以代表伯氏最高学术水平的两部著作，唯两者的风格迥然不同，如果说前者在考证上是以知识淹博和视野宽广取胜的话，那么后者则是仄深型考证著作的突出代表。两者同样均为汉学研究与内亚研究相互渗透结合的力作，故一致体现出空前可贵的研究深度。

三 大师无师的治学路径：汉学为体，"虏学"为用

综上所论，在伯希和的整个学术体系中，汉学无疑构成了最为重要的治学基石。但是研究内亚史的学者常常还需要处理兼顾多种类型的非汉文史料，而在这方面，伯氏又有何种表现呢？首先，伯氏在这方面的业绩是他在新疆和敦煌取得了大量非汉文写本资料，尤其是从王道士处获得的藏经洞文献收藏在质量上甚至还高于早他盗宝的斯坦因。这些写本涉及汉语之外的多种语言，例如粟特语、于阗语、吐火罗语、梵语、藏语、回鹘语等，内容题材兼有宗教经典（多为佛教）和世俗文献，对于研究西域地区的历史语言文化的重要性不问可知。而当伯氏返回巴黎之后，有着深厚学术素养的他比别的汉学家更能意识到整理这批资料的重要性和难度之大。因此，他委托了相关的专攻印度－伊朗学的语言学家采取分工的做法

来整理研究这些资料。

其中专攻伊朗学的高狄奥（R. Gauthiot）和邦文尼斯特（E. Benveniste）负责研究伊朗语族下面的粟特语文献。这两人都是精通伊朗语族的比较语言学大家，因此承担这种任务非常合适。相比之下不属于印度 - 伊朗语族的吐火罗语文献的整理最为棘手，因为当时整个欧洲学界都缺乏能够胜任这种工作的专业人才。大概是考虑到这类文献中佛经较多，而吐火罗语文献又是用印度流行的婆罗迷字母写成，因此既熟悉这种字母的拼写正字法，同时又谙熟梵藏佛经文献的资深印度学家烈维被委以攻克这一难题的重任。而另两位印度学家菲诺（L. Finot）和菲利奥扎（J. Fillozat）则负责梵文写本的整理，后者还继烈维之后也整理过吐火罗语文献。藏学家巴科（J. Bacot）和拉露（M. Lalou）则受邀整理数量十分庞大的藏文文献。① 显然，这一学术名单已经是当时法国东方学界倾全国之力所能拿出的最强阵容了。凭借着这些学者的辛勤工作，法国在西域出土胡语文献的研究成果上渐渐缩小了与德国的学术差距。而伯希和的贡献除了将相关文献根据其性质委托给不同的专家进行研究以外，还体现在以下方面。

第一，在非汉语文献的整理过程中，作为汉学家的伯希和本人并未袖手旁观，而是根据整理的需要不时参与工作，用自己汉学方面的专长积极配合相关专家的研究工作。这主要体现在对粟特语文献的研究中。法藏粟特语文献中有一部分量较大的写本是《佛说善恶因果经》，而它与相关的汉文佛经关联性十分密切，或即译自汉文佛经，因此在校正、释读原文过程中需要时时参考相应汉文佛经的具体内容以助比定。故在此环节中，汉学家的作用就不可或缺，所以这部粟特语佛经的整理是由高狄奥、邦文尼斯特和伯希和三人共同完成。② 藏

---

① 荣新江：《海外敦煌吐鲁番文献知见录》，江西人民出版社，1996，第 42 ~ 52 页。

② R. Gauthiot，P. Pelliot et E. Benveniste，*Le sūtra des causes et des effets du bien et du mal*，3 Vols，Paris 1920，1926，1928.

文文献整理中也有类似情况，伯希和因其渊博的学识，曾协助巴科释读法藏藏文文献中反映唐代内陆亚洲民族历史信息最为丰富的一件文书《北方王统世系报告》（或许在敦煌藏经洞所出的全部胡语文书中也是如此），只是其成果直到 20 世纪 50 年代才予以发表。①

第二，有些胡语文献的整理因一时难以找到合适的人选，故伯氏曾经考虑过由自己接手。譬如在回鹘文文献的整理上，法国的突厥学基本是以中东的奥斯曼土耳其帝国作为研究对象，对回鹘文文献的研究属于缺门，不像德国早在克拉普罗特的时代对回鹘文的研究就已步入正轨，而到 20 世纪初期又相继涌现了像葛玛丽的老师缪勒（F. W. K. Müller）和班格（W. Bang）这样的大家。可惜伯氏大概因为兴趣太广，而无法将精力较多地投入分配在这方面，所以他对回鹘文写本的整理成绩主要只是完整地翻译了《双恩记》这一具有佛经故事性质的文献。② 至于对该文献非常详细的注释本和法藏回鹘文文献的系统编目及翻译工作则是"二战"以后由定居巴黎的美裔学者哈密屯（J. Hamilton）完成的。此外，于阗文文献的整理一时也难以找到合适的学者，伯希和本人最初也对此产生了浓厚兴趣，试图通过比对有汉文对应的相关佛经来找到一条入门的捷径，不过在涉猎之后还是未能坚持下去。③ 因此这批文献最后还是转交英国的于阗文大家贝利（H. Bailey）来完成整理工作。

总体上说，作为汉学家的伯希和在非汉文文献的整理中主要是起配合和辅助的作用，当然对于汉学家来说，能够积极参与其中已属难能可贵，毕竟术业皆有专攻，不必要求一位汉学家去完成其他专业学者分内的事务。事实上，释读这些中亚死文字写本的工作早已注定成为只有极个别学者才能承担的事业，甚至有时译解一件写

---

① J. Bacot, "Reconnaissance en Haute Asie septentrionale par cinq envoys ouigours au Ⅷ e siècle", *Journal Asiatiques* 1956, pp. 137 – 153.

② P. Pelliot, "La version ouïgoure de l'histoire des princes Kalyānamkara and Pāpamkara", *T'oung Pao* 15/1914, pp. 225 – 272.

③ H. Kumamoto（熊本裕）, "Paul Pelliot and the Deśanā-parvarta of the Suvarnabhāsa-Sūtra", *Bulletin of the Asia Institute* Vol. 19, 2009.

本需要耗费一位专家毕生的时间。这正如一位印度学专家所指出的："能够负担起这种任务的人在一个世纪内往往也只能出现两个，而在具有这种能力的人才出现之前，学界只得耐心等待。"① 所以，当初傅斯年在称颂伯氏学术业绩时所描述的"伯君将已泯灭之数个中亚语言恢复之，为中亚史之各面及中国外向关系增加极重要的几章"显然属于并非出自专家内行的过誉之词，不尽契合伯氏的实际学术贡献。②

伯希和虽然自身并非专业的西域胡语专家，但依然能够凭借其渊博的学识和汉学家的专业背景与当时欧洲第一流的相关专家进行学术对话。他曾经针对以擅长出土写本研究的德国印度学权威吕德斯（H. Lüders）的大作《东突厥斯坦历史地理考》发表过《库车阿克苏乌什古名补考》以补证他的考释结论，并阐述其研究的历史价值。③ 此后，伯希和在西域胡语研究中最重要的工作就是参加长期困扰欧洲的东方学界以致相关争论持续了多年的"吐火罗语"定名问题的讨论，他发表的相关论文主要是《吐火罗语与库车考》和《论吐火罗语》。④ 这一争论先由最早成功解读新疆吐火罗语写本的德国学者西格（E. Sieg）和西格林（W. Siegling）发起，他们将这种原本未知其名的写本定名为吐火罗语，而回鹘学家缪勒也从回鹘文文献的角度支持这一比定。而同样有着这种语言写本整理经历的法国学者烈维很快做出回应，在 1913 年和 1933 年先后刊出两文，与之进行商榷。⑤ 他对上述德国学者的名称比定结果持保留态度，

---

① 〔英〕彼得·霍普科克：《丝绸路上的外国魔鬼》，第 225 页。
② 参见欧阳哲生编《傅斯年全集》第五卷，湖南教育出版社，2000，第 469 页。
③ Paul Pelliot, "Note sur les anciens noms de Kuča, d'Aqsu et d' Uč-Turfan", *T'oung Pao* 22/1923, pp. 126–132. 冯译作《库车阿克苏乌什之古名》，载《西域南海史地考证译丛一编》，商务印书馆，1934。
④ Paul Pelliot, "Tokharien et koutchéen", *Journal Asiatique* 1934, pp. 23–106; "A propos du tokharien", *T'oung Pao* 32/1936, pp. 259–284. 有关译文参见冯承钧译《吐火罗语考》，中华书局，1957，第 64~135、136~156 页。
⑤ 冯承钧的译文分别作《所谓乙种吐火罗语即龟兹语考》《吐火罗语》，参见冯译《吐火罗语考》，第 11~42、43~63 页。

认为后者所拟的乙种吐火罗语（即吐火罗 B 语）应当正名为龟兹语，对应新疆突厥化之前库车一带土著居民的通用语言。而所谓的流行于焉耆与吐鲁番的甲种吐火罗语（即吐火罗 A 语）则暂时无妨名从主人地定名为 Arsi（？安西）语，总之不大赞同德国学者用葱岭以西、阿姆河以南的吐火罗这一地理名称来命名塔里木盆地发现的这种内部存在区别的印欧语系西支语言。

而伯希和则对争论双方的观点有所调和，一方面列举汉文、回鹘文文献从史学方面证明烈维的龟兹语说尚可成立，此前德国学者所做的将后者与贵霜相联系的比附无法成立。另一方面，伯氏又多方寻找证据，揭示葱岭以西的吐火罗地区和塔里木盆地历史上一直存在密切频繁的交流，试图从历史背景上证明流行于焉耆与吐鲁番的甲种吐火罗语才是名副其实的吐火罗语。当然随后的学术发展，尤其是吐火罗地区在战后发现了用希腊字母拼写的所谓大夏语文献以后，基本证实了质疑派的主张，即烈维及伯希和力主的龟兹语定名的妥当性，同时所谓的吐火罗 A 语也并非起源和流行于中亚的吐火罗地区。[①] 故伯氏的第二项主要结论实际上已不能成立，而学界只是狃于常习，才继续沿用吐火罗语这一称呼。此后虽然不时偶有争鸣，但多数西方学者还是认为由德国学者定名的两种吐火罗语在学术上应当改称焉耆 – 高昌语和龟兹语才更为准确。在这场持续了半个世纪以上的学术大讨论中，伯氏的观点虽然没有都被最后证实，但其文所附的关于西域历史地理方面的翔实考证有助于学界更多地从历史角度来审视这一此前多限于语言学家之间的争辩。

伯氏惊人的学术敏感性还突出地反映在当 1931 年德国粟特学家赖歇特（H. Reichelt）对英藏斯坦因所获粟特语信札的初步研究报告正式发表以后，他于当年随即写撰写评论，强调其中一封书信中已获释读的部分内容反映了洛阳被战火毁灭的重大历史事件，而它应该与书信的撰写时间大致同时。这样书信的时间就被明确压缩到

---

① 有关的研究概述参见张广达、耿世民《唛里迷考》，《历史研究》1980 年第 2 期。

了中古时期洛阳陷入战火浩劫的三个时间值（公元 190 年、311 年、535 年）的狭小范围内。总的来说，伯氏并不同意此前由这批书信的发现者斯坦因提出的 2 世纪说。[①] 十多年后，正是在伯氏这篇书评的启发影响下，亨宁（W. B. Henning）撰文详细论证支持了这批书信成书于 4 世纪初期"永嘉之乱"的观点，并逐渐成为在讨论上述粟特语文献断代问题时被后来多数学者所接受的主流化的意见。[②]

附带一提，现已整理出版的伯希和遗著系列中，自以蒙元史著述最多，西域历史地理主题的作品目前只有 2002 年由戴仁整理出版的考察唐代吐鲁番及其周边地区交通路线的一部著作。此书依然延续了伯氏治学格局宏大而又精细缜密的学风，故讨论的断限并不止于唐代，而是上至两汉，下及元明，对于读者综合了解西域东部地区交通干线的历史变迁及相关历史问题颇有裨益。[③] 至于汉唐以降塔里木盆地其他地区的史地研究，伯希和实际上是在《马可·波罗》的若干词条的注释中详细披露了他的考证成果。较具代表性的是书中的"哈密里"（该书第 153 ~ 156 页）、"喀什"（该书第 196 ~ 214 页）、"于阗"（该书第 408 ~ 425 页）等条目，均可看作西方学界在 20 世纪前期在西域史地研究中达到的最高水平。其中像在"喀什"条的最后 3 页，伯氏首次利用当时于阗语研究中业已揭示出的 upa- > va、-d- > -ʝ-这类音变规律，结合唐宋时期的僧人传记和佛典辞书中的记载来澄清中古汉语中所习见的僧人名称和尚等词与唐朝西域西部的于阗 - 疏勒语的亲缘关联性。伯氏的以上观察虽非定论，却为以后继续考察此类问题的学者指明了合理的研究方向。显然，对伯希和来说，应当还有一些与西域相关的条目或已处在酝酿之中，惜因其突然去世而未及撰写。

---

① Paul Pelliot, rev. Hans Reichelt: *Die soghdischen Handschriftenreste des Britischen Museums in Umschrift und Übersetzung*. 2. Teil, *T'oung Pao* 28/1931, pp. 458 – 459.

② W. B. Henning, "The Date of the Sogdian Ancient Letters", *Bulletin of the School of Oriental and African Studies*, Vol. 12, 1948, pp. 601 – 615.

③ Paul Pelliot, *Les Routes de la Région de Turfan sous les T'ang*, ed. Jean-Pierre Drège, Paris: Institut des Hautes Études Chinoises, 2002.

　　总体来说，伯氏在西域研究上的贡献虽然同样卓越，但似乎比他的蒙元史研究的成绩显得要略逊一筹（当然有时他在这两大领域的成果也互有交集）。出现这种情况一方面是因为 1930 年以后，他主要的精力多花在蒙元史上，除了体现在后人整理的其遗著多与蒙元史有关以外，也表现在其生命中最后四五年中业已写就发表或拟将发表的专题考据论文同样大量集中在该领域，大概只有 1948 年发表在《通报》上的具有专著篇幅的长文《〈明史〉中的火者与写亦虎仙考》中的主要内容涉及明代西域史主题。[①] 另一方面是因为他对印欧系西域胡语材料的擅长程度无法和其对汉语、突厥－蒙古语等治学工具的掌握相比较，故不宜在这方面过多投入精力。换言之，即使对于伯氏这样才绝一世的学者，也存在一个扬长避短，以合理分配精力与时间的选择问题。不过由于他对地理上的蒙古一带并未做过实地学术考察，更未组织过任何考古发掘工作，故其蒙元史研究始终不脱明显的文献本位特征，以此和他在西域研究领域中多少带有"二重证据法"的学术格局形成反差。

　　需要指出的是，相比起以处理西域胡语材料为重心的印度－伊朗学与汉学的疏远关系，阿尔泰学与汉学的关系则要密切得多。[②]如前所述从克拉普罗特时代开始，兼治汉学与阿尔泰学的情形即已出现，并在德国一直持续到 20 世纪，只是这种学风长期以来在法国汉学界不甚流行。伯氏的突出之处即在于一反本国前辈固守汉学一隅的做法，而是以汉学为基础，进而最大限度地从汉文史料中汲取阿尔泰学的各种知识信息，最终实现两大学科的融会贯通。而实现这种学术突破的一个有利切入点即历史上留下来的汉语与突厥－蒙

---

① Paul Pelliot, "Le Hoja et le Sayyid Husain de l'histoire des Ming", *T'oung Pao* 38/1948, pp. 81－292.

② 狭义阿尔泰学下的突厥学研究主要涉及和中国关系密切、活动在内亚地区的古代突厥系民族的语言历史与文化，地域空间一般不包括中亚以西的地区，而其对应时限多在近代以前，因此从塞尔柱到奥斯曼系统的突厥研究从学科属性上通常被直接划归中东伊斯兰研究的范畴。

古语言互相对照的双语文献材料。对伯希和来说，最重要的此类资料就是明代四夷馆人员为了实用目的而编撰的《蒙古秘史》和《华夷译语》中的相关部分。对这些材料的刻苦钻研使得伯氏在缺乏专业语言导师或同行指教切磋的不利条件下，仍然能够充满自信地从事研究。

1928 年土耳其学者里扎·努尔（Riza Nour）将回鹘文《乌古斯汗传》首次全文翻译成法文正式出版。早已关注这一史料的伯希和随即做出反应，在《通报》上发表上百页的长文，进行详细评价，堪称其平生发表的最长书评体论文。[①] 该文的主体部分是对努尔原书中关于《乌古斯汗传》中的突厥语疑难词进行词义上的重新考释。伯希和注意到作者不善于利用明代《华夷译语》中的《高昌馆译语》，导致对许多中古回鹘词语的理解不得要领。因此伯氏在书评中大量引用这部珍贵的回鹘语－汉语双语辞书，以详细检查原作者的释读，结果订正了许多讹误不确之处。同时这种细致的词汇学考察所反映出的《乌古斯汗传》和《高昌馆译语》在语言上的明显契合性也促使伯氏最终认为，回鹘文《乌古斯汗传》的最初成书即在 1300 年之际的吐鲁番地区，以后在 15 世纪于吉尔吉斯之地经过了词语字形的修订，但内容未作修改。伯氏的最后结论或可再议，但他借助《高昌馆译语》中的相关释义以深究《乌古斯汗传》中的疑难词汇无疑是值得肯定的事半功倍之举，同时也表明汉学家的专业训练在突厥学研究中也能够发挥重要作用。反过来说，如果突厥学家不能掌握像《高昌馆译语》之类的与汉语相关的双语材料，那么在回鹘语研究中就会遇到许多难以解决的现实困难。

相比起《高昌馆译语》来说，用汉字音写中古蒙古语并附有相应汉译的《蒙古秘史》对伯氏扩充其阿尔泰学语言知识来说，显然

① P. Pelliot, "Sur la légend d'uγuz-khan en écriture ouigore", *T'oung Pao* 27/1930, pp. 247–358.

更为重要。因此，伯希和很早就着手利用自己具备专业汉语音韵学素养的独特优势，试图复原一个较为可靠的蒙文本；而许多专业的蒙古学家尤其是一些俄国学者因为不能直接对读《蒙古秘史》的汉字原文，所以即使蒙古学功力本身再深厚却终究无法胜任这项工作（如当时的符拉基米尔佐夫和后来的鲍培等人）。虽然伯氏在这场学术竞赛中最后被稳扎稳打的海尼士所超越，但是由此导致的学术收获依然十分丰硕。

其中一个重要副产品就是那篇在讨论阿尔泰语系能否成立的学术论争中占有重要位置的《现已不发音的 13~14 世纪蒙古语中的 h 词首》。[1] 他的这篇论文实际上是继续阐述芬兰语言学家兰司铁（G. J. Ramstedt）率先提出的用以证明阿尔泰语系成立的语音基础理论，即原始阿尔泰语存在开首辅音 *p-，并在分离之后形成的突厥、蒙古、满 – 通古斯三大语言支系中发展成为不同的语音，如后来的古蒙古语中的 h-等。[2] 伯希和认为，兰司铁的假说虽然正确，但论证过程显得颇为粗糙且论据多有纰漏，故发表了一篇篇幅比原作长得多的论文来阐述这一理论。得益于对《蒙古秘史》的熟悉，伯氏引证了当时蒙古语中出现的大量以 h-开头，但在后来均已静音化的典型词例，以完善丰富兰司铁的论证。[3] 因为伯氏此文在提供论据方面的突出价值，以后学界在讨论相关问题时即将这种开首辅音 *p-音变规则称之为兰司铁 – 伯希和定律。从这一例证可以看出，作为汉学背景出身的伯希和虽然在阿尔泰语系理论的原创性上稍逊他人，但能够凭借自己掌握的与汉文文献有关的重要材料为相关的

①   P. Pelliot, "Les mot à h-initiale aujourd' hui amuie", *Journal Asiatique* 1925, pp. 193 – 263.

②   G. J. Ramstedt, "Zur Geschichte des labialen Spiranten im Mongolischen", *Festschrift Vilhelm Thomsen zur Vollendung des siebzigsten Lebensjahres*, Leipzig, 1912, pp. 182 – 187. 参见〔芬兰〕兰司铁《阿尔泰语言学导论》，周建奇译，内蒙古教育出版社，2004，第 23~24 页。

③   伯氏的弟子对于这一理论的说服力曾有简要的评论，参见 D. Sinor, "The Origin of Turkic bäliq 'town'", *Central Asiatic Journal* Vol. 25, 1981.

命题假说提供关键性的支持性证据。[1] 同样还是凭借着对相关文献例据的熟悉，再加上敏锐的语言感觉，他去世前不久又发表了一篇堪为上文姊妹篇的讨论中古突厥－蒙古语以 q（k）开首现象的语言学论文。[2]

如果说与伯希和在语言学领域进行对话的学者多是阿尔泰学家，那么和他在内亚历史领域对话的西方学者则多是从事历史研究的东方学家，典型的是以下三位：马夸特、巴托尔德和德国东方学的后起之秀斯普勒（B. Spuler）。而出道比伯希和更早的马夸特和巴托尔德恰恰被西方学界普遍视作在中亚伊斯兰化以前和以后的历史研究中曾长期占据显要位置的学术权威。显然在马夸特擅长的各类伊朗学文献材料和巴托尔德专攻的波斯文－阿拉伯文史料中，伯希和无法挑战或者说撼动他们的权威地位。不过一旦这两位大家的研究延伸到更加靠近远东的内亚地区时，伯希和似乎总能找准他们的弱点，并在切磋论难中将研究推向深入。

以马夸特为例，当他的《库蛮考》作为《东突厥方言研究》中篇幅最长的一章发表以后，伯希和即刊出长达 60 页的综合评论文章。[3] 这大概是马夸特的学术生涯中遭遇到的篇幅最长的批评性书评。[4] 需要强调的是，马氏之作不仅是欧洲学者首部钦察民族史专

---

① 伯氏受到兰司铁启发的例证还表现在他曾接受后者以颚化现象 t- > c-解释成吉思一名的词源：cinggis < tenggis（大海），并在《马可·波罗注释》中补充了相应的文献例证，如伊本·白图泰行记中的唐吉斯汗一名。唯此说后来被罗依果用古突厥文碑铭的材料所否定。参见〔澳大利亚〕罗依果《成吉思汗、合汗称号再探》，陈得芝译，载陈得芝《蒙元史与中华多元文化论集》，上海古籍出版社，2013，第 391~395 页。罗氏原文发表于 1989 年。

② P. Pelliot, "Les forms avec et sans q- (k-) initial en turc et en mongol", *T'oung Pao* 37/1944, pp. 73 – 101.

③ P. Pelliot, "A propos des Comans", *Journal Asiatique* 1920, pp. 125 – 185. 冯译作《库蛮》，载《西域南海史地考证译丛二编》，商务印书馆，1934。

④ 马夸特的著述目录参看 V. Minorsky, "Essai de bibliographie des travaux de J. Marquart", *Journal Asiatique* 1930, pp. 313 – 324. 当马氏于 1930 年去世后，伯氏在当年的《通报》上为之撰写讣告，承认了他的博学堪为奇迹，而且研究手段众多，尤精于语言学与民族学，但在考证中不时失于大胆，并过度推断。

著，而且该书的许多考证结论直到今天仍有参考价值，故此书在 20 世纪 70 年代得以重印。伯希和清楚地发现，马夸特固然十分博学，却在汉学和阿尔泰学方面皆存在明显的知识缺陷，而且对于内亚研究的基本书目信息掌握得颇不完备。虽然伯氏在论文的开头表示体谅马夸特的难处，但随后还是详细指出了他对研究信息的准备不够，甚至包括那些马氏无法参考的中文和日文著作。这种评价对于西方的伊朗学家来说或许有些苛刻，不过伯氏此举旨在提醒相关学界，如果想要深入研究内亚历史，那么不参考中文或日文著作是不行的。对于马夸特此前发表的多数以研究伊朗、高加索地区或中亚西部历史为主旨的论著来说，需要参考汉文文献及相应二手成果的机会或许不多。然而马氏的新作《库蛮考》却格局异常宏大，研究的触角从中国东北地区直到南俄草原，先后涉及见于汉文记载的多个北方民族，试图在此基础上穷究钦察人族系源流上的来龙去脉，因此引用汉文史料及中日学者的成果就成为无法回避的问题。可惜马夸特常常只能满足于使用质量不甚可靠的某些译文，因此难免会对其研究结论产生直接的负面影响。

伯氏在随后的具体评论体现出一种考据学家在史料上博采众长而又善于明辨史源的优良学风。此文较马氏著作取得的最重要的进展是较为合理地重建了蒙古军队远征钦察和桑昆被逐出蒙古草原后的下落等重要史实。前者涉及窝阔台时期长子西征这一重大历史问题，可是《元史》中的《土土哈传》和《速不台传》的记载在人物事迹和年代的对应上存在舛误，因此对于理解这段历史带来了不小的混乱。而伯氏通过引用分析史源更为可靠的虞集文集中所收的《句容郡王碑》，纠正了相应讹误，重新排比出相对可信的时间系年，并进一步勘照《史集》，使得此次西征的若干重大事件都可以放在合理的时间框架下解释。可以说，伯氏的系列考证弥补了马夸特钦察史研究的疏漏空白。可惜这一研究成果有时遭到不应有的忽略，像他的弟子塞诺在 1999 年发表的《蒙古人在西方》中，当论及蒙古西征钦察及相关问题时，即没有参考伯氏的考证而导致对若干史实的叙事不尽准确。①

伯希和随后用相当篇幅考证了桑昆离开蒙古草原后的下落问题。这一考察有两点值得特别留意。第一是诚如伯氏本人在文末所总结的，他的考证反映在蒙古史研究中，相互比勘汉文记载与波斯文史料以澄清史实的重要性。可以说是在研究的具体方法上，给读者以明确的提示和启发。第二则是通过对见于不同记载的同一事件的相互比勘，确认出各种记载的史料价值。简言之，伯氏通过比勘分析，已经看出在反映早期蒙古历史的数种史料中，《圣武亲征录》和《史集》的契合度甚高，而与《蒙古秘史》显著不同，后者的记事具有明显的民间故事或英雄传说的性质色彩，在史料价值上不如前面两种记载重要。他的这一判断可以为其十多年后倾力笺注《圣武亲征录》而非《蒙古秘史》找到一个学术上的远源。

巴托尔德的《蒙古入侵时期的突厥斯坦》实际上是一部比《库蛮考》更早问世的名著，不过长期以来未有英文译本。直到1928年，该书的英译本作为吉布纪念丛书之一终于在伦敦出版行世，从此大大便利了西欧学界对它的阅读利用。如前所叙，作为一部整合中亚史、蒙元史与伊斯兰研究的综合巨著，该书无疑是相关领域必须参考的里程碑之作。不过与马夸特类似，巴托尔德在汉学和蒙古学方面同样缺乏学术训练。因此恰如翻译此书的张锡彤、张广达父子明确指出的，诚如巴氏坦率自承的那样，由于他未能掌握汉、蒙两种语文，在择取史料上视野受到很大局限，对于蒙古时代的中亚历史论述得颇不充分，导致这一部分在整个全书中仅占五分之一弱的篇幅，与此书"前蒙古"时代中亚历史部分的详尽精彩、面面俱到形成明显反差。因此该书虽然以"蒙古"作为书名的关键词，但其重心和精华是落在蒙古入侵之前的中亚历史部分，使读者深感"文不对题"之憾。而且作者顾忌到个人的知识短板，此后对于蒙

---

① 徐文堪编《现代学术精品精读：西域研究卷》（下），上海人民出版社，2014，第 783 ~ 784 页。

元史遂不再恋战，转而重点投入自己较有把握的中亚突厥人历史领域中。

　　巴氏上述知识缺陷所导致的此书遗憾，在伯希和这样的汉学－蒙古学行家眼里，可谓洞若观火，因此该书英译本问世不久，他就在认真通读全书的基础上再度贡献出一篇经典书评，此即《〈蒙古侵略时代之突厥斯坦〉评注》，重点对于其中的蒙古史部分进行商榷。① 该文纠正的巴氏讹误主要集中在专名的审音勘同方面。这主要是关于蒙古语专名的准确还原，并兼作考释，厘清源流。此项工作，看似问题琐碎细微，仅属细枝末节，但技术性极强，需要调动研究者在语言与历史上的多种知识储备方可奏效。有时一则专名的缜密复原，实际上就是一篇精到优美的考证短文。而这正是伯氏写作此文的基本取向。因此，全文其实是由若干篇深具原创的考证札记组合而成。伯氏的研究缜密细致到如此程度，实际上反映了1930年时的他在阿尔泰学的造诣业已突飞猛进的不争事实。此时伯希和凭借着自己对于作为语言载体的各类文献的娴熟征引，并结合史实详加阐述，已经完全可以与欧洲的头等专家进行专业对话了。因此，巴托尔德的相应弱点在他的严密检证之下表露无遗。

　　同时伯氏在书评中对于巴氏的引文失谨也未忽略，径直指出后者使用俄国汉学家比丘林的《元史》相关《本纪》部分的译文，因为在专名方面不慎采用了毫无价值，徒增混淆的乾隆时《元史语解》的改订写法，导致随之而来的通篇译文在学界以讹传讹，制造混乱，因此不宜征引。这种订正勘误看似过于严厉，但是旨在提醒西方学术界，如果不能直接阅读引用汉文史料，那么难免有被译文误导之时。同样是在这篇书评中，作者重申强调了他在《库蛮》中对于蒙古早期史料性质的基本看法，即《圣武亲征录》与《史集》的相近之处尚多于前者与《蒙古秘史》的相似点，故两者的史源必

---

① P. Pelliot, "Notes sur le ' Turkestan ' de M. W. Barthold", *T'oung Pao* 27/1930, pp. 12–56. 冯译载《西域南海史地考证译丛三编》，商务印书馆，1936。

定相同；反之，《蒙古秘史》所述内容则代表一种传说题材，故与前面两者所记多有未合。可以看出，在《库蛮》发表十年之后，伯希和愈发坚定了他对《圣武亲征录》史料价值之高的既有判断。他后来将笺注蒙古史料的重点逐渐由《蒙古秘史》转移到《圣武亲征录》上当与此观点的定型化不无关系。总体上看，如果说巴氏此书不失为苦心孤诣的原创巨制的话，那么上述书评同样是严谨专深的博精之作，两者相得益彰，共为经典。

伯氏所重点评论的第三部出自东方学家的著作是当时的德国新锐伊斯兰学专家斯普勒在 1943 年出版的《金帐汗国史研究》。[①] 斯氏是当时德国东方学界在"二战"时期涌现出的后起之秀，在利用穆斯林史料上能够追步 19 世纪时以完成欧洲首部同一主题大作的奥地利东方学家哈默尔－普尔格施塔勒（J. von Hammer-Purgstall）。不过他与巴托尔德相似，仍然未能掌握汉、蒙文史料，故其著虽然深受好评，唯待发之覆尤多。伯氏在他生命中的最后两年里将此书精读一过，陆续攒下 30 余则读书札记，对原书研究未深或存在疑义之处重作检讨。这批遗稿数量之大，远远超过当初对马夸特和巴托尔德的书评，故直到其去世后，整理者将他的这批考证札记，连同另外一篇基本杀青的稿件《以-ar（-är），-ur（-ür），-ïr（-ir）结尾的突厥语人名－族名专名考释》，合编为一书即《金帐汗国史评注》。[②] 书中札记主要围绕金帐汗国中的术赤系蒙古王公的蒙古语名称及其生平事迹进行详考，澄清补证了斯普勒原著留下的许多研究语言学和史实上的空白遗漏，故从考据的精密程度上看，每有超出原书成绩之处。需要指出的是，伯氏此书完成于晚年，故其蒙元史功力的积累已抵炉火纯青的至深境界，因此相关问题的考释无不精密周

---

① B. Spuler, *Die Goldene Horde*, *Die Mongolen in Russland 1223 – 1502*, Leipzig: Otto Harrassowitz, 1943.

② P. Pelliot, *Notes sur l' histoire de la Horde d' Or*, Paris, 1949. 按 1994 年出版的《卡尔梅克史评注》的译者前言误将此书当作伯希和针对苏联格列科夫和雅库鲍夫斯基所著的《金帐汗国兴衰史》一书而作的札记。

详，堪为实证研究之典范。总体而论，此书在注释精详方面仅略逊于《圣武亲征录译注》，但明显高于伯氏的另一部札记体著作《卡尔梅克史评注》，因后著的主体内容成稿于 1930 年代之前，当时作者对于蒙古学的造诣深度，显然无法和晚期的学术水准媲美。[1] 遗憾的是，斯普勒此书成为伯氏一生中倾力评注的最后一部著作，也可以说，它竟成了唯伯氏独有的书评体研究的天鹅长鸣。或许同样令人遗憾的是，伯希和因为当时法国处于被纳粹德国军事占领的艰难处境下，基于民族感情的政治原因拒绝了斯普勒想向他切磋求教的会见请求，虽然此点明显有违一位知识理想主义者的真实心愿。

在做了如上分析之后，现在可以对伯氏多语种文献的研究能力做一小结。概括地说，伯氏无疑对于汉文文献掌握最深，尤其在目录学的素养上在当时的欧美汉学界无人能出其右。对非汉文文献的掌握则以蒙古语最为出色，但已经明显不如汉文，而他在突厥语方面的造诣则要更逊一筹。不过到其晚期为止，他对于阿尔泰语系中的几种主要语文的研究已经愈加深入，可以说最终进入相关学术领域的最前沿。考虑到与劳费尔、海尼士等德裔学者截然不同，他是在法国缺乏雄厚阿尔泰学研究背景的困难条件下自学起步的，能够达到这种成就已经是不折不扣的学术奇迹，或可称为学界不可复制的一大传奇，因为在当时的整个欧美汉学界中，唯其独有此种极不寻常的学术经历。而伯氏了解程度比较有限的是印欧语系下的各种西域胡语，在这方面他的原创性语言学研究成果相对逊色，不过他能够凭借丰富的历史知识，对语言学家的研究结论能从历史考据的层面进行审视，从而留下了像《吐火罗语与库车考》这样的名篇鸿著。可以说，敏锐的考据意识是伯氏得以领先于同道的最为出众的过人素质。而在知识背景上，伯氏的汉学修养始终发挥着研究基石的作用，这一点对其个人的学术生涯来说，可谓终身不变。打个比

---

① P. Pelliot, *Notes critiques d' histoire kalmouke*, Paris, 1960. 按 1994 年中华书局推出了耿昇的中译本。

方，或可把伯氏这种打通汉学与相关学科的"大师无师"式的治学路数概括为：汉学为体，虏学为用。① 当然伯氏这一治学道路之所以能够通行无阻，从根本上来说，还是因为汉文是唯一一种在两千多年里从未间断地记载了东亚和内亚历史变迁的语文，也是承载内亚民族历史信息最多的一种书面载体。假如有来访者向伯希和请教，究竟是哪种语文对他长达一生的学术研究作用最大，笔者深信他给出的答案必定是汉语。想必在伯氏的金字塔般高大辉煌的学术宫殿面前，无人再敢轻率发出对于相关学术研究而言，汉语不重要或者考据无足论之类的浮薄议论吧。

伯希和生前在汉学界的地位无须多言，最恰当的概括就是戴文达（J. J. L. Duyvendak）为其去世而写的讣告中深情比拟的那样，"没有他，汉学将像是一个失去父亲的孤儿一样"。令人有些惊讶的是，不少并不掌握汉语的东方学家们对于伯希和的推重一点也不在汉学界人士之下。除了本章开始引用的法国突厥学家德尼的恰如其分的评语以外，类似的推崇还见于以下评语中。作为兰司铁事业和衣钵的继承者，同时研究梵语文献与阿尔泰学的芬兰语言学家阿勒托（P. Aalto）曾经表示，历数 20 世纪的整个欧美东方学界，伯希和才是所有东方学家中最伟大的那一位。② 而根据塞诺晚年的回忆，匈牙利的突厥学家聂梅特（G. Németh）曾亲口告诉即将去巴黎跟随伯希和求学的塞诺，伯希和是一个"具有无限知识"（with limitless knowledge）的人。这不禁让人联想到民国时期文史学界对于陈寅恪的类似评语。当然在塞诺看来，伯希和是中央欧亚历史研究领域中最伟大的学者，他在这一领域中根除的错误比任何人都多。③ 可以

① 关于对"虏学"名称来历的介绍及其包含范围，参见徐文堪《"汉学"与"虏学"之互动》，载氏著《编余问学录》，浙江大学出版社，2014，第 201~211 页。
② 参看 H. Halén, "Mannerheim and the French Expedition of Paul Pelliot", in P. Zieme ed. *Aspects of Research into Central Asian Buddhism In Memoriam Kōgi Kudara*, Brepols, 2008, p. 33.
③ D. Sinor, "Central Eurasia", in. *Orientalism and History*, ed by D. Sinor, Cambirdge, 1954, pp. 82 - 103.

说在欧美的东方学史上，还没有一位职业汉学家受到其他专业学者的如此推重，出现这种现象的根本原因在于伯氏以自己的考证成果前所未有地向汉学以外的专业人士展示了中文材料（从传世文献到考古证据），并给广义东方学下的诸多学科，从阿尔泰学到印度－伊朗研究提供重要的资料信息和研究启示。从这一点上观察，伯氏受到的极高赞誉和评价恰好和汉学凭借资料上的巨大优势在传统欧陆东方学中应当占有的相对中心的位置实际上是对称的。

四 "后伯希和时代"的内亚史研究鸟瞰

应该承认，伯希和在他的时代，很大程度上是凭借着个人的才智和努力，单枪匹马地将汉学化内亚研究的中心从柏林和莱比锡抢到了巴黎。根据胡适的日记，在 1926 年 10 月于法兰克福中国学院的讲演中，伯氏即公开点评德国的"中国学"殊不如人。[①] 以伯氏的关注领域与治学经历而言，所谓的"中国学"必然包括了用汉学的方法，兼采他长以处理内陆亚洲的各种材料。大概在这一时期随着他所认可的顾路柏、孔好古（A. Conrady）的去世，劳费尔和夏德入籍美国，以福兰阁和海尼士、夏伦（G. Haloun）为中心的学术组合或许在伯氏看来已无足道，而像雷兴（F. D. Lessing）和魏勒（F. Weller）等主攻蒙藏研究的学者利用汉语文献的能力更是较为有限，无法在专业上对他构成直接挑战；因此伯氏自信在用汉学的方法整理内亚材料的研究上，他所代表的法国已经占据了先前德国长期把持的头把交椅。考虑到后来海尼士在《蒙古秘史》研究上的成绩，伯氏的这种判断或许有些"轻敌"了。

不过相比起这种过于乐观的情绪，他最大的问题出在后来塞诺在其私人回忆中所概括的那样，伯希和没有充分利用学术环境以引

---

① 桑兵：《陈垣与国际汉学界》，载《晚清民国的国学研究》，第 197 页。

领造就出一个学派来。因此当他于 1945 年去世以后，那种建立在细密详尽的考据基础上的"汉学为体，虏学为用"式的研究内亚史的学风很快在法国式微。其最信任的学术传人韩百诗随即停止了《圣武亲征录》的笺注工作，虽然多年之前他就翻译完了正文。以后韩百诗对文献译注的兴趣持续下降。1954 年出版的《元史》卷 108《诸王表》笺注实际上还是他早年在伯希和指导下完成的成果。[1] 此外韩氏还出版过《明史·鞑靼传》等明代史料译注的一部专著。[2] 唯注释并不详细，似乎没有体现出伯希和学术继承人所应具备的那种旁征博引而又辨析入微的独到学风，以致有日本学者指出，该书屡有误译，责其没有参考《明实录》和日本学者的研究成果。[3] 伯氏同门戴密微曾在王重民的襄助下，同样采用汉学的实证方法，以分析陷蕃汉人遗留的敦煌写本为主，写出的《吐蕃僧诤记》（1952）一书在 20 世纪西方藏学研究领域中堪称征引率最高的著作之一。[4] 可惜作者期许的该书续卷最终没有问世，这反映出戴密微后来对于用汉学方法继续从事藏学研究已经兴趣淡薄。伯希和与葛兰言的共同弟子，来自德国的石泰安（R. A. Stein）在两人的指导下，早年曾在《通报》上发表近于专著的摘译并分析《契丹国志》部分内容的长文，[5] 不过他以后彻底转入藏学研究和中国宗教史的主题，以至对于藏区以外的内陆亚洲涉足不多。

至于韩百诗以后的蒙元史研究就更加衰微，他的学生，早年研究金元史的鄂法兰（F. Aubin）最后成为一个职业蒙古学家，在她众多的著述成果中涉及金元时期历史学的论文不过寥寥几篇，而且

---

① L. Hambis, *Le chapitre CⅧ du Yuan Che*, Leiden：Brill, 1954.

② L. Hambis, *Documents sur l'histoire des Mongols à l'époques des Ming*, Paris, 1969.

③ 〔日〕山根幸夫主编《中国史研究入门（增订本）》（下），田人隆等译，社会科学文献出版社，2000，第 689 页。

④ 该书的中文本由耿昇翻译，甘肃人民出版社 1983 年出版。正因为戴氏只是汉学家，因此当需要精确翻译有关藏文史料时，他需要向深于此道的比利时佛学家拉莫特求助。该书在学术上的巨大成功再次雄辩地证明了汉文材料对于内陆亚洲研究的重要性。

⑤ R. Stein, "Leao-tche", *T'oung Pao* 35/1939, pp. 1－154.

引征的史料明显逊色于中日同道，其他作品则多集中在民族学与政治学方面，很多论文的关注时限甚至已经降至蒙古人民共和国时期。[①] 1939 年出生的更为年轻的阿马庸（R. Hamayon）虽然著作等身，但从一开始就是一位地地道道的依靠田野调查开展研究的民族学家，几乎不直接涉及中古时期的蒙古历史问题。[②] 历史学派的衰落还表现在有的学者的学术转向方面。雷刚（J. Legrand）起初曾以研究兼有蒙汉文本的清代《理藩院则例》著称，并出版了一部以此为主题的历史文献学专著。[③] 而到 1980 年代以后，他对蒙古学的关注同样是由历史文献学转入民族学领域。总之，当伯希和去世以后，越来越让人明显地感到，他所开辟的注重文献考证的汉学化蒙古学研究路数在法国学界已基本让位于人类学 - 民族学化的社会科学研究模式。而如果要追溯原因，则显然是和伯氏生前忽视培养一个能够继承并发扬自己学问的学派有着直接关系。正因为他没有做必要的学科栽培工作，所以当其去世以后，自己毕生坚持的这种学风因为曲高和寡，其传人在勉强维持一段时间后就只能听其自生自灭了。没有了他，不仅法国的传统汉学研究，而且历史考证取向的内亚研究同样成了孤儿。

反观德国，海尼士却培养出了学问极其浩博的汉学 - 蒙古学接班人傅海波（H. Franke）。继承了其师强调历史语言学训练的实证学风，他也以擅长处理 13 ~ 14 世纪的蒙汉文献著称，并且在研

---

① 鄂法兰的详细著述目录收入其祝寿论文集中，参见 D. Aigle etc eds. *Miscellanea Asiatica*：*Mélanges en l'honneur de Festschrift in Honour of Françoise Aubin*，Sankt Augustin：Institut Monumenta Serica，2010，pp. 14 – 74. 唯该目录反映出已经疏离了历史研究的她尚坚持在《汉学书目》中向法国学界介绍日本的金元史研究论文。

② 阿马庸的论著编年参见其祝寿论文集 *D' une anthropologie du chamanisme vers une anthropologie du croire*：*Hommage à l'œuvre de Roberte Hamayon*，ed. K. Buffetrille etc，Centre d' études Mongoles & Sibériennes，2013，pp. 23 – 41.

③ J. Legrand，*L' administration dans la domination sino-mandchoue en Mongolie Qalq-a*：*version mongole du Lifan yuan zeli*，Paris，1976.

究中还深入程度不同地研究过契丹文、女真文、西夏文、满文等各种民族语言文字史料,其发表的大量论述早已超出了海尼士的治学范畴,成为主要依靠汉学方法研究内亚的最有影响力的学者。① 可以说,在伯希和之后的 20 世纪后半期的西方学界,能够以汉学实证方法为主,兼取他长地处理内亚民族历史问题的积大成的学者当首推傅氏。对照法国此种学问日趋不振的现实,实际上傅氏取得的足以令其国学界深以为荣的成就昭示着德国在失去了此类研究的中心位置数十年以后,又重新从法国学界那里夺回了这一宝座。

法国的学者未能很好地继承伯希和的学风固然令人遗憾,不过学术总有"教外何妨有别传"的另一面。实际上真正能够继承其衣钵的反而是他的国外弟子,除了受他深深影响的前述韩儒林等中国留学生以外,在西方学界最具代表性的就是李盖提(L. Ligeti)和柯立夫(F. W. Cleaves)。前者在 1950 年创办了《匈牙利东方学报》(AOH),并将其建设为刊登东西方学者内亚研究成果的重要阵地,该刊物和司律思(H. Serruys)参与编辑的《华裔学志》(Monumenta Serica)、荷兰东方学家卡尔·杨(K. Jahn)最初在海牙创办的《中亚杂志》(CAJ)共同成为在国际内亚史研究影响最大的几种专业刊物。相比之下,伯希和去世之后的《通报》的主要版面即回归狭义汉学,结果失去了在伯氏时代曾经拥有的内亚研究最重要期刊的辉煌。特别值得一提的是,李盖提在《匈牙利东方学报》创刊号上发表的长文《汉字音写的高地亚洲文明词汇辑考》从解决问题的考证方法到行文注释的细节处理皆刻意追随伯希和的写作风格,这大概是后者去世以后,一篇在神、形两方面均酷似伯氏所为的出于他人之手的作品。② 这篇值得专业读者珍藏并反复精读的论文反映

---

① 傅海波的著述目录参见 P. Zieme(Hrsg.)*Bibliographe Herbert Franke*(1933 – 2010),Istanbul,2010,SS. 7 – 61.

② L. Ligeti,"Mots de civilization de Haute Asie en transcription chinoise",*Acta Orientalia Hungaricae* Vol. 1/1950,pp. 141 – 185.

出，伯氏的学风在原本自有渊源的"布达佩斯东方学派"那里又得到了延续。此后的李氏还在《匈牙利东方学报》上连载发表过以精细注释《高昌馆译语》和《高昌馆来文》等双语文献的系列论文，其探索问题的取向再次让人联想到伯氏当年对这类文献的关注与研究。实际上伯氏的未刊手稿中就包括了14世纪的《华夷译语》中汉蒙双语对照词汇的笺注研究，其篇幅已达上百页。根据调阅过伯氏手稿的日本学者森安孝夫的观察，该文具有法国博士论文的分量。

　　而长期执教哈佛大学的柯立夫（1911～1995）更是终身保持了对于伯氏笺注体文风的景仰崇敬，从他1940年代末一直到1990年代去世之际所发表的多数论文都在坚守老师的这种文章注释风格。他登载在《哈佛亚洲研究》（HJAS）上关于蒙汉双语碑铭的译注长文因为其中注释过度繁复而难免在战后学风丕变的美国汉学界显得过分特立独行，以至到1985年之后，《哈佛亚洲研究》对他的此类文章采取了敬而远之的疏离态度，故柯氏生命最后十几年内发表的文献译注类论文则散见于其他专业刊物上。[①] 他的弟子傅礼初（Jr F. Fletcher，1934－1985）在学术生涯的前半期也曾有意识地模仿柯立夫的这种治学风格，不过后期则转向以社会科学的方法治内亚史，可惜由于去世较早而未能尽显其才。塞诺早年在匈牙利学习时并未接触过汉语，而到巴黎跟随伯氏求学之后初次体会到汉文史料的重要性。显然是在伯氏的启发引导下，原来对双语文献并不十分熟悉的塞诺在1939年即撰写了一篇讨论回鹘文《玄奘传》中的语言问题的精细长文。[②] 然而在伯氏去世以后，塞诺的治学风格有所变化，更多地向内亚史的历史叙事方面转变，不大从事相对基础性

---

① D. B. Honey, *Incense at the Altar: Pioneering Sinologists and the Development of Classical Chinese Philology*, pp. 284–285.
② D. Sinor, "A propos de la biographie ouigoure de Hiuan-tsang", *Journal Asiatique* 1939, pp. 543–590.

的文献译注工作。①

伯希和的治学风格有时还会体现在粗看与之在专业领域上并不重合的学人身上。被誉为"二战"以后欧美满学第一人的德国的满学家兼汉学家福华德（W. Fuchs, 1902 - 1979）就是个中代表。将其学术通信编为一书的魏汉茂在其前言中专门提到福氏的文献学研究即以伯希和为模范，对伯希和的此类著述也高度尊敬。② 可以对此作补充的是，福氏的学术研究最早是从敦煌吐鲁番研究中发轫而来的，伯希和恰恰是以这方面的公认权威而知名于学界的。而福氏早年的发表成果即与伯氏的西域史研究直接相关，如他的讨论吐鲁番地区历史的博士论文。另外福氏是西方首位将敦煌藏经洞所出的《慧超往五天竺国传》翻译成现代语言的学者，这件写本正是属于伯氏掠走的法藏文书之一。伯氏不仅较早成功比定出书名，而且还和羽田亨共同在日本影印出版了这一珍贵文书。而福氏于1930年代恰恰长期在中国东北和日本搜集满文史料及图书等，因此及时利用了这一便利条件，于1938年首次刊布了此写本的德文译注。故福氏的文献学研究路数深受伯氏之影响宜可理解。此外，福氏在1943年出版的康熙时期耶稣会士舆图资料中也曾引用过伯氏的研究，反映出他对后者研究成果的十分熟悉。③

不能不说，伯氏给学界留下的博学印象在相当程度上源自他撰写的书评在主题上异常广泛，这些富有深度的专业性书评至今仍是我们了解20世纪上半期西方对汉学及内亚研究进展情况的绝好来

① 不过应当指出，塞诺自1973年开始在他任主编的《亚洲历史研究》（JAH）上不时发表的"内亚史著作评论"系列（1~4）颇似其师的风格，非常适合国内的专业读者阅读。而关于伯希和对西方内亚研究尤其是蒙古学方面的影响，也可参见 Christopher P. Atwood, "Paul Pelliot and Mongolian Studies", in. Jean-Pierre Drège ed. Paul Pelliot: de l'histoire à la légend, pp. 433 - 449.

② H. Walravens und M. Gimm, Wei jiaozi ai 为教自爱 "Schone dich für die Wissenschaft": Leben und Werks des Kölner Sinologen Walter Fuchs（1902 - 1979）in Dokumenten und Briefen, Wiesbaden: Harrassowitz, 2010, S. 9, 12.

③ W. Fuchs, Der Jesuiten-atlas der Kanghsi-zeit seine Entstehungsgeschichte, Peking, 1943, S. 27.

源。遗憾的是，伯氏的去世等于使专业读者失去了解相关学科进展情况的一条重要渠道。直到 1950 年代意大利罗马东方学研究主办的《东方与西方》（East and West）创刊以后，这一缺憾才在一定程度上得到了弥补。一位既受过专业训练而又志趣广泛、知识渊博，并且同时熟悉欧美国家和苏联学界研究成果的学者格拉赛（G. Glaesser）博士数十年来一直坚持在该期刊上刊发具有一定篇幅的专业书评，向读者集中介绍内亚研究及东方学某些领域的最新著述情况。他的博学多识而又准确到位的学术评价对于我们了解苏联和德语国家的内亚研究进展是不可或缺的。格氏或可说是撰写伯希和式书评的理想传人。

最后所要强调的是，伯希和的去世在前蒙古时代的相应学术领域中留下的巨大空白才是西方学界真正无以填补的。本来在 20 世纪四五十年代，德国背景的艾伯华（W. Eberhard, 1909 - 1989）和加拿大汉学家蒲立本（E. G. Pulleyblank, 1922 - 2013）似乎都有可能部分填补这一空白，即以汉学的方法综合处理汉唐之际内陆亚洲的文献史料。前者以民族志的全新理念整理过许多关于内亚民族的中文记载，并最终汇成专著出版，给读者以耳目一新的印象。后者前期的研究主题集中在中古中国的外来交往上，体现出战后年青一代汉学家的原创潜力。可惜这两位学者后来都将关注重点从历史领域移开，艾伯华很大程度上成了一位社会学家，而蒲立本的主要精力则花费在古音的构拟上，成了职业语言学家。于是，汉唐之际内亚的历史长期缺乏汉学专家进行系统而周密的研究，在总体面貌上相对汉学的其他分支逐渐呈现出滞后的态势。由此也就不难理解，作为李盖提弟子的职业汉学家埃塞迪（I. Ecsedy）女士的一系列发表在《匈牙利东方学报》上的论著会颇受欢迎并频见引用，虽然其英语表达经常词不达意或让读者不知所云。这一现象反映出欧美汉学界其实始终在期盼能够真正具备处理这一课题的学者及其论著，只是在伯氏去世之后，只能因陋就简地退而求其次了，以致在战后半个多世纪的西方汉学界，以对中文史料加上赅博的考证性注释而试图追随伯氏著作风格的涉及内亚史主题的著述在数量上相对有限。①
也许最令人遗憾的是就方法论而言，像伯氏那样擅长将中国的传统
考据方法与欧陆的历史比较语言学融会贯通的人物在目前已经越来
越趋于美国化的西方学术体制中是再难寻觅了，故总体上看，西方
汉学及相关研究在以考据为基础的实证研究的制高点上逐级下滑已
是不可挽回的事实。不过反过来说，这也对我国学界追赶内亚历史
研究的至高水平提供了难得的机遇。从这一点上审视，我们应该以
"师洋而不崇洋，用洋而不迷洋"（许冠三评陈垣语）的一分为二的
态度客观汲取伯希和学术研究的成果及其治学所长，致力于通过考
据化的实证研究将相关学术前沿持续推向纵深。

---

① 就笔者管见所及，具有可观篇幅的这类汉文史料译注类著作主要有以下几种：
R. A. Miller, *Acconunts of Western Nations in the History of Northern Dynasty*, Univ. of
California Press, 1959; A. F. P. Hulsewé, *China in Central Asia: the Early Stage:
125 B. C. -A. D. 23. An annotated Translation of Chapters 61 and 96 of the History of the
Former Han Dynasty, with an Introduction by M. Loewe.* Leiden: Brill, 1979;
L. Petech, *Northern India according to the Shui-ching-chu*, Rome, 1950; Liu Mau-
Tsai, *Die Chinesischen Nachriten zur Geschichte der Ost-Türken*, 2 Vol. Wiesbaden:
Harrassowitz, 1958; J. Hamilton, *Les Ouighours à l'époque des Cing Dynasties d' après
les documents chinois*, Paris, 1955; E. Pinks, *Die Uiguren von Kan-chou in der frühen
Sung-Zeit, 960 – 1028*, Wiesbaden: Harrassowitz, 1968; C. Mackerras, *The Uigur
Empire, 744 – 840*, Canberra, 1968; W. Posch, *Baktrien zwischen Griechen und Kus-
han. Untersuchungen zu Kulturellen und Historischen Problemen einer Ubergangsphase. mit
Einem Textkritischen Exkurs zum Shiji 123*, Wiesbaden, 1995; D. D. Leslie and
K. H. J. Gardiner, *The Roman Empire in Chinese Sources*, Roma, 1996; M. Deeg,
Das Gaoseng-Faxian-zhuan als Religionsgeschichtliche Quelle, Wiesbaden: Harrassowi-
tz, 2005; John E. Hill, *Through the Jade Gate to Rome: A Study of the Silk Road dur-
ing the Later Han Dyansty 1st to 2nd Centuries CE*, 2009（自印本?）等。

第二章

丹尼斯·塞诺眼中的内亚史

2006 年中华书局推出了由北京大学历史系民族史教研室组织翻译的目前西方学术界研究内亚历史文化的巨擘塞诺（Denis Sinor）的部分代表性论文，将其结集为《丹尼斯·塞诺内亚研究文选》（以下简称《文选》），还附有一个相当详细的作者著述目录及若干其他方面的信息。这对于亟待了解吸收国外前沿性学术成果以求突破此前通常局限于族别史的旧有格局的中国北方民族史研究领域而言，势必产生值得期许的积极影响。关于塞诺教授的治学历程与学术影响，译著的筹划人罗新教授已经在此书的前言部分做了简要介绍，便于读者了解这位大家的学养背景。笔者在本章所做的相关评析中，拟从清理塞诺所受的学术训练与其长期潜沿习得的治学方法入手，同时结合对《文选》所选收的若干代表性论著的分析，以勾勒展现"二战"以后西方学界在内亚史研究上出现的研究路数和气象上的新转变，且通过对其研究成果的具体评述来分析处在这种学风转变下的西方学界在内亚史研究领域中的所显现的优势和存在的不足，从而最终有助于我们更加准确地定位自己在国际学术分工中所处的位置并清晰地反观自身治学领域中并存的优长与弱项。最后笔者还将就译文中出现的一些瑕疵略加讨论，以就正于《文选》译者与更多的读者。

一 从布达佩斯到巴黎：塞诺的学术训练历程

塞诺这位学术大家的研究业绩，无疑是辉煌的。他所取得的成果早就冲破了语言和国界的限制而被国际同行广为赞誉。例如他曾受邀为 1974 年出版的《不列颠百科全书》第 15 版撰写"内亚历

史"的辞条；[1] 他还凭借其受人尊敬的学术素养和出众的组织协调
能力长期担任国际常设阿尔泰学会（PIAC）的秘书长，并因其为推
动国际阿尔泰学研究所做的巨大贡献荣膺学会颁发的 1996 年度金质
奖章。当然更为重要的还是经过他不遗余力的长期工作和艰苦努
力，实现了将内亚历史整合入剑桥历史丛书计划的夙愿——其标志
便是由他担任主编的《剑桥早期内亚史》在 1990 年正式出版。[2] 是
书的付梓也意味着内亚的历史地位在英语世界的历史写作中最终得
到了承认。鉴于他所做出的成绩与贡献，声名显赫的英国皇家亚洲
学会（RAS）还以他的名字来命名荣誉奖章，以奖励那些在内亚研
究领域成就斐然的学人。而国内学界虽然对塞诺的成就并不陌生，
但在相当长的一段时期里，对其学识的介绍主要还是仅限于阿尔泰
比较语言学方面，因此在不少国内学者眼中，塞诺似乎主要是被定
性为一位知识渊博的语言学家。对于上述认知倾向，我们有必要关
注一下塞诺本人对自身学术身份的界定。在为自己关于阿尔泰比较
语言学的论文集的所作序言中，他鲜明地表明了其所秉持的身份认
同："我认为我自己只是一位历史学家而非语言学家……我所从事
的任何研究的目的都是要有助于对一种历史过程（a historical
process）的澄清，至少我自己的意图是这样的。"[3] 由此可见，塞诺
更倾向于将自己认同为历史学家，并以后者的使命与职责自许。但
是如果我们仅仅强调塞诺与其他那些以国别史或专门史为研究对象
的历史学家的工作上的表面共性——都致力于对历史过程的澄清与
描述，那么也必将忽视其本人的学术特性：他所处理的历史课题往

---

① D. Sinor, "Inner Asia, History of", in. *Encyclopaedia Britannica*, （15th edition）
   Vol. 9, Macropaedia, 1974 pp. 595–601.

② D. Sinor ed. *The Cambridge History of Early Inner Asia*, Cambridge University Press,
   1990. 全书正文为 518 页，概括了从史前时期直到蒙古兴起之前的内亚历史的大
   致发展脉络。

③ D. Sinor, *Essays in Comparative Altaic Linguistics*, Bloomington：Indiana Univesity,
   1990, ix.

往是以精深赅博的语言学知识作为研究基础的。要相对全面地了解塞诺治史风格的成因，就不能不追溯他早年所历经的学术训练。

根据其弟子所编写的个人传记，原籍匈牙利的塞诺在布达佩斯大学求学阶段（1934~1939）主要接受的还是传统匈牙利东方学的训练，受教于突厥学家内梅特（G. Németh）和对蒙古学、突厥学、藏学均有专精研究的李盖提（L. Ligeti）。[1] 在此期间他不仅因学业表现优异而多次荣获奖学金，而且还在德国的学术刊物上发表了关于考察新疆境内佛教壁画年代的论文，这可以看作他涉足内亚研究殿堂的入门之作。[2] 这一时期塞诺接受的学术训练主要是以扎实的语言学作为基础，并将其与释读原始文献和历史考据紧密结合。多年以后，当业已迈入老年的塞诺在回忆其学术历程时用一种类似于新兵营的训练来比拟其年轻时所经历的语言训练的严格程度，并相信正是由于这种一丝不苟的扎实训练才使得他日后在伯希和（Paul Pelliot）的课堂上能够应对这位似乎拥有无限知识但又律人甚苛的严师的问难。[3] 这里不妨指出，由李盖提院士发扬光大的"布达佩斯学派"在20世纪的西方内亚研究中一直占据着相当显要的位置，在他的卓越领导和出色栽培下，引领造就出了一个实力非常强劲的科研团队。其中的佼佼者有主攻蒙古学与藏学的罗纳塔斯（A. Róna-Tas）、兼治突厥语与蒙古学的卡拉（Gy. Kara）、藏学权威乌瑞（G. Uray）和汉学家埃塞迪（I. Ecsedy）以及对北亚民俗学和通古斯研究均有独到造诣的乌瑞夫人（K. Uray-Kőhalmi）等。这批学者基本上都在大学阶段受过良好的以语言学和文献学为基础并且旁及其他领域的多学科训练，因此既能在后来的学术发展中很快建

---

① 本章引用的塞诺传记采自 Ruth I. Meserve 等原著，冈田英弘转译为日文的「デニス・サィナー教授小传」『东方学』第 74 辑、1987。

② D. Sinor, "Zur Datierung Einiger Bildwerke aus Ost-Turkistan", *Ostasiatische Zeitschrift* 24, 1938, SS. 83-87.

③ 关于这一点，参见由罗新翻译的塞诺的回忆性文章《怀念伯希和》，载《丹尼斯·塞诺内亚研究文选》，中华书局，2006，第 405~406 页。

立起各自的研究重心，同时又能切实做到彼此之间在学术交流上的互通有无，取长补短。他们发表成果的主要阵地就是匈牙利科学院东方研究所主办的学术刊物《匈牙利东方学报》（AOH）。可以想象，在布达佩斯受过良好阿尔泰学培育的塞诺如果当时选择留在国内发展的话，那么毫无疑问他以后必将成为该学派的中坚力量。然而主要出于对法国学者伯希和的景仰，塞诺在完成其关于突厥佛教的博士论文之后，未及举行口头答辩便来到了巴黎跟随这位远近驰名的硕学大师求学。对他来说，巴黎的求学经历预示着他以后从事的学术道路的重大转变。

据塞诺的小传，他在巴黎求学的导师除了伯希和以外，主要还有跟后者同辈的资深汉学家葛兰言（M. Granet）和当时还稍显年轻的戴密微（P. Demiéville）以及突厥学家让·德尼（J. Deny），当然其中以伯希和在学术上对塞诺的影响最为深远。塞诺晚年回忆称，正是在伯氏的课堂上，他才初次接触到如何处理艰深的汉文文献，并深刻地领悟到浩如烟海的汉文材料对于内亚历史和语言的研究具有何等重要的意义。而伯希和治学最使人难以企及之处即在于他能够游刃有余地跨越那些传统上横亘在汉学和阿尔泰学之间的学科樊篱，同时攫取这两大学术领域中的原始材料相互发明印证，以至源源不断地贡献出高质量的原创性研究成果，覆盖了历史、语言、宗教、艺术等多个学科层面。伯氏这种打破学科界限所达到的知识上的弘通境界和在个案问题上表现出的令人惊叹的研究水准至今在西方学界仍然无人能够比肩。① 事实上，成名后的塞诺不断向学界呼吁阿尔泰学的研究应该具有真正跨学科的性质，并提醒那些纯粹语言学背景出身的学者应当注意从阿尔泰学以外的学术园地（例如汉

---

① 这从日本学者森安孝夫的有关评价中可见一斑，他结合其出席在巴黎举行的纪念伯希和一百周年诞辰的国际学术讨论会的体会指出，当时伯希和一人的研究领域已经被分成汉学、藏学、突厥学等几大领域，而目前对这些领域都有兴趣的学者已经不可能如伯氏那样掌握其全部材料。参见森安孝夫「ィスラム以前の中央アジア史研究の現況について」『史学雑誌』第 89 卷 10 号、1980。

学领域）汲取有用的材料。[1] 由此不难窥知伯希和的治学方法对塞
诺的持久影响。而另一方面伯希和对这位初出茅庐的年轻学人的研
究成果也相当重视，总是立即把它们发表在他所主编的学术期刊
上。根据塞诺的著述目录，这些在伯氏鼓励下诞生的论文有的属于
阿尔泰比较语言学领域，有的则偏重于历史学和文献学的范畴。[2]
虽然后来塞诺在把这些早期论文结集出版时并不讳言它们的缺失和
不足，但这些"少作"既然能够通过伯希和的审查而顺利发表则证
明尚不到而立之年的塞诺对于内亚研究的造诣可谓步入堂奥了。[3]
就伯希和在学术上对塞诺的启发和提携而言，塞诺终生保持了感
激，并始终以伯氏的及门弟子而自豪。难能可贵的是，他对老师的
尊敬并未陷入一种无条件的顶礼膜拜之中，在透视其导师治学弱点
方面，塞诺的观察无疑是清醒而准确的。

　　1976 年，塞诺在为其即将于次年出版的历史学论文集《内陆亚
洲及其与中古欧洲的联系》所写的序言中，先是回顾了其中的早期
作品所受到的伯希和的影响，但随即话锋一转，点出在伯氏去世以
后，他开始尝试开辟新的研究课题——处理那些对历史的进程具有
重要意义的主题，并坦然表白了他与前辈们在治学上的分歧："纵
然我不能宣称我已接近伯希和与马夸特在知识广博上所达到的那种
程度，但我认为有时我的治学可以超出他们的研究成果，并且探察
到历史进程中的发展趋势，对于后者，老一辈学人却不会去关注。
我则一直力图避免去追求那些'无价值的知识'。"[4] 在晚年所写的
对老师的回忆文章中，塞诺对伯氏的治学缺陷陈述得更加坦率，他
明确指出其缺乏从事历史研究所必备的基本素质，不能或不愿去区

---

① D. Sinor, "Stand und Aufgaben der Internationalen Altaistischen Forschung", in. G.
　　Hazai und P. Zieme. Hrsg *Sprache*, *Geschichte und Kultur der Altaischen Völk-*
　　er. Protokollband der XII. *Tagung der PIAC 1969 in Berlin*, Berlin 1974, SS. 35 – 43.

② 参见《丹尼斯·塞诺内亚研究文选》，第 424~425 页。

③ 有关的自我评价参见 D. Sinor, *Essays in Comparative Altaic Linguistics*, ix.

④ D. Sinor, *Inner Asia and its Contacts with Medieval Europe*, London：Variorum, 1977.

分孰为重要与孰为次要，并为伯氏不能欣赏福兰阁（O. Franke）写作大型历史综述的优点而感到遗憾。实际上塞诺早在跟随伯希和求学期间，就已经敏锐地发现老师的许多研究仅仅是澄清了若干无关紧要的事实而已，可以说是一种时间和知识上的极大浪费。[①] 塞诺对伯希和的以上观察恰好同他对格鲁塞（R. Grousset）的名著《草原帝国》的推重构成了绝好的比较。格氏的学术擅长本来是在东方艺术史领域，在内亚历史语言研究方面显然远不如伯希和内行，但他善于消化吸收那些一流专家所产出的原创性成果，并将其有条不紊地整合组织进一部部综论性著作中，使读者在阅读过程中可以清楚地认识到历史发展的大体趋势。这部出版于1939年，从宏观上反映草原民族历史兴衰（上起斯基泰人，下到厄鲁特人）的《草原帝国》称得上是格氏著述风格的代表体现。尽管其因成书时间过早而里面的不少内容已显过时，塞诺还是在文章中对它的价值给予了高度评价，并在他编写的教材中将其置于综论性书目中的首要位置。[②]

塞诺在法国学习和工作期间还有两件事情值得一提，一是他于1942年至1943年在大学中做了以"中央欧亚史导论"为主题的六次讲座，[③] 这是他尝试推广其独创的"中央欧亚"（Eurasie Centrale/Central Eurasia）文化概念的开始，以取代早先那些地理探险家频繁采用，并被他的老师伯希和沿袭的"高地亚洲"（Haute Asie）这个地理术语。虽然他对如何界定"中央欧亚"概念的成熟思考最终定型是在更晚的时候，但这种思考的发轫无疑是在访学法国阶段。二是他从1945年起开始编撰西方世界有关内亚研究的书目著作，其内容涉及语言、民族、历史、人类学等诸多方面，以便为专业研究人

---

① 参见《丹尼斯·塞诺内亚研究文选》，第407，413页。

② D. Sinor, Central Eurasia, in. *Orientalism and History* ed by D. Sinor, Bloomington, Ind., 1970 p. 113, 115；同作者. *Inner Asia: a Syllabus*, Bloomington, Ind., 1971, xxi. 参见《丹尼斯·塞诺内亚研究文选》，第18、20页。

③ 参见《丹尼斯·塞诺内亚研究文选》，第455页。

员提供必要的书目知识。① 这份详细研究目录的编撰显然需要作者亲自查阅检览大量不同语种的各类学术出版物以求最大限度地避免遗漏，这对于当时正着手尝试突破传统学科分界的塞诺来说，无疑是一条拓展学术视野，增广知识储备并借此熟悉前人研究成果的有效捷径。

二 从译文集所收诸作看塞诺治史风格的特征

在前面简述了塞诺的求学历程以后，下面转入对其史学研究风格的分析。在最近三十多年间，塞诺把他用英语和法语撰写的最为重要的著述编订为三本论文集，一本名作《阿尔泰比较语言学论文集》（*Essays in Comparative Altaic Linguistics*）的语言学论集由印第安纳大学出版社于 1990 年推出。两本内容全不重复的历史学论文集，均被列入在英语世界以专出学者论文选编而著称的伦敦 Variorum 系列丛书中，分别是前述 1977 年的《内陆亚洲及其与中古欧洲的联系》（*Inner Asia and its Contacts with Medieval Europe*）和 1996 年的《中古时期内陆亚洲的研究》（*Studies in Medieval Inner Asia*），前者所收的文章时限为 1939 年到 1975 年，后者结集的时限则为 1977 年到 1995 年。其中语言学论文集中的个别文章也分别见于两本历史学论文集中。而为中国读者编选的《丹尼斯·塞诺内亚研究文选》选收的 20 篇译文中，原文均为英文，计有 4 篇来自《内陆亚洲及其与中古欧洲的联系》，12 篇取自《中古时期内陆亚洲的研究》（占了该书所收的 15 篇英文单篇论文的绝大部分），1 篇原刊于 20 世纪 80 年代初的词源学论文来自《阿尔泰比较语言学论文集》，剩下的 3 篇则源于近 10 年间出版的几种学术期刊。显然这部译文集主要彰显了塞诺在 20 世纪 70 年代后期到 90 年代中后期的史学成就。这一时段对于塞诺这样一位出生于 1916 年但直到最近仍然笔耕不辍的历史

---

① 该书于 1963 年完稿并出版，D. Sinor ed. *Introduction à l'étude de l'Eurasie Centrale*, Wiesbaden，1963。

学家来说，正是学术产出的黄金时期，这二十余年间所发表的论文可以被看作他经过漫长而艰辛的中年积累之后到了老年才终于收获的成熟之作。① 因此，译文集所收的论文在数量上固然仅占塞诺关于内亚历史文化著述的一小部分，但基本勾勒出一位当今的西方学术权威在该领域持续攀登半个多世纪以后最终所登临的学术高峰。②

如果我们把译文集中所收的 19 篇专业论文（1 篇回忆性文章除外）按照论著类型分类的话，那么可以大体上分为概论（或通论）、带有个案考察性质的专论和具有综合论述性质的综论。其中概论仅 1 篇，即置于卷首的《论中央欧亚》；专论性质的则有《历史上的阿提拉》《突厥的起源传说》《突厥文明的某些成分》《西方的契丹史料及相关问题》《突厥语 balïq（城市）一词的来源》《"乌迈"，一个受到突厥人礼敬的蒙古神灵》《以切成两半的狗立誓》《内亚的剥头皮习俗》；属于综论的则有《内亚史上的马与草场》《北方野蛮人之贪婪》《内亚的战士》《略论中央欧亚狩猎之经济意义》《大汗的选立》《中古内亚的翻译人》《中古内亚的外交实践》《蒙古人在西方》《论中央欧亚之水运》《中央欧亚游牧帝国的历史与历史学》。专论性题目处理的多为内亚历史上的著名人物、某一民族的起源传说和内部成分、某种特定的精神信仰或者风俗习惯。而综论性题目则涵盖了内亚的经济基础、军事特征、权力构造、史学编撰以及内亚与其外部世界的交流途径和互动历史等带有普遍性的课题，使得文中征引的材料带有明显的跨地域、长时段特征。③ 像这类综合色

---

① 在《中古时期内陆亚洲的研究》的序言中，塞诺对自己这些作品的学术水准也显得相当满意而自信，"由于我的工作，我问心无愧，并希望有朝一日我能名列上帝忠实仆人中的一员，因为我充分利用了上帝所赐予我的才能"。D. Sinor, *Studies in Medieval Inner Asia*, London：Variorum, 1996, Preface.

② 据称这批被译为中文的论文篇目是由塞诺本人亲自遴选确定的，可见它们堪称作者的得意之作。英国蒙古学家杰克逊在对《中古时期内陆亚洲的研究》的书评中，也盛赞塞诺所表现出的驾驭多语种材料的能力几乎无人可以媲美。参见 *The International History Review*, Vol. 31/1, 1999, p. 140.

③ 这类论文在上引杰克逊的书评中，即被认为处理的是亚洲游牧民族的"普遍性主题"（the general theme）。

彩甚强而又深富原创性的论文显示出塞诺的学术关注层面已经大大逾出了伯希和的治学范围，进而成功地开辟出一大片极蕴研究潜力的全新领域。稍稍检视以上标题，所谓"内亚"或者"中央欧亚"的字眼就会时时映入读者的眼帘。由此延伸出一个问题，作者是如何定义这两个术语的，而这对作者的史学研究又有何启发或者促进？

总的来说，"内亚"（Inner Asia）和"中央欧亚"（Central Eurasia）在塞诺的定义中是可以等同互换的，两者的差别在于前者的定义并不十分精确而后者在使用起来略显得有些笨重。值得深思的是，塞诺一再重申，它们并非地理术语，而是文化历史概念。在1963年，他撰文称"中央欧亚"是语言学概念"阿尔泰"（Altaic）的历史对应名称。[①] 另外在他的授课提纲中，他又强调了该术语应该被作为一个文化概念来理解，至于在具体界定它所指涉的地域时，塞诺的处理又显得相对灵活：一方面指出它的空间边界常随历史的变迁而变动；另一方面又大致规划出了它的地域界限——西起黑海草原并包括北高加索、库班河草原、伏尔加河－卡马河流域和乌拉尔山，南至高加索山、帕米尔山、塔里木盆地南缘的山脊及内蒙古河套地区，东到太平洋并包括中国的东北三省，北抵北冰洋。[②] 而除了其北部的一些例外，分布在这片广袤区域下的民族所操语言多属于乌拉尔－阿尔泰语系的各个语言分支。[③] 从生态环境的角度着眼，该区域从北到南依次可以划分为四个自然带：苔原地带、针叶林地带、草原地带、沙漠地带，但是其中只有草原地带才能够承载起较高一级的政治体制，也只有草原才是理解内亚在人类历史上所起作用的关

[①] D. Sinor, "The Scope and Importance of Altaic Studies", *Journal of the American Oriental Society* Vol. 83, 1963.

[②] D. Sinor, *Inner Asia: a Syllabus*, p. 2, pp. 7 - 8. 在后来的著述中，塞诺专门举例说明了其边界的易变性，例如当11世纪塞尔柱土耳其人进入小亚细亚时，那里也成为"内亚"的一部分，参见 D. Sinor, "The Concept of Inner Asia", p. 3.

[③] D. Sinor, *Inner Asia: a Syllabus*, pp. 19 - 23.

键。[①] 因此作为一位立志走出琐碎研究，以澄清历史发展趋势为己任的史家，塞诺的工作重心自然汇聚到了那些建立了游牧政权，并在人类历史上产生了重要影响的草原民族身上。这也是为何译文集中多数论文皆围绕匈人、突厥、蒙古等重大主题展开的原因所在。这种研究对象的抉择实际上完全符合历史学家从大处着眼的通辙。

而一旦进入具体研究课题，他所持的内亚或中央欧亚为文化概念的主张就立即得到了实践。塞诺受到 20 世纪上半期在欧洲曾一度流行的文化－文明史观的影响，相信内亚与欧洲、中东、印度等其他文化区域类似，其内部同样是由若干语言和文化成分结合而成，并受到历史进程的打磨和自然环境的塑造，因此完全可以自成一个单独的文化区域，不同之处仅在于内亚的文化特征更难于被人们所洞悉。他进而提出，人们对内亚世界文化共性的思考不应仅囿于从语言单位分类角度衍生出的传统三分法（即把内亚的民族与文化分为蒙古－突厥－通古斯，并相信其文化的共同性源于他们有共同的祖先）的陈旧解释模式，而需要从各群体之间长达上千年的汇聚交流中着眼，而且这种共有特征体现在从艺术、诗歌到技术特性等诸多方面。[②] 塞诺的这一认识理念绝非空洞的理论主张，而是给自己提供了犀利独到的观察视角，并切实认真地渗透到有关著述中。譬如他在讨论阿提拉葬俗时，没有忘记指出其中的鬐面和围绕灵柩赛马的丧葬细节正是内亚世界的特有习俗，因此也构成了可以被识别到的内亚文化－文明的特征。在进行上述考察时，塞诺不仅使用了他非常熟悉的西方史料，而且也未忽略汉文史料中的相关记载，这给读者留下了旁征博引的印象。[③] 同样塞诺在考察斩狗为誓和剥头

---

① D. Sinor, "The Concept of Inner Asia", pp. 4 – 7.

② D. Sinor, "What is Inner Asia", in. W. Heissig ed. *Altaica Collecta*: *Berichte und Vorträge der XII PIAC 1974 in Bonn/Bad Honnef*, Wiesbaden, 1976, p. 247, pp. 253 – 254.

③ 参见《丹尼斯·塞诺内亚研究文选》，第 34 ~ 35 页；原文作 D. Sinor, "The Historical Attila", in. *Attila. The Man and his Image*, ed by F. H. Bäuml, Budapest: Corvina, 1993, pp. 8 – 9.

皮习俗时，也是从东西方众多语种的资料中辛勤梳理出数量可观的珍贵史料，从而为自己的立论打下了坚实的材料基础。作者在这两篇文章的论述关键之处，还非常恰当地引证了容易为一般历史学者所忽视的考古数据，"二重证据法"的自觉运用使得作者的研究达到了全新的高度。这种熔众多学科资料于一炉的恢宏气象，可以说是塞诺摆脱旧式东方学研究路数的鲜明体现。[①] 当然这些成果的取得不仅得益于作者的文化史观所提供的考察视角，而且也归功于其在早年学习阶段打下的处理多语种材料的良好基本功。事实上，如果作者掌握的史料仅仅偏重于西方古典文献的范围，却对重要性不在其下的语种繁多的东方记载（大体上可分为汉文史料、阿拉伯－波斯文史料、突厥－蒙古语史料几大领域）所知寥寥，那么不仅译文集中的 10 篇全面揭示内亚世界各个方面的综论无法顺利写成；甚至那些个案研究的学术价值也要大打折扣。所以前述杰克逊高度赞扬塞诺所具备的极其出众的多语种材料的处理能力完全是对其学识的客观评价。

塞诺的某些论文的具体研究思路和方法也对我们有着直接而有益的启发。限于篇幅，本处略举两例。译文集的第三篇《突厥的起源传说》按说在国内读者看来，并非一个新颖的题目，毕竟多年以前陈寅恪和韩儒林就已发表了主题相似的研究成果。[②] 而塞诺却由于学术资讯的隔绝，对两位学者的研究状况一无所知，这不免使人感到遗憾。然而从另一个角度来看，正因为他完全没有读到这些论

---

① 参见《丹尼斯·塞诺内亚研究文选》，第 367 ~ 377 页、378 ~ 385 页。这两篇论文分别是作者在 1990 年度和 1992 年度的国际阿尔泰年会上宣读的会议文章。

② 陈寅恪：《〈彰所知论〉与〈蒙古源流〉》，原刊于《中央研究院历史语言研究所集刊》第二本三分，1931，复收入氏著《金明馆丛稿二编》，上海古籍出版社，1980，第 115 ~ 125 页；韩儒林：《突厥蒙古之祖先传说》，原刊于《北平研究院历史研究所集刊》第四卷，1940，又载氏著《穹庐集》，上海人民出版社，1982，第 274 ~ 303 页；塞诺的论文参见《丹尼斯·塞诺内亚研究文选》，第 54 ~ 82 页；英文原作题为 "The Legendary Origin of the Türks", in. *Folklorica: Festschrift for Felix J. Oinas*, ed. by E. V. Zygas, IN: Indiana University Publications, 1982, pp. 223 –257.

著，所以对问题的思考就不会受到既有研究的影响，这使得他的考察具有跟前面中国学者明显不同的视角，某些结论也恰好可以和陈、韩的观点相互补充，下面试剖析之。

陈寅恪的论文将东西方关于蒙古起源传说的各种记载解析为四类因素：蒙古民族自身的感生说、从高车 - 突厥等草原民族吸收的狼祖故事和锻铁情节、西亚穆斯林文献中的希伯来人种起源传说、蒙古佛教徒史家所增加的印度 - 西藏王统世系。限于主题，其文重在论证晚期的《蒙古源流》是如何在早期整合了第一、二类传说因素的《蒙古秘史》的基础上又增添藏传佛教色彩浓烈的印度 - 吐蕃王统世系的，以形成一个全新的佛教化的蒙古王室源流谱系，故对于第三类材料仅在笔下一带而过。① 他在文章的开头曾以"七级之塔，历阶而登。其构造之愈高而愈上者。其时代转较后而较新者"来比拟蒙古传说的起源与发展。此后发表的韩儒林的论文在思考路径上完全接受了上述思路，并进一步搜集东西方相关材料以对陈氏着墨不多之处详加论证，且对北方民族传说中的各种母题（如感生、狼生、崇拜苍色等）逐一分析，全面考察了此类故事的源流轨迹，可谓后出转精。陈、韩的上述研究思路适与当时学界兴起的"古史辨"派提出的"古史的层垒构造说"相契合，故将探究的目光聚焦于传说故事的历时性变迁增改，而对有关"共时性"的问题则熟视无睹。在前一方面，塞诺的研究超越中国学者的地方不多，但是在后一点上，他的论述犹有补阙之益。

塞诺采取比较文学研究者常用的母题比较法，将《周书·突厥传》和唐人笔记《酉阳杂俎》所述的三个突厥可汗家族起源传说中的各个主题详细列表以资比勘，结果发现这三个传说彼此间只有很少的主题互相重合，在此基础上他认为三者的差异反映了不同民族的各自传统，由此否定了突厥民族的单一性，因为一个单一的民族不会有几个主题彼此矛盾互不重合的起源传说。他对突厥汗国内人

---

① 近年来对陈氏此文的主要观点颇有持异议者，因与本书关系不大，这里不予置评。

民的族群混杂性的考察与此前他对古突厥语词汇中的外来借词研究是相互促进的，其结论均揭示了突厥汗国内部民众构成的复合性。这对于总是习惯于以今天的民族概念来把握古代人群的现代学者来说，无疑应当引起他们的深刻反思。

译文集中还收有一篇《论中央欧亚之水运》的论文，则属于历史学与语言学汇流交叉下的杰作。① 全文大体分为两部分，第一部分引用各类史料论述文献中所见的内亚民族对舟船等浮渡工具的使用。这部分内容所引用的材料在时间和空间上跨度都非常大，充分显示了作者特有的娴熟驾驭多语种文献的能力，而且作者在文中并不满足于仅仅爬梳和列举这些资料，还进一步将有关记载和他在文章开始部分划分出的舟船类型详做比勘，以求更加精确地发掘出文献记载的价值，并通过自己的透彻解析将一幅幅栩栩如生的历史画面展现在读者面前。显然只有对历史叙事富有精深造诣的史学大家才能如此成功地复原历史，这一点也是他在史才上超出其师辈的又一显证。

此文的第二部分，则关注于词汇学的考察。作者首先在搜集阿尔泰语系中有关水运工具的词汇方面下了极深的功夫，就该文发表时的学科水平而言，作者所汇集的词汇在很大程度上业已穷尽了当时语言学界所能提供的语言材料。正是在对资料充分占有的基础下，作者悉心探索了此类名词在阿尔泰语系中各语族之间的生成、借入与传播，并努力归纳出来源不同的语汇在后来所发生的词义衍生与转移现象，从中清理出各民族的物资文化交流的辙迹。作者由此得出了一些令人兴趣盎然的结论，如他发现阿尔泰语系中并不存在一个表示"船只"含义的共同词汇，蒙古人中最早使用的船仅是独木舟，表示桦皮船的词汇只见于通古斯语族中的各种语言等。同样他在文中所检出并讨论的大量阿尔泰语系从其他语言中所借入的

---

① 参见《丹尼斯·塞诺内亚研究文选》，第 312 ~ 347 页；英文原作题为："On Water-Transport in Central Eurasia", *Ural-Altaische Jahrbücher* 33, 1961.

船舶类词汇，也为我们考察各民族间的语言与文化的交流提供了生动的实例。总之，全文的这部分内容是作者特有的援语言入手研治历史的治学方法的精彩应用，深厚的语言学素养促成了作者的治学起点远高于一般历史学者的学殖基础。这对于尚待提高语言学能力的国内民族史学界来说，也是一个值得借鉴的正面例证。

三　从译文集中的某些缺失看塞诺治史的弱项

前面我们对塞诺治史的长处已有清晰的论述，并揭示了他青出于蓝的一面。不过，我们对其知识上的弱项也不必讳言。记得德国汉学家鲍吾刚（W. Bauer）在比较著名蒙元史学家傅海波（H. Franke）和他的导师海尼士（E. Haenisch）的学术成就时，曾说："他在许多方面与海尼士比相距很远，但又在有些方面超出了后者。"① 同样的评价似乎也很切合伯希和与塞诺师徒。首先伯希和的汉学造诣在 20 世纪的西方汉学家中可谓首屈一指，而塞诺仅仅是在他来到巴黎之后才初次接触到这门陌生而神秘的学科。虽然他也曾师从伯希和与戴密微学习中文，并因此而较多数阿尔泰学家拥有优势，但毕竟不能流利自如地处理那些有时即使对东亚学者来说也非易事的汉文文献，更不用说像伯希和那样能够凭借其渊博的汉籍目录学知识，独立从原始文献中钩沉出以前不为人知的重要史料。而如前所述，塞诺的研究一旦超越了个案层面，上升到整体把握内亚文化特性的综合性研究中，那么他就完全回避不了对中文史料的引用。事实上，我们看到，塞诺于此的主要补救之道，还是需要向西方的汉学著述求援。但是跟那些不精中文，仅仅有选择性地零散利用一些汉学成果的大多数阿尔泰学家相比，他浏览过的用西方主要语言写成的二手性汉学著述和有关的汉文史料译注的数量堪足惊人，以至他对汉学书目的介绍在其书评总量中占有可观的比例。然

---

① 张国刚：《德国的汉学研究》，中华书局，1994，第 95 页。

而，研究历史的学者都知道，转引自己并不真正掌握的外文史料总是带有某种危险性，甚至还会促成比较严重的疏失。在这方面塞诺也未能例外。此外，跟运用汉文史料相近，塞诺对穆斯林史籍的利用常常也需要借助西方语言的译本，这对他的有些研究结果同样会有负面的影响。当然一个志在全面研究内亚历史的学者还必须有能力处理其他学科如考古学和民族学等方面的专业知识，并且对前人的研究成果最好能做到穷尽似的掌握。而在现代学科分工日益专业化和精密化的今天，对于学者个体来说，要想完全具备上述条件，已经不太现实，故塞诺著述中的某些失误在一定程度上映照出"大师之失乃力有未逮"的教训。鉴于此，本章的商榷谨取《春秋》责备于贤者之意，避免进行任何学术层面之外的评论。此外，考虑到《文选》所收的不少论作发表于多年以前，而某些领域的研究以后又有了新的进展，因此本章的讨论一方面尽可能以论文发表时的学术水准作为衡量评判的尺度，另一方面又对其后的研究进展稍加提示，以利于本书的读者了解较新的学术动向。以下即按《文选》的编排顺序和页码先后将有关意见列举如下，且为求慎重，对于书中所讨论的部分笔者均已事先核对了英文原文。

该书首篇《论中央欧亚》的在注明辽、金两朝的迄止时间时，分别作辽朝（907～1125）和金朝（1125～1234）。[1] 作者此处对辽、金的始建年份的表述有误。如按学界的传统观点，"大辽"国号的建立根据《辽史》卷四《太宗纪下》，是在太宗会同十年（947），此前所使用的国号是契丹，虽然后者的创建年份仅有《契丹国志》的孤证，表明是在916年耶律阿保机称帝之时，但不可能前推到907年。故塞诺以后一年份作为辽朝的开始时间，无论从哪一方面来说都是欠妥的。[2] 而金的国号建立时间如按传统观点，当据《金

---

① 《文选》，第2页。
② 关于辽朝国号的始建时间，与上述传统意见不同，也有人持938年说，参见佟家江《契丹首次改辽年代考》，《民族研究》1983年4期；刘浦江：《辽朝国号考释》，《历史研究》2001年第6期。

史》卷二《太祖纪》，是在收国元年（1115）。近年也有学者认为实际以金为国号的建立时间，要晚于这一年份，但无论如何都不可能迟至辽朝天祚帝被俘的 1125 年。①

《历史上的阿提拉》（原刊于 1991 年）一文在讨论青铜鍑与匈人的关系时，有如下论说："它们是典型的内亚冶金术的产品，从中国的鄂尔多斯到东欧的范围内，都可以找到。而且在新石器时代的岩画上它们已经出现了。（后略）"② 塞诺将青铜鍑的出现系于新石器时代的论断殊为失当，他在随后注明的资料出处是 1973 年出版的闵海芬（Maenchen-Helfen）的遗著《匈人的世界》（*World of the Huns*）中关于铜鍑的论述。《匈人的世界》一书中第 326～327 页确实提供了南西伯利亚岩画中出现的青铜鍑图像，但并未论证这些岩画的时代属于新石器时期。从岩画图像上看，这些青铜鍑多数带有清晰的蘑菇状圆把手，这就给人们断定它们的时代提供了线索。实际上，早在塞诺此文发表以前约二十年，一位西德考古学家就已经在西方学术刊物上撰稿综述介绍了苏联考古工作者对南西伯利亚早期考古学文化的分期研究，表明青铜鍑在当地的出现和流行是在塔加尔文化的晚期和结束期，对应的年代在公元前 4 世纪至前 1 世纪。③ 而该时段已经进入早期铁器时代，怎么能断言青铜鍑在新石器时期的岩画中就已出现呢？苏联学者的调查结论大概不需要做重大的修正，因 90 年代两位国外学者在重新研究了上述 Boyar 等南西伯利亚岩画上的铜鍑形态特征后，仍然倾向于维持公元前一千纪后

① 刘浦江：《关于金朝开国史的真实性质疑》，《历史研究》1998 年第 6 期；Hok-lam Chan, "The Dating of the Founding of the Jurchen-Jin State: Historical Revisions and Political Expediencies", in. *Tumen jalafun jecen akū: Manchu Studies in Honour of Giovanni Stary*, Wiesbaden, 2006, pp. 55 – 72.

② 《文选》，第 35 页。

③ K. Jettmar, "Cross-Dating in Central Asia: The Chronology of the Karasuk and the Scythian Periods", *Central Asiatic Journal* 1970, p. 256 plate Ⅲ a – Ⅲ b. 也参见同一作者 *Art of The Steppes*, New York: Crown Pub., 1964, p. 74. 较早的苏联考古学家曾将南西伯利亚的青铜鍑归于青铜时代冶金术的产物, A. P. Okladnikov, *Yakutia before Its Incorporation into the Russian State*, McGill-Queen's University Press, 1970, pp. 173 – 175. 按该书实际上是出版于 1955 年的同名俄文著作的英文版。

半期的传统断代结论。[①]

　　另外文中把铜鍑归于内亚冶金术产品的提法也需要重新考虑，首先所谓的"内亚冶金术"（Inner Asian metallurgy）概念并非一个容易界定的严密的考古学术语，似乎只是作者从其一向所秉持的内亚文化观出发所创制出的概念，意在说明内亚文化区内有着统一的冶金工业传统，因此既无法被考古学家所接受，又容易让读者产生误解。目前比较受到国际考古学界重视的是俄国学者概括出的欧亚大陆的十二大冶金技术区域（MMR）的划分，其中有七个冶金区的位置处于塞诺所定义的内亚范围，它们彼此拥有不同的技术传统。[②]此外，如果仅仅从内亚的地理定义出发，那么至少目前还不能断定青铜鍑属于这一地区冶金技术的典型产物，因为迄今我们所能找到的两件时代最早的此类考古发掘品，一件出土于北京市延庆县，另一件则出土于陕西省南部的岐山县，大致年代相当于西周晚期。故20世纪80年代后期即有学者主张铜鍑起源于相当于后来长城沿线区域内，而不是传统上认为的欧亚草原。[③] 不过在具体讨论其起源的地点和时间问题上，尚存有争议的余地。[④] 要之，作为塞诺发表

---

① 甲元真之「大ポャール岩壁画と铜鍑」原刊『筑波大学比较民俗研究』第6卷、1992、载氏著『东北アジアの青铜器文化と社会』同成社、2006、247 - 261页；埃尔迪·米克洛什（Érdy Miklos）：《遍及欧亚中部的匈奴鍑及其岩画形象》，杜亚雄译，《新疆师范大学学报》1995年第4期。后一论文实际是对作者的英文论文 "Hun and Xiongnu Cauldrons: Finds throughout Eurasia"（发表于 *Eurasian Studies Yearbook* 67，1995）的简译本。

② E. N. Chernykh, *Ancient Metallurgy in the USSR.* trans. by S. Wright, Cambridge University, 1992, pp. 6 - 10.

③ 刘莉：《铜鍑考》，《考古与文物》1987年第3期。

④ 关于这一问题的研究成果参见下列论文、林俊雄「フン族ぁらわる」载安田喜宪编集『讲座 文明と环境』第6卷『历史と气候』朝仓书店、1995、83 - 91页；郭物：《论青铜鍑的起源》，载《21世纪中国考古学与世界考古学》，科学出版社，2002，第392~409页；滕铭予：《中国北方地区两周时期铜鍑的再探讨——兼论秦文化中所见铜鍑》，载《边疆考古研究》第一辑，科学出版社，2002，第34~53页；陈光祖：《欧亚草原地带出土"鍑类器"研究三题》，载《欧亚学刊》第八辑，中华书局，2008，第1~37页；乌恩岳斯图《北方草原考古学文化比较研究——青铜时代至早期匈奴时期》，科学出版社，2008，第188~192页；潘玲：《中国北方晚期鍑研究》，科学出版社，2015。

于 20 世纪 90 年代初期的论文，对中国的考古资料全无措意，导致
其著述中的上述提法失之粗疏。

《突厥的起源传说》（原刊于 1982 年）一文称《周书》完成于
629 年①，误。据《旧唐书》卷三《太宗下》："十年春正月壬子，
尚书左仆射房玄龄、侍中魏征上梁、陈、齐、周隋五代史，诏藏于
秘阁。"可知《周书》完成于贞观十年（636）。该文还将北周的建
立时间注为 556 年，② 当依《二十史朔闰表》改作 557 年。③ 该文将
唐朝的下限括注为 930 年④，亦误，当改作 907 年。该文称传说记
载了两位狼子：阿谤步和泥师都。⑤ 按《周书·突厥传》原文作：
"其部落大人曰阿谤步，兄弟十七人。其一曰伊质泥师都，狼所生
也。"故狼子与阿谤步无关。其在解释《酉阳杂俎》中海神传说时，
将"海"字译作英语中的"湖"（lake），并声明是受到了《周书·
突厥传》中的"弃草泽中"的启发⑥。按"海"一词在塞外一带一
般均指湖泊，《酉阳杂俎》用法同此，无须借助与其毫不相干的
《周书》的文句来强为牵合。有关该字的解说，可参北宋程大昌
《北边备对》"四海"条：

> 若夫西、北二虏有西海、柏海、青海、蒲类海、蒲昌海、
> 居延海、白亭海、鲜水海，皆尝傍海立称矣。然要其实致，则
> 众水钟为大泽，如洞庭、彭蠡之类，故借海以名之，非真海
> 也。李吉甫辨白亭海而曰"河北得水便名为河，塞外有水便名
> 为海"，其说确也。⑦

① 《文选》，第 55 页。
② 《文选》，第 55 页。
③ 陈垣：《二十史朔闰表》，中华书局，1962，第 77 页。
④ 《文选》，第 58 页。
⑤ 《文选》，第 59 页。
⑥ 《文选》，第 61 页注 1。
⑦ 载《全宋笔记》第四编第八册，大象出版社，2008，第 124~125 页。

此外该文在讨论《酉阳杂俎》中海神传说时，[①] 还应当注意到其他相关的记载，即岑仲勉《突厥集史》中辑录的开元十八年（730）去世的契苾嵩的墓志，志文开始部分作："公讳嵩，字义节。先祖海女（之）子，出于漠北，（住）乌德鞬山焉。"岑氏最早指出其文可以和《酉阳杂俎》的海神故事相比较，并解释为初唐的突厥人中即已有此传说，而后被由热海东迁到东突厥腹地的契苾家族所袭用。[②] 虽然对于上述看法还可以讨论，但表明塞诺在研究突厥史时仅能利用分量较轻的刘茂才之书而不知参考汇辑史料显然更加丰富的岑著，这在史料掌握上是深有缺陷的。其在讨论射摩舍利的名称时，[③] 还据刘茂才书，仅指出舍利是 649 年设置的突厥州的名字，似乎并不清楚作为州名的舍利不过是对当时归附唐朝的突厥部落舍利吐利的省称而已。在塞诺此文发表之后，学界对射摩的名称还原有过一些讨论，但其结论都不十分令人满意。[④]

在讨论突厥的狼祖传说时，[⑤] 引用的均为汉文文献，似乎还应留意 11 世纪印度作家比鲁尼（Bīrūnī）对 8 世纪前期称雄犍陀罗一带的突厥沙耶王朝祖先传说的记载，称其祖名为 Böri 特勤，出生于一个洞穴中。[⑥] 而正如塞诺所指出的，Böri 正是突厥语"狼"之义，故这个狼特勤出生于洞穴的传说应当与他所讨论的汉文史料属于同一系统，只不过其形象已经人格化了。此外关于突厥语 Böri 在更早时候的汉文文献中的出现，还应该参考卜弼德（P. A. Boodberg）的

---

① 《文选》，第 61 页。

② 岑仲勉：《突厥集史》（下），中华书局，1958，第 825、827 页。

③ 《文选》，第 61 页。

④ 森安孝夫将 P. T1283 II 藏语文书中所见的 Zhamo 可汗比定为射摩，但这一勘同仅据对音相似而做出。芮传明则将翁金碑中的突厥人的祖先 yami 可汗考证为射摩，然据 V. Rybatzki 的研究，yami 的转写本身很不可靠，应当隶定为 yoluγ。参见森安孝夫『シルクロードと唐帝国』讲谈社、2007、322 页；V. Rybatzki, "Titles of Türk and Uigur Rulers in the Old Turkic Inscriptions", *Central Asiatic Journal* Vol. 44, 2000, p. 209.

⑤ 《文选》，第 64~65 页。

⑥ E. Esin, "Tös and Moncuk: Notes on Turkish Flag-pole Finials", *Central Asiatic Journal* Vol. 16, 1972, p. 19.

两项研究，一是在他于 1932 年所撰的去世以后才正式刊布的《胡天汉月方诸》札记中，将曹丕《典论》论汉武帝的文句"刈单于之旗，剿阏氏之首，探符离之窟，扫五王之庭"中的符离也还原为突厥语 Böri，以该词与单于、阏氏等名号并列为由，赞同晋灼的"王号说"。① 二是他在正式发表的论拓跋语的文章中还指出北魏太武帝拓跋焘的小名佛狸也是 Böri（"狼"）的对音。② 卜氏的以上论著均刊于塞诺此文发表之前，其论述主旨对于考辨突厥语"狼"一词在草原上的流传显然是颇有帮助的。

　　作者在讨论成吉思汗的远祖孛儿帖赤那由《蒙古秘史》中的"苍狼"形象向后来的人格化形象的转变时，③ 使用的蒙古文史料主要是 17 世纪以来的清代史籍。根据他引述的材料，17 世纪初期的《黄金史纲》首先将孛儿帖赤那换为人名，然后他又检出了喇嘛罗布桑丹津的《大黄金史》中出现了"天之子孛儿帖赤那出生了"的内容，并注意到同样的表述也见于另一部史书《大黄册》（Šara tuji）之中。④ 作者似乎很同意孛儿帖赤那从狼向人的转变是由于后起的佛教观念的影响，当然此前陈寅恪与韩儒林也有类似的看法。不过，在这一问题上，我们不应忽略更早时候的藏文史籍的记载。成书于元朝灭亡之前的《红史》（Hulan debther）在叙述蒙古王统世系时，首句即为："在蒙古的君主世系中，第一位是天的儿子孛儿帖赤那。"（hor gyi rgyl rabs la dang por gnam gyi bu spor ta che）⑤ 而《红史》作者明确宣称上述蒙古可汗的世系材料是来自《脱卜赤颜》

---

① P A. Boodberg, *Selected Works of Peter A. Boodberg*, ed. by A P. Cohen, Berkey: University of California Press, 1979, pp. 74 – 76.

② P A. Boodberg, "The Language of The T'o-pa Wei", *Harvard Journal of Asiatic Studies* Vol. 6, 1936, p. 178. 因论据牵涉过远，这里不必评论白鸟库吉首创的把乌孙王名拊离也勘同为 Böri 的观点。

③ 《文选》，第 71 ~ 72 页。

④ 按中文本 72 页的翻译有误，系混淆了两部《黄金史》的作者和名称，详见本章最后一部分。

⑤ 蔡巴·贡噶多杰原著，东噶·洛桑赤列校注《红史》（藏文本），民族出版社，1981，第 28 页。

（*yeke thob-čan*），也即元朝宫廷内秘藏的历代大汗在位大事记，其中也包括成吉思汗之前的祖先谱系。在蒙元王室秘藏的史书中，《脱卜赤颜》和《史集》的来源《金册》同属一个史源传承的系统，而《蒙古秘史》则属于另外一个系统。[①] 因此，成吉思汗的远祖孛儿帖赤那的"人格化"为天子早在元朝就已出现，而在元朝灭亡之后，包含了原属《脱卜赤颜》的这一片段的部分文本还继续在草原上流传不辍，并最终为晚期的《大黄金史》和《黄册》的作者所引用。塞诺的论文对此完全失考，这使他的研究结论出现了不可避免的认识缺环。我们这样评价并非是对其要求过苛，因为蒙古历史学者比拉（Š. Bira）早在 20 世纪 60 年代就在一份塞诺非常熟悉的学术刊物上发表了他对《红史》的初步研究成果，虽然其对《红史》的史源判断并不准确，以至于把孛儿帖赤那的修饰语"天子"（gnam gyi bu）当作《蒙古秘史》中"从天降生的"（de'ere teng-geri-eče ĵaya'atu töreksen）一语的对译，但毕竟给人提供了珍贵的资料信息。[②] 而在塞诺的论文发表以前，还有一位藏学家通过举证居庸关过街塔蒙古语铭文中所见的用"天子"指代元朝皇帝的用法，结合上述《红史》的表述，论证了"天子"一词被蒙元皇室运用的史实性。[③] 如果塞诺对这些研究能够有所措意的话，那么像文中所下的"除了《蒙古秘史》以外，好像还没有一部史书反映出苍狼孛儿帖赤那事实上是蒙古人的祖先这样一种观念，也没有什么地方将他列在蒙古谱系的开端"这一臆测即可以完全避免。另外作者把《大黄册》（*Šara tuji*）的成书时间误定为 16 世纪初

---

① 有关的讨论参见周清澍：《藏文古史——〈红册〉》，《中国社会科学》1983 年第 4 期；苏鲁格：《〈红史〉、〈史集〉、〈蒙古秘史〉所录蒙古世系之异同》，收入（清）耶喜巴勒登著，同氏译注《蒙古政教史》，民族出版社，1989，第 81 ~ 89 页。

② Š. Bira, "Some Remarks on the Hulan debther of Kun-dga' Rdo-rje", *Acta Orientalia Academiae Scientiarum Hungaricae* Vol. 17, 1964, p. 77.

③ P. Kvaerne, "Mongols and Khitans in a 14th-Century Tibetan Bonpo Text", *Acta Orientalia Academiae Scientiarum Hungaricae* Vol. 34, 1980, p. 95.

期,[①] 应更正成 17 世纪中期 (1651～1662)。[②] 该文还将元朝的开始年份错系于 1279 年[③], 应改作 1271 年。

该文在描述了穆斯林史籍中记载的蒙古人祖先熔山出穴经过之后, 称根据拉施特《史集》, 那时带领他们出山的首领不是别人, 正是孛儿帖赤那, 并说这位波斯史家还告诉人们, 直到他生活的时代, 每当蒙古人举行纪念这一事件的活动时, 均由其统治者率先锤打烙铁, 并使其官员为之仿效。[④] 按作者此处混淆了 14 世纪的《史集》和 17 世纪的阿布哈齐的《突厥世系》对同一桩事件的不同描写。塞诺所引用的《史集》第一卷一分册俄译本的第 154 页以下在描述熔山经过时, 根本没有出现其时蒙古人的首领的名称。他所指出的同书第一卷第二分册俄译本中第 9 页出现的孛儿帖赤那纯属误记, 因该页的内容只是说孛儿帖赤那是逃往深山避难的蒙古人先祖的后代, 其事迹与熔山迁徙主题无关。[⑤] 事实上别的学者在引用《史集》以讨论孛儿帖赤那的事迹时, 都没有产生将孛儿帖赤那和熔山外迁故事相联系的误解。[⑥] 同样《史集》在描述蒙古人对出山一事的纪念活动时, 也只是提到了锤打烙铁的仪式, 但并未明说必须得由统治者带头执行。[⑦] 实际上将孛儿帖赤那说成是率领蒙古人出山的首领始于阿布哈齐的文学创造, 而且前述统治者率先锤打烙铁, 并使其官员为之仿效的细节亦是出自这位晚期作家之笔下。故塞诺此处的误引导致他把晚期才有的情节归于早期的史著, 并以之

---

① 《文选》, 第 72 页。

② W. Heissig, *Die Familien-und Kirchengeschichtsschreibung der Mongolen*, Teil I, Wiesbaen, 1959, SS. 83–84.

③ 《文选》, 第 73 页。

④ 《文选》, 第 77～78 页。

⑤ 参见〔波斯〕拉施特主编《史集》第一卷第一分册, 余大钧等译, 商务印书馆, 1983, 第 252 页; 同译者《史集》第一卷第二分册, 商务印书馆, 1983, 第 6 页。

⑥ 陈得芝:《蒙古部何时迁至斡难河源头?》,《南京大学学报》1981 年第 2 期; 村上正二「モンゴル部族の族祖传承」收入氏著『モンゴル帝国史研究』风间书房、1993、第 220～221 页。

⑦ 余大钧等译《史集》第一卷第一分册, 第 253 页。

来讨论蒙古帝国时期的史学编撰情况，显得未中鹄的。此外作者还说根据《史集》，赤那思（Chinos）就是借助七十个风箱离开山窟的那些蒙古人。① 按这里对《史集》第一卷第一册俄译本184页的理解有误，那里是说赤那思部落的一部分，又被称作捏古思；而后者的这一名称还可以指代另一个属于蒙古迭儿列勤部落集合中的一个参加了拉风箱工作的部落。② 故作者此处的评论反映了他将在《史集》中属于尼伦部落集合的赤那思人与原系迭儿列勤部落集合并在熔山传说中拉过风箱的捏古思人混为一谈。

《突厥文明的某些成分（6~8世纪）》（原刊于1985年）在叙述突厥兴起时，称土门联合中原王朝在522年结束了柔然在蒙古的统治。③ 522年当更正为552年。该文称胡峤947~953年代表契丹人出游过一趟。④ 按根据《契丹国志》卷二十五所收的《陷北记》中的胡峤自述，胡氏是辽朝北府宰相萧敌鲁之子萧翰的书记官，因受萧翰下狱的牵连而与萧氏的其他部曲一齐被安置到辽东的福州，福州的契丹人怜惜其遭遇，"教其逃归，峤因得其国种类远近"。故文中称其"代表契丹人出游过一趟"的提法根本就无从谈起。该文还称《曲江张先生文集》的作者是8世纪中期的张九龄。⑤ 按据《资治通鉴》卷二百四十四，"开元二十八年二月，荆州长史张九龄卒。上虽以九龄忤旨意，然终爱其人。（后略）"故张氏在开元二十八年（740）已卒，说他是8世纪中期人显然不够准确。

该文还集中讨论了默啜突厥的问题，行文中引证了多位学者的观点，但所下的结论并不明晰，最后只是简短地表示："无疑默啜突厥是一个真实的部族，而不简单的是一个地名。"⑥ 虽然该名称在汉文文献中仅于《曲江集》中出现了一次，然而根据敦煌出土的

---

① 《文选》，第78页。
② 余大钧等译《史集》第一卷第一分册，第252、301页。
③ 《文选》，第85页。
④ 《文选》，第94页。
⑤ 《文选》，第94~95页。
⑥ 《文选》，第95页。

PT1283 Ⅱ 藏语文书，默啜突厥指的即是 8 世纪前半期活动于蒙古高原的组成东突厥第二汗国部落联盟体制的十二个主要部落，这就使人将其同汉文文献中经常提到的这一时期前后的北蕃"十二部"或"十二姓"联系起来。① 考虑到该敦煌藏文文书中所揭示的十二部名单中，有的像悒怛（Hebdal）实际上是自有来源的民族，而有的如卑失（Parsil）和奴剌（Lolad）则应当说是与一般突厥人有相当差异的"别部"，故似乎把默啜突厥理解成一个不同族群的混合体较一个单一的真实部族（people）更为合适。②

接下来该文又讨论了黄头作为部族名称的问题，其中提到他通过有关索引得知《契丹国志》中有三处涉及黄头室韦的地方，但因未检原书，不知它们是否和也被收入此书的胡峤的《陷北记》中的黄头室韦重合。③ 按《契丹国志》中所见三处黄头室韦的出处中，仅有一处出自《陷北记》，另外两处则分别是在卷一的"太祖击黄头室韦"、卷十三《后妃传·太祖述律皇后》中的"黄头、臭泊二室韦乘虚合兵掠之"。作者还以室韦曾为突厥臣民为由，推测《曲江集》中的黄头突厥即胡峤行记中的黄头室韦。④ 这一推断证据不足，按黄头突厥见于《曲江集》卷十四的《贺圣料突厥必有亡征其

---

① G. Clauson, "A propos du manuscript Pelliot tibetain 1283", *Journal Asiatique* 1957, pp. 11 – 24; K. Czeglédy, "On the Numberical Composition of the Ancient Turkish Confederations", *Acta Orientalia Academiae Scientiarum Hungaricae*, Vol. 25, 1972, pp. 275 – 276.

② 关于卑失（突厥文形式作 bersil），其在反映 6 世纪欧亚草原西部历史的一件叙利亚文献中就已出现，写作 barsilq，与悒怛（aβdel）、苏拔（saβir）、阿拔（aβar）、十姓（onogur）、拨忽（burgar）等草原部族并列。参 K. Czegledy, "Pseudo-Zacharias Rhetor on the Nomads", in. L. Ligeti ed. *Studia Turcica*, Budapest, 1971, pp. 137 – 138. 卑失人在 7 世纪以降又作为不里阿耳汗国中的重要民族而见于当时的阿拉伯文献。参见 A. Róna-Tas, *Hungarians and Europe in The Early Middle Ages*, Budapest, 1999, p. 224. 而奴剌在姚汝能的《安禄山事迹》中则是与朱耶、契苾、处蜜、浑、思结、吐谷浑等部族并列的对抗安史叛军的十三诸蕃部之一。故卑失和奴剌虽然名列默啜突厥之中，但实际上是和普通的东、西突厥人有显著区别的单独部族，只能被划入汉文文献常称的"别部"之类。

③ 《文选》，第 95 ~ 96 页。

④ 《文选》，第 96 页。

兆今见状》，其中称根据从突厥脱出的契丹妇女报告，突厥汗国内部的默啜突厥与黄头突厥正各自整顿兵马，准备内斗。可是我们知道，黄头室韦的活动地带是在远离突厥本土蒙古草原的大兴安岭一带，似乎很难想象这些僻处东北森林地带的室韦人会在作为突厥故土的蒙古草原上与默啜突厥发生直接冲突。塞诺在讨论这一问题时，仅引用了较早沙畹（E. Chavannes）对黄头室韦地望的简要注释，未能直接参考《新唐书》《旧唐书》中对室韦各部尤其是黄头室韦的位置描述。实际上拉切聂夫斯基（P. Ratchnevsky）早在 20 世纪 60 年代就发表文章汇释了他从南北朝到隋唐时期的正史中辑录出来的关于室韦的汉文记载，其中也包括了黄头室韦的部分材料。① 塞诺对此成果本应是熟悉的。

作者还评论了刘茂才对黄头一词的见解，② 后者认为黄头突厥是以颜色名称作为部族名字的表现，并举出了突骑施中的黄姓分部作为旁证。塞诺以"头"字未被解释为由，不赞成这种解说。国内学者也有持与刘氏相近意见者，项楚在注释《昭君变文》中的"单于见明妃不乐，唯（传）一箭，号令□军，且有赤狄白狄，黄头紫头，知策明妃，皆来庆贺"时，即认为其中的"黄头紫头"或指突骑施的黄姓与黑姓。③ 此外还有学者将黄头解释为黄色的头发或者头缠黄布。④ 笔者认为，如从汉文文献出发，解释为黄姓或者黄发均于史无征，最恰当的解说还是以陈寅恪检出的《新唐书》的《王式传》和《田令孜传》中的相关记载为正解，因这两条史料明确将"黄头"解释为黄帽。陈氏且疑唐末五代文献中常见的黄头军为胡族军队。⑤ 王永兴在此基础上举了其他的这一时期的文献用例，进

---

① P. Ratchnevsky, "Les Che-wei étaient-ils des Mongols?" in. *Mélanges de sinologie offerts à Monsieur Paul Demiéville* I, Paris, 1966, pp. 225 – 251.

② 《文选》，第 96 页。

③ 项楚：《敦煌变文选注》（上）（增订本），中华书局，2006，第 260 页。

④ 〔日〕佐口透：《新疆民族史研究》，章莹译，新疆人民出版社，1993，第 48 页。

⑤ 《陈寅恪读书札记·旧唐书新唐书之部》，上海古籍出版社，1989，第 109、136 页。

一步证成了陈说。① 结合上引变文中"黄头紫头"的用法，愈见此
说可信。故我们倾向于将黄头突厥解释为以头戴黄帽为特征的一个
突厥部落，同样的解说也应适用于黄头室韦及黄头女真。

随后作者又讨论了所谓的牛蹄突厥问题，② 笔者认为作者的有
关考察既有合理的部分，也有值得商榷的地方。作者质疑那种将牛
蹄理解为雪橇的传统解释，似有可取之处。但作者所持的牛蹄突厥
并非神话民族，而是一个具有历史真实性的突厥部落的见解则缺乏
说服力。在这一问题上，塞诺的主要证据仅限于前述 PT1283 II 藏语
文书和《陷北记》都有关于牛蹄突厥的记载。其实除了它们以外，
还应当补上 8 世纪中叶的杜环《经行记》中的一条史料："苫国北
接可萨突厥。可萨北，又有突厥，足似牛蹄，好噉人肉。"对比这
三条关于牛蹄突厥的记载，可知其在对此类人形体特征的描述上是
相合的，且藏语文书和《经行记》还都有其人好食人肉的记叙，这
充分显示了它们记载的相同点，但三者在对牛蹄突厥的地理叙述上
却相互不合。藏语文书记载说它是处在突厥驳马部北面的大山对
面。③ 而驳马部的大致方位是在西西伯利亚的叶尼塞河流域与鄂毕
河流域之间。④ 故藏文文书中牛蹄突厥的方位当在较此更北的高纬
度地带。《陷北记》对其的位置记叙则要模糊得多，仅笼统地说是
跟单于突厥、黑车子等并在北方，基本方位似不出蒙古高原的北
部。《经行记》则明指其在可萨突厥以北，按当时的可萨突厥主要
活动于伏尔加河流域的中游与下游。⑤ 其北方主要是斯拉夫人的地
域。故三者对牛蹄突厥所处方位的描述相差甚远，而如果其为一真

---

① 王永兴：《陈寅恪先生史学述略稿》，北京大学出版社，1998，第 309 页。
② 《文选》，第 96 ~ 97 页。
③ 王尧、陈践编译《敦煌吐蕃文献选》，四川民族出版社，1983，第 166 页。
④ 白鸟库吉：《白鸟库吉全集》第四卷，1969，第 626 页。参见丁国范《唐驳马简
介》，《元史及北方民族史研究集刊》第一期，1977；周清澍：《读〈唐驳马简
介〉的几点补充意见》，《元史及北方民族史研究集刊》第三期，1978。
⑤ P. Golden, *An Introduction to the History of the Turkic Peoples*, Wiesbaden, 1992,
p. 232.

实部族的话，很难设想会出现这种难以解决的地理位置上的矛盾现象。也只有将有关描写理解为针对一非现实民族的神奇传说，上述现象才能得到合理解释。而其中所见的那些共性成分则反映了此一传说在欧亚大陆北方流传播变的情况。事实上，一直晚到 13 世纪的蒙古扩张时期，前往蒙古的西方教士还在当地搜集到了位于北方比萨莫耶德人更远的濒海地区生活着牛脚狗面的怪物的传说。①

作者在讨论突厥九姓问题时，对那种将其勘同为突厥碑文中的九姓（Toquz Oγuz）的做法未持异议，并检出了 PT1283 II 藏语文书中所见的九姓突厥（Drugu rus dgu）的写法。作者声称该名称首次出现是在 629～630 年，把它定义为一个并非单一民族的部落联盟，说它的名称与九姓回纥或三姓葛逻禄类似，并构成了突厥的一个特殊类别。按首先似应区分一下作为近义名称使用的九姓与九姓突厥的不同出现时间，出现在 630 年前后的名称是九姓而不是九姓突厥，这见于《旧唐书》卷六七《李勣传》中的传主与李靖会师时所说的一段话："颉利虽败，人众尚多，若走渡碛，保于九姓，道遥阻深，追则难及。"而《资治通鉴》卷一九三系此事于贞观四年（630）二月。汉文史料出现九姓突厥则晚到了《旧唐书》卷八三《薛仁贵传》中，称薛氏"寻又领兵出击九姓突厥于天山"，此事发生于龙朔二年（662）。两相比较，虽然两者内涵接近，但九姓在唐代史料中远较九姓突厥常见，故有学者怀疑《旧唐书》卷三八《地理志·关内道》所记的在燕然、鸡鹿、鸡田三羁縻州定居的"突厥九姓部落"中的"突厥"一词乃衍文，更有人将文献中的"九姓突厥"均视为"九姓铁勒"之讹误。不过根据塞诺所提到的 PT1283 II 藏语文书中的九姓突厥来看，所谓"突厥九姓"的提法确有史实依据，并非后人所臆造或讹作。就这一点来说，塞诺强调该藏语文书对于研

---

① 〔意大利〕柏朗嘉宾：《柏朗嘉宾蒙古行纪》，耿昇译，中华书局，1985，第 58～59 页。

究一度存在争议的九姓突厥问题的价值是颇有眼光的。该条史料再加上 1955 年西安东郊韩森寨出土的《九姓突厥契苾李中郎墓志》，适足为这个此前曾在学界聚讼不休的话题判一定案。① 只是我们对塞诺将九姓突厥与九姓回纥和三姓葛逻禄这样的部落联盟体相提并论的见解则持保留态度。实际上汉文史料中"姓"的含义随具体使用环境的不同而呈现显著的差别。它有时是指代"部落"之义，如九姓回纥和三姓葛逻禄分别是由九个部落和三个部落组成的部落联盟。但"九姓突厥"则是一个比部落联盟更高一级的部族联合体，其名称中的"姓"应当被理解为部族才合适，因为九姓突厥下面包括了回纥、契苾、仆固、拔曳固、浑、同罗等诸多不同的部族，而且其中如回纥等族下面还自分部落。故九姓突厥的内部结构远非普通部落联盟的体制所能涵盖，应当将其理解为一个因政治而结合在一起的多族混合体，这与前面我们讨论过的默啜突厥有一定程度上的相似之处。

此外，作为一篇全面列举并考察突厥内部不同成分的论文，作者似乎还应增加对三十姓突厥和三旗突厥的考察。以笔者浅见，澄清这两例个案似乎比研究带有强烈传说色彩的牛蹄突厥或者史籍中语焉不详的黄头突厥、白服突厥更富历史价值。前者的名称见于默啜可汗之女毗伽公主的汉文墓志铭中，志文称默啜可汗为三十姓可汗，由此产生出三十姓突厥的指代范围问题。我们知道，在塞诺此文发表以前，东方学者不论，西方学者如沙畹、伯希和、鲍姆巴奇也都撰写专文讨论过这方墓志。② 其中策格雷迪还就三十姓的组成

---

① 该方墓志的价值在于首次以出土史料的形式证实了唐代部分铁勒人使用九姓突厥作为自称的史实性，关于这一问题的讨论参石见清裕「天宝三载『九姓突厥契苾李中郎墓志』」载氏著『唐の北方问题と国际秩序』汲古书院、1998、216 – 219 頁。按石见氏此文初刊于 1990 年。

② Éd. Chavannes，"épitaphes des deux princesses turques de l'époque des T'ang"，in. *Festschrift Vilhelm Thomsen*，Leipzig 1912，pp. 8 – 87；P. Pelliot，"La fille de Motch'o Qaghan et ses rapports avec Kül-tegin"，*T'oung Pao* 13/1912，pp. 301 – 306；A. Bombaci，"The Husbands of Princess Hsien-li Bilgä"，in. L. Ligeti ed. *Studia Turcica*，pp. 103 – 123.

发表过富于启发性的见解。① 因此这一问题完全应该引起塞诺的充分重视并予以讨论。② 而三旗突厥（üc tuγ Türük）的名称，则出现于 8 世纪中期前后回鹘在漠北草原取代突厥霸权的过渡时期，见于反映这一时期历史形势的突厥文碑铭中。1913 年蓝司铁先刊布了他对 Sine-usu 碑铭（中国学者称《回纥英武威远毗伽可汗碑文》）的译文，其中三旗突厥于碑文中两见，一见于北面碑石第 8 行，一见于西面碑石第 7 行。前者述其越过了黑沙沙漠，并详记了其随后所处的地点。后者则因三旗突厥后面的内容残缺而不知其详。③ 以后所发现的 Terkhin 碑文中的东面碑石第 7 行也出现了该名称，内容可以与前述 Sine-usu 碑文对照，该碑文内容也已有了相对完整的英译本。④ 突厥学家巴赞在 1982 年还发表专文考察了碑文上与三旗突厥相关的地名的词源和方位，将其中的地名与内蒙古的大青山、黑山与黄河相勘同。⑤ 上揭论文均是塞诺处理有关该文的课题所不应忽视的，但他的论文竟全未涉及，不免令人遗憾。⑥

《内亚史上的马与草场》（原刊于 1972 年）一文称 929 年时，党项和吐谷浑派往中原的使者翻了几番。⑦ 按此文译者已经指出该论述与作者间接引用的汉文文献不合。实际上塞诺此段论述完全引

① K. Czeglédy, "On the Numerical Composition of the Ancient Turkish Tribal Confederations", pp. 275 – 276.

② 最新关于三十姓突厥的考察，参见 M. Dobrovits, "The Thirty Tribes of the Turks", in. *Acta Orientalia Academiae Scientiarum Hungaricae* Vol. 57, 2004, pp. 257 – 262; 铃木宏节「三十姓突厥の出现——突厥第二汗国をめぐる北アジア情势」『史学杂志』2006、第 115 编 10 号。两文的共同处是将西突厥十姓列入三十姓中，故与先前 Czeglédy 的计算结论大不相同。

③ G. J. Ramstedt, "Zwei Uigurisch Runeninschriften in der Nord-Mongolei", *Journal de la Société Finno-ougrienne 30/3*, 1913, pp. 1 – 63.

④ T. Terkin, "The Tariat (Terkhin) Inscription", *Acta Orientalia Academiae Scientiarum Hungaricae*, Vol. 37, 1983, pp. 43 – 68.

⑤ L. Bazin, "Notes de Toponymie turque ancienne", *Acta Orientalia Academiae Scientiarum Hungarica*, Vol. 36, 1983, pp. 5. 7 – 60.

⑥ 日本学者谷宪认为三旗突厥属于突厥的右厢部落、参见谷宪「天宝元年前后の北アジア情势——Bazin 说の检讨を中心として—」『史游』第 15 辑、1984。

⑦ 《文选》，第 110 页。

自哈密屯（J R. Hamilton）出版于 1955 年的《五代回鹘史料》（*Les Ouighours à l'époque des Cing Dynasties*）中对《五代会要》中的党项部分的译注，而作者的上述评语均不见于汉文原文和有关译文，显出于作者的误解。同页还将宋代茶马司的建立时间说成是在 12 世纪。这实际上是误引了罗萨比（M. Rossabi）的有关论述。据《宋史》卷一六七《职官志 七》的记载："至元丰六年，群牧判官提举买马郭茂恂又言茶司既不兼买马，遂立法以害马政，恐误国事，乞并茶场买马分一司。从之。"故茶马司的建立是在元丰六年（1083），并非晚至 12 世纪。

《北方野蛮人之贪婪》（原刊于 1978 年）一文提到：Agathias 对沙比尔人（Sabir）人在 555～556 年希腊－波斯战争中行动姿态的描述。[①] 按文中的希腊－波斯战争明显应更正为拜占庭－波斯战争。

《内亚的战士》（原刊于 1981 年）一文将蒙古帝国时期的波斯历史学家志费尼（Juvaini）的生卒时间括注为"约 1252～1261"，[②] 显然有误，当作约 1226～1283 年，可参考波义勒（J. A. Boyle）为《世界征服者史》的英译本所作的导言。[③] 该文还误将司马迁写作《史记·匈奴列传》的时间系于约公元前 200 年。[④] 在论证内亚战士的英勇气质时，作者引用了 7 世纪东罗马作家对居住在中国边境的一支内亚民族 Mukri 的描述，但未对这个 Mukri 作任何勘同。[⑤] 按伊朗学家亨宁（W. B. Henning）早在 20 世纪 50 年代就已经将该名称与唐代《梵语杂名》中对高丽的称呼亩久里（*Mukuri）和藏语文书中对高丽的称谓 Muglig 以及突厥碑文中的 Bökli 合并考察，揭示了它们之间的联系。故东罗马史料中的 Mukri 指代 7 世纪时期割据

---

① 《文选》，第 126 页。
② 《文选》，第 135 页。
③ 参见何高济据波义勒英译本转译的《世界征服者史》（上册），内蒙古人民出版社，1981，"序言"第 13～25 页。
④ 《文选》，第 137 页。
⑤ 《文选》，第 141 页。

辽东半岛西部和朝鲜半岛北部的高句丽当无疑问。[1] 考虑到在塞诺的著述中，一般不把主要以朝鲜半岛为活动中心的民族划归内亚的范畴，所以这里似不宜以高句丽的情况来说明内亚的军事文化特征。

该文在论述马镫的起源时，指出其似乎并非是内亚地区的发明。[2] 这比起该书前面所持的中央欧亚的人发明了马镫的观点显然有所变化。[3] 应该说作者的新说较旧说更为可取。不过作者随后所提出的一项论据却不无可议：他认为最早的马镫图像出自朝鲜和日本，可以断代为公元 4～5 世纪（译者把原文中表示地理名称的 Korea 译作韩国，不可取）。由于文中没有列出与此论断直接相关的参考文献，故只能推测塞诺大概根据某种二手文献的介绍方得出这一认识。在 20 世纪 50 年代，朝鲜的考古学者确实曾把高句丽时代的马镫断定为世界上最早的马镫，不过所给出的断代仅早到 5 世纪而已。[4] 至于日本，则从未出土过 5 世纪以前的马镫实物。事实上，目前被断代在 5 世纪以前的与马镫相关的文物均发现于中国大陆，较早的一件铜制实物出土于断代相当于 4 世纪前半期的安阳孝民屯的墓葬中，另一件则是时代更早的长沙金盆岭西晋永宁二年（302）墓葬中所出的悬挂着马镫的骑俑。[5] 在塞诺写作此文时，前者尚未出土，但后者的简报早已刊登多年。实际上截止到 20 世纪 70 年代末，对中国考古材料非常敏感的日本学者已经在他们争辩马镫起源的论文中普遍使用了后者的材料，其中如樋口隆康遂以此为基础明

[1] W. B. Henning, "A Farewell to the Khagan of the Aq-Aqatärān", *Bulletin of the School of Oriental and African Studies* 1952, p. 501 No. 5. 参见护雅夫「いわゆる böklï について」收入『江上波夫教授古稀记念论集　民族·文化篇』山川出版社、1977、299－324 頁。

[2] 《文选》，第 142～143 页。

[3] 《文选》，第 10 页。

[4] 有关报道参见冯鸿志编译《具有世界最早年代的高句丽生铁"马镫子"》，《考古通讯》1957 年第 1 期。

[5] 中国社会科学院考古所安阳工作队：《安阳孝民屯晋墓发掘报告》，《考古》1983 年第 6 期；湖南省博物馆：《长沙两晋南朝隋唐墓发掘报告》，《考古学报》1959 年第 3 期。

确提出马镫的中国内地起源论，最初可能是由 3 世纪后期不善于骑
马的汉族发明的。① 由于语言的隔阂，塞诺对于上述一手性中文原
始报告和二手性日文文献均未能寓目，从而造成了其论说的疏失。
不过，此前乌瑞夫人的一篇讨论北亚游牧民族军事装备的法文论文
中也已引证了上述永宁二年的骑俑马镫的证据，虽然她提出的马镫
是由 3 世纪的匈奴人发明的观点尚嫌证据阙如。② 复加上 1979 年出
版的卜弼德文集中又披露了其生前对马镫见于 4 世纪时中国西北的
文献证据的搜集分析，故塞诺对马镫早期出现地域的观察甚至未及
汲取西方学界较新的成果。③ 作者在考辨中世纪时期的游牧民族中
使用马镫的历史时，还下了一个令人疑惑的论断，④ 即他在反驳柔
然 - 阿瓦尔同源论时，特地强调没有证据显示柔然和随后取代他们
的突厥人使用过马镫。柔然人有无使用过马镫，目前确实因为支持
材料的缺乏而难作结论。但突厥人对马镫的使用则久已为考古数据
所证实。吉谢列夫（S. V. Kislev）在 1950 年出版的《南西伯利亚古
代史》中就已经揭示了 6 ~ 8 世纪的阿尔泰地区的考古学文化中所
常见的马镫实物。⑤ 出土这些马镫的墓葬的主人必然有许多是属于
当时业已加入汗国体制的突厥人。另外 20 世纪 60 年代前期曾在蒙

① 增田精一「镫考」『史学研究』第 81 号、1971；相马隆「轮镫源流考」
『オリエント』第 14 卷 1 号、1971；樋口隆康「镫の发生」『青陵』第 19 号、
1972。

② K. Uray-Kőhalmi, "La Périodisation de l'histoire des armenents des nomades des Ste-
ppes", *Études mongoles* Vol. 5, 1974, pp. 149 – 150. 按乌瑞夫人此文原系其用匈
牙利语写作于 1972 年出版的有关专著的法文概要，故发表时删去了所有注释出
处。参见 *Acta Orientalia Academiae Scientiarum Hungaricae* Vol. 59, 2006, p. 366 对
其著作目录的介绍。笔者管见所及，欧美学者中引用上述马镫材料者，可能以
她为最早。

③ P. A. Boodberg, *Selected Works of Peter A. Boodberg*, pp. 112 – 113. 此前的一些西方
学者如夏德、伯希和均确认汉文文献提到马镫最早是在记述 5 世纪历史的《南
齐书·张敬儿传》中。卜氏此短文则检出《太平御览》所保存的原书今已不存
的《三十国春秋·王鸾传》的记载，显示 4 世纪上半叶马镫即已得到使用。

④ 《文选》，第 143 页注释 2。

⑤ 〔苏〕吉谢列夫：《南西伯利亚古代史》（下册），莫润先译，新疆社会科学院民
族研究所，1981，第 98 ~ 99 页。

古国考察的蒙匈两国联合科学考察队也在突厥时期的墓葬中发掘出了铁制马镫。[①] 故作者认为古突厥人不使用马镫的观点过于武断。

该文还将匈人首领阿提拉活动的时期括注为 4 世纪，[②] 应当纠正为 5 世纪。该文曾引用司律思神父（H. Serruys）的《明蒙关系史研究之三：1400 ~ 1600 年的马市》（*Sino-Mongol Relations during the Ming III. Trade Relations：The Horse Fairs 1400 – 1600*）中的一段史料概括，称在 1437 年时明朝一位高官为自己辩护，否认曾用盔甲和弓箭与蒙古贡使交换骆驼。[③] 按这段史料实际上出自司律思原书第 68 页，事件所发生的年代是在 1434 年而非 1437 年。塞诺在叙述传教士鲁不鲁乞的东行历程时，称当时居住有日耳曼战俘的 Bolat 小镇的方位不能确认。[④] 按该城的汉语译名作孛罗，在耶律楚材《西游录》和常德《西使记》中都有记载。其地理位置大致位于今新疆博尔塔拉蒙古自治州的赛里木湖附近。此前伯希和的遗著和罗依果对《西游录》的译注对其所在的大概方位均有考察，而它们却未见于塞诺的注释文献中，反映了作者对前人的成果参考不够。[⑤]

《略论中央欧亚狩猎之经济意义》（原刊于 1968 年）称 627 ~ 628 年的冬春之际，严寒和大雪造成羊马皆死，突厥陷入饥荒。为了获取食物，其可汗率兵进入朔州组织会猎。[⑥] 按译者已注出本于

---

① I. Eedélyi etc. "Results of The Mongolian-Hungarian Archaeological Expeditions 1961 – 1964", *Acta Archaeologica Academiae Scientiarum Hungaricae* Vol. 19，1967，p. 353.

② 《文选》，第 149 页。

③ 《文选》，第 153 页。

④ 《文选》，第 154 ~ 155 页。

⑤ Paul Pelliot, *Recherches sur les Chrétiens d' Asie Centrale et d'Extrême-Orient*，Ⅰ Paris，1973，pp. 141 – 142；Igor de Rachewiltz， "The *His-Yu-Lu* by Yeh-lu Ch'u-Ts'ai"，*Monumenta Serica* Vol. 21，1962，p. 50. 前者认为此城当在赛里木湖的稍南或东南。后者认为该城位于此湖的东方。又 80 年代以来关于此城的调查和研究主要参见张承志《关于阿力麻里、普剌、叶密立三城的调查及探讨》，载中国社会科学院民族研究所主编《中国民族史研究》，中国社会科学出版社，1987；陈得芝：《常德西使与〈西使记〉的几个问题》，《元史及民族史研究集刊》第 14 集，2001。

⑥ 《文选》，第 158 页。

《旧唐书·突厥传上》的上文原文："其国大雪，平地数尺，羊马皆死，人大饥，乃惧我师出乘其弊，引兵入朔州，扬言会猎，实设备焉。"故原文仅说突厥人担心唐朝利用其陷入饥荒的窘境而出兵攻打他们，故才以狩猎为名义进入朔州境内，实际上是为战斗做好准备。作者的上述理解与原文文意颇有出入。塞诺接着说在 11 世纪中国东北的女真部落中，存在着分别擅长捕捉鹿、兔、野猪、狼、雕和苍鹰的团体，并在此基础上做了更多的解说。[①] 据作者自注，其论据部分来自石泰安（R. Stein）在《通报》（T'oung Pao）上发表的《辽志》（Leao-tche）一文第 99 页的部分内容。复检石氏原文，可知其搜集列举了主要见于《辽史·穆宗本纪》中的从事捕猎和驯养任务的宫廷奴仆如兽人、鹿人、狼人、彘人、鹰人、鹘人等的名单之后，以辽代文献中女真人善于驯鹰和向辽朝进献过鹿人为由，推断这些仆从中至少有一部分人应当属于女真人。故石泰安并未将上列诸类人均说成是女真人，而塞诺因为未核汉文原文，对这些人的仆从身份及其工作性质全不明了，因此别出心裁地将其理解为女真人内部的一个个从事专业化狩猎活动的民族团体，甚至推测此类名称的来历可能与图腾崇拜或者跟相邻部族对他们的称谓有关。这就离汉文史料的原意愈行愈远了。

《大汗的选立》（原刊于 1993 年）一文称根据《周书》，传说中阿史那的儿子因为跳得最高，结果被他的九个异母兄弟选为首领。[②]按《周书》此处的原文作："讷都六有十妻，所生子皆以母族为姓，阿史那是其小妻之子也。讷都六死，十母子内欲择立一人，乃相率于大树下，共为约曰，向树跳跃，能最高者，即推立之。阿史那子年幼而跳最高者，诸子遂奉以为主，号阿贤设。"细玩文意，可知参加跳高选拔而成绩最优者即阿史那本人，并非其子。文中的"阿史那子"即名叫阿史那的那个儿子之意，这跟诸子的意思是完全并

---

① 《文选》，第 160 页。
② 《文选》，第 168 页。

列的。该文还称契丹首领阿保机据说生自一道阳光，而且一出生即有三岁儿童的体质。① 作者此处未注史源，似根据《辽史》卷一《太祖本纪 上》："初，母梦日堕怀中，有娠。及生，室有神光异香，体如三岁儿。"上述引文并无其出生于一道阳光之义。

另外，在该文中，作者将阿拉伯地理学家马苏底写作波斯地理学家。② 作者在引用突厥文阙特勤碑铭的记载时，说："他们聚集起来，有七十七人。"③ 按此处的七十七人在该碑文的各种现代语言译本中均作七十人，实际上《文选》前面第6页述及这段话时，也正确地引作七十人。作者在论证内亚社会存在的以相对和平的方式选举首领的现象时，以阿保机为例，称其做了九年的契丹部落联盟首领之后，被迫离任。④ 但其后他得到机会建立了一个新的部落并迁往一富庶地区，并通过对那里的经济资源的控制，得以使其他部落也承认他的首领地位。按根据作者自注，这段叙述的前半部分仍旧来自石泰安《辽志》第50～51页对有关汉文史料的法文译文，其原文见《契丹国志》卷一，称阿保机被迫离任时，对其他要挟其退位的首领说："我为王九年，得汉人多，请帅种落居古汉城，与汉人守之，自为一部。"而后"七部许之"。石泰安然后对汉城的位置做了注释，但并未援用任何史料论证阿保机以和平方式再次取得部落联盟首领的地位，相反，在后面的第52页中他又将《新五代史·四夷附录》中所叙阿保机用阴谋手段假借与诸部首领会宴之机，杀害前来与会的毫无戒备的各部大人的故事译作法文。虽然此段记载多少带有传说性质，但阿保机通过武力而非和平的手段统合契丹各部并取得君主的地位殆无可疑。惜塞诺对后面这部分译文未加注意，所以错误地以阿保机的事例来论证内亚君主以和平的方式

---

① 《文选》，第171页。
② 《文选》，第173页。
③ 《文选》，第174页。
④ 《文选》，第175～176页。

得到拥立的权力特点。另外塞诺还把阿保机的卒年定为 906 年①，当为 926 年之误。

《大汗的选立》还称在窝阔台死后，其皇后支持其长子贵由继位，而当父亲死时贵由正授命西征。② 按作者此说不知典出何据？或许与他对《史集·贵由汗纪》一段话的理解有关："当窝阔台合罕去世时，他的长子贵由汗还没有从远征钦察草原中回来。"③ 这段话容易给人留下当其父于 1241 年底去世时，贵由尚身在军旅之中的印象。但《史集·窝阔台汗纪》有对贵由行踪的更加详细可靠的记载，其文作："贵由汗和蒙哥合罕在鼠年（1240）秋，奉合罕之命回去了，并且在相当于伊斯兰教历 638 年（1240.7.23—1241.7.11）的牛年（1241），在自己的斡耳朵中驻下了。"④《元史》卷二《太宗本纪》则说 1240 年"冬十二月，诏贵由班师"，所系班师时间晚于《史集》，又据后者记载，贵由受封之地位于今新疆西北部的霍博至叶密立一带，故《史集》中称其返回的斡耳朵当在此地而非蒙古本土。⑤ 考虑到地理行程，即使依《元史》所记，贵由在 1240 年底或 1241 年初才由钦察草原一带动身启程，也完全能够在 1241 年底其父去世之前回到其位于西域的封地，故《史集》将其回程时间的记述系于尚处于窝阔台统治时期的本年度内是可信的。⑥ 另外

---

① 《文选》，第 196 页。

② 《文选》，第 180 页。

③ 余大钧等译《史集》第二卷，商务印书馆，1985，第 209 页。

④ 余大钧等译《史集》第二卷，第 67 页。

⑤ 余大钧等译《史集》第二卷，第 7 页；参见波义勒英译，周良霄译注《成吉思汗的继承者——〈史集〉第二卷》，天津古籍出版社，1992，第 27 页。

⑥ 此前的学者常忽略这一点，以为贵由的班师目的地是在蒙古本土，由此在细节上出现一些误解。参见 E. Bretschneider, *Medieval Researches from Eastern Asiatic Sources* I, London, 1888, pp. 318 – 319 No. 758; W. Abramowski, "Die Chinesischen Annalen von Ögödei und Güyük—Übersetzung des 2. Kapitels des *Yüan-shih*", *Zentralasiatische Studien* 10/1976, S. 148 No. 177. 至于其他大多数王子班师的时间应是在 1241 年的晚些时候，以致当太宗去世时，他们还在归程中。参见余大钧等译《史集》第二卷，第 238 页。

《元史》的《定宗本纪》和《宪宗本纪》关于传主的西征记事均未下延到 1240 年初以后也可作为有力的旁证。故前引《史集·贵由汗纪》的那段话实际上反映当其父逝世时，贵由尚待在自己的封地内，因此自然远离蒙古本土，绝不能理解成其时他本人还在尚未结束军事行动的西征军队中。①

塞诺将那场将蒙哥确定为大汗的选汗大会的召开地点说成是在距离蒙古本土数千英里的拔都的宫廷里。② 按《史集》对选汗大会的地点记叙模糊，而重在表现拔都对蒙哥的拥戴之功，故容易使人产生该地点是在拔都宫廷中的看法。但《元史》卷三《宪宗本纪》称："岁戊申，定宗崩。朝廷久未立君，中外汹汹，咸属意于帝，而觊觎者众，议未决。诸王拔都、木哥、阿里不哥、唆亦哥秃、塔察儿，大将兀良合台、速你带、帖木迭儿、也速不花，咸会于阿剌脱忽剌兀之地，拔都首建议推戴。"此处的阿剌脱忽剌兀已被伯希和勘同为此前拔都为了应对贵由的讨伐而前往的距海押立一周路程的阿剌豁马黑。③ 故此地与地处萨莱的拔都宫廷毫不相涉。塞诺还称反对蒙哥继位的窝阔台系的势力主张应由贵由的某个儿子成为大汗。④ 此说亦误，按窝阔台系力量当时抬出的汗位候选人并非贵由之子而是其侄子失烈门，此事在《元史》卷三《宪宗本纪》和《史

---

① 鉴于上述根据《史集》所建立的时间框架的合理性，笔者认为难以将志费尼在《世界征服者史》中的那段文学色彩甚浓的记叙采作信史，他说太宗在 1241 年的某个较晚的时候才召贵由回本土，而当后者兼程前往还未抵达叶密立时，太宗就已经去世了。参见何高济据波义勒英译本转译的《世界征服者史》（上册），第 292 页。不过《世界征服者史》的这段记叙成为爱尔森（Th T. Allson）在他为 1994 年出版的《剑桥中国史》中有关蒙古汗国兴起历史所写的篇章中所作的有关论述的基础。参见〔德〕傅海波等编《剑桥中国辽西夏金元史 907~1368 年》，史卫民等译，中国社会科学出版社，1998，第 448 页。

② 《文选》，第 183 页。

③ 〔法〕伯希和：《蒙古与教廷》，冯承钧译，中华书局，1994，第 210 页；W. Abramowski, "Die Chinesischen Annalen des Möngke: Übersetzung des 3. Kapitels des Yüan-shih", Zentralasiatische Studien 13/1979, S. 35 No. 21. 关于该次大会的新研究，参见刘迎胜《阿剌脱忽剌兀忽里台大会考》，《西域研究》1995 年第 4 期。

④ 《文选》，第 183 页。

集》里面均有明晰记载。①

《中古内亚的翻译人》（原刊于 1982 年）出现了"《新唐书》卷 46 ~ 50《百官志》"的提法。② 按《新唐书》的《百官志》是从卷四六到四九。塞诺还根据戴何都的著作转引了《新唐书·百官志》的有关内容，述及在中书省的官员中，有四个"蕃书译语"，品级只比二十名乘驿高一点。③ 按其原文出自《新唐书》卷四七《百官志二》"中书省"条，作："蕃书译语十人，乘驿二十人。"故文中所说的译语人数量有误。塞诺在引用蒲立本（E G. Pulley-blank）的著述时，将年轻时的安禄山作为职业口译者的代表④，所根据的文献依据实际上是《新唐书》其传记下的"通六蕃语，为互市郎"。大概塞诺因为"通六蕃语"，就把"互市郎"理解成职业性翻译了。这种界定至少是偏颇的，因为互市郎的职业身份是市场上的买卖中介人，正如蒲立本的英文原文将其翻译成现代英语中的"中介人"（middleman）一样，只不过安禄山从事这项生计是在他生活的北方边地。按照《安禄山事迹》的记述，其工作性质是"为诸蕃互市牙郎"，需要经常跟不同的民族打交道，因此他具有掌握多种语言的能力，并对他的日常工作有利，进行口头翻译只不过是从事这些商业中介性事务的一项基本内容而已，不能以此就把他看作真正意义上的职业翻译人。而且经出土文书证实，在唐代的一些如西州这样的边境地区，社会上确实活跃着一个职业的译语人群体，他们的身份才近似于今天所说的以口译为主的职业翻译，其工作范围涉及军事、商业、法律等诸多官私领域。⑤ 故在唐代的边境社会中，互市郎和译语人是两种不同的职业身份，虽然他们的工作都与口译有关。

---

① 《元史》卷三《宪宗本纪》，中华书局，1976，第 44 页；余大钧等译《史集》第二卷，第 205 页。
② 《文选》，第 204 页。
③ 《文选》，第 204 页。
④ 《文选》，第 205 页。
⑤ 李方：《吐鲁番文书中的译语人》，《文物》1994 年第 2 期。

塞诺还转引了 1911 年比尔（S. Beal）对《大慈恩三藏法师传》卷二中一段话的翻译，[①] 其原文作："可汗乃令军中访解汉语及诸国音者，遂得年少曾到长安数年通解汉语……"这段话被比尔误译：可汗找到了一个年轻人，他以前曾在长安住了许多年，因此通晓汉语。实际上可汗找到的这个人只是在他年轻时在长安住过几年并习得汉语而已，换言之，此时他为玄奘担任翻译时已经不再年轻。比尔此处的译文又误导塞诺提出了一些本不必要的疑问。塞诺认为《耶律楚材神道碑》中提到的回鹘译史安天合从其姓氏上看，应当是个粟特人。[②] 按这一新说明显证据不足，因 13 世纪时在中国的西北地区，粟特人作为一个民族早已消失，仅仅在中亚的花剌子模还有少量信仰基督教使用自己语言的粟特人。[③] 塞诺在解释宋元时期的通事军时，倾向于从字面意思上将其理解为由翻译人组成的军队。[④] 近来的一项研究改变了这一传统认识，转而指出这些通事军实际上是一种由流寓他国的异族人组建的带有雇佣军性质的军队，并不意味着他们平时或者以前具有翻译的职业身份。[⑤]

《中古内亚的外交实践》（原刊于 1988 年）一文称 1217 年成吉思汗派往花剌子模的商使被对方处决。[⑥] 这里的 1217 年为 1218 年之误。该文引用了何四维（A. F. P. Hulsewé）对《汉书·西域传》的部分英译章节，[⑦] 惜有不忠实于译文之处。作者说大宛的国王在汉使砸碎了金马后，打发他们离开。按此处的汉文原文作："宛中贵人怒曰：'汉使至轻我！'遣汉使去。"何四维的译文中把贵人翻译为英语中的 noblemen（贵族），大致可从。[⑧] 故国王一词系塞诺误

① 《文选》，第 206 页。

② 《文选》，第 210 页。

③ Paul Pelliot, *Recherches sur les Chrétiens d' Asie Centrale et d'Extrême-Orient*, p. 117.

④ 《文选》，第 210~211 页。

⑤ 刘晓：《宋元时代的通事与通事军》，《民族研究》2008 年第 3 期。

⑥ 《文选》，第 231 页。

⑦ 《文选》，第 236 页。

⑧ A. F. P. Hulsewé, *China in Central Asia: The Early Stage: 125BC - AD23*, Leiden: Brill, 1979, p. 227.

加。作者在后文则引用何氏的注释，称公元前一世纪时，康居的地望是在撒马尔罕地区。① 按汉代的康居在地理上并不等同于南北朝以降的康国，后者才位于撒马尔罕一带。研究汉代康居方位的最基本史料还是《史记·大宛列传》所载的"康居在大宛西北可二千里"。不少学者如白鸟库吉等均以此条记载并结合其他材料考证出康居当时是处于从今天的楚河流域到锡尔河中游一带，大体上处在撒马尔罕的西北方向。② 其说大体可从。实际上何氏此书刊出后数年，意大利汉学家达芬纳（P. Daffinà）即在《通报》上撰文，对其作进行了全面商榷式的评论，内中就揭出注者对康居地望解说的不确，且给出了相对合理的答案。③ 这篇书评在西方汉学界颇受重视，为一般引用何氏译注的学者所必读，因此塞诺此处的引用失误本来可以得到避免。

《西方的契丹史料及相关问题》（原刊于 1995 年）一文着重论述了鄂毕乌戈尔人可能与契丹人存在交往的问题，并提到了 1549 年出版的《莫斯科札记》中出现了标志鄂毕河源头的契丹湖。④ 按根据巴德利所搜集的资料，在比这一时间更早的 1525 年，一位俄国大使在跟人谈话时展示了一幅俄国地图，其上已经描绘出了作为鄂毕河源头的契丹湖。⑤ 作者在解释鄂毕乌戈尔人的口头文学和他们的语言中一再出现契丹人的原因时，似乎很想把它归结为 1218 年西辽灭亡之后，哈喇契丹人向四处扩散所致。这种解释自然可备一说，不过笔者认为这个问题连同所谓的契丹湖名称的出现都可以从另一个角度入手解释，即将其主要归因于西辽历史上向北方的扩张在鄂

① 《文选》，第 239 页。

② K. Shiratori（白鸟库吉），"A Study of Su-t'e or Sogdiana", *Memoirs of the Reaearch Department of the Toyo Bunko*, 2/1928, pp. 89 – 90; K. Enoki, "Sogdiana and the Hsiung-nu", *Central Asiatic Journal* Vol. 1, 1955, p. 47.

③ P. Daffinà, "The Han Shu Hsi Yü Chuan re-translated: A Review Article", *T'oung Pao* Vol. 68, 1992, pp. 324 – 325.

④ 《文选》，第 250 页。

⑤ 〔英〕约·弗·巴德利（J. F. Baddeley）：《俄国·蒙古·中国》（上卷　第一册），吴持哲等译，商务印书馆，1981，第 211～212 页。此书原版于 1919 年。

毕河流域居民中引起的长久影响。根据穆斯林史料的记载，西辽兴起之初，耶律大石就曾在西迁过程中攻打过他所途经的吉利吉思人，此后当他在八剌撒浑正式称汗以后，又继续向四方扩张，并使位于叶尼塞河上游谦谦州的吉利吉思人服从了自己的统治。史载："他这时把沙黑纳派到从谦谦州到巴儿昔罕……的各个地方。"① 而从西辽统治腹心的中亚七河流域要抵达谦谦州一带就必须穿过鄂毕河上游及阿尔泰山附近，故可以认为上述地区和谦谦州一样在当时都附属于西辽。

《蒙古人在西方》（原刊于 1999 年）一文称术赤在成吉思汗去世前的几个月已经死去了。② 按这一说法的史源出自较晚的《兀鲁伯简史》（Shajarat al-Atrāk），称其比他的父亲早死六个月，亦即死于 1227 年二月。③ 此说后来得到了格鲁塞等人的采纳。④ 但此说实际上因与时间更早的史籍所提供的关于术赤去世的时间框架严重冲突而显得疑点重重。《史集》没有提供术赤去世的准确年月，但其中明确说到当 1225 年秋季成吉思汗着手最后一次远征西夏时，长子术赤已死。⑤《史集·术赤汗传》还说成吉思汗一度误听不实之词，准备讨伐术赤，结果却意外传来了后者的死讯。⑥ 这后一条记载也说明成吉思汗萌生讨伐术赤的意图，只能是在 1225 年秋讨伐西夏之前，因一旦出师西夏的行动付诸实施之后，断无可能中途改弦易辙，再兴西征钦察草原之役。同一条史料后面还说，根据那些从金帐汗国前来的使臣们的陈述，术赤死的时候是在三十至四十岁之间。而据伯希和等的考察，术

① 参见何高济据波义勒英译本转译的《世界征服者史》（上册），第 417~418 页。
② 《文选》，第 268 页。
③ 〔俄〕巴托尔德（W. Barthold）：《蒙古入侵时期的突厥斯坦》（下），张锡彤、张广达译，上海古籍出版社，2007，第 516~517 页。
④ 〔法〕格鲁塞（R. Grousset）：《草原帝国》，魏英邦译，青海人民出版社，1991，第 284 页；〔德〕傅海波等编《剑桥中国辽西夏金元史 907~1368 年》，史卫民等译，第 429 页。《中国大百科全书》的《中国历史》分卷中也持 1227 年说，但标有问号以示不确定，参见《中国大百科全书·中国历史·元史分册》，中国大百科全书出版社，1985，第 160 页。
⑤ 余大钧等译《史集》第一卷第二分册，第 317 页。
⑥ 余大钧等译《史集》第二卷，第 141 页。

赤约生于 1184 年。① 那么以其去世于 1224～1225 年时的年龄推算，大致还处在四十岁的时段，但如果是逝于 1227 年，则大大突破这一年龄上限。《世界征服者史》同样没有明记术赤的卒年，仅说他到豁兰八失朝见成吉思汗并从那里返归，然后大限已到。② 巴托尔德据此理解为他在朝见结束返回领地后不久即身亡。③ 考虑到成吉思汗在豁兰八失草原逗留的时间是在 1223 年春季和夏季，④ 那么《世界征服者史》的上述记载愈发不能证明术赤活到了 1227 年才去世。故综合以上论据，将术赤的去世年份置于 1224～1225 年间要比 1227 年之说更为合乎早期史料的记载，至于 1227 年之说，则非常可疑，对之当持谨慎态度而不宜像作者这样无保留地信从。

该文还称，蒙古军队集结在不里阿耳以准备西征的时间是在 1236 年年初，并注明取自《世界征服者史》。⑤ 但后者只是说，参加这次西征的王公只是在春天时从各自的领地出师，赶去进行这一战役。⑥ 而《史集》则明述这些从蒙古本土和西域出发的王公 1236 年春天起程后，于途中度夏，最后到秋天才在不里阿耳同术赤家族的人马会合。⑦ 考虑到从蒙古到位于伏尔加河流域的不里阿耳的地理距离，《史集》提供的集结时间显得合乎情理，故应当把蒙古军队的会师时间置于当年的秋季。

作者在接下来的叙述中有时显得时间线索不很明确，需要根据行文的顺序和结构才能把握。⑧ 作者对 1236 年开始的这场西征战争

① *Campagnes de Genghis Khan*：*Cheng-Wou ts'in-tcheng lou*, trad et anno. par P. Pelliot et L. Hambis, Leiden：Brill, 1951, p. 266.
② 何高济据波义勒英译本转译的《世界征服者史》（上册），第 314 页。
③ 〔俄〕巴托尔德（W. Barthold）：《蒙古入侵时期的突厥斯坦》（下），张锡彤、张广达译，第 516 页。
④ 〔俄〕巴托尔德（W. Barthold）：《蒙古入侵时期的突厥斯坦》（下），张锡彤、张广达译，第 513 页；参见何高济据波义勒英译本转译的《世界征服者史》（上册），第 164～165 页。
⑤ 《文选》，第 269 页。
⑥ 何高济据波义勒英译本转译的《世界征服者史》（上册），第 317 页。
⑦ 余大钧等译《史集》第二卷，第 62 页。
⑧ 《文选》，第 269 页。

的叙述是从蒙哥迫降钦察首领写起，然后叙述了蒙哥成功地抓捕了
另一个钦察首领八赤蛮并征服了阿兰人，从而完成了对钦察草原的
占领。然后说蒙哥和其他蒙古军队均在不里阿耳城会合，并于 1237
年秋攻克了该城。值得注意的是，作者特地注出，在最后进攻此城
之前的一年内，蒙古人没有发动其他的战争以显示他们对此次攻城
战役的长期准备性。那么根据作者对西征历史的时间确定，可知他
将八赤蛮被俘房等事均置于 1236 年秋季以前，当然这和作者此前确
定的西征军事行动于同年年初已在不里阿耳草原展开在时间上应当
是先后衔接的。可是，根据我们上面的引证和分析，真正的军事行
动开始于该年的秋季，那么八赤蛮被蒙哥所俘的时间就必须重新确
立。关于此事的时间，《元史》和《史集》彼此不合，而伯希和所
作的解释现在看来还是可以接受的，他依据《史集》的记载，将此
事系于 1236～1237 年之交的冬季，而《元史》的 1237 年之说则被
解释为该消息抵达窝阔台大汗的时间。[①] 另外作者所给出的蒙古人围
剿阿兰人的时间也需要讨论，因为据《史集》等的记载，对阿兰人的
战事持续时间很长，并不仅限于捕获其首领哈赤儿兀库剌，还包括了
以后对阿兰人的著名都城篾怯思的围攻。据米诺尔斯基（V.
Minorsky）考察，《史集》和《世界征服者史》有关该都城的失陷记
载并不一致，而前者的记载比后者可靠，该城陷落的时间是在 1239
年。伯希和则结合《元史》与《史集》的各自记载，更精确地将其
事定于 1239～1240 年之交的冬季。[②] 至于将不里阿耳城的沦陷时间系
于 1237 年秋则是一个极有争议的话题。根据某种俄国编年史的记载，
该城于 1237 年秋被蒙古人攻陷。这一时间被不少史家信从。[③] 但依照

① 〔法〕伯希和：《库蛮》，冯承钧译，载冯氏译《西域南海史地考证译丛二编》，
商务印书馆，1962，第 30～31 页。

② V. Minorsky, "Caucasica Ⅲ: The Alān Capital * Magas and the Mongol Campaigns",
Bulletin of the School of Oriental and African Studies Vol. 14, 1952, pp. 221–232;
〔法〕伯希和：《库蛮》，冯承钧译，第 32～33 页。

③ I. Hrbek, Bulgar. —*The Encyclopaedia of Islam*, (new edition) p. 1308, Leiden
1960; David Morgan, *The Mongols* second edition, Blcakwell, 2007, p. 121.

《世界征服者史》的记载，蒙古人于1236年秋会师后，西征的首役就是攻下了不里阿耳城。① 因此多桑（d'Ohsson）等学者在其史著中即采1236年之说。② 另外有的俄国编年史如《拉甫连齐耶夫编年史》也称在1236年的秋天，"不信神的鞑靼人从东方侵入不里阿耳国，攻陷了著名的大不里阿耳城，屠杀老人和孩子，他们掠夺了大量财物，火烧了他们的城市，并占领了他们的全部国土"③。可见1236年之说亦有相当的史料依据，作者在采纳他说时至少应对该说另注指出。

作者在该文中引述了《蒙古秘史》第275节的拔都向窝阔台控诉贵由的书信中的话，并补充说大汗得到书信后，谩骂贵由且做出了有利于拔都，授权其指挥下一场战役的做法④。从作者对该段内容的位置安排可知，他把此事置于1238年前后。但此处涉及的拔都与贵由的冲突时间非常可疑，作者对此不察，未作任何考辨即将此事叙于笔下。拔都在书信的开头明白地叙述了事情发生的背景是在庆祝西征取胜的归宴上，当时的情况是："合罕叔叔的福荫里，篾格惕城破着，斡罗速惕百姓虏着，十一邦百姓行正教投入着。"这句话的意思是说，托窝阔台叔叔的福，（我们西征军队）攻破了阿兰人的首都篾怯思，掳掠了俄罗斯百姓，还使十一个国家（或部族）的百姓也归顺了我们。⑤ 而这里的十一邦百姓则是指《蒙古秘史》262节所列举的北方的十一个部族，其中恰恰包括了马扎剌惕

---

① 何高济据波义勒英译本转译的《世界征服者史》（上册），第317页。

② 〔瑞典〕多桑：《多桑蒙古史》（上册），冯承钧译，上海书店，2003，第208~209页；I. Zimonyi, "The Volga Bulghars between Wind and Water (1220–1236)", *Acta Orientalia Academiae Scientiarum Hungaricae* Vol. 46/1992–1993, pp. 347–355.

③ 〔苏联〕格列科夫、雅库博夫斯基：《金帐汗国兴衰史》，余大钧译，商务印书馆，1985，第171页。

④ 《文选》，第270~271页。

⑤ 参见 Igor de Rachewiltz trans with comment. *The Secret History of the Mongols: A Mongolian Epic Chronicle of the Thirteenth Century* I, Leiden: Brill, 2004, p.206；小泽重男：『元朝秘史全释续考』（下）风间书房、1988、第484–485页。

（匈牙利人）、阿速惕（阿兰人）等。① 如果以拔都的上述奏捷之语为基准，那么导致双方矛盾公开化的这场宴会当举行在1240年底蒙古基本征服俄罗斯之后，甚至将其定在1241年中期蒙古在入侵匈牙利战役中获胜之后也没有明显不妥，绝不会在作者所倾向的1238年左右。但正如前文所分析的，贵由及蒙哥在对俄罗斯的战役尚未结束时就已开始听命东返，故《元史》有关两人的传记对他们参加西征战役的下限均是1240年初的围攻阿兰人之役。尽管拔都和贵由的宴会冲突很可能实有其事，但其发生的时间却不会像《秘史》陈述的这样晚，惜囿于史料的缺乏，目前尚难以准确考察。在此疑窦未明之际，对于引用这类不易确定其真实年代的材料当特别慎重。

至于塞诺随后所补充的大汗做出由拔都负责指挥随后的战役的看法也缺乏有力的根据。事实上，在接下来的276~277节的内容通篇都是太宗责骂其子并拒不令其相见，仅最终在别人的规劝下，才收回陈命并劝诫贵由的话。内中只是提到"那个野外的事，巴秃说来有"，也即让拔都负责野外之事，这是一句含义笼统且乏具体所指的话，并不具有专门委任其人在即将进行的战役中负总指挥之责的意味。何况276~277节的真实性非常可疑，因贵由自从参加西征以后，直到太宗去世，父子之间再未谋面，完全谈不上如《秘史》所说的太宗在旁人劝说下才接见他并当面训斥之。这样随之他说出的有利于拔都的那些言论尚需谨慎对待。② 另外，塞诺还将拔都信中最后的那句话专门译出，作"正是被派去镇压异族叛乱之时，我们自问是否已经取得了胜利？"但正如小泽重男所解释的，这句话的后半部分——蒙古语复原为 jöb-i tab-i bolqu bolba（旁译 是么是么 做的做了），其实是一句拔都自我表功的话，意在用疑问的口气显示自己在西征中出力很大，把完成出征的任务看作是自己的

---

① Igor de Rachewiltz trans with comment. *The Secret History of the Mongols: A Mongolian Epic Chronicle of the Thirteenth Century* Ⅰ, p. 194; Ⅱ, p. 959, p. 1011.

② 已有学者据此断定这几节的不少内容是后人为达到某种政治目的而有意识地添加的。参见余大钧《蒙古秘史成书年代考》，《中国史研究》1982年第1期。

功劳。① 故从拔都居功自傲的心态来看，完全说不上其时还需要警醒式地自问"我们是否已经取得了成功？"此处塞诺给出的译文明显不符合当事人的说话语境，不如译成"我们自问是究竟怎样才取得了成功？"更能表达拔都此话的原意。

作者在文中又称从 1239 年初直到 1240 年 12 月之前没有发生重大事件。② 按前面我们已经指出在 1239～1240 年之交，蒙古军队攻下了位于高加索地区的阿兰人的都城，此事的重要性不容忽视。作者在后文中指出在窝阔台去世后，拔都很满足于成为蒙古帝国的西部实际统治者，他对继任者贵由表现出很大的忠诚性。③ 塞诺的这一看法可能是受到了《世界征服者史》的误导，其说贵由继承汗位后，拔都应其要求，出发去迎接他，但贵由在半路上去世了。④ 实际上，事情的真相当如《史集》所言，拔都一直非常警惕地关注着贵由向叶密立方向的进发，并在拖雷遗孀的告诫下，做好了应对不测的战争准备。⑤ 杰克逊详尽地搜求比勘了种种不同的记载，解析了贵由与拔都的对抗实质，且认为志费尼因其所处的时代稍早，故他的写作含有隐瞒事实真相的企图，意在掩盖拔都与拖雷家族的特殊关系，并力图制造一种蒙古汗国内部精诚团结的假象。⑥ 对于这场仅仅因为贵由的突然去世才得以避免的内战，汉文史料中也有记叙，明确目之为"定宗皇帝征把秃王"。⑦ 故那种认为拔都对贵由极为忠诚的观点恰与事实全然相反。

作者在该文中还指出当贵由继立为大汗并接见教皇特使之时，在后者眼里其年纪在 40 到 45 岁之间，而作者却认为，其人的实际

---

① 小泽重男『元朝秘史全释续考』（下）风间书房、1988、490 頁。

② 《文选》，第 274 页。

③ 《文选》，第 282 页。

④ 何高济据波义勒英译本转译的《世界征服者史》（上册），第 314 页。

⑤ 余大钧等译《史集》第二卷，第 143、205、221 页。

⑥ P. Jackson, "The Dissolution of the Mongol Empire", *Central Asiatic Journal* Vol. 22, 1978, pp. 196–202.

⑦ 其见于元代中期人袁桷的《拜住元帅出使事实》，有关的分析参见杨志玖《定宗征拔都》，载氏著《元史三论》，人民出版社，1985，第 67～76 页。

年纪比这个年龄要小 10 岁。^① 塞诺对贵由的实际岁数估算不知依据何在，但我们知道，《元史》卷二《定宗本纪》作"三年戊申春三月，帝崩于横相乙儿之地，在位三年，寿四十有三"。故贵由在即位之初，不可能如塞诺推算的是在 30 到 35 岁之间。作者又说窝阔台家族内部在贵由去世后，提议由后者的儿子继承汗位。^② 按实际上他们提出的候选人是贵由之侄失烈门，其史料根据前文已叙。作者将伊利汗国君主海合都的在位时间括注为 1201～1295，^③ 实际当作 1291～1295 年。

作者写作此文的目的有如其自述是试图由博返约地以简捷明快的文风来介绍蒙古人在西方历史的主要特征，因此整篇文章中有不少落笔之处写得十分浓缩，并未详注其见解来源而是径直代之以简明扼要的评述。应当说大多数评论均能透过表象，鞭辟入里地切中历史画面的本质之处，堪称全文的精华所在，但也有个别评议似乎离开史料证据过远，给人留下推论过度的印象。作者在评论拔都的政治权威时说，在他的一生之中，蒙古帝国是两头政治：表面上其为三位大汗效劳，但实际上是和这三人并驾齐驱。^④ 这一评价明显是言过其实了。在三位大汗之中，拔都的权威肯定无法和其叔窝阔台相比，这从前引《秘史》中拔都给大汗的申诉信中可见一斑，不仅信件内容充分反映出贵由仰仗着自己是大汗长子的身份敢于对这位堂兄言行放肆，而且也彰显出拔都本人其实并无足够的权威来约束驾驭这些桀骜不驯的贵胄子弟，只能把解决调停的希望寄托在大汗身上。既然如此，怎么能轻言其权威能够和大汗匹敌呢？至于拔都和蒙哥的声望在帝国内部孰更有影响的问题，传统的观点也已受到新兴研究的挑战。如爱尔森在其著作中专门就此问题批评了以巴托尔德为代表的认为拔都在实际地位上可以和蒙哥平起平坐的观

---

① 《文选》，第 286 页。
② 《文选》，第 287 页。
③ 《文选》，第 295 页。
④ 《文选》，第 289 页。

点。他指出从亚美尼亚海屯国王和欧洲特使的外交对象上看，金帐汗国并无独立的外事决定权，所以拔都尚需把这些外国使臣遣送到蒙古本土以让蒙哥最后定夺。而当蒙哥下令其弟旭烈兀进军西亚时，拔都也必须派兵助征，此外蒙哥还有权在金帐汗国领土上实施扩户，其经济措施也能畅通无阻地在拔都的控制区域内付诸实施。[①]故即使就蒙哥而言，拔都是否具有了与其平等的权力和地位还大有可以质疑的余地。仅仅对于统治时间最短而又威望不高的贵由，拔都才敢于公然与之分庭抗礼，并不惜与其一战以捍卫自身的利益。所以塞诺对拔都的上述评语总体上已经超出了史料所允许的推论限度。

《论中央欧亚之水运》（原刊于 1961 年）一文在第一部分进行历史考察时，未充分利用艾伯华（W. Eberhard）从汉文史籍中搜集的材料。艾伯华注意到了《后汉书·南匈奴传》中对匈奴使用马革船的记载。[②] 这则汉明帝永平八年（65）的记载对于塞诺考察内亚的水运工具应当是非常重要的，因其在文中引证的关于革船的较早史料已经晚到了 10 世纪前后，而对汉明帝永平八年史料的引用可以将革船在内亚的出现历史大大提前。该文中有 "12 世纪的 Marwāzi 提到一个部族 Fûrî 或者 Qûrî，生活在吉利吉思以东无法穿透的森林里"，"他们运东西的船，是用鱼皮或野生动物的皮制造的" 之语。[③]按作者自注，此段引文源于米诺尔斯基译注的《马卫集》（Taba'i al-hayawān）的第 31 页。复检原文，发现所谓使用皮船的民族所处的大致方位是在吉利吉思地区向着高昌（Chīnānjkath）的方向，由此可见他们是处在叶尼塞河上游的南方。同书作者还称这些人为野人，所住地方均为密不可穿的森林，到处积水，峡谷接连不断并且雨水连绵。他们与外界语言不通，以木制弓，身披兽皮衣服，在战

① Th T. Allson, *Mongol Imperialism*: *The Politicies of the Grand Qan Möngke in China*, *Russia*, *and the Islamic Lands*, *1251 - 1259*. University of California Press, 1987, pp. 54 - 59，134 - 143.

② W. Eberhard, *Lokalkulturen im Alten China. Ersten Teil*: *Die Lokalkulturen des Nordens und Westens*, Leiden: Brill, 1942, S. 300.

③ 《文选》，第 319 页。

争中常将掳掠物付之一炬，仅仅留下武器和铁。故《马卫集》并未将这些"野人"说成是 Fûrî 或者 Qûrî 部族，因同书的前面部分已经提到了后者，并说其妇女以贝壳代替珍珠作为装饰品，这与对上述森林中人的描写毫无共同之处。对以上森林民族的几乎完全一致的描写实际上也见于 11 世纪的波斯文史料《记述的装饰》，该书将其方位定于从吉利吉思穿过草原前往 Fûrî 或者 Qûrî 的路途上。① 而 Fûrî 或者 Qûrî 已被勘同为唐代的骨利干。② 后者地处环贝加尔湖地区。③ 因此那些使用皮船的森林居民无疑与 Fûrî 或者 Qûrî 不是同一族系，前者应位于叶尼塞河上游南方的图瓦地区，那里河流湖泊众多而又森林密集，在元代文献中被称为八河之地，完全符合上述史料的记载。后者当仍在贝加尔湖一带，而当时的交通路线则可以从叶尼塞河上游南下经过图瓦地区进入蒙古草原的北缘，再沿草原带向东行进最后北上抵达贝加尔湖流域，从而避免直接穿越横亘在叶尼塞河与贝加尔湖之间的莽莽原始森林。

作者在该文中指出，一道用八思巴字母拼写的蒙古语诏令中所出现的表示"筏子"的词（hua）不可能如刊布者鲍培（N. Poppe）建议的那样，即中文"筏"字的音译。④ 按鲍培的意见无误，在柯蔚南（W. S. Coublin）总结的元代用八思巴字母拼写的汉字中，与"筏"同音的"伐"字即拼作 Hwa，实际上跟鲍培的标音完全一致。⑤ 作者还提出，蒙古语中的 ongɣuča（"船"）的词源应与 ongqur（"低洼、空洞"）有关。⑥ 按元明文献中所见的东北部临近鞑靼海

---

① 参见王小甫根据巴托尔德的俄译文翻译的《记述的装饰》摘要，载《西北史地》1983 年第 4 期。

② V. Minorsky trans with comment. *Sharf Al-Zamān Tāhir Marwāzi on China*, *The Turks and India*, London, 1942, p. 106.

③ A. P. Okladnikov, *Yakutia before Its Incorporation into the Russian State*, pp. 305 – 337.

④ 《文选》，第 321 页。

⑤ W. S. Coublin, *A Handbook of 'Phags-pa Chinese*, Honolulu：University of Hawai'i Press, 2007, p. 174.

⑥ 《文选》，第 333 页。

峡居民所乘的"黄窝儿"或"广窟鲁"船疑即 ongqur 的词首擦音未脱落形式 * hongqur。[①] 按照伯希和的意见，这种形式表征了 13 ~ 14 世纪古典蒙古语的语音特点。塞诺在文中引用阿尔泰语系中为数众多的表示各类船名的词汇时，其多借助近人编撰的词典，但这些工具书由于编订时间相对较晚，故有时在作释义时不免忽视其古训，从而影响到作者以历史语言学的视角看待问题。如塞诺在根据郝爱礼（E. Hauer）的满德词典，将满语的 veihu 译作"木船、小船、船"。[②] 这一训释即未能反映其在较早时候的词义。实际上，清代的满汉文献多释该词为"独木舟"。例如西清的《黑龙江外纪》作："威呼，独木船也，长二丈余，阔容膝，头尖尾锐。"[③] 吴桭臣的《宁古塔纪略》："江中往来，俱用独木船，名威呼。"[④] 这里的威呼即满语 veihu 的音译。图理琛在《异域录》中对楚库柏兴附近的河流描绘时，其汉文本称"独木船、刀船一百左右"，满文本相对应的地方作：veihu jaha tanggū isime。[⑤] 赖德懋（拉铁摩尔，O. Lattimore）在 1930 年对松花江流域赫哲人的实地调查中，也已指明威呼在满语和赫哲语中专指独木舟，只是汉人才有时用它来称呼木板船。[⑥] 由于塞诺不解该词较早专表独木舟之义，故倾向于将它与通古斯语中的 ugda 来比较，并推测它们具有对等关系。其实指代木板船的后者跟威呼在构造上属于类型完全不同的船只，况且两者在语音上亦不构成对应关系，所以他的猜测自然无法成立。

作者在文中引用李盖提（L. Ligeti）提供的词例时，相信女真语中已经存在一个形式作 jaxudai 的表示船的词，即相当于满语的

---

① 黄窝儿一名见于元代《经世大典序录·招捕》，广窟鲁则见于明代《辽东志》卷九《外志》，参见姚大力《元辽阳行省各族的分布》，《元史及北方民族史研究集刊》第 8 期，1984。

② 《文选》，第 337 页。

③ （清）西清：《黑龙江外纪》卷四，中华书局丛书集成本，第 49 页。

④ （清）吴桭臣：《宁古塔纪略》，黑龙江人民出版社，1985，第 9 页。

⑤ 今西春秋整理『校注异域录』天理大学、1964、79、187 页。

⑥ O. Lattimore, "The Gold Tribe Fishskin Tatars of the Sungari", *Memoirs Amer. Anthropological Soc.*, No. 40, 1933, p. 37.

jahūdai "船"①。按李盖提对这一词例的读音构拟并不能成立，因为《金史·国语解》作："沙忽带，舟也。"按照金宋时期的语音规律，它对应的女真语原型只能构拟成 * šahudai 而非 jaxudai。② 换言之，从 * šahudai 向 jahūdai 的音变必然发生在宋金时期以后。作者在同页考察满语 jahūdai 时，列出了《五体清文鉴》中和它相对应的其他几种语言中的词汇，作者将其中的维吾尔语形式（实际上是察合台语）拼作 kem，并注明"原文如此！"以示原文给出的形式可能有误。作者未注明其引用的该书版本，故使人难以核对其征引的材料。这里仅采用民族出版社影印的故宫本《五体清文鉴》，发现该词的写法虽不规范，字母 m 的后面拖着类似于 r 的笔画，但其下的满文注音却切出了正确的音值：kama。③ 该形式让我们联系到固代耶（M. Pavet de Courteille）编撰的察合台语词典中的表示船之义的 kamə 一词。④ 故笔者对塞诺此处给出的 kem 的转写法表示怀疑。

需要附带一提的是，此文所处理的问题自 20 世纪 80 年代以来也曾引起过国内一些学者的关注，这先后反映在黄时鉴、贾敬颜、陈星灿对北方地区自古以来流行的革制渡河工具的论述中。⑤ 黄、贾两先生的文章主要立足于对文献记载的考察来梳理史实，而陈氏的新作除了征引古代文献外，还结合近人的旅行见闻深入地探讨了皮船得以适用于黄河上游的原因。不过他们的论文均非以历史语言学的视角切入问题，故与塞诺的论文路数明显有异。

---

① 《文选》，第 338 页。

② 孙伯君：《金代女真语》，辽宁民族出版社，2004，第 253 页。

③ 《五体清文鉴》（下），民族出版社，1957，第 3698 页。

④ M. Pavet de Courteille, *Dictionnaire turc-oriental*, Paris, 1970, p. 454. 目前国内出版的察合台语词典则按新维文的正字法将该词写作 kemə，解释为"船，小船"。参见买买提吐尔逊·巴吾东等《察合台语详解词典》（维吾尔文），新疆人民出版社，2002，第 539 页。

⑤ 黄时鉴：《浑脱》，《内蒙古大学学报》1978 年第 2 期；贾敬颜：《马革船、牛皮船和羊皮筏子》，载氏著《民族历史文化萃要》，吉林教育出版社，1990，第 142 ~ 144 页；Xingcan Chen, "Where did the Chinese Animal Skin Raft Come from"? *Bulletin of the Museum of Far Eastern Antiquities* 75/2003, pp. 170 – 183.

　　而在研究方法上比较接近于此文的，仅有中国台湾学者陈庆隆的《内亚游牧民族的船舟》。① 但陈文限于篇幅，仅考察了蒙古–突厥语族对舟船的利用，且行文重心依然落在对史实的爬梳上，文中显示的语言学知识多较塞诺论文浅显，征引词汇也大体未出后者的范围，当属对其作未能寓目所致。另外日本学者岩村忍和相马隆也都在更早的时期发表了关于革船的研究成果，前者致力于将历史文献与实地调查获悉的材料相结合，以说明革船在中国西北地区的出现历史及其在当时的应用现状。②

　　后者的论文则取材更见宽广，其考察的重点在于西亚和中亚，也旁及中国西北一隅，有助于我们以开阔的视野来思考这一跨地域的文化现象。③ 而司律思则结合文献令人信服地辨析了浑脱的汉语属性及其对应的蒙古语词汇，从而深化了塞诺的研究。④ 可惜上述成果与塞诺的论文一样，长期以来为我国学者所忽略，故在此对其大概略作介绍。

　　《以切成两半的狗立誓》（原文刊于 1992 年）一文中说，据《圣武亲征录》的记叙，在阿勒灰泉盟誓时，被宰杀掉以当作牺牲的动物是一匹白马，而《元史》记这一事时只用了第二个字。⑤ 按《元史》的原文作："哈答斤部、散只兀部、朵鲁班部、塔塔儿部、弘吉剌部闻乃蛮、泰赤乌败，皆畏威不自安，会于阿雷泉，斩白马为誓。"⑥ 故《元史》此处细节记载全同《圣武亲征录》。作者根据威特森（N. Witsen）的记叙，生动地描述了卡尔梅克人斩狗并舔其血以立誓的情节，⑦ 却未注意到几乎跟它完全一致的内容也见于 17

① 陈庆隆：《内亚游牧民族的船舟》，《大陆杂志》第 85 卷第 1 期，1992。
② 岩村忍「黄河上游的皮筏——农牧交错地域に於る回民职业の一考察—」『民族学研究』第 10 卷 1 期、1944。
③ 相马隆「革船考」『オリエント』第 15 卷 1 期、1973。
④ H. Serruys, "Hun-T'o: Tulum, Floats and Containers in Mongolia and Central Asia", Bulletin of the School of Oriental and African Studies Vol. 44, 1981, pp. 105–119.
⑤ 《文选》，第 370 页。
⑥ 《元史》卷一《太祖本纪》，第 7 页。
⑦ 《文选》，第 371 页。

世纪出使中国的俄国使节对于通古斯人立誓场面的描述中。^① 在塞诺此文问世以后，又有一位学者发表了更为详尽的研究阿尔泰语系各族举行盟誓仪式的论文，而斩狗为誓的礼俗构成了该文着重论述的部分。文中披露的这类事例较塞诺的论文更为丰富，如引述了亦见于佩切涅格人（Pečeneg）和奥塞梯人中的类似风俗等，大概可称作目前对此主题讨论得最为深入的论文了。^② 不过稍稍让人奇怪的是，该文竟然没有提到塞诺的既有研究。

《内亚的剥头皮习俗》（原文刊于 1993 年）一文提到巴泽雷克墓地的年代时，未做明确判断，仅列出了彼此冲突的两种传统观点。^③ 而在此文发表以后，对该墓地的测年研究有了新的进展，现在已经能够较为肯定地将其年代确定为公元前 301 年到前 235 年间。其中埋藏着被剥去头皮的死者的 2 号墓穴的绝对年代在公元前 301 年到前 282 年之间。^④ 塞诺的这篇论文对内亚周边特别是位于其南缘的华北地带的考古材料注意不够，河北省邯郸涧沟的龙山文化早期的住房遗址早在 1957 年就出土过留有切割头皮痕迹的头骨和完整的头盖杯，距今时间约为 4000 年。80 年代初有考古学家曾专门著文讨论过这一值得研究的现象，并将其与北方游牧民族的风俗做了比较，且指出了华北的剥头皮实物在时间上早于欧亚大陆北部和西部的类似发现。^⑤ 90 年代以来，考古工作者又在公元前 17 世纪前后的相当于二里头文化晚期的河南省焦作大司空遗址的灰坑中发现了

---

① 〔荷〕伊兹勃兰特·伊台斯等：《俄国使团使华笔记（1692～1695）》，北京师范学院俄语翻译组译，商务印书馆，1980，第 150 页。

② H. Göckenjan, "Eid und Vertrag bei den Altaischen Völkern", *Ural-Altaische Jahrbücher* N. F. 16/1999－2000, SS. 11－31.

③ 《文选》，第 379 页。

④ J. P. Mallory etc, "The Date of Pazyryk, in. *Ancient Interactions：East and West in Eurasia*", ed. by K. Boyle etc, Cambridge, 2002, pp. 199－211.

⑤ 严文明：《涧沟的头盖杯和剥头皮风俗》，《考古与文物》1982 年第 2 期。塞诺此后在 1998 年的一篇论文的脚注中，通过引用张光直的英文著作，才提到了中原新石器晚期龙山时代的此类考古材料。参见 "The Myth of Languages and the Language of Myth", in. Victor E. Mair ed. *The Bronze Age and Early Iron Age Peoples of Eastern Central Asia*, II, Washington, D. C., 1998, p. 740 No. 17.

尚存有剥头皮痕迹的头骨, 进而激发了国内学者将其与国外材料进行对比研究的兴趣。① 以后国外学者又公布了发现于图瓦墓地的类似考古材料, 所涉及的时代分别属于早期的斯基泰时期和晚期的匈奴时期。② 由此看来这一奇特风俗在华北和内亚均有长期的流行, 而无论该风俗在这两大地域之间是否存在着文化传播与交流的关系, 对此做更为深入的跨地域比较研究都颇富学术旨趣。

在此, 笔者想就文中存在的专用名称的还原问题做一集中探讨。按照西方学术界通行的学术规范, 塞诺的论文不可回避地需要处理为数甚多的专名还原问题, 它们多系阿尔泰语系中的特定词语, 这实际上是一项似易实难的繁重工作, 因为其中一个字母的转写不慎就会导致原词的词形失真甚至可能由此与其他词相混淆。总体来说, 塞诺凭借其深厚的阿尔泰语言学功力, 已经最大限度地避免了这方面的失误, 仅在个别地方略有小疵。

如塞诺将喇嘛罗布桑丹津名字的藏文形式写作: Blo-bzan bstan-jin, 蒙古文形式写作 Lubsan Danzan。③ 正确的藏文形式当作: Blo-bzaŋ bstan 'jin, 蒙文形式作 Lubsang danjin。其又将回鹘传说中的不古汗的名字复原为 Buqu khan。④ 按这一名称的复原, 以前曾引起过不少学者的争论。现在根据钱币学的研究和对柏林收藏的吐鲁番出土的回鹘语文献题记的释读, 可以确知其形式为 Boquq khan, 该词的意思是 "肿块, 树瘿", 以暗示其人诞生于树的神奇经历。⑤ 其还将效力于元朝的回鹘人阿鲁浑萨理一名复原作 Arɣun Sariɣ (按此原

① 陈星灿:《中国古代的剥头皮风俗及其他》,《文物》2000 年第 1 期。

② 对此的介绍参见陈星灿《中亚地区新发现的剥头皮材料述略》, 载河南省文物考古研究所编《华夏文明的形成与发展》, 大象出版社, 2003, 第 213～215 页。

③ 《文选》, 第 72 页。

④ 《文选》, 第 171 页。

⑤ F. Thierry, "Les monnaies de Boquq Qaghan des Ouighours (795 – 808)", *Turcica* 30, 1998, pp. 263 – 278;〔日〕笠井幸代:《卜古可汗 (Bokug kagan) 传说题记》, 陆烨译,《元史及民族与边疆研究集刊》第十八集, 上海古籍出版社, 2006, 第 181～199 页。

形见英文原文，在译为中文时被删），① 这里塞诺将萨理看作突厥语 Sarïɣ "黄白色" 的音译。实际上李盖提早就撰文考证其应当复原为 Salï，举出了回鹘语文献中作为人名出现的 Salï tutung（萨理都统）、Sïnandu Salï、Salï beg 等众多实例以证成其说，并结合其出现的语境指出该词的原始词义是指一种宗教头衔。② 其说得到学界广泛赞同。③ 故此处的阿鲁浑萨理一名的回鹘语原型为 Arɣun Salï。塞诺将为加宾尼服务的两名库蛮突厥翻译的名字各复原成 Temür 和 Shonkkur，并指出其分别是铁和鹰的含义。④ 按此处对后一个库蛮突厥语（钦察语）的还原有误。根据德福（G. Doerfer）对该词在钦察语文献中出现情况的搜集，分别有 sonqur（见于编订于 14 世纪中期马木鲁克王朝时期的钦察语词汇表）、sonɣur（见于 1303 年完成汇编的《库蛮语汇集》）、soŋqur（见于金帐汗国时期的钦察语长诗《库思老和希琳》）三种形式。⑤ 伯希和认为，这个被加宾尼拼写作 Songur 的表示 "鹰隼" 之意的人名最合适的复原形式当为钦察语 sonqur。⑥ 但比较上述关于该词的三种钦察语形式，显然 sonɣur 的形式更为准确。

作者将突厥君主木杆可汗的名字还原作 Mughan，⑦ 这一形式值得商榷。该名称出现在蒙古高原的布古特粟特文碑铭和新疆小洪那海的石人像下面的粟特铭文中。1972 年苏联学者首次在刊布他们对布古特碑文的解读成果时识别出了这个不见于突厥卢尼文碑铭中的

---

① 《文选》，第 208 页。

② L. Ligeti, "Sur quelques transcriptions sino-ouigoures des Yuan", *Ural-Altaische Jahrbücher* 33/1961, pp. 235 – 240.

③ P. Zieme, *Die Stabreim-Texte der Uiguren von Turfan und Dunhuang*, Budapest, 1991, S. 319; V. Rybatzki, *Die Personennamen und Titel der Mittelmongolischen Dokumente*, Helsinki, 2006, S. 153.

④ 《文选》，第 213 页。

⑤ G. Doerfer, *Türkische und Mongolische Elemente im Neupersischen* Ⅲ, Wiesbaden, 1967, S. 272.

⑥ Paul Pelliot, *Recherches sur les Chrétiens d'Asie Centrale et d'Extrême-Orient*, p. 95.

⑦ 《文选》，第 237 页。

可汗名称，给出的还原形式是 * Muhan-qaghan。[①] 日本学者吉田豊等将其转写作 mwx'n x'γ'n，还原为 * Muqan qaghan。[②] 大泽孝在对小洪那海石人像的粟特文释读的工作中，也辨认出木杆可汗一名，所作的转写和还原与吉田豊的处理完全相同。[③] 考虑到该词应是用粟特字母转写的 6 ~ 7 世纪的古突厥语词汇，故复原时宜参照卢尼字母转写的古突厥语注音方案，因此 * Muqan qaghan 的形式比 * Muhan-qaghan 贴切，而塞诺还原作 Mughan 就更不妥当。第 284 页将窝阔台的孙子失烈门一名还原成 Siremün。鉴于 13 ~ 14 世纪时，汉语的"失"字在音译蒙古语时一般对应的都是 Š-，故正确的还原形式当参照伯希和与韩百诗所给出的 Širemün。按照他们的考察，这个词是 Saloman（闪语中常见的人名所罗门）的突厥语变体 Šilemün 的对音，不过联系到《史集》等波斯文史料中将此词写作 Shiremün，故更倾向于采用 Širemün 的形式。[④] 此后，1954 年在泉州发现了一方用叙利亚文拼写的突厥语景教墓碑，根据村山七郎的释读，墓主人的名讳即作 Mari Šlemün Abïsquba，更为珍贵的是，该墓碑的叙利亚文旁边刻有与其相对应的两行汉文，其中墓主的姓名作"马里失里门阿必斯古八"。[⑤] 这里的"失里门"显然与"失烈门"为同音异译。故此方双语材料证实了伯希和的观点无误，唯顾及汉字"烈"一般用来译写突厥－蒙古语的 le-音节，故 Šilemün/Širemün 两种还

---

① S G. Kljaštornyj and V. Livšic, "The Sogdian Inscription of Bugut revised", *Acta Orientalia Academiae Scientiarum Hungaricae* Vol. 26, 1972, p. 85.

② 吉田豊、森安孝夫「ブゲト碑文」載森安孝夫、オチル编集『モンゴル国現存遺迹・碑文调查研究报告』中央ユーラジア学研究会、1999、123 頁。

③ 大泽孝「新疆イリ河流域のッグド语铭文石人について一突厥初世の王统に关する一资料」『国立民族学博物馆研究报告别册』第 20 号『ユーラジア游牧社会の历史と现在』1999、333 - 335 頁。

④ 伯希和：《蒙古与教廷》，冯承钧译，第 217 页。L. Hambis et P. Pelliot, *Le Chapitre CVII du Yuan che*, (supplément au T'oung Pao Vol. 38) Leiden, 1945, pp. 174 - 175; P. Pelliot, *Notes sur L'Histoire de la Horde d' or*, Paris, 1949, p. 46.

⑤ S. Murayama, "Eine Nestorianische Grabinschrift in Türkischer Spracher aus Zaiton", *Ural-Altaische Jahrbücher* 35/1964, SS. 394 - 396; 夏鼐：《两种文字合璧的泉州也里可温（景教）墓碑》，《考古》1981 年第 1 期；牛汝极：《十字莲花：中国元代叙利亚文景教碑铭文献研究》，上海古籍出版社，2008，第 150 ~ 151 页。

原形式不妨并存。当然在从基督教常见的教名 Saloman（所罗门）向用叙利亚文拼写的突厥 – 蒙古式人名 Šilemün/Širemün 的转变过程中，明显经历了叙利亚语 Šᵉlêmôn 的中介。①

除了上述明显欠妥的还原外，还有一些形式可以进一步改进。如作者将拖雷之妻唆鲁合帖尼之名复原为 Sorquqtani。② 虽然这一还原有穆斯林文献作为依据而不能算错，但它只能说是原词的音变形态，因此这里本应采用该词的原生形式：Sorqaqtani。③ 又如作者将拔都之子撒里答还原为 Sartak，④ 但辅音-k 不能出现在当时的蒙古语刚音词中，所以应代之以伯希和建议的 Sartaq 的复原形式。⑤ 作者还将阿里不哥还原为 Ariq-Böke。⑥ 这一较为陈旧的形式现在也已逐渐被 Ariγ-Böke 的复原方案所替代，后一形式才代表了该词的原生形态。⑦ 作者又将蒙古将军那海复原为 Nogai，⑧ 宜改为 Noqai，表示蒙古语的"狗"之意。

以上大致是笔者在阅读《文选》一书过程中发现的一些可议之处，稍稍把这些意见归纳一下可知，塞诺的多数失误均与其对中文

---

① 上述叙利亚语形式早在 781 年所立之《大秦景教流行中国碑》的右面第三行即已出现，对应的汉名作"僧去甚"。其转写参 Paul Pelliot（supple. par J. Dauviller），*Recherches sur les Chrétiens d'Asie Centrale et d'Extrême-Orient* Ⅱ，*1*。*La stèle de Si-ngan-Fou*，Paris，1984，p. 61.

② 《文选》，第 286 页。

③ V. Rybatzki，"Female Person Names in Middle Mongolian Sources"，in *The Role of Women in the Altaic World*：*PIAC 44th Meeting*，*Walberberg*，*26 – 31/August 2001*，ed by V. Veit，Wiesbaden，2007，p. 224. 这一形式要较先前伯希和对 Soryaqtani 的复原在汉语对音和蒙古语词源两方面都更贴切。伯氏观点参见冯承钧译《莎儿合黑塔泥》，载《西域南海史地考证译丛四编》，商务印书馆，1962，第 1 ~ 16 页。在晚期的蒙古文献中，该名有时写作 soorqaγtai beki。

④ 《文选》，第 288 页。

⑤ P. Pelliot，*Notes sur L'Histoire de la Horde d'or*，p. 34.

⑥ 《文选》，第 289 页。

⑦ L. Hambis et P. Pelliot，*Le Chapitre CⅦ du Yuan che*，p. 89；〔美〕柯立夫（F. W. Cleaves）：《〈高丽史〉中的蒙古语汇 Ajirγa Mungqa〔γ〕》，罗贤佑译，载翁独健主编《中国民族史研究》，中央民族学院出版社，1987，第 16 页；V. Rybatzki，*Die Personennamen und Titel der Mittelmongolischen Dokumente*，SS. 148 – 149. 在晚期的蒙古文献中，该名有时被写作 arig-böke 或 aribuq-a。

⑧ 《文选》，第 291 页。

史料的理解不当或者所见不周有关，其中不少误解系在转引其他学者的相关引文时失于核校史料原文所致，可见塞诺对汉文史料的驾驭能力殊为有限，故而影响了其立论的坚实。还有一些失误则反映出塞诺对于相互比勘不同语种史料的工作显得重视不够，著述中不时流露出轻于引文却弱于考辨的文风，这一点突出体现在他的蒙古史研究中。就上述两大缺陷而言，显然塞诺跟伯希和还存在明显的差距，这也是他的若干著述在个案研究的精密程度上稍逊其师一筹的原因所系。此外，塞诺的治学范围既然包举整个内亚，那么就必然要求其对前人的研究成果有着近乎竭泽而渔般的掌握。但是限于塞诺的眼界，不仅绝大多数本该参考的中文和日文研究成果其未能寓目，甚至有时对于西文研究成果，也存在遗漏，如此则文中偶有差池也就在所难免。① 不过上述失误多数都属于细节问题，对于塞诺论述的主旨并无全局性的影响，故这些缺失绝不致损害他所做出的巨大学术贡献，同样也不会影响我们对其业绩的尊敬。当然如果以塞诺取得的成就来反观国内的相关学术领域，就会发现目前的形势兼有乐观和不利的方面。从最近 30 余年我国学界在北方民族史和中西交通史等领域内所积累的成果来看，国内学者对汉文史料的利用仍然较西方学者具有明显的优势，而且研究队伍中能够使用少数民族文字材料和域外穆斯林史料的学者也呈现逐渐增多的态势，这些都是当前学术形势中让人感到乐观的一面。但是像塞诺这样的西方史家的著作，也从另一方面提醒我们，古代西方世界所留下的希腊－拉丁文记载同样需要引起重视，而我国学界在发掘古典史料方面目前似乎还处于起步水平，可以说国内大多数从事相关领域研究的学者对西方史志的熟悉程度尚远不能与塞诺及不少国外阿尔泰学家对中文材料的利用相比。因此对于

---

① 以此译文集所收文章为例，其中仅有一处直接引用日文著述的观点，而且还是在文章的附言中（参见该书第 384～385 页），故其对日本东洋史成就的了解基本不出其国学者用西文发表的研究论述的范围，而对中文著述则根本未做直接的引证，其学术视野的受限由此可见。

有志于跨出族别史的园囿以扩大研究视野的学者来说，除了尚需继续发扬擅长汉文史料的既有长处之外，努力克服语言障碍以便掌握数量可观的西文史料应当说也是今后摆在研究者面前的一项长期任务。

四　对译文集中若干误译之处的匡正

主要归功于北京大学历史系民族史教研室师生的努力，本译文集的翻译质量具有相当高的学术水准，译者在翻译工作中尽其所能地查对核实了原著的大量引文的出处来源，并出注纠正了原作在这方面存在的不少错误，可以说是一部完全达到学界期望的"学者译书"标准的高质量译著。故此书对于那些即使有条件阅读塞诺原著的读者来说，仍然不失为一部值得信赖的佳作。但是鉴于塞诺著述中引用材料的语种繁多，许多外语专名又显得非常陌生，再加上从筹划翻译到正式出版仅用了不到一年的时间，所以译文中偶尔出现一些小的失误也在情理之中。考虑到此书必将成为国内不少学人需要时时参考的案头之作而许多读者却未必能有条件接触到原书，故笔者拟在查证原著的基础上，对译文集中可商榷的地方逐一检讨，以就正于译者和广大的读者。

首先需要说明的是，该译著因为是出于多人之手，所以难以避免地会涉及译名的选取和统一的问题，可能是时间较为仓促，导致同名异译的现象在该书中时有出现，虽然这对于专业的学者来说一般不会造成混淆，但对于一部分非专业读者而言，则难免会使其产生疑惑。例如，该书中提到的前往蒙古出使的教士 Jean de Plan Carpin 和 William of Rubruk 的中文译名，书中在大多数情况下采取的是加宾尼和鲁布鲁克的音译形式，但有时也被译作柏朗嘉宾和鲁不鲁乞①。又如伏尔加河流域的 Khazar 人一般在该书被译成可萨，

---

① 分别见《文选》第 124 页、第 154 页。

但个别情况下也作哈扎尔①。类似的问题还有一些，可以说是该书在编辑过程中存在的一个技术缺陷。下面来看译文中的若干不周之处。

该书第 72 页页首部分的中译文和英文原文严重不符，先将其列表对照如下。

英文原文	中译文
They appear clearly in a chronicle also entitled Altan tobči—to avoid confusion often quoted as Altan tobči nova—the work of a centain lama Blo-bzan bstan-jin（in Mongol：Lubsan Danzan）completed around 1655	由喇嘛罗布桑丹津（蒙文形式作 Lubsan Danzan）在大约 1655 年完成的《黄金史》（Altan tobči）——要避免与经常被引用的《黄金史纲》（Altan tobči nova）相混淆——就清楚地表现出了这一点。

按英文部分开头的代词 "They" 是指代作者上文所述的孛儿帖赤那的人格化痕迹。两相对照，可知译者混淆了两部《黄金史》的名称。塞诺的原文明明是说那部于 1655 年出自喇嘛罗布桑丹津之手的著作的蒙古语书名是 Altan tobči nova，而在译者笔下，这位喇嘛所著的史书却被调换成了 Altan tobči。Altan tobči nova 在我国学界一般被译作《大黄金史》，而 Altan tobči 才被译为《黄金史纲》。关于这一点，可参看内蒙古人民出版社 1983 年出版的《汉译蒙古黄金史纲》的引言部分。这种将两部 "黄金史" 的译名弄混的情况还出现在本段的其他部分，可以说本段凡是出现《黄金史纲》的地方，所对应的原名都是 Altan tobči nova，均要改正为《大黄金史》，相反凡是出现《黄金史》之处，对应的原名都是 Altan tobči，故要回改作《黄金史纲》。译者的这一混淆很容易让那些不能读到原作的读者滋生误解。再看第 73 页首段第四至五行的译文："《圣武亲征录》在记载成吉思汗的谱系时，只追溯到了他的八代祖脱奔咩哩犍和他的妻子阿兰果火。"可是看过《圣武亲征录》的读者就知道，该书

---

① 见《文选》第 149 页。

开卷就是"烈祖神元皇帝讳也速该"之类反映成吉思汗父亲事迹的记载，并非从他的八代祖先写起。难道是塞诺此处弄错了？其实对照英文原文，方知又是译者误会了作者原意。此处的英语原文如下：The official annals of the Mongol dynasty of China（1279－1368），the Yüan shih，have drawn heavily from the Sheng-wu ch'in-cheng lu. In the case of Chinggis's genealogy，it goes further back，to Dubun Mergen and his wife Alan Qoa，his eighth generation ancestors. 其意思是说，官修的《元史》多取材于《亲征录》，而在记载成吉思汗家族的谱系上，《元史》一直上溯到他的第八代人那里。译者显然是把第二句话中的主语"它"（it）错误地理解为《亲征录》了，而且又没有回查该书和《元史》的相关部分。

译者在第 94 页的末行将张九龄的文集译作《唐丞相曲江张先生文集》，按"唐丞相"三字不见于英文原文，系译者私加，但这种表述反而很不符合文献用名规范，当删。第 106 页第二段的段末处所给出的译文是：三分之一的骑马，三分之一的人徒步。按英语原文为："two parts（of the Turk army）were mounted，one part was on foot"，可翻译为：（突厥军队中的）两部分人骑马，一部分人徒步。译文明显误解了原文。在第 121 页第二段最后一句的位置，译者以其私加的男性用语"他"指代匈牙利的著名女汉学家 Hilda Ecsedy，误。译者在第 139 页第二段将原文为波斯的（Persian）历史学家 Mirkhwond 误译成叙利亚的历史学家，而且译者将此人生活的 Timurid 译成帖木耳时期则属曲解，因该历史学家生活的时代据该文括注是 1432～1498 年，而帖木耳在 1405 年就已经去世了。实际上，学界一般把 Timurid 译作帖木耳王朝时期，以示并不局限在这位开国之君的统治时间内。第 319 页第二段中的额尔古纳河的支流 Gan 河被音译为甘河，但证以 1985 年内蒙古人民出版社出版的《达斡尔族社会历史调查》所附的有关这一地区的地图，应作根河。译者在第 321 页第二段中将有关南室韦制作筏舟渡河的记载说成是在《隋书》卷八一中，按作者此处原文正确地标作卷八四。第 342 页第二行的"匈牙利人 Anonymus"应直接译作"一位匿名的匈牙利人"。在第 367 页的页下注中，译者又以私加的男性用语"他"指代匈牙利的著名女民族学家乌瑞夫人（K Uray-Kőhalmi），亦误。第 375 页第二段的中间有一句话作："对至少是头骨和腿骨的保存，是为了确保受害者不会复活"，而与此句相对应的原文作：The preservation of at least the skull and the legbones ensure the resurrection of the vitim。按英文要表达的意思是，对有关骨头的保存，是为了确保受害者复活。可见译者将文意理解反了。该书的第 391 页第三段的第二句译文作："在早期青铜时代（公元前一千年的开头）"，查对原文却是：In the Early Iron Age（at the beginning of the First Millennium B. C.），故知译者把英文的"早期铁器时代"错译为"早期青铜时代"。

另外该文中常常对于外语专名采取径书原文不加中译的处理方法，这对于那些没有固定译称的专名来说，当然无可厚非，但也有个别专名实际上已经存在通用的译称，故对于它们，不妨从众。如第 243 页的 Hugo Grotius 一般在我国的法学界被翻译作雨果·格老秀斯。第 305 页提到的乔治·N. 克尔松在我国世界史学界则被固定地译作寇松。还有如第 237 页出现的突厥 Silziboulos 可汗，学界目前普遍认为其人即室点密可汗，故翻译时不妨加注指出。总之，上述失误和不足相对此书的整体翻译水准来说，不过是白璧微瑕而已，而从阅读此书中获益的读者都有充分的理由感谢为优质地译出集中诸文而付出过辛勤劳动的各位译者。希望在不久的将来，我国的学界和译界能够联合推出更多的反映国外内亚历史研究前沿性成果的优秀译著，以便为国内学者了解掌握这些研究成果创造通畅的途径。

补 记

本章的内容在 2010 年发表以后，与之相关的领域以后又有了新的成果。其中关于《突厥文明的某些成分（6~8 世纪）》中涉及的默啜突厥问题，近期发表的斋藤茂雄论文有专门的讨论，其观点或可供我们处理该问题时适当关注。（参见氏著「突厥第二可汗国の内部 対 立——古 チベツト 语 文 书 （ P. t1283 ） にみえるブグチョル（'Bug-čhor）を手がかりに」『史学杂志』122 卷第 9 号、2013） 另外当塞诺《突厥的起源传说》刊出后，引起了匈牙利学者哈尔玛塔的回应，后者用匈牙利语在该国的学术期刊上发表了一篇同名论文继续进行讨论。谨据陈恩校友向笔者提供的该文中译本，其重点考察了《周书》和《隋书》中所见的突厥起源传说中那些不能用古突厥语进行解释的人名、地名等专名，结论是它们往往在词源上与叶尼塞语及伊朗语有关。例如作为山名的践斯处折施是古叶尼塞语"蓝色石头"之义；而突厥人的先祖人物阿谤步和由母狼所生的其兄弟伊质泥师都分别对应古叶尼塞语"不健康的"和"魔法师"的含义。至于作为水名的阿辅和处折则具有古伊朗语和古西伯利亚语的因素。此外突厥人的传说在主题内容上则明显受到了塞人所代表的伊朗文化的影响，同时也吸收了古亚细亚部族的神话概念。（参见 Harmatta J，"A türkök eredetmondája"，*Magyar Nyelv* XCV，1999，pp. 385 – 397） 笔者在此向陈恩先生深表谢意。

另外塞诺《内亚的剥头皮习俗》中多引匈牙利语出版的西伯利亚芬乌语族民族学材料，这对不谙此语的专业读者来说，可能显得过于陌生。所幸民间史诗研究大家哈托（A. Hatto，1910 – 2010） 的论北亚汉特人民间史诗的遗著中，已全面整理了此类珍贵稀见的民俗学资料[①]。《以切成两半的狗立誓》讨论的狗在发誓的场合下被切成碎块的现象早在公元前两千纪的乌拉尔山西侧的 Srubnaya 考古学文化中即已流行，它被认为反映了原始印欧人中武士团体履行的入会仪式 （rites of passage） 下的特定内容[②]。

[①] A. Hatto, *The World of the Khanty Epic Hero-Princes：An Exploration of a siberian Oral Tradition*, Cambridge Univ. Press, 2016, pp. 178 – 181 etc.

[②] A. pike-Tay etc, "Dog Days of winters：seasonal Activities in a srubnayaLandscape", in. D W. Anthony etc eds. *A Bronze Age Landscape in the Russion Steppes：The Somoro Valley Project*, UCLA Costen Insti. of Archaeology Press, 2016, pp. 373 – 384.

第三章

傅礼初在西方内亚史研究中的位置及影响

1984 年 6 月美国哈佛大学中国史与内亚史讲座教授傅礼初（Joseph F. Fletcher）因病不治，与世长辞，享年 49 岁。他的早逝随即被专业人士认为是对美国内陆亚洲研究领域的无可补救的重创，因为依照当下的西方学术培养体制，不大可能指望有人在短期内能够填补相关领域的巨大空白。这种悲观的学术估计一直延续到多年以后出版的《剑桥中国辽西夏金元史》中，此书的编者在终章结语处不无遗憾地写道："傅礼初教授一直强调应该写作一部有关包容亚洲各国历史的'全史'，如果不是由于他的突然早逝，他会把这一理论用于该书和《剑桥中国史》的其他部分。"① 西方汉学家所表达的语调流露出难以掩饰的惋惜之情，这也反映出傅氏生前被人们寄予的期望之高。另一方面，随着时间的流逝，傅礼初的学术影响与个人声名均在与日俱增，继承并发扬其学术遗产的不仅有他当年在哈佛校园内培养出的专注于内亚研究的学生群体，而且更有像弗兰克这样名显当世的全球史专家，后者在他的极富颠覆性和争议性的《白银资本》一书中对傅氏的学术观点多有称引，这清楚地表明了其学术影响早已超出了狭义上的内亚史和汉学领域。可以说在傅氏逝后的 30 多年中，他的学术成就没有一天被学界忘却，以至今人仍然时时可以从大量内亚研究的外文学术出版物中体验到其留给后学的丰厚遗产。让人稍感意外的是，对如此重要的一位学术大家，长期以来在东西方却都缺少专文对其贡献和地位进行较为全面的总结。目前较有学术价值的有关论述仍推王国斌在其逝后次年发表的

---

① 〔德〕傅海波（H. Franke）主编《剑桥中国辽西夏金元史》，史卫民等译，中国社会科学出版社，1998，第 833 页。

纪念专文《中国与世界史》，以后当傅氏的已刊论文和部分遗作结集出版时，他又贡献了一篇精彩的书评，便于读者更好地了解其研究思路和治学理念。[1] 另外法国学者鄂法兰曾在 2006 年哈佛大学傅礼初讲座的讲演中以 "反思傅礼初留下的学术遗产" 为题较为精准地勾勒了傅氏在入华伊斯兰教、蒙古史、新疆史、满族史 – 清史四大领域中取得的辉煌成果，并补充了此后欧美学术界在这些领域中新涌现的代表性著述，惜这篇富有指示价值的文稿并未正式整理发表，仅能从哈佛大学的有关网站中下载阅读。[2] 而国内学者对傅氏业绩的介绍侧重于在华苏菲教团这样一个主题，尚未全面充分地揭示其学术成就。[3] 本章拟从比较其治学路数的前后差异入手，意在彰显傅氏一生中所经历的学术转型，并重点剖析其学术风格对西方内亚史研究的巨大影响，从而有助于我们贴近观察西方尤其是美国学界在这一学术领域所经历的学风交替。需要指出的是，关于傅氏对入华伊斯兰教问题的研究，作为这方面权威的鄂法兰女士已经做了详尽精到的总结，故本章将不再涉及这一主题。

一 作为考据大师伯希和再传弟子的傅礼初

根据傅氏 1995 年遗作序言的介绍，他早年在哈佛大学斯拉夫语言系获得学士学位后，即于 1958 年成为同校远东语言系的研究生，

---

[1] R. Bin Wong, "China and World History", *Late Imperial China* Vol. 6/2, 1985; review of J. Fletecher's *Studes on Chinese and Islamic Inner Asia*, *Journal of the Economic and Social History of the Orient* Vol. 40/3, 1997.

[2] F. Aubin, "The 2006 Josepoh Fletcher Memorial Lecture: Reflections on the Fletcher Legacy", http://www. fas. Harvard. edu/iaas/Aubin. 鄂法兰的祝寿论文集巨细不遗地列举了她直到 2009～2010 年度的已刊成果目录，其中不见与此次讲演有关的已刊文章，参见 D. Aigle etc eds. *Miscellanea Asiatica: Mélanges en l'honneur de Festschrift in Honour of Françoise Aubin*, Sankt Augustin: Institut Monumenta Serica, 2010, pp. 14 – 74.

[3] 王建平：《弗莱彻教授对中国苏菲教团的研究》，《回族研究》1997 年第 3 期，载氏著《露露集：略谈伊斯兰教与中国的关系》，宁夏人民出版社，第 288～291 页。按王文中提到的作为傅氏合作研究者之一的洪志福（音译）实际上是台湾元史专家洪金富。

论文指导人是美国杰出的蒙古学家柯立夫（F. W. Cleaves）教授，专业方向确定为以蒙古史为中心的内陆亚洲史研究。傅氏最终在1965年完成了关于19世纪的蒙古文史书《宝贝念珠》（*Erdeni-yin erike*）研究的学位论文而获取博士学位，并于次年得到了本校远东语言系助教授的正式任职，从此直到去世，他都没有离开母校。①显然，这一直接留校供职的学术经历对于有着杜绝"近亲繁殖"以加强人才校际流动传统的美国名校来说是异乎寻常的。② 而要全面地了解傅氏在哈佛所受到的学术训练，则有必要首先回顾内亚研究在美国兴起的历史。

简单地说，以语言与历史为中心的内亚研究在美国出现的时间并不久长，起初同该国的不少人文社会科学一样，其发轫也源自欧陆国家技术力量的推动。美国内亚研究的首位具有世界级学术影响的人物即是被公认为造诣与天赋均不亚于伯希和（P. Pelliot）的德裔学者劳费尔（B. Laufer，1874 – 1934）。他虽然发表了数量可观的研究成果，但因为长期供职于芝加哥自然历史博物馆而一直未有机会栽培接班人。③ 真正在内亚研究的教学与科研两方面同时取得了突出成绩的学者则始于在加州大学伯克利分校执教多年的俄裔学者卜弼德（Peter A. Boodberg，1903 –1972）。④ 以后

① B. F. Manz, Preface. ⅶ, in. J. F. Fletcher, *Studies on Chinese and Islamic Inner Asia*, London: Variorum, 1995.

② 柏清韵在一篇非常有用的概述北美元史研究的文章中并未交代傅氏的学术履历，只是含糊地说他来到哈佛大学与柯立夫共事，并与后者联合培养学生。这容易被国内读者误认为其人并非出自哈佛本校系统。参见〔美〕柏清韵（B. Birge）《北美的元代研究：历史概况、主要贡献以及当前的趋势》，薛京玉译，载张海惠主编《北美中国学——研究概述与文献资源》，中华书局，2010，第147页。

③ 据魏汉茂的统计，劳费尔发表的专书、论文、展览说明与书评等共近500篇（部），有关内陆亚洲的著述在其中占有相当大的比重。参见 H. Walravens (Hrsg) *Kleinere Schriften von Berthold Laufer* Teil Ⅰ, Wiesbaden 1976, SS. xxix - lxxx.

④ 有关卜氏的生平介绍，参见其弟子薛爱华在《美国东方学报》上发表的专文（Edward H. Schafer, "Peter A. Boodberg, 1903 -1972", *Journal of the American Oriental Society* Vol. 94/1, 1974, pp. 1 -7.）他的平生著述大多被其弟子编辑为论文集出版，即 *Selected Works of Peter A. Boodberg*, com. by Alvin P. Cohen, Berkeley, Univ. of California Press, 1979.

随着"二战"前后欧洲政治局势的骤变，更多地来自欧陆国家的内亚研究专家选择了前往北美工作定居，这一楚材晋用的风潮从 20 世纪的 30 年代末一直持续到 50～60 年代。其中代表性的学人有来自德语国家的雷兴（Ferdinand D. Lessing，1882－1961）、闵海芬（Otto J. Maenchen-Helfen，1894－1969）及更为年轻的孟格斯（Karl H. Menges，1908－1999）、艾伯华（W. Eberhard，1909－1989）和藏学家霍夫曼（H. Hoffmann，1912－1992），^① 来自俄语国家的有鲍培（N. Poppe，1892－1991）和普里察克（O. Pritsak，1919－2006）。^② 此外，还有原籍匈牙利的 T. Halas-Kun 和塞诺（D. Sinor，1916－2011），以及出身比利时天主教圣母圣心会的蒙古学家田清波（A. Mostaert，1881－1971）和司律思（H. Serruys，

---

① 有关雷兴的生平履历，参见 Richard C. Rudolph，"Ferinand D. Lessing In Memoriam"，*Oriens Extremus* 1962，pp. 1－2，文后刊载了其著述目录；闵海芬的经历则参见 R. Göbl，"Otto Maenchen-Helfen 1894－1969"，*Central Asiatic Journal* Vol. 13，1969，pp. 75－77，其著述目录参见 Charles King，"The Huns and Central Asia：A Bibliography of Otto J. Maenchen-Helfen"，*Central Asiatic Journal* Vol. 40/2，1996，pp. 178－187；孟格斯的生平介绍参见 Roy A. Miller，"In Memoriam Karl Heinrich Menges"，*Ural-Altaische Jahrbücher* N. F. 16/1999－2000，pp. 1－10；他应当是自劳费尔以后美国最高产的内亚专家，参见 M. Knüppel，*Schriftenzeichnis Karl Heinrich Menges：Nebst InFdex in den Werken behandelter Lexeme und Morpheme*，Wien：Lit，c，2006；对艾伯华的介绍则参见 Alvin P. Cohen，"In Memoriam Wolfram Eberhard，1909－1989"，*Central Asiatic Journal* Vol. 34/3－4，1990，pp. 177－186；其详细的著述书目参见最新出版的魏汉茂（H. Walravens）编辑的专著：*Wolfram Eberhard（1909－1989）：Sinologe，Ethnologe，Soziologe und Folklorist：Schriftenverzeichnis*，Wiesbaden，2009. 霍夫曼的履历和成果情况参见 *Central Asiatic Journal* Vol. 21，1977，pp. 85－88 及 M. Walter ed. *Helmut Hoffmann bibliography*，Bloomington，1982.

② 鲍培的生平经历参见其个人回忆录，*Reminiscences*. ed by H. Schwarz，Bellingham：Western Washington Univ. Press. 1977 年以前的著述目录参见郝苏民《鲍培八思巴字蒙古文献语研究入门》（译注修订本），民族出版社，2008，第 328～405 页；1977 年以后的著述目录参见 A. M. Cirtautas，"Bibliography of Nicholas Poppe：1977－1987"，in W. Heissig（Hrsg）*Gedanke und Wirkung. Festschrift zum 90 Geburtstag von Nikolaus Poppe*，Wiesbaden，1989，XI－XVI；普里察克的履历及 1980 年之前的著述目录参见 Lubomyr A. Hajda 的介绍文章，载 *Harvard Ukrainian Studies* Vol. 3－4/1979－1980，pp. 1－19.

1911－1983）。[①] 上述学者在美国高校和研究机构的长期服务使得该国的内亚研究迅速缩短了与欧洲存在的学术差距，并渐渐达到可与后者相伯仲的水准。其中在哈佛大学任教的精通突厥学与穆斯林史料的黑汗王朝专家普里察克教授即是傅礼初的老师之一，他对突厥系草原民族迁徙规律的考察以及对游牧人皈依高级宗教这一社会现象的关注直接启迪了后者的类似研究旨趣。

至于傅氏的导师柯立夫（1911～1995）虽然生于美国本土并在本国获得高等学位，却曾在1936～1938年专程留学法国巴黎以跟随伯希和学习，以后又来华搜集资料并与中国同行建立了学术联系。他于1953年凭借在《哈佛亚洲研究》上刊发的一系列关于蒙汉双语碑铭的注释长文而荣膺法国金石与铭文学院颁发的儒莲奖，一举奠定了个人在蒙古学研究领域的权威地位。[②] 从他发表的这些长达数十页甚至上百页的考释性长文来看，可谓完全继承了伯希和的治学特征，文中绵密赅详的注释和极其深入的语言学－文献学考察不禁让人回忆起当年伯氏对《圣武亲征录》和《元史·宗室世系表》等史料的类似笺证。文风的相近自然只是外观表象，更重要的则反映出柯氏像他的老师那样，同样具备了处理多语种史料的罕见功力。在他们的著述中，经常为了彻底解决一个譬如对音还原这样的微观疑难就动用作者平生储备积累的多学科浩博知识，反映在行文风格中即是注释明显长于正文。表面上看其展现的这种雄狮搏兔般的考证工夫似嫌烦琐艰深容易让人敬而远之，但实际上对历史透视能力极强的伯氏师徒堪称那种擅长以通驭专，于广博中求精深的大

---

① 塞诺的主要著作目录参见《丹尼斯·塞诺内亚研究文选》，北京大学历史系民族史教研室译，中华书局，2006，第417～455页；田清波的著述目录参见 J. van Hecken, "Bibliographie Antoine Mostaert", *Zentralasitische Studien* 5/1972, SS. 13－16；司律思的生平及著述参见 F. Aubin, "In Memoriam le R. P. Henry Serruys", *Monumenta Serica* Vol. 35/1984－1985, pp. 555－624.
② 关于柯氏的学术简历及1985年以前的著述情况参见费耐生的短文及文后所附的由普里察克编写的目录：Richard N. Frye, "Francis Woodman Cleaves", *Journal of Turkish Studies* Vol. 9, 1985, ⅱ－ⅳ, ⅴ－ⅶ.

师，因此所取得的微观考证进展常常能够直接促成历史研究的关键性突破，这也是为何此类学术著述始终具有长久生命力的原因所在。而在伯希和重点栽培过的那批杰出弟子当中，无疑柯立夫在治学风格上是和老师最为趋近的，终其一生，他都只发表考证注释性论文，处理的对象从蒙汉双语碑铭到《元史》中的人物列传，其中也包括了大量名物制度和疑难词汇的考释性札记，但他从不耗费笔墨撰写任何通论性文字与综合类作品。除了致力于准备《蒙古秘史》和《孝经》中古蒙古语译本的译释文本以外，他也从未计划出版任何专著。① 然而，要成就像伯希和柯立夫这类渊博无涯般的学问深广度，最大的难关就在于必须能够阅读处理十多种语言文字，以从中汲取巨量的有用学术信息。显然这对一般的内亚学者来说是可望而不可即的。② 值得庆幸的是，柯立夫在 20 世纪 60 年代的哈佛东亚系先后培育出两位具有这种素养的可遇不可求的高才：出自西雅图华大系统的范福和（David M. Farquhar, 1927 - 1985）和直接升自本校的傅礼初。这也显示出通过立足本国的教育资源，美国已经能够造就出堪与欧洲学术水准相当的本土化一流研究人才，因而逐渐摆脱了对欧洲的智库依赖。可惜这对令人称羡的双子星在 80 年代中期即早早陨落，这对日后美国乃至整个西方世界的内亚研究都造成了难以估量的损失。

事实上从傅氏在研究生阶段所受的学术训练来看，主要的精力也确实花在了多语种的学习和掌握上。作为柯立夫、普里察克、洪业等名家共同训练出的弟子，他熟练地掌握了汉语、蒙古语、满

---

① 在伯氏的学生群体中，除了柯立夫以外，李盖提（L. Ligeti）和拉契聂夫斯基（P. Ratchnevsky）的治学风格也较近于乃师，李氏发表在《匈牙利东方学报》（AOH）创刊号上的精深长文宛然出自伯希和的手笔，而拉氏则历经多年陆续推出了关于《元史·刑法志》等史料译注的系列专书；相较而言，韩百诗（L. Hambis）和塞诺在伯希和去世后较少从事这类对文献进行繁密注释式的研究工作。

② 伯希和的语言天赋在学界早有定评，而柯立夫在哈佛校园内也被认为是能够看懂十多种语文的学问渊博得让人惊讶的人。参见〔美〕陈毓贤《洪业传》，北京大学出版社，1996，第 163 页。

语、阿拉伯语、波斯语和数种突厥语等文献语言。以后傅氏终身保持了对于掌握语言的浓烈兴趣，以至到最后他总共学习了二十种以上的语言。① 高超的语言素养再加上对文献的强劲批判实力保证了他在留校执教之后正式发表的首篇学术论文《1368~1884 年间的中国与中亚》立即获得了成功。② 撰写此文的缘起要追溯到 1965 年 9 月费正清教授（J. K. Fairbank，1907 - 1991）主持的以中国的世界秩序为研讨主题的学术会议。尽管学术风格及研究旨趣均与伯希和的弟子们大相径庭，费正清却始终非常赏识这位曾经选修过自己清史课程的才华出众的晚辈。这也是傅礼初继 1963 年在《哈佛亚洲研究》上发表处女作之后的又一次学术突破。考虑到与会专家大多为早已成就卓著的学界名流，因此其时才完成博士论文不久的傅氏即受邀参加如此隆重的高规格学术会议就显得格外引人注目。显然费正清确信他能够用一种唯其独有的方式来组织归纳多语种史料以揭示出中国与中亚的政治互动联系，从而将令人兴奋的新知刺激传递给学界。这篇成名作娴熟地将简明准确的史实叙述与高度技巧化的细部考证融于一体，正文的行文尤为明快耐读但又在关键之处将重要的史料和盘托出，而大量技术性考证工作则由篇幅更大的上百条注释予以承载。单从形式上观察，上述注释长过正文的行文风貌确乎继承了伯希和式的法国东方学旧有传统，但在另一方面，傅氏仅用不到 20 页的篇幅就成功地将中国与中亚 500 年的基本交往经过展示在读者眼前，这种卓越的史实提炼与叙事概括能力在许多崇尚烦琐考据的东方学家身上是难得一见的，就此而言，他又与向不注重综论写作的伯希和、柯立夫等先辈学人不尽相同。论文如此安排的直接好处在于能够同时赢得不同知识背景的学者群体的欣赏：对大多数并不专治内亚史但又需要了解该主题的学者们来说，尽可以

---

① R. Bin Wong, "China and World History", p. 2.

② J. F. Fletcher, "China and Central Asia, 1368 - 1884", in. J. K. Fairbank ed. *The Chinese World Order*, Mass: Harvard Univ. Press, 1968, pp. 206 - 224, pp. 337 - 368. 是书豪华的供稿阵容由杨联陞、王赓武、费正清、史华慈等一时之选组成。

从阅读流畅简练的正文叙述中获益；而对另一部分专业人士来说，
则足以从细致品味文后的绵密注释中体会到作者拥有的过人实证功
力。因此该文在问世之后的 40 多年间，一直以较高的引用率成为这
一领域的经典之作。以下我们将通过对此文的相关分析管窥作者的
治学特征。

首先，从引用史料的规范性来说，该文的学术标准无可挑剔。
中文古籍的征引多注出了原书的版本、作者、卷次、页数及成书时
间，并与二手性著作相区分；以波斯文为主的穆斯林史料的引用则
严格按照东方学的传统要求，细致标示出原文所在的刊本页码中的
行数，对于前人极少利用的尚无任何刊本和译本的手稿类珍稀史料
还标明了原件的收藏地点以及对应的馆藏编号。其次，作者在注释
中随时注意将此前学者对于史料的误释之处一一纠正，并对诸家译
文存在分歧的地方断以己意，以尽可能择善从之。作者更正的这些
前人误释之处，还包括了一处拉丁文文献的误译，而在讨论阿古柏
伪政权与清朝的政治接触问题时他又引用了当时一位希腊旅行者留
下的希腊语行记材料，凡此种种透露出作者的西方古典学修养也是
相当深厚的。① 再次，对于有关细节的技术性探讨非常完备，例如
作者曾花费近一页的篇幅详尽讨论帖木儿汗国使团出使明朝时间在
有关文献中的记载问题，其中不仅需要将波斯文文献与《明实录》
的各种记载彼此勘合，而且还必须将穆斯林史书中的回历日期准确
无误地换算成公历时间。② 正是缘于作者对这类细节问题探讨得缜
密周全，故他对相关史实的梳理叙述明显较前人更为精准，在此基
础上复原的历史过程自然也就更显可信。最后，作者列出的二手性
参考文献也极其详备，涉及大量通常容易被欧美学者忽略的中文、
俄文和日文的学术出版物，从中可见他对前人的研究成果做过一番

---

① J. F. Fletcher, "China and Central Asia, 1368 – 1884", p. 346 No. 7, pp. 3. 67 – 368 No. 121.
② J. F. Fletcher, "China and Central Asia, 1368 – 1884", pp. 354 – 355 No. 55.

彻底的调查清理工作。① 要之，傅氏大作的发表昭示着一位内亚研究的新星在学问上的全面成熟，而综合性的博学多才和高度敏锐的语言天赋在其身上的完美体现也映照出伯希和这名再传弟子的灿烂学术前景。

当然在该文发表四十多年之后，再来重温这篇里程碑之作，今天的读者未必在所有考证细节上都同意作者的见解。同时此后学术的长足进步也适宜对作者的某些论点续加补充和扩展。考据上的可商之处或待专文详加申述，此处笔者仅针对文中的几则注释引用有关资料稍作附加性的说明。

自巴托尔德（W. Barthold，1869－1930）以来的东方学家曾注意到帖木儿汗国的史书中多将当时统治中国的一位君主称作"猪皇帝"（*Tonghuz Khan*），傅礼初进而指出这是明太祖姓氏的谐音双关。② 其文发表数年后，藏学家杜齐（G. Tucci，1894－1984）首次刊布并翻译了藏族史学家索南查巴（bSod nams grags pa，1478－1554）所著的《新红史》，其中在述及元朝统治结束后，"汉地的猪脸皇帝于土猴年从蒙古人手中夺取权力并执政三十三年"。③ 看来在15～16世纪的西域与吐蕃都曾流传此类用"猪皇帝"一名来影射朱

---

① 稍显遗憾的是，作者遗漏了同样出自伯希和门下的邵循正（1909～1973）早在1936年就已发表的论帖木儿汗国与明朝关系的重要成果。该文不仅将双方往来的两通波斯语国书译成典雅的文言文，还在对勘中西史料的基础上澄清了不少基本史实。这原本可以减少傅氏写作此文的考证工作量。参见邵循正《有明初叶与帖木儿帝国之关系》，载《邵循正历史论文集》，北京大学出版社，1985，第86～98页。可惜邵氏此文长期受到不应有的忽视，纵然像王赓武这样的研究中华帝国对外交往的学界名宿在其大作中也只是赞扬了傅礼初的业绩却遗漏了发表时间更早且研究同样出色的邵文。参见王赓武《五百年前的中国与世界》，阎步克译，《二十一世纪》（香港）1990年第2期。

② J. F. Fletcher, "China and Central Asia, 1368－1884", p. 349 No. 20. 邵循正特地就波斯文史料中所谓"猪皇帝"（Tonghuz Khan）原为蒙古人的传说做过考察，参见 J. S. Shaw, "Historical Significance of the Curious Theory of the Mongol Blood in the Veins of the Ming Emperors", *Chinese Social and Political Sciences Review* Vol. 20/4, 1937, pp. 492－498.

③ G. Tucci trans. , *Deb t'er dmar po gsar ma*: *Tibetan Chronicles by bSod nams grags pa* Vol. I, Roma 1971, p. 180. 也参见黄灏译注《新红史》，西藏人民出版社，1984，第50页。

元璋的传说。很有可能更晚时期的蒙古文史料如《蒙古源流》等出现的元顺帝夜梦为一铁牙野猪追逐的情节也是对早些时候曾流行过的此类影射性传说的回响。① 这种"猪皇帝"传闻在内陆亚洲传播的广泛性也足以纠正一度有人提出的将波斯文史料中的 Tonghuz Khan 视作北元可汗的观点。②

作者在正文叙述中亚人对明朝的观念时,认为他们将中国视为一个部分依赖中亚商品的市场地,并为此专门出注说明。他在注中引用了一份有法文译本的写成于 1580 年的突厥语手稿,该文献称喀什一带出产的玉石大多销往中国内地,因为如果没有它们来阻止闪电的话,那么中国内地将会被闪电摧毁。③ 实际上这里的玉石可以规避闪电的观念早在 11 世纪的可失噶里《突厥语大辞典》中就有明确记述。《辞典》在解释突厥语 yašin(闪电)时,引用了一条采自当时突厥人中的格言:"谁身上拥有玉石(qāš),只需把这种白色纯净的石头做成戒指戴着,那么就可以躲避闪电,因为这是它的属性。如果把它包裹在布里投入火中,玉石和布都不会燃烧,这是验证过的。干渴的人把玉放入口中即可解渴。"④ 同书随后又在解释突厥语 qāš(玉石)时,称它是一种纯净的石头,白色或者黑色;而白玉被镶在戒指上可以使佩带者避开雷击、闪电和不再口渴。⑤ 据此可知这种观念在突厥人那里流传由来已久。

---

① 卓鸿泽已将这一蒙古传说与《新红史》的类似记载合并考察,但未提到有关的穆斯林史料,另外他所持的该蒙古传说的产生源自东北亚萨满教习俗及当时的星占学的看法似嫌求诸过深。参见卓鸿泽《正德的番、回倾向——大明皇帝对异族宗教的追求》,载林富士主编《中国史新论——宗教史分册》,联经出版有限公司,2010,第 429~430 页注 49。
② W. M. Thackson trans. and ed. *Habibu's-Siyar by Khwandamir Tome Three*,Ⅱ,Harvard Univ. 1994, p. 633 No. 50.
③ J. F. Fletcher, "China and Central Asia, 1368–1884", p. 218, pp. 358–359 No. 85.
④ R. Dankoff/J. Kelly ed. and trans. *Mahmud al-Kashghari, Comprendium of the Turkic Dialects* Ⅱ,Harvard Univ. 1984, p. 157.
⑤ R. Dankoff/J. Kelly ed. and trans. *Mahmud al-Kashghari, Comprendium of the Turkic Dialects* Ⅱ, p. 226.

作者在随后评价中亚人的中国皇帝观时认为他们并不认为中国皇帝必然地位崇高于沙皇俄国、奥斯曼土耳其、鞑靼汗国和莫卧儿帝国的君主，为此在注释中特地引述了瓦里汗诺夫文集中的一则描述 18 世纪中亚历史的材料。据称当初准噶尔汗国的君主噶尔丹策零（1727～1745 年在位）曾询问一度被其俘获的哈萨克中帐首领阿布赍汗，在当时的世界上有哪些伟大的统治者。后者回答的先后顺序是控噶尔（Kondaker）、俄国的白沙皇、Izhen-khan、噶尔丹策零和他自己，而策零对此表示完全认同。① 傅礼初将控噶尔注释为克里米亚鞑靼汗，Izhen-khan 则注为中国皇帝，不过都未做进一步的解说。按控噶尔本系中亚突厥人对奥斯曼土耳其素丹的称谓，② 早在1712～1715 年图理琛使团访俄之前，清朝方面就已经知晓了这一衔称的含义。③ 不过对于外蒙古的和屯人及中亚的部分哈萨克人来说，被视作其祖先的控噶尔汗其实是克里米亚鞑靼汗。④ 唯据新近披露的满文档案来看，18 世纪中叶的哈萨克人和浩罕人确实是将当时的清朝皇帝与控噶尔汗看作一东一西的并列两强，而那里的控噶尔汗似乎又是指的土耳其素丹。⑤ 故策零与阿布赍对话中出现的控噶尔存在两指的可能性。

至于 Izhen-khan 应复原成 ejen-khan，ejen 一词在蒙古语 - 满语中的字面含义均为"主人"，但可以引申出君王之义。早在 15 世纪

---

① J. F. Fletcher, "China and Central Asia, 1368 – 1884", p. 218, p. 360 No. 88. 关于白沙皇一名的来历参见 M. Khodarkovsky, *Russia's Steppe Frontier*: *The Making of a colonial Empire*, *1500 – 1800*, Indiana Univ. Press, pp. 44 – 45, p. 243 No. 125.

② Desmaisons trans. *Histoire des Mongols et des Tatares par Aboul-Ghazi Behadour Khan*, St. Peterburg, p. 227.

③ 〔英〕巴德利（J. F. Baddeley）：《俄国·蒙古·中国》下卷第二册，吴持哲等译，商务印书馆，1983，第 1459 页。

④ G. N. Potanin：《西北蒙古志 第二卷 民俗 惯习编》，东亚研究所译，大空社，2008，第 57～58 页；新疆维吾尔自治区民族研究所摘译的内部资料：《吉尔吉斯－哈萨克各帐及各草原的概述》（*Description des Hordes et des Steppes Kirghis-Kazak*），1975，第 11～12 页。

⑤ 小沼孝博：《"控噶尔国"小考——18 至 19 世纪欧亚东部奥斯曼朝认识之一端》，载中央民族大学历史系主办《民族史研究》第 8 辑，中央民族大学出版社，2008，第 153～163 页。

中期成书的藏文史书《汉藏史集》中即称萨迦班智达在六十六岁时到达凉州幻化寺与蒙古之王 echen 阔端会见，并结成施主与福田的关系。① 阔端前面的头衔 echen 实际上就是蒙古语 ejen 一词的藏文转写形式，因吐蕃一方归附蒙古是先和驻跸凉州的阔端发生政治上的隶属关系，所以自然会按照蒙古人的习惯，以蒙古语"主人"一词尊称这名作为实际统治者的王子，以后阔端甚至在晚期的蒙古史料中被夸大为继统的大汗或即与此有关。② 而且至今在蒙古的有关萨满诗歌中，成吉思汗也被称作成吉思之主（ejen čingis）。③ 这反映出上述两词确有涵义上的相通性。而在清初入关以前的满族社会中，ejen（额真）一词本来只是人们尊称家长的惯常习语，但从太祖朝开始，它也渐渐具有了君主的含义，并出现了 ejen-khan 这样的联合性称谓，到随后的太宗时期，用 ejen 一词表示皇帝的用法已趋于固定，继之而来的即是使用 ejen-fujin 来称代皇后。自此开始其他人对该词的使用受到了严格的限制，原来流行的固山额真之类的常见名称也被改易成固山章京等。④ 额真一词的含义转变或与满洲统治上层受到蒙古政治文化的深远影响有关。⑤ 随着清朝入关以后对西北地区的经略，ejen-khan 遂成为新疆 – 中亚各族对清朝皇帝的固

---

① 达仓宗巴·班觉桑布：《汉藏史集》（藏文本），四川民族出版社，1985，第266页。

② 对阔端汗在藏蒙史料中被误传为大汗的考察参见周清澍《库腾汗——蒙藏关系最早的沟通者》，收入氏著《元蒙史札》，内蒙古大学出版社，2001，第339～356页；A. Tsendina，"Godan Khan in Mongolian and Tibetan Historical Works"，*Studia Orientalia* Vol. 85，1999，pp. 245–248.

③ Á. Birtalan，"Dūdlaga：A Genre of Mongolian Shamanic Tradition"，in. Elena V. Boikova ed. *Florilegia Altaistica：Studies in Honour of Denis Sinor on the Occasion of His 90th Birthday*，Wiesbaden，2006，pp. 28–29.

④ 石桥秀雄「清初のエジェン ejen—太祖・太宗朝を中心に—」載『神田信夫先生古稀記念論集　清朝と東アジア』山川出版社、1992、3–16頁。

⑤ 范福和曾在同书讨论蒙古与后金政治关联的专章中列举了蒙古在制度层面和政治术语方面影响后金政权的若干例证，但未提到额真一词。David M. Farquhar，"The Origins of The Manchus'Mongolian Policy"，in. J. K. Fairbank ed. *The Chinese World Order*，pp. 198–205，pp. 328–337.

定化尊称。[①] 这也影响到 18 世纪的哈萨克首领在致乾隆皇帝的归顺表文中用"主奴关系"（ejen-albatu）来界定其与清朝君主结成的国际政治服从秩序。[②]

傅礼初认为即使在 18 世纪清朝国势正隆时，其与浩罕汗国的关系也带有半平等性质，表现在清帝通过译员称唤后者的君主为"吾儿"，他把这种虚拟血缘的父子称谓解读成一种相对平等的迥异于君臣之间的政治关系，意味着清朝并未把浩罕当作藩属来对待。作者在注释中进而阐述了在内亚政治传统中，虚拟的父子关系与兄弟关系均传递出政治交往中的平等化理念，只不过被称呼为"子"或"弟"的一方要相对势弱一些。[③] 实际上在内亚的外交传统中，虚拟的父子关系恰恰被赋予了政治名分上的尊卑落差，而被称作"子"的一方在有的场合下也确实拥有一种近于臣仆的身份。这一情况绝非仅属个别现象。例如在 907 年唐朝灭亡前后，沙州的归义军政权先后经历了张氏和曹氏掌控的阶段，而长期以来它的外来威胁则是盘踞在甘州的回鹘势力。起初当张氏政权在军事上不敌回鹘人时，就不得不与回鹘可汗订立父子之盟，此后在曹议金统治时期，归义军出征甘州之役取得了辉煌成果，随即导致原先的父子关系逆转调整为曹氏是父，回鹘可汗是子的全新格局，并见于时人赞颂曹氏功绩的歌谣中（"甘州可汗亲降使，情愿与作阿耶儿"）。最后当 928

① 何星亮：《边界与民族》，中国社会科学出版社，1998，第 36～37 页。关于对 ejen-khan 一语所体现的政治逻辑的人类学分析，参见 D. Sneath, *The Headless State: Aristocratic Orders, Kinship Society, Misrepresentations of Nomadic Inner Asia*, New York: Columbia Univ. Press, p. 194. 该词至今还保留到南西伯利亚突厥人中的萨满教诗歌中，参见 Dávid S. Kara, "Vilmos Diószegi's Collection of Kumandy Shamanism from 1964", in A. Sárközi ed. *Altaica Budapestinensia MM II: Proceedings of the 45th PIAC, Budapest, Hungary, June 23 - 28, 2002*, Budapest: Eötvös Loránd Univ. 2003, pp. 301 - 302.

② 小沼孝博「清朝とカサフ游牧勢力との政治的関系に関する一考察—中央アジアにおける『エジェン-アルバト』関系の敷衍と展开—」『アジア・アフリカ言语文化研究』第 72 号、2006。

③ J. F. Fletcher, "China and Central Asia, 1368 - 1884", pp. 221 - 222, p. 366 No. 112.

年双方关系完全和好时，曹议金与回鹘顺化可汗彼此即以兄弟互称。①

更为著名的则属原为后唐节度使的沙陀后裔石敬瑭在契丹人的支持下于 936 年建立后晋政权后，为表示对耶律德光全面输诚，遂在表文中自称"儿皇帝"而恭称辽帝为"父皇帝"。这被认为是历史上中原政权首次公开承认外族王朝的宗主权。② 而铁木真在兴起之初也曾和其父的安答克烈部首领王罕结成过名义上的父子关系，并作为其部下四处出征效力。③ 以后当畏吾儿亦都护决定臣服成吉思汗时，向蒙古方面提出的条件就是"使臣得与陛下四子之末"，这被认为是谋取相当高的政治地位，这一近于"第五子"的拟父子关系为以后高昌王世代迎娶蒙古公主奠定了基础。④

清初多尔衮生前曾经被加封过"皇父摄政王"的称号，由此引发了学界对于此举是否意味着他具有高于顺治的法统地位的讨论。郑天挺继孟森的"尚父说"之后同样否认此称号含有政治上高于皇帝的寓意，认为它只是当时最高爵秩而已。⑤ 而王钟翰却发现今存顺治八年《恩诏》原文中恰好出现了"皇帝"二字在书写时尚低于"皇父摄政王"称衔的现象，由此判断"皇父摄政王"高于"皇

① 荣新江：《归义军史研究——唐宋时代敦煌历史考察》，上海古籍出版社，1996，第 308～326 页。
② 魏良弢：《义儿·儿皇帝》，《历史研究》1991 年第 1 期；〔德〕傅海波（H. Franke）主编《剑桥中国辽西夏金元史》，史卫民等译，第 80～81 页。
③ 虽然《蒙古秘史》对王罕铁木真父子关系的叙述在时间上明显有误，有关细节也间有失实之处，但此事本身并无可疑。参见陈得芝《十三世纪以前的克烈王国》，载氏著《蒙元史研究丛稿》，人民出版社，2005，第 226～228 页；吉田顺一「テムジンとオン・カンの前期の関係」南京大学元史研究室编《内陆亚洲历史文化研究——韩儒林先生纪念文集》，南京大学出版社，1996，第 21～47 页。大概正是这种拟父子关系使得元代朝鲜的蒙古语教科书中将"王可汗"夸饰成"元太祖之先"。参见宫纪子『モンゴル时代の出版文化』名古屋大学出版会、2006、243 页。
④ 张承志：《关于早期蒙古汗国的盟誓》，《民族研究》1986 年第 2 期；姚大力：《论蒙元王朝的皇权》，《学术集林》卷十五，上海远东出版社，1999，第 284～285 页。
⑤ 郑天挺：《多尔衮称皇父之臆测》《释"阿玛王"》，均载氏著《清史探微》，北京大学出版社，1999，第 76～87 页，92～94 页。

帝"略同于"太上皇"。① 以后的研究者则从考察满族开国的政治传统着眼，认为多尔衮与顺治的拟父子关系（所谓的太后下嫁说从论据上看疑点很多，尚难证实）可以使前者一改外藩宗王摄政的身份，转而在皇统中寻求到合法的地位，且就清初实情而论，皇父摄政王的权威已经凌驾于天子之上。② 其实郑天挺在研究中已经注意到《蒙古秘史》中王罕与铁木真结成父子关系的记载，并联系了努尔哈赤与乌拉贝勒布占泰的类似关系，但他最后认为这些事例仅仅反映了蒙古与满洲都有尊敬如父者为父的金元旧俗而已。然而浏览《秘史》所记王罕与铁木真活动的史实，即知这种拟父子关系正是北方民族中首领与下属形成尊卑关系的写照。以后一直到民国时期的察哈尔蒙古人那里，和硕（旗）的官员昂邦仍然被他所管辖的属民们看作"父亲"。③ 而且清朝早在入关以前，努尔哈赤就在体现其政治伦理的《圣训》中强调"君仕天以父，贝勒诸臣仕君以父"的拟父子等级化观念，以后的康熙帝进一步将其阐发为实施统治的"全才"观念，其中帝权的确立即依赖于君主与诸王臣民结成一种一元化拟父子关系。④ 因此从这一政治逻辑出发，清朝皇帝用"吾儿"式的拟父子口吻称呼浩罕的君主并非双边平等地位的宣告，仍

---

① 王鍾翰：《释汗依阿玛》，载氏著《清史新考》，辽宁大学出版社，1997，第99～114页。现存时间略早于此的顺治七年十二月二十五日《追尊皇父摄政王为成宗义皇帝诏书》（残本）中的书写格式亦同。参见承志『ディチン・グルンとその時代——帝国の形成と八旗社会——』名古屋大学出版会、2009、第79頁。

② 姚念慈：《多尔衮与皇权政治》，载氏著《清初政治史探微》，辽宁民族出版社，2008，第299～302页。

③ D. F. Aberle, *Chahar and Dagor Mongol bureaucratic administration*: *1912 - 1945*, New Haven, 1962, p. 53. 类似的情况早就见于南北朝的鲜卑人，其首领称衔"莫贺"即父亲之意。相似的情况也见满语的"马法"（mafa）一词兼有"祖父"和"大人"等含义。参见王鍾翰《释马法》，载《清史新考》，第90～98页。又明万历年间的文献明确记载称"太师马法，夷尊称汉边吏也"。参见薄音湖点校《明代蒙古汉籍史料汇编》第四辑《万历武功录》，内蒙古大学出版社，2007，第233页。

④ 内田直文「清代康熙二十七年政变再考」『東方学』第112輯、2006、49 - 64頁。

旧属于君臣关系的一种变体。① 而浩罕方面对此也心照不宣，故在其本国史书中，将清帝称作比一般君主（汗）地位更为尊贵的"可汗/大汗"（Khaqan-i Chin）。② 同样地当帖木儿在相似的外交场合下用"吾儿"的口气招呼远道而来的西班牙使臣时，流露出的也是一种君主对外臣的高高在上的安抚态度。③

二 1970 年代以来的傅礼初：从博学的考证天才向全史在胸的新型史家的转变

进入 20 世纪 70 年代以后，傅礼初的学术取向和关注对象均发生了明显的变化。从研究对象上观察，他的兴趣点不再囿于内陆亚洲的地理范围，而是扩及早期近代化阶段的整个欧亚大陆，并执着于对当时欧亚大陆愈渐清晰的各地区平行发展和横向交流历史现象的追寻与解释；从研究纵深上着眼，他的思考聚焦点逐渐从 13 世纪以来草原民族的军事征服行为下延到草原传统对于晚期欧亚帝国政治遗产的长期形塑及其最终转轨；而从学科方法上分析，除了他在上一阶段已经熟练掌握的传统东方学考证技巧以外，现代社会科学（尤其是政治学和人类学）的各种理论渐渐对他的研究产生了全新的作用。研究趋向的如上变化昭示了傅氏已经从一位博学多才的考据学家转变为致力于学科沟通而视野广阔的全新历史学家。这一转型本来可以促使他在若干不同的研究领域内同时贡献丰硕的原创性成果，然而由于他的急逝，最终仅有关于中亚和中国西北的苏菲教

---

① 傅礼初在注释中引用了同书铃木中正的论文以佐证其说，但该观点最终仅来自护雅夫在 1963 年东京大学一次会议上的发言梗概，不宜视作经过严谨求证后的学术表述。参见 Chusei Suzuki, "China's Relations with Inner Asia: The Hsiung-nu, Tibet", in. J. K. Fairbank ed. *The Chinese World Order*, pp. 185–186, p. 327 No. 23.

② L. J. Newby, *The Empire and The Khanate: A Political History of Qing Relations with Khoqand c. 1760–1860*, Leiden: Brill, 2005, p. 42 No. 7. 按可汗在规格名分上高于汗的用法可能在突厥第二汗国时期已经固定化。

③ 〔西班牙〕克拉维约：《克拉维约东使记》，杨兆钧译，商务印书馆，1957，第126页。

派的研究成果基本杀青，其他方面的完善和总结工作则未及完成，可谓"千古文章未尽才"。不过，在此期间他撰写的为数不多的几篇论文对于西方的内亚史及相关领域的研究起到了风气转移的作用，以下拟结合它们的内容来具体分析傅氏研究轨迹的转变。

从著作目录系年来看，自 1970 年以降，傅氏虽未疏离个案性的实证研究，但像当年成名作那样凭借繁密注释让人叹服的长篇大作再未一见。其间他只发表了三篇以文献释读与注解为中心的论文，分别涉及一通斯坦因（A. Stein, 1862 – 1943）在内蒙古黑城遗址获得的托忒蒙古文书札、《外藩蒙古回部王公表传》中的一篇回部王公传记、17 世纪成稿的一件波斯文文献中的若干段落。① 这些文章均系他参加国际性蒙古学会议或受邀为学界同行贺寿而作，故篇幅都相对较简短，其学术分量和影响力也要明显弱于此前的成名作。这一点与伯希和去世前完成 200 页以上的长篇论文《火者与写亦虎仙考》，柯立夫在其晚年还发表了考释朝鲜三田渡碑文蒙古文部分的长文形成鲜明对比。② 显然在其学术生命的后半期，傅氏的工作重心不再是像前期那样，着力于对繁难文献进行周密详尽的考证性注释，因此这方面的成绩显得较为有限。若评论者单凭考据细密程度作为裁量尺度，恐怕还会得出其后期成果尚逊色于前的认识。这种没有在考据上更上层楼的原因，实际上应归结为外界学术环境变

---

① J. F. Fletcher, "An Oyirod letter in the British Museum", in. L. Ligeti ed. *Mongolian Studies*, Akadémiai Kiadó, 1970, pp. 129 – 136;" The Biography of Khwush Kipäk Beg (d. 1781) in the Wai-fan Meng-ku Hui-pu Wang Kung Piao Chuan", *Acta Orientalia Academiae Scientiarum Hungaricae* Vol. 36, 1983, pp. 167 – 172; "Confrontations between Muslim Missionaries and Nomad Unbelievers in the Sixteenth Century: Notes on Four Passage from the 'Diyā al-qulūb'", in. W. Heissig ed. *Tractata Altaica*, Wiesbaden, 1976, pp. 167 –174.

② P. Pelliot (伯希和), "Le Hoja et le Sayyid Husain de *L'Histoire des Ming*", *T'oung Pao* 38/1948, pp. 81 – 292; F. W. Cleaves, "The Mongolian Text of the Tri-lingual Inscription of 1640 (Part I)", *Mongolian Studies*, 1995, pp. 5 – 47;" The Mongolian Text of the Tri-lingual Inscription of 1640 (Part II: Notes to the Translation)", *Mongolian Studies*, 1996, pp. 1 – 49. 柯氏的去世标志着内亚研究的"后伯希和时代"开始落幕，大概以后西方的相关学术刊物也不大可能容纳这类注释远远长过正文，动辄篇幅近百页的文献考释类鸿文。

化引发的作者本人治学倾向的根本性转折。

早在傅氏尚作为博士候选人在哈佛求学时,美国的中国学界曾就中国学今后的前途是应继续沿着传统汉学的旧路前行,还是主动与社会科学交流融会以最终质变为全新意义上的"中国研究",展开过热烈而重要的争论。其结果促使以注重社科理论、强调问题意识并具有全新范式的"中国研究"渐次取代传统汉学成为中国学界的主流。当时正在美国传统汉学重镇哈佛东亚系接受包括汉学在内的传统东方学训练的傅礼初不大可能对这种明显的学风变迁漠然置之。同时哈佛大学校内的学术环境一直较为多元,仅以与傅氏有过亲密师生情谊的前辈来说,柯立夫堪称严谨笃实,不尚空论而全身心投入文献考据的典型经院派学者,费正清则是一位重视社科理论与综合分析且又强调现实关怀的智囊型学人,其余像洪业、普里察克、费耐生几位则属于在多个领域内都造诣不凡的博雅通才。长期置身于这样的学术环境下,自然有助于天资极高的傅氏对于种种不同的方法论均保持敏锐的洞察力,并以兼取众长的开放心态为自己的学术成长独辟蹊径。①

试以中国史为例,他所熟悉的成果既有传统汉学型考据著述,又有当时异军突起的施坚雅(W. Skinner, 1925-2008)、何炳棣(1917~2012)等强调以社会科学方法治学的学者们的拓荒之作。当他正式留校供职之后,法国"年鉴学派"第二代中坚布罗代尔(F. Braudal)的系列著作开始进入其视野。对比之下,即使到80年代以后,许多强调论从史出的内亚史研究者对于上述这类带有明显"结构-功能"范式的史著依然是缺乏了解兴趣。② 而傅氏对于该学术流派的关注则促使他超越旧有的学科樊篱,以全史在胸的眼光去

---

① 多年以后,傅礼初曾在他那篇《全史》的论文中特地提到了普里察克常常向其学生们揭示游牧人与航海民族的相似性。

② 有关内亚历史研究或可从年鉴派著作中取经获益的分析评估也参见张广达《评介〈古代和中世纪早期的西域〉》,《敦煌吐鲁番研究》第三卷,北京大学出版社,1998,第366~367页。

透视内亚在世界历史中的地位，并进而从宏观上思考欧亚大陆各地区历史的趋同与合流的课题。他的思索答案最终表现在1973年撰写的《全史：论早期近代（1500～1800）的平行化与关联性》。①

作者在文章序言中即将结论全盘道出，相对于此前各地区的独立性历史进程而言，欧亚大陆在16～18世纪的早期近代阶段终于具有了共同的一体化历史，而中国也是其中之一。随后作者又就历史现象中的关联性（interconnections）与延续性（continuities）两大概念做了界定：前者指代各地域社会间发生的交流现象，例如思想观念与制度层面的传播与贸易的联系作用等；后者则指地域社会内部制度模式的贯时性延续。傅礼初随后指出为了捕捉这两类现象，研究者必须深入发掘隐藏在政治史和制度史之下的社会、经济与文化的变迁发展，而"全史"（Integrative history）理念的提出正是用以解释这类相互关联的历史现象。为了贯彻这一理念，研究者应该首先观察到地区之间的平行性现象，再确定它们之间是否存在因果关联。傅氏就此对西方的几种流行的史学观做了深刻反思，在他看来，汤因比（A. Toynbee）的《历史研究》缺乏对世界的经济、社会和文化的交流－联系的讨论，而雅斯贝尔斯（K. Jaspers）的《历史的起源与目的》又恰与之相反：虽然注意到了各文明之间的相似性，却又无法建立起贯穿这些现象的因果联系。至于后出的麦克奈尔（W. H. McNeil）的《西方的兴起》同样缺少对于从中世纪晚期到早期近代的世界共通性历史趋势的考察。他同时也评论了当时在北美史学界流行的重视与社会科学界进行交流的区域研究模式，认为其实践者虽然敏于揭示传统的延续性，却将寻找跨地域联系的机会转让给社会科学家们，而后者未必就适合承担这类工作。相对来

---

① J. F. Fletcher, "Integrative History: Parallels and Interconnections in the Early Modern Period, 1500－1800", in. J. F. Fletcher, *Studies on Chinese and Islamic Inner Asia*, chapterX, pp. 1－35. 傅氏完稿之后并未急于将其付梓，而是继续润色修改，直到逝世后才正式刊于哈佛大学突厥学研究中心主办的《突厥研究杂志》（*Journal of Turkish Studies*）的柯立夫贺寿专辑（*Niguča Bičig: Pi Wen Shu*），以后收入论文集时做了内容和页码的重新编排。

说，只有"年鉴学派"在破除人类历史的隔绝性上做出了积极的
努力。

作者随后用主要的篇幅勾勒出前近代时期的七种平行性现象：
一是人口增长，二是时代节奏的加快，三是区域性城市的增多，四
是城市新兴阶层的崛起，五是宗教改革运动的发生，六是乡村农民
运动的高涨，七是游牧化的退潮。以上现象中，作者对于现象五和
现象七均有长期潜研的心得，因此总结得尤为精辟，以后在研究中
又不断深化。他对其他现象的概括则大体源自对他人成果的借鉴与
吸收，反映出作者独有的敏锐批评眼光和高人一筹的史实综合能
力。至于这七大现象彼此间的可能联系，论文的最后部分也尝试性
地作了初步解答。傅氏认为人口的增长促使历史进程的节奏加快；
而经济活动的增多导致城市化运动的提速，并进而影响到宗教价值
观念的变革；同时城市中壮大的新兴富裕市民又日益加强对农村的
经济控制，故形成了农民运动四处蜂起的重要原因。最后以新兴城
市为基础的定居国家实力的愈发强大则促使以往由定居世界和游牧
力量维持的势力均衡遭到破坏，传统的游牧人也越来越多地向定居
化过渡。

傅氏在20世纪70年代以来的执教活动中与不少研究社会科学
的一线学者们建立了密切的学术联络，通过这种富有成效的学科对
话来分享后者的理论反思，从而使自己这一时期的论文带有明显的
概念提炼和理论思辨色彩。和他合作过的社会科学专家们包括了像
艾森斯塔德（S. N. Eisenstadt）这样的研究帝国问题的政治学权威，
两人还曾合作开设过关于帝国问题的课程。① 对帝国政治问题的深
入思考促使他在20世纪70年代后期连写了两篇带有较强理论性的
论文，首先是于1978年9月在意大利贝拉焦（Bellagio）举行的政
治学理论会议上提交的长篇论文《血腥的竞争继承制：奥斯曼帝

---

① R. Bin Wong, "review of J. Fletecher's *Studes on Chinese and Islamic Inner Asia*", p. 326.

国、印度穆斯林政权和晚期中华帝国的权力与承袭》。① 可能是篇幅
的缘故，这篇应当是其生前撰写的最长论文一直未能公开出版，以
后也没有被刊载到他的论文集中，但仍然不时在学界受到有心人的
征引评介。

根据有关介绍，此文重点讨论的是从金到清的中国、印度莫卧
儿帝国、奥斯曼土耳其的皇位继承问题。之前虽然有西方学者对于
上述亚洲国家的权力继承模式发表过看法，但多因语言能力的限
制，仅满足于使用转手的有限史料，而且其视角也不同程度地带有
欧洲中心论，因此得出的研究结论颇显肤浅。作者将晚期的中华帝
国、莫卧儿印度和奥斯曼土耳其定位成在很大程度上继承了内陆亚
洲突厥－蒙古型政治遗产的最为典型的三个晚期帝国，虽然从表面
上看三者均已定居化和官僚化，并与当地固有的儒教文明、伊斯兰
教文明实现了涵化。这项研究可看作傅氏致力构建的内陆亚洲政治
史体系中的不可或缺的一大基石。他将这种内亚式的继承原则界定
为一种需要借助武力甚至内战才能确定合法性继承人的"血腥的竞
争推举继承制"（bloody tanistry）。② 简要地说，君主位置的继承人
需要通过推选的方式即位，但有条件成为候选者的人选不限于以前
君主的直系男性亲属成员，而且还可能包含他的旁系男性亲属，因
此参与争夺君位的各个候选人往往要通过流血争斗甚至是武装对抗
的内战方式才能决定谁合法，而最后的胜出者则被认为能力最为出
众，因此能够获得大众的臣服和效忠。故这种建立在军事才干基础

① J. F. Fletcher, "Bloody Tanistry: Authority and Succession in the Ottoman, Indian
　Muslim and later Chinese Empire", Paper for Conference on the Theory of Democracy
　and Popular Participation, Bellagio, Italy, September 3 - 8, 1978.
② Tanistry 一词本是中世纪爱尔兰等地的凯尔特人（Celts）中为决定职位人选
　（tanist）而在氏族内采取的竞争选举制，参与竞争者彼此互为男性亲属，因为内
　亚的君位继承也是在父系亲属范围内采取类似的竞争推选制，并且更多地充斥
　着武力的对抗，故傅氏特加上"血腥的"作为修饰语。非常奇怪的是，在欧立
　德有关论文的日文版中，"竞争继承推举制"被翻译成"族长后继者制"，笔者
　不甚明白其含义所指。参见マーク・エリォツト（Mark C. Elliott）著、楠木贤道编
　译「清代满洲人のアィデンティティと中国统治」载冈田英弘编『清朝とは何
　か』藤原书店、2009、第 118 頁。

上的能者为王的继承法则从根本上迥异于定居国家多采取的由先王在生前直接指定未来继承人的模式。甚至当那些源自内亚的征服型政权离开草原直接统治农耕世界以后，仍然长久地延续着这种继承传统，从而为社会撒下了持续动荡的种子。仅以中国历史为例，他就揭示了上述模式不仅普遍实行于鲜卑、契丹、女真、蒙古、满洲各族陆续建立的北族王朝序列中，甚至在随后继承了其政治遗产的汉族王朝中也可发现其踪迹。在他看来，表面上是汉人王朝的明朝即是如此，故其直到 15 世纪中叶都未能稳固地建立起嫡长子继承制。其间即位的嫡系继承人的地位不时显得很脆弱，容易受到先皇其他男性亲属的挑战。同样地，就继承制度而言，莫卧儿印度和土耳其帝国历史上连绵不绝的继承危机也具有类似的可比性。① 故傅礼初对内亚继承模式的概括和分析最终揭示出深受内亚政治影响的中、印等传统农业大国在晚期历史进程中所具有的一种共性，并从世界史的角度梳理出草原传统移植到以定居和农耕为基础的官僚制国度之后所经历的长期延续的规律，从而启发人们用全新的视角来反思过去常用的"涵化"（acculturation）之类的解释模式。②

此次会议之后，傅氏又将他对奥斯曼土耳其继承制度研究的成果扩展为专文，同时将他对草原传统的理论性思考一并整合进论文中，即他生前发表的最后一篇重要论文《奥斯曼帝国中的突厥-蒙古君权传统》，刊载入《哈佛乌克兰研究》中的普里察克祝寿专辑。③ 这篇后来被证明为引用率极高以至其主要论点还被维基百科网站收录的论文仅长 16 页附加 6 条简短的书目性注解，与作者1968 年的成名作在学术风格和内容形式上形成了很大反差，对比之下很难让人认为二者竟然出自同一人之手。如果说旧作属于作者传

---

① R. Bin Wong, "China and World History", pp. 4-6.

② 关于人类学界对"涵化"解释模式的阐释，参见 L. Broom etc, "Acculturation: An Explanatory Formulation", *American Anthropologist* Vol. 56, 1954, pp. 973-1000.

③ J. F. Fletcher, "Turco-Mongolian monarchic tradition in the Ottoman Empire", *Harvard Ukrainian Studies* Vol. 3-4, 1979-1980, pp. 236-251.

统东方学考证实力的全面展现的话，那么新作则堪称一位深谙社会科学知识的新型史家所作理论思考的结晶。长期以来，相对于俄国来说，代表西欧的内亚史研究主流路线的马夸特、伯希和等人，多秉持一种考证先行、见微知著的学术传统，可以说是考史者多，作史者少，至于能从理论上宏观把握历史主题的学人更几近凤毛麟角，个别如拉铁摩尔这样的敢于大胆尝试此类工作的学者又未受过严格的东方学训练，故看重考据的内亚史学界对其著述的评价褒贬不一。而傅氏文中所做的理论性阐述，却罕见地受到学术背景不同的各方学人的一致推重，因此在以后出版的大多数讨论内亚政治权力结构的西文学术出版物中，均将该文列为重要的参考文献，尽管文中关于土耳其的具体论断尚有商榷余地。①

　　该文从谋篇布局来看，属于典型的"大题小作"，采取的是从一般法则到特殊个案的演绎法研究思路，而非首先大量归纳梳理材料再提炼概括出结论的求证型论文。理论性的综合分析占到篇幅的近一半，虽然仅有两条注释，却是论文最精彩的部分，也是最值得我们关注介绍之处。文章开篇即以横向比较的眼光鸟瞰了突厥－蒙古政治传统对中、俄、印度等国历史进程的长期影响，随即切入正题，论述了草原传统中因君主权力呈现高度个人化，故天然地缺乏稳定性和向心力，但随着游牧政权兼并甚至入主农耕世界，原来的统治传统需要调整转化为帝制政体以克服旧传统中的离心化因素，而对农耕世界资源的汲取也有助于防止草原政体在新形势下的分裂崩溃。作者接着回顾了草原政体的诞生背景，认为牧场的划分在部落一级的社会组织下即可奏效，而通常的对外抢劫也可在部落首领的指挥下顺利完成，故均不需要超部落的领袖介入，由此后者的出现不能被解释为草原放牧生活的内在需求。超部落的领袖要把各个部落罗致于麾下服从其调遣就必须保证他们获得丰厚的战利品，因

---

① P. P. K. Crossley, *A Translucent Mirror：History and Identity in Qing Imperial Ideology*, Univ. of California Press，1999，p. 34 No. 67.

为单个部落无力发动相当规模的战争更无由获取可观的大宗战利品，综上超部落的草原政治组织的崛起必然与征战有关。

而超部落的政治体中作为领袖的汗王实际上等同于专司对外征战的最高指挥官。在他的权威笼罩之下，部落权力趋于消退，牧民大众均为战士，整个社会全盘军营化。各部落则通过牺牲原有的自主性以换取虏掠物。而汗王的推选本身也要通过候选者相互竞争直至内战来决出胜负，而且在全民皆兵的社会环境下，草原政治中的领袖人选之争足以把每个社会成员都牵涉进来，因此这种冲突和内战波及的层面远比农业社会要深广。习惯上说，从内战的结束即开始了对胜利成果的分配。随着新领袖的正式当选，下一举措就是聚集全力对外征战，否则和平时间一长，即会导致外来战利品的分配停止，从而促使社会自动出现离心倾向。故对于草原政治体来说，战争才意味着统一，和平则容易导致分裂。一般而言，能者为王而非指定继承的血腥竞争法则也保证了汗位的归属者往往也就是最英勇善战的首领，堪称最适合作为统帅以发动战争的人选。这样汗王不断通过卓有成效的征战活动带来的战利品保证了其下属（尤其是各部首领）对其服从效忠，然而这种威信不会原封不动地传递到他的直系血亲继承者身上，因此草原君主的职位远未制度化，本质上只是军事统帅而已。

傅氏随后指出当草原政体统治农耕地域并在表面上实现了向定居型国家的转型以后，官僚机器往往还要花费若干代人的时间才能逐步褪去带有草原传统的君主权力高度个人化痕迹，最终表现在农业社会完成同化了旧有的汗权传统，使其转轨为官僚制帝国的皇权。不过草原政治传统的转变通常需要经历三个漫长周期才能完成。在第一个阶段，君主权力的维系还需依靠部落显贵阶层的支持，从第二个阶段起，君主开始着手有意识地培养出身农业社会的新贵来代替旧有贵族，降至最后一个阶段，与官僚政治紧密联系的趋于制度化的君主制才彻底覆盖了草原政治传统，重要的军政职务均由那些与草原社会毫无联系的新贵担任，而程序化的君主世袭制也由此得以牢固地确立，使得统治者的个人因素不再像以前那么重要。傅礼初概括的上述步骤实际上是官僚体制一步步吞并和改造草原传统的历程，在这一虽然步履迟缓但总体趋势则确定不移的历史进程中，最高统治者通过官僚机器从农业地区征收到的可观财富和资源为他逐渐克服旧有传统并实现统治精英内部的人才换血提供了物质基础，使得作为皇权代理人的亲信近侍、实行薪俸制的常备军等新兴事物陆续取代了旧部显贵和在最初的征服扩张战争中被倚为主力的部落兵制。

支撑傅氏内亚史政治体系的另一基石则是他对草原帝国兴起背景的探讨，在这方面，他选取的个案是其最为熟悉同时历来又被视为草原政治发展巅峰的蒙古帝国。其研究成果最后体现在遗作《生态与社会视角之下的蒙古人》之中（以下简称《蒙古人》）。① 这篇论文和前一篇论奥斯曼帝国的君权传统的论文相似，同样是采用演绎法的思路撰成，并以对史实的提炼综合与理论透视取胜，但篇幅长达 40 页并附有 38 则注释。与前文不同的是，该文运用的社科理论更多来自人类学而非政治学。傅氏对人类学理论的汲取多源于他和当时尚很年轻的研究游牧问题的人类学家巴菲尔德（T. J. Barfield）的富有成果的学术交流。后者在 80 年代初发表的用人类学视角考察匈奴政治组织的论文得到傅礼初的高度赞扬，② 并进而启发他用一种新颖的坐标尺度来定位游牧帝国的崛起、发展及归宿：以生态视角作为俯瞰整个草原社会历史的制高点，进而综合史实与理论深入探讨草原汗国勃兴的动力机制，最后再配合文化进化的理念解说其最终在历史上的演变走向。可以说，生态、动力与文化进化构成了观察以蒙古汗国为代表的内亚政权历史变迁全过程的三大维度。这恰好与 20 世纪 70、80 年代美国人类学家的最新学术动向是

---

① J. F. Fletcher, "The Mongols: Ecological and Social Perspectives", *Harvard Journal of Asiatic Studies* Vol. 46, 1986, pp. 11 – 50.

② T. J. Barfield, "Hsiung-nu Imperial Confederacy: Organization and Foreign Policy", *Journal of Asian Studies* Vol. 40/1, 1981, pp. 45 – 61.

一致的，因为当时的人类学界对上述时髦课题的兴趣和强调已经使得此前曾长期受到关注的王权、王朝传说、象征与政治等传统题目尽数落入冷宫。①

该文的基本架构仍清晰地分为前后两部，第一部分重在阐述草原汗国遵循的共同规律，后面的内容则具体分析蒙古帝国的个案情形。文中一开始在缕述蒙古草原的基本生态特征之前，着重反驳了学界有人提出的将特定的游牧形式与人群民族相对应的解说模式，②也对12世纪的草原游牧部落的多语言性持一种开放灵活的态度。在随后对草原游牧社会的描述中，他将草原生态下常态化的迁徙行为界定为区分农牧社会的最根本差别，并以由此导致的主动性和迅速适应性作为欧亚草原游牧民的主要特性。此外，外部环境时和时战的变更不定也促使游牧民需具有很强的适应 - 选择性。在他看来，迁徙活动因为需要应付随时可能出现的不测之虞，故会催生部落的领导权，同时锻炼出牧民们的军事技能，因此全民皆兵在游牧社会中属于常态。

总之，草原的生态条件其实并不适宜承载超部落一级的社会组织，粗放分散式的放牧经济也无法像农业社会那样积累起可观的资源财富，从而难以为超部落组织的领袖提供一支供其调遣的常备军。可是游牧社会既然要从农业社会那里稳定地获取财富，那就超过了单个部落的能力，尤其是在同中国这样的大国打交道时就更是如此，因此草原社会势必也要发展出超部落的政治组织来与之互动。作者的以上观点基本与巴菲尔德一致，均可视为否认游牧社会自发地存在孕育超部落组织机制的"外部回应说"。③ 换言之，培育

---

① 〔美〕费石（W. L. Fash）：《怀念张光直先生》，陈星灿译，载《四海为家——追念考古学家张光直》，三联书店，2002，第221～222页。

② 作者虽未注明，但很明显是针对艾伯华的有关理论而发，参见 W. Eberhard, "Patterns of Nomadic Rule", in. *Conquereors and Rulers*, Leiden, 1965, pp. 107 - 139.

③ T. J. Barfield, "Hsiung-nu Imperial Confederacy: Organization and Foreign Policy"; *The Perilous Frontier: Nomadic Empire and China*, Oxford: Basil Blackwell, pp. 5 - 8.

草原超部落政治体的动力机制实际上取决于游牧人对外部物质财富的需求程度和内部生态环境制约性之间的博弈。

与上一篇论文相比，接受了人类学相关理论的《生态与社会视角之下的蒙古人》一文不再仅仅将对外征战以获得战利品看作游牧社会的超部落组织与农耕世界进行互动的唯一途径，双边贸易也被视为维持农牧关系的重要渠道，而超部落组织的军事介入才能有效地遏制农业国家试图削减边贸规模的尝试，只是他并未像其同门萧启庆那样把贸易受阻看作北方民族屡屡南侵的最主要原因。[①] 此外，巴菲尔德的提示也促使作者在新作中对"超部落政治体"这一略显笼统的术语进行了细化分类，主要是将其区分为部落联盟和帝国，前者的组织形式较为松散，凝聚的途径并非倚重战争，统治者可以只是名义上的领袖；但后者的组织形式则趋于严密，必须倚赖军事行为作为巩固和团结的手段，统治者还必须有亲信的追随者（那可儿）和部落大人们的强力支持。此外，统治者为了营造出一个草原帝国，尚需在改造社会组织和诉求统治天命上付诸行动，即推行十进制社会组织和宣传君权神授的宗教理念。[②]

前述理论概括也为论文随后的展开搭建起宽广的论述平台，按照作者提炼出的观点，13世纪蒙古政治体走向全面帝国化的动力即主要来自建构超部落政体的内在需要，其间成吉思汗极其出众的个人能力及其集君主与祭司身份于一身的权威形象也产生了巨大的作用。因此他个人长久树立起的崇高威望可以确保其生前指定的继承人窝阔台不必通过传统的血腥竞争法则就能顺利即位，帝国也因此避免了动荡和纷争而继续存在。不过窝阔台即位后仍然必须通过对外扩张以猎取新的胜利成果来保持帝国的稳定与巩固。故帝国要持续存在就必须使征战行动常态化。

---

① 萧启庆：《北亚游牧民族南侵过程原因的检讨》，《食货》（复刊）第1卷第12期，1972。

② J. F. Fletcher, "The Mongols: ecological and social perspectives", p. 16 No. 2, pp. 19–22, pp. 28–32.

其次傅氏还从生态环境的比较出发，论述了蒙古的征服活动为何比此前突厥人的西迁更具破坏性。他认为后者首先入居的是中亚沙漠化草原，在这种生态条件下，牧民需要与定居民建立起一种和平友好的经贸交流关系，因而形成了密切的沟通互惠机制，游牧人从中自然明白了与定居社会共处互补的重要性，再加上他们后来也皈依了伊斯兰教，使得彼此的文化与宗教隔阂也得以缩小，以后即使当他们进一步西迁到中东地区，基本的情况仍是如此。① 而蒙古草原与南方农业区域之间却因存在明显的生态差异而未能建立起这套机制，故进一步导致草原社会长期以来是借助一套勒索（extortion）机制（无论是抢劫或者贸易）来与农业区域实现互动，故蒙古入侵初期对农耕区的毁灭性破坏正是这种机制的一种极端形式的表现。不过随着蒙古人在农耕区的长久定居，他们的统治政策也相应改变为直接统治和经济剥削（exploitation）。至于蒙古人的文化变迁问题，傅氏只接受在中亚和西亚的蒙古人皈依了伊斯兰教的观点，除了指出伊斯兰教是一种适合游牧人信仰的宗教以外，他特别强调了苏菲长老在其中所发挥的建设性作用。相反，他对有的学者所持的蒙古人汉化或者儒化的论点评价不高，认为儒家伦理和汉化佛教均与草原观念格格不入，难以对游牧人产生吸引力。②

该文的最后部分分析了相对统一的蒙古帝国在经历了三代人的时间以后逐渐走向分头发展乃至分裂的原因。他在指出了一系列草原社会不利于持久统一的固有性因素以外（流动性强、继承模式极不稳定，草原生态条件难以承载较高的政治组织等），特地强调了成吉思汗生前采取的分割国土以分赠诸子做法的负面性，指出其对建立集权制国家而言不啻是一大倒退。诸子后人之间为汗位继承权

---

① 与之有些相似的论述也见于哈扎诺夫的论文中，参见 A. M. Khazanov, "Nomads and Oases in Central Asia", in J. A. Hall ed. *The Transition to Modernity*: *Essays on Power, Wealth and Belief*, Cambridge Univ. Press, 1992, pp. 83–85.

② 他所批评的对象是窦德士的观点，参见 John W. Dardess, *Conquerors and Confucians*, New York: Columbia Univ. Press, 1973. 傅氏此说或许忽略了那些定居汉地的已经"去游牧化"的蒙古人所经历的难以逆转的文化变迁。

的归属和争夺地盘而愈演愈烈的冲突则使帝国分裂的趋势不可逆转。由此可见,作者尽管重视演绎法则的运用,但在触及具体历史问题时,并未忽略对相关史实作一种历史主义的澄清,这又构成他和一般人类学家的不同之处。

此外,作者还在解释蒙古帝国为何在 1242 年突然停止对已入侵地区继续进军的原因时,明确反对塞诺提出的生态学理由,辩称如果是因为当地草场的面积有限迫使蒙古骑兵不得已撤军的话,那么为何蒙古军队后来却一再侵入草场面积更加有限的华南甚至东南亚呢?故他仍然将之归结为突发性政治事件(指大汗去世)产生的直接后果。① 因此傅氏对生态因素的重视并未使他陷入一种决定论的地步。当然因为生态视角在全文撰写中所起的制高点作用,所以有的论者把他和专攻中东突厥人历史的 J. M. Smith 看作两位从生态高度阐发内亚游牧人历史的代表学者,并将这一思路的形成归结为作者从经济的立场上考虑问题。② 傅氏的这一遗作发表以后,遂和前文前后贯通,粗略地描绘出一幅内亚游牧政权从崛起于草原的超部落组织到最后完全转型为定居国家的历史长卷,也初步建立起作者内亚政治史研究体系的基本框架。该文的学术影响并不限于欧美,研究相关问题的日本专家也认为它是从事游牧国家性质研究时必须参考的一篇文献。③

作者在生前的最后十年间还以其出类拔萃的史才和史识,受邀为《剑桥中国史》和《剑桥内亚史》(第二卷)撰写相关的章节,可惜由于后一著作的中途取消,原已完稿的内容一直未能公开刊

---

① 塞诺的观点参见 D. Sinor, "Horse and Pasture in Inner Asian History", *Oriens Extremus* 19/1 - 2, 1972, p. 181.

② David B. Honey, "Philologist as Philobarbaros: The Altaic Studies of Peter A. Boodberg (1903 - 1972)", *Études Mongoles et Sibérienne* Vol. 27, 1996, p. 69; "The Rise of the Hsiung-nu. Some Historiographical, Anthropological, and Philological Considerations", *Zentralasiatische Studien* 24/1994, p. 17.

③ 间野英二「チンギス・ハーンとティムール——その類似点と相違点——」载氏著『バーブル・ナーマの研究』Ⅳ『研究篇』松香堂、2001、339 頁注 1。

布，仅在有机会寓目的个别学者文中得到引用。[①] 唯一正式出版的
是他为费正清主编的《晚清史》（上卷）撰著的关于清属内陆亚洲
与清俄关系的三章，他也是该书中撰写篇幅最多的一位供稿人。[②]
它的出版使其学术能力再度得到学界的肯定。何炳棣在书评中明言
傅氏供稿的内容才是全书最为新颖而有用的部分，并盛赞他不仅精
通多种语文，而且在历史学与社会科学上也造诣精深。[③] 类似的褒
扬之语也出自英国学者伊懋可的评论中，后者特别肯定了他对内陆
亚洲在清代历史重要性的叙述有助于纠正西方学者习惯从海洋视角
审视清朝对外交往的偏颇之处。[④] 以上两位学者都是强调用新的社
会科学理念来推动历史考察的新型史家，他们的有关评语表明傅氏
凭借其个人的才华和辛劳，成功地把原先在西方只有少数专业人士
问津的内亚史整合到更为广阔的学术领域中，并引起了从事其他方
向研究的学者们的热切瞩目。可以说近 30 年以来，内亚地区的重要
程度在剑桥世界史体系中的逐步确立与日益巩固即与包括傅氏在内
的一批专家学者的出色工作直接相关。

　　总之，综览傅氏 20 世纪 70 年代以后的工作成绩，鲜明地表现
出由博雅的考据专家向一位既有强劲实证功力，同时又精熟社会科
学理论的全史在胸的新型史家的转变。令人惋惜的是，作者的英年
早逝彻底中断了让人称羡不已的学术前景，也使学界同行对他寄予
的厚望遽然落空。不过，本章下节的论述旨在表明傅氏留下的学术
遗产则被随后的许多学者广为继承并进一步发扬，他们的共同努力
促使逝者生前开辟课题的学术水准终于抵达目前的崭新高度。

---

① 〔日〕佐口透：《新疆民族史研究》，章莹译，新疆人民出版社，1993，第 315
　页。傅礼初论文集的编辑者在序言中承诺有关章节即将在一部新刊的中亚史中
　全文发表，但该书迟至今日仍未出版。

② 此书英文版发行于 1978 年，中文简体字版则由中国社会科学出版社 1993 年出版
　于北京。

③ Ho Ping-ti, Review of *The Cambridge History of China Vol. 10: Late Ch'ing, 1800 –
　1911, Part1 ed. by J. K. Fairbank*, *Journal of Asian Studies* Vol. 39/1, 1979, p. 134.

④ M. Elvin, Review of *The Cambridge History of China Vol. 10: Late Ch'ing, 1800 –
　1911, Part1 ed. by J. K. Fairbank*, *China Quarterly* Vol. 79, 1979, p. 615.

三 傅礼初对西方内亚史及相关领域研究的影响

作为一位具备多方面素养并擅长科际沟通的现代史学家，他的学术研究吸引了不同治学取向的学者们的重视，虽然他们的研究领域和学科背景各不相同，但均从不同层面和角度对傅氏的学术体系有所深化。本章在以下的论述中，将这些学者根据其职业身份和专业方向划分为几个学术群体，首先关注的是汉学研究群体对其成果的回应表现。这批受过传统文献学训练因而擅长使用汉文史料的学者多致力于对中国史上的北族王朝的相关研究，故傅氏的观点很自然地被他们移用到蒙古以外的其他少数民族中。

杨百翰大学韩大伟教授专攻从五胡十六国直到辽代的北方民族政治史，他在阅读了 20 世纪 80 年代以来出版的剑桥史系列中由余英时撰写的匈奴部分之后，深感其中对相关问题的写作篇幅安排得颇为有限，而且后来又涌现了众多与之关联的新著，故以"论匈奴的兴起"为题，试图把这一课题放置在游牧势力崛起的大背景下从文献学和人类学等多方面予以考察。作者大体承认了由巴菲尔德和傅礼初提出的草原社会无法自发地产生超部落组织的理论模式的有效性，强调了中原王朝的统一和输入草原的贡品成为匈奴兴起的先决条件，他同时也对傅氏提出的战争有助于保有草原帝国统一的观点也深表赞同。① 作者此前还发表了从更加宏观的层次上考察草原政治的论文《论传统游牧社会中的英雄合法性》，集中探讨草原社会中领袖需要具备的个人化因素如何转化为统治合法性。② 该文对这类个人化因素如血统与出身、掌控宗教的能力与领袖的英武善战

---

① David B. Honey（韩大伟），"The Rise of the Hsiung-nu. Some Historiographical, Anthropological, and Philological Considerations", pp. 17 – 19.
② David B. Honey（韩大伟）, "Heroic Legitimation in Traditional Nomadic Societies", in. J. M. Lundquist ed. *By Study and Also By Faith*: *Essays in Honor of Hugh Nibley*, Vol. 1, Salt Lake City, 1990, pp. 562 –583.

气质等的论述均以傅氏的《蒙古人》一文的基本观点作为先导，随后在着力论述草原政治体的继承模式上，作者再次借重前者生前提炼出的"血腥的竞争推举制"概念。该文的贡献实际上是将傅氏的基本论点推广到其论文未曾涉及的隋唐时期的突厥汗国等草原政治体上，结果证实了其分析模式对于这类新个案的有效性。

至于在时段上介于匈奴和突厥之间的鲜卑人，他们所建立的北魏等王朝也被学者们按照傅氏的理论加以重新认知。其中韩国学者朴汉济对于其理论中关于游牧君主即军事首长的定性非常重视，在这一观点的启示下，他钩沉史料，认为北魏的君主（也包括最早的十六国时期的首领什翼犍等）即具有类似的性质，故要通过反复征战以树立权威，并以战争所得来犒赏其族人，从而取得上下的效忠与拥护。可以说在北魏前期，体现草原君主特征的这种皇帝亲征—掠夺—班赐的模式已经趋于常态化，只是到后期由于赈恤的推行才逐渐淡出视野。① 此后艾安迪在没有提到傅礼初研究的情况下，同样把北魏太武帝和东突厥颉利可汗遇到的内部政治危机与此前的军事远征未能实现广泛分配战利品的后果相联系，认为两者确有内在的关联。②

加拿大华裔学者陈三平则注意到傅礼初 1978 年的会议论文中提到了隋末唐初宫廷内部出现的与继承权紧密相关的父子冲突与草原政治遗产的联系，他随后将研究的焦点投向安史之乱以前的整个唐朝前期，进而将这二百年间发生的若干次围绕继承问题产生的皇室内部的纠纷冲突均用"血腥的竞争推选制"这一突厥－蒙古型政治遗产来疏通解说，以此作为论据基石并结合其他考察以论证唐王朝的"鲜卑－汉人"联合统治的性质，否认唐朝是较为典型的本土型

---

① 〔韩〕朴汉济：《北魏王权与胡汉体制》，载东洋史学会编《中国史研究的成果与展望》，中国社会科学出版社，1991，第 90~100 页。文后所附黄烈先生的评议基本赞同这一论点。

② A. Eisenberg（艾安迪），"Warfare and Political Stability in Medieval Northern Asian Regimes", *T'oung Pao* 83/1997, pp. 300–328.

王朝或即已经基本汉化的北族王朝的传统观点。① 此外他还在另一篇论文中部分接受了傅氏曾提出的中国古代的"天子"一名最终来自印度 – 伊朗宗教世界中的普适性神祇的观点，试图论证周代的天子与中古时期北方民族常见的首领头衔"莫贺弗"均本自伊朗语中的"神子"（Bagapuhr）观念，但后者传入草原以后则经历了贬值的过程。② 上述两文的基本结论皆极富争议性，能否最终成立，尚有待观察。③ 总体来说，陈三平得出的有关结论或可称为在汉学研究的视域下，将傅氏的相关理论和学说发挥到极致的表现。

傅礼初在对游牧人对农业区域的军事行为加以分类时，认为抢劫（raiding）农业地区的行为尽管由单个部落即可实施，却并非获得可观财富的常态化途径，因为城镇皆由驻军戍守护卫，故即使奏效也只配看作一时有利之举。④ 研究契丹与中原关系的 N. Standen 则根据军事学家的概念诠释将抢劫重新定义为一种取得主动和优势的策略，意在实现低代价高收益的有利回报。这种策略要求限制军事行为的实施规模，而在选择出击目标时具有灵活性，尽量避免直接交战，达到目的后即迅速撤退。在他看来，北方的契丹与南邻的五代王朝均经常采用这一策略说明抢劫是边界环境、政治局势和经济需求的共同作用下的产物。这一结论对于傅氏和其他学者的学说理论中均通常仅考虑抢劫行为与游牧人的经济关系来说是新的发展。⑤

① Sanping Chen, "Succession Struggle and the Ethnic Identity of the Tang Imperial House", *Journal of the Royal Asiatic Society*, Series 3, Vol. 6/3, 1996, pp. 388 – 392.
② Sanping Chen, "Son of Heaven and Son of God", in. Sanping Chen, *Multicultural China in the early Middle Ages*, Univ. of Pennsylvania Press, 2012, pp. 119 – 156. 此文初刊于 2002 年。
③ 笔者不大赞成这一分析取向，拟在专文中详细讨论。
④ J. F. Fletcher, "The Mongols: ecological and social perspectives", p. 15. 萧启庆在前文中也认为少数为饥寒驱迫的游牧民，以血肉之躯对抗中国的强弩高垒的情况并不常见。这种观点略异于有的学者所持的抢劫本身即是对贸易的重要补充形式的看法。
⑤ N. Standen, "Raiding and Frontier Society in The Five Dynasties", in. Nicola Di Cosmo ed. *Political Frontiers*, *Ethnic Boundaries*, *and Human Geographies in Chinese History*, London and NewYork: Routledge Curzon, 2003, pp. 160 – 180.

他还在另一文章中吸收了傅氏关于君主领导权的巩固与征战的联系的观点，但更加突出军事征战所带来的政治成果，并具体结合耶律德光两次介入中原朝代更替的史实指出契丹君主的发动南征主要是出于政治取向，即建立起驱使中原王朝服从其权威而非统治的政治格局，并宣传自己得到天命佑护以有力地巩固其现有统治地位。[①] N. Standen 的以上研究实质上是尝试重新以政治导向来平衡傅氏学说中较多强调经济的一面。

傅礼初 1978 年会议论文中还对女真的继承模式发表过评论。他认为，女真超部落政治体的继承模式虽然也是竞争推选制，但更接近于阿拉伯牧民，而非像草原上的突厥－蒙古型游牧汗国那样充满暴力争斗色彩，故不属于"血腥的竞争推选制"。对于这一基本论断，熟谙金元史料的华裔学者陈学霖（1938～2011）专门在 1998 年的国际阿尔泰学年会上提交论文进行修正。他将女真政治实体的发展划分为两大阶段，分别是女真建国以前的部落联合阶段和 1115～1234 年的建立国家阶段，并分别研究每一阶段中所发生的继承权之争。最终他指出女真人的继承模式与草原游牧社会仍有较多的可比性：在前国家阶段也是兼有父死子继和兄终弟及两种承继模式，看似颇有秩序却并不能杜绝内部围绕继承问题发生的冲突；至于金朝建立以后，能够相对平稳地实现权力过渡的机会更趋有限，尤其是在太宗朝结束以后，好几位皇帝的上台与流血的政治斗争直接相关，在此期间以温和方式顺利即位的情况反而较为少见。故女真的继承情况总体上应更近于草原模式，而这种内部冲突不仅阻碍了其征服扩张，而且明显地削弱了金朝后期抵抗蒙古入侵的力量。[②]

深受傅氏学术影响的另外一个与汉学研究有关的学术团体是近

---

① N. Standen, "What Nomads Want: Raids, Invasions and The Liao Conquest of 947", in. R. Amitai ed. *Mongols, Turks, and Others: Eurasian Nomads and the Sedentary World*, Leiden: Brill, 2005, pp. 129 – 174.

② Chan Hok-Lam, "From Tribal Chieftain to Sinitic Emperor: Leadership Contests and Succession Crisis in the Jurchen-Jin State, 1115 – 1234", *Journal of Asian History* Vol. 33/2, 1999, pp. 105 – 138.

20 年来渐成气候的北美"新清史"研究的代表人物,其中的几位学人均在研究生阶段修习过傅氏开设的清史及满语文献阅读课程。虽然傅氏早期对满语文献的独立价值未能认识到位,但到在 20 世纪 80 年代初期即明确修改了自己的观点,对其重要性做出了客观的评价并鼓励清朝史研究者在满汉文献对勘上做出成绩。① 从现阶段发表的成果来看,新清史的代表人物并未将满汉文献的精细比勘研究作为学术突破的主要方向,② 不过他们一致对傅氏有关清史的基本定性非常重视,并以之引导个人的具体研究。傅氏的清史观可以尝试性地归纳如下。一是清史的主要时限处于 1500 ~ 1800 年的世界早期近代化阶段中,此时中国的历史已经跨出了独立发展的轨道,转而融入世界历史中,因此与此时期世界其他各主要地域的历史具有趋同性和相似性。二是清朝和同时期的土耳其、莫卧儿印度、沙俄及萨法维波斯等帝国一样,均长期保留了浓厚的突厥 - 蒙古型政治传统,因此也就具有横向的历史发展可比性,而这些政权的君权传统最终均可上溯到 13 世纪的蒙古帝国那里。三是在 1800 年以前,清代的历史焦点集中在内陆亚洲,其重心也相应落在清朝对这一广袤地域的经略和治理上。此后,绵长海疆的突出地位才日渐压倒了亚洲腹地。

柯娇燕(P. K. Crossley)在 1992 年的评论文章中,接受了傅氏关于汗权产生于军事征战需要以及由此所遵循的"血腥的竞争推举制"等观点,以此论定汗权并非是官僚机器中代表个人权力无限制的最高职位,而是需要和部落一级的首领取得协调与合作的一种权力。而正如傅礼初分析的奥斯曼君主从汗到皇帝的转变一样,清朝

---

① マーク・エリオツト(Mark C. Elliott)著、松谷基和译「ヨーロッパ、米国における満洲学过去、现在、未来」『东洋文化研究』10 号、2008、324 頁注释 29。出于对他生前坚持开设满语课程的纪念,傅礼初成为由他同事编写的目前全美唯一的满语文献授课教程中的献辞对象。参见 G. Roth Li, *Manchu: A Textbook for Reading Documents*, Univ. of Hawai'i Press, 2000.

② 就笔者所知,在该文提到的新清史学者中,发表过对全新满文文献进行考释的论文的学者似仅有欧立德。

也在历史上留下了类似的轨迹：由早先努尔哈赤创造的汗权逐渐向以后的皇权演变。这种趋势表现在合议的政治运作形式让位于个人独断，官僚制的作用影响逐渐成熟，满洲贵族的权力减弱，最后到乾隆朝末期时，普适性皇权的诸种象征表现形式也陆续出现。唯与土耳其不同的是，清朝的汗权基础是建立在对八旗的控制之上，汗与旗人因而形成了主子－奴才的关系格局，它以后虽然由于汗权向皇权的演进而松弛弱化但并未彻底消解，故皇帝对于旗人来说始终是他们的汗王。[1]

上述论点后来在她的专著中得到详尽深化与展开，以至于对"汗权是如何转化为皇权的"这一傅礼初式命题的探求成为横贯全书的中心叙述线索。首先书中的序言部分回顾了傅氏学说对其研究的启发性，并且用早期近代皇权（early modern emperorship）和普适性（universalism）之类的概念来定位清朝君权的终极发展趋向。正文的论述则从后金国的建立展开，柯娇燕将努尔哈赤大半生的政治作为概括为仅仅追求一种军事化的个人对权力的独占而已，努尔哈赤只是最后迫于新征服的辽东汉人的数量众多及对其暴政的激烈反抗，方着手创造新型的政体形式，并使其开始带有一丝皇权统治的色彩。作为继任者的皇太极大幅度改变了对汉人的敌视政策，还将部分归降的汉人编入旗下组成汉军，同时大力推进可以吸纳汉人书吏阶层的职业化官僚机构的建设，并通过重新确定族名和整合祖先传说以操控原东北各部落民的政治认同。1633年察哈尔林丹汗的败亡使皇太极获得了深富政治象征意义的传国玉玺，后金国由此开始加速向帝国体制转变，最终清朝的建立标志着后金汗国和北元末裔汗国的共同终结，汗王本人也成为皇帝，同时又是成吉思汗和忽必烈的名正言顺的继承者。在此期间，藏传佛教的大黑天崇拜也开始受到统治者的信仰。

---

[1]　P. K. Crossley, "The Rulerships of China", *American Historical Review* Vol. 97/5, 1992, pp. 1473 – 1474.

简言之，皇太极凭借政治上重新组织旗制，使得原有的地域文化关系能够承载起政治认同，进而为其在政治权力上的诉求建立基础。清朝入关以后，从顺治到雍正的三位皇帝的主要业绩均围绕军事征服这一事业，同时像康熙这样的君主也力图表现自己的多民族"共主"的形象：既是汉人心目中的符合儒家道德标准的圣明之君，又是蒙古人值得效忠的成吉思汗的后继者，还是藏人眼中的遵从佛法的统治者及上师大德的弟子。而到了乾隆统治的中后期，随着征服的停止和帝国疆界的固态化，普适性成为皇权诠释和建构工作的中心。皇帝个人被认为超越一切文明，出于本能地全知全能，足以澄清各种文化的界限，其自身即代表着最高原则。普适性皇权自此凌驾于一切文化之上，众生也只能依赖它赐予的力量，才能像佛教徒那样获得超度。也正是从这时开始，建构皇权的主力从先前与军事征伐和实际疆界打交道的那些探险者、测图专家、军器制造者等转移到了现在的这些艺术家、史学家和歌功颂德的诗人文士等身上。最为典型的就是善于描绘皇帝君主象征性形象的外籍宫廷画家郎世宁和投身于四库全书编修工作的学者群体。①

柯氏在著作中还屡屡引征世界史的资料，以论证清朝后来对"早期近代的普适性皇权"的建构在当时是一世界性现象，试图在傅礼初的"全史"学说的基础上更加细致地确定清朝在早期近代中所站的位置。不过，相对于傅氏所具有的实证型史家的那种近乎单刀直入似的明快文风而言，柯著文中的遣词用语充斥着语汇的转喻引申含义，还过多地引用东亚和内亚以外的世界史案例，

---

① *A Translucent Mirror*: *History and Identity in Qing Imperial Ideology*, pp. 33 – 38, pp. 174 –176, pp. 191 –215, pp. 223 –246, pp. 270 –274. 对乾隆普适君主形象的类似观察也参见卫周安（J. Waley-Cohen）《拥有全部——18 世纪清代中国的文化与政治》，载田浩等编《文化与历史的追索：余英时教授八秩寿庆论文集》，联经出版公司，2009，第 794 ~ 804 页。乾隆皇帝作为普适性的最高文化裁决人的另一个恰当例证是他成为终结"五德终始说"这一中国古代流行时间最长、影响也最广泛的王朝正统性理论的终极宣判者。参见刘浦江《"五德终始"说之终结——兼论宋代以降传统政治文化的嬗变》，《中国社会科学》2006 年第 2 期。

因此对于不熟悉后现代文本解读背景的非西方读者来说远比领会其他新清史著作更加困难。而从该书的架构安排和诠释先行的研究路数来看，它也很难说是传统意义上的实证力作。故柯氏著述体现出一种有别于传统汉学研究的时新学术路线对于已有理论的改造和拓展。

欧立德（Mark C. Elliott）是在民族性（ethnicity）出现时间问题上与柯娇燕观点截然相左的另一位更为年轻的新清史代表学者。他将满洲民族性中诸要素开始构建的时间上推到入关以前，并一直影响到晚期。它们包括了神话化的族源历史、旗人内部绵延相续的宗族谱系、其生活的地理空间和像长白山这样构拟出的共同起源地以及与汉人、蒙古人、朝鲜人不同的语言、服饰和生活方式等。[①]欧氏将上述论述的理论来源上溯到傅礼初《蒙古人》一文中对于部落内部认同性的陈述："草原部落都有其自己的传统、惯例、风习和关于其共同祖先的神话。如果部落内部实际上是由不同语言或种族起源的人群混合组成，那么上述这些层面就会促使其统一起来并共享认同观念。"[②] 在他看来，这一概括列示出的系列指标适宜作为决定人群间认同差异的民族性的组成元素来加以考量，而 17 世纪的历史记载也证实了这样做的适效性。看来傅氏最初关于草原社会部落认同的基本叙述经过调整后也可以被移用到所处自然环境迥异的东北民族中。此外，虽然清朝自顺治以后仅仅在康熙时期才发生过诸皇子间的明显继承纠纷，而它能否运用"竞争推举继承制"模式来加以诠释尚有疑义，[③] 但欧立德在其著述结论部分关于满洲政治特性的讨论中还是全面吸收了这一概念，用来概括清朝统治者放弃

---

① Mark C. Elliott, *The Manchu Way*: *The Eight Banners and Ethnic Identity in Late Imperial China*, Stanford Univ. Press, 2001, pp. 64 – 72.

② J. F. Fletcher, "The Mongols: Ecological and Social Perspectives", p. 16.

③ 在老一辈的美国清史学家中，史景迁在叙述康熙晚期遇到的继承纷争时也已接受了这一解释模式。参见 Jonathan D. Spence, "The K'ang-hsi Reign", in. Willard J. Peterson ed. *The Cambridge History of China Vol. 9 Part One*: *The Ch'ing Empire to 1800*, Cambridge Univ. Press, 2002, p. 179.

汉化的嫡系长子继位制而将皇子本人的能力素质作为选拔继承人最重要标准的政治原则，并视其为清朝有为君主的比例高过其他王朝的原因之一。①

与前两位学者重视意识形态和满洲民族性的研究视角不同，原先专业为清代华南经济史的濮德培（Peter C. Perdue）在20世纪90年代后期逐渐把研究重心调整到了清朝入关以后对西北内陆的持续性经略。按照傅礼初对清史的定位，清朝对内陆亚洲的征服和统治使得中华帝国的领土到18世纪时已经扩大了一倍，成为决定以后中国历史命运的头等大事。其历史意义足以和当初满洲入关经略汉地的"洪业"相媲美。不过美国清史学界长期以来关于这两大"洪业"的研究程度极不平衡。魏斐德（Frederic E. Wakeman）早在1985年就出版了叙述清军入关及统一中国内地的上千页巨著，该论著大概称得上是20世纪美国清史学界推出的篇幅最大的专书。② 然而足足20年过后，才由濮氏完成了以另一"洪业"为主题的大著。

也正是在这20年间，美国清史学界悄然完成了从传统清史向新清史研究的转换。濮氏著作的基调在1998年即趋于定型。《国际历史评论》杂志于该年出版了一期以清朝边疆史研究为主题的专号，其中名为《关于诸帝国的比较：满洲政权的殖民性》的开篇导论即由他提供。③ 该文显然深受傅氏清史观的影响，即强调处于早期近代阶段的清帝国同当时世界上的多个其他帝国一样，具有多方面的相似性，然而濮氏在此基础上更明确地将带有强迫色调的"殖民性"赋予清朝在内陆亚洲的统治，并不像傅礼初在剑桥晚清史的写

---

① Mark C. Elliott, *The Manchu Way: The Eight Banners and Ethnic Identity in Late Imperial China*, p. 356.

② Frederic E. Wakeman, *The Great Enterprise: The Manchu Reconstruction of Imperial Order in Seventeenth Century China*, Univ. of California Press, 1985. 该书的中文版也由江苏人民出版社于1990年代推出。

③ Peter C. Perdue, "Comparing Empires: Manchu Colonialism", *The International History Review*, Vol. 20/2, 1998, pp. 255 – 261.

作中那样，更多地将清属内陆亚洲的政治变迁定位成其被一个单一而不断汉化的中华帝国吞并、消化和吸收的过程。另外傅氏坚持认为，清朝征服内陆亚洲仅是出于防止敌对强国的兴起，而与经济利益无关，其结果也确实有效地保卫了中国本土。① 这种以攻为守的观点虽然同样重视军事征服，却与濮德培之说有显著的轻重之别，原因在于傅氏一定程度上承认"汉化"效果，而后者论文则欲从根本上试图推翻它。

濮氏新著中将清朝的参照对象主要锁定为欧洲体系中的各国，而非局限在傅氏考察过的几个具有内亚政治传统的大陆型帝国。他指出直到 18 世纪中期，清朝和欧洲各国的历史都具有很强的可比性——两者共同经历着国家塑造（state building）的过程。这一过程均由对外战争直接启动，为求赢得战争所必须进行的军事动员会涉及国家的方方面面，最终驱使政府主动在财务、征税、通信、商贸等层面上采取重大改革措施，由此促成国家的塑造。清朝同准噶尔汗国的长期对抗即为其改革国家提供了全面的刺激机制，然而当清朝的征服活动于 18 世纪后期随着准噶尔汗国的垮台而终结以后，这种由势均力敌的劲敌赐予的激励性动力机制随之失效，清朝的国家塑造过程也告一段落，终使王朝由盛转衰，而与继续还在这一道路上前行的欧洲国家的差距也从此拉大。②

此前魏斐德的著作中已经应用了这一"竞争才能催生进步"的解释模式来透视和分析清朝的衰落，只是他与濮氏全然相反，认定清朝在内陆亚洲的对手始终缺乏对等的实力来迫使其主动寻求体制变革，因此清的衰落自初期成功地恢复政治稳定（至康熙平定三藩为止）以后就变得不可避免。③ 此外，濮氏新著中还有

---

① 〔美〕费正清编《剑桥中国晚清史 1800～1911 年》（上卷），中国社会科学院历史研究所编译室译，中国社会科学出版社，1993，第 39 页、112 页。

② Peter C. Perdue, *China Marches West: The Qing Conquest of Central Eurasia*, Harvard Univ. Press, 2005, pp. 524 – 532, pp. 547 – 551.

③ 〔美〕魏斐德：《洪业——清朝开国史》，陈苏镇等译，江苏人民出版社，1998，第 840～843 页。

其他与傅礼初的研究存在学术渊源的地方。后者在论述道光年间清朝批准与浩罕的议和协定时，不忘指出其中的几款基本内容以后又被移用到和英国签订生效的条约中，以此证明清朝的陆疆政策和海疆政策存在相互关联。① 濮氏也认为清朝过于依赖其处理内陆亚洲的策略经验，以致试图把它们挪用到沿海地区，然而由于这些经验策略的适效性受到明显的地域限制，所以在应用于沿海和内地时很难取得预期的功效，最终酿成清朝对于海上列强的威胁应对得迟缓无力。②

同样关注清朝在西北扩张问题的另一位代表性学者是米华健（James A. Millward），他在一篇论清朝兴起的宏观时代背景的文章中，以傅礼初《全史》中的历史定位为基准，重申了1500年以后包括清朝在内的欧亚大陆的新兴帝国群的共同特征：一是延续蒙古帝国的制度风习传统，尤其是在军事体制和尊崇成吉思汗系后裔的高贵血统这两方面；二是均与有影响力的宗教派别结盟；三是试图将草原与农耕地带联为一体，即一方面保留发源于内亚的礼仪、军事和行政组织等要素，另一方面又吸纳来自农耕区域的税收机制、农业耕作、筑城定居等要素。而在随后全文的具体论述中，他也常常受到傅氏实证考察的影响。例如他同样选取了土默特俺答汗和西北准噶尔汗国作为由游牧转向定居的例证。③ 他还在另外的论文中，先是指出清朝继承蒙古帝国政治传统的具体表现：一是实行满蒙联姻以显示其承袭了成吉思汗的高贵血统，二是像蒙古统治者那样亲近藏传佛教，后又将清朝在西北的扩张"洪业"解读为其参与到一

---

① 〔美〕费正清编《剑桥中国晚清史1800~1911年》（上卷），中国社会科学院历史研究所编译室译，第420~429页。中国学界对于傅氏对双方议和协定性质的判断持有异议。参见潘志平、蒋莉莉《1832年清与浩罕议和考》，《西北史地》1989年第1期。

② Peter C. Perdue, *China Marches West: The Qing Conquest of Central Eurasia*, p. 552.

③ James A. Millward, "The Qing Formation, the Mongol Legacy, and the 'End of History' in Early Modern Central Eurasia", in. Lynn A. Struve ed. *The Qing Formation in World-Historical Time*, Harvard Univ. Press 2004, p. 101, pp. 106 – 108.

场争夺蒙古帝国瓦解后留下的巨大政治遗产的国际化较量中。① 上述极富争议性的观点在学术内在理路上均系傅礼初清史观的极度化推衍。②

从上文对新清史研究中的几位代表学者的评述来看，可知其研究多注重以"上溯"和"比较"作为基本的观察视角，所谓"上溯"的观察法显然是在与当初傅礼初提出的清朝君权的源头应追溯到蒙古帝国政治传统的观点进行对话，而"比较"的视角其实又是在回应傅氏"全史"体系中对早期近代相似性的论述。不同的是，傅氏如同他所处时代的多数清史学家一样，始终坚持的清朝最终在相当程度上趋于"汉化"的基本认知则被新清史学派彻底摈弃了。③

与汉学家和新清史研究群体不同，西方世界中真正利用非汉文文献进行研究的内亚史学者群实际上是由多个内部划分得很狭细的专业构成的庞杂大群体。他们之中有的专攻满、蒙、藏、突厥等源自内陆亚洲的诸语言文字，还有的则在伊斯兰研究上受过长期训练，惯于阅读利用阿拉伯语、波斯语、乌尔都语等史料。一般来说，除了满学家群体和像哈密屯（J. Hamilton）等个别学人以外，汉学至多只是这批学者的大学辅修科目，因此他们难以游刃有余地援引浩如烟海的汉文文献，自然也就对元朝、清朝以外的中国其他

---

① James A. Millward, "Qing Inner Asian Empire and the Return of the Torghuts", in. James A. Millward etc eds. *New Qing Imperial History*: *The making of Inner Asian Empire at Qing Chengde*, London and New York: Routledge Curzon, 2004, pp. 96 – 98. 他同样认为，清朝在控制新疆后的某些举措与同期的英、俄颇显相似，参见 James A. Millward, "Eastern Central Asia (Xinjiang) (1300 – 1800)", in. Nicola Di Cosmo ed. *The Cambridge History of Inner Asia*: *The Chinggisid Age*, Cambridge Univ. Press, 2009, p. 273.

② 一个较为有力的反证即恰恰是母系具有成吉思汗家族血统的顺治皇帝曾特地拟旨将包括成吉思汗在内的辽、金、元三朝太祖一并罢祀。

③ 傅氏认为，到 1800 年时清朝久已接受汉族的文化价值和标准了，因此蒙古人显然不是其盟友而是臣属。参见〔美〕费正清编《剑桥中国晚清史 1800 ~ 1911 年》（上卷），中国社会科学院历史研究所编译室译，第 55 页。

北族王朝缺乏专业认知。① 然而自 20 世纪 90 年代以来，个别内亚史学者对于探讨北族王朝的整体演进规律也产生了浓厚兴趣。其中的代表人物满学家狄宇宙（Nicola Di Cosmo）还发表了长文《内亚历史上的国家形成与分期试论》，试图全面阐释从匈奴到满洲的北族王朝的历史演化轨迹，以修补从前傅氏内亚史体系中对于从匈奴到突厥的"前蒙古"时段着墨不多的缺陷。②

作者在解释游牧国家产生的现象时，一方面认可了傅礼初所持的草原游牧经济不足以从内部孕育出超部落政治体的观点，但另一方面又不完全赞同草原国家的诞生看作对农业社会出现国家的一种回应，故采取带有一定折中色彩的"危机应对论"予以解说。它强调草原经济的脆弱性导致游牧社会的高度不稳定并始终存在低烈度暴力行为，而在国家出现前夜的阶段，暴力行为呈现出蔓延和扩大的趋势，进一步造成游牧社会的失序、家族的分裂和部落的瓦解。与此同时，危机的肇现又释放出全新的能量继而促使部落组织被完全改造成新的超部落政体。作者将此处的"危机"定义为一种全面恶化的经济、政治和社会局势，可以是自然灾害或环境变迁，但更关键的则是由多种力量和要素触发的以部落为核心的既有社会关系的断裂和坍塌，在此基础上才会促使个人能力极其出众的领袖重新把大众团结凝聚在一起，锻造出新型的超部落政治体，并为更好地服务于对外征战而实现了在领袖高度集权体制下的社会整体武装化。

---

① 在西方学科分类中，虽然承认满语本身属于通古斯语族的一支，但主要强调对书面文献利用的满学研究和以比较语言学与民族学为重心的通古斯研究始终存在着巨大的差别，从 W. Schott（1807－1889）、G. von der Gablentz（1840－1893）开始，满学家和汉学家的身份即出现了重合，这种一身兼二任的职业身份以后经过顾路柏、郝爱礼、海尼士、福华德前后数代人的学术传承而延续至今。可以说在欧美大学内主修满语的学生一直被要求掌握汉文文献，故今天欧洲的不少资深满学家如魏汉茂、稽穆（M. Gimm）、冯门德（E. von Mende）等同时也是汉学家。相反，对于主攻通古斯研究的学生则被要求必修俄语而非汉语，甚至即使像史禄国这样在中国度过了整个后半生的通古斯学权威都不能直接阅读中文资料。

② Nicola Di Cosmo, "State Formation and Periodization in Inner Asian History", *Journal of World History*, Vol. 10/1, 1999, pp. 1－40.

以匈奴的兴起为例，狄宇宙认为秦将蒙恬的北击匈奴并夺回河南地即构成了一次针对草原游牧民的"危机"，而冒顿凭借培植个人亲信以弑父自立的举动即具有重组社会精英阶层以应对危机挑战的意义。唯有如此，草原社会才能有效地克服危机。他同时声明，固然并非所有危机都能促使国家出现，但在后者产生之前，则一般都会有危机降临。此外，他对游牧社会整体武装化目的和意义的详尽论述则继续阐发了傅礼初此前对游牧社会中领袖权力和征战需要之间关系的既有思考。

在论文随后对内亚政权的分期中，他详细提出了"四期说"的模式：第一时期是"贡物帝国"阶段，从冒顿崛起到突厥建国之前；第二时期是"贸易－贡物双元化经济基础的帝国"阶段，从6世纪中期的突厥建国直到契丹兴起之前；第三时期为"二元制帝国"阶段，从10世纪初期的契丹建国直到大蒙古国时期，其间的辽、夏、金、大蒙古国均直接统治汉地的一部分，并实行分别针对汉地和内亚的不同监管机制和榨取经济资源的形式；最后则是"直接征税制帝国"，从1260年的元朝建立直到清乾隆统治结束，这一时期的元、清已经完全统一了中国，故可以将征税制施行到整个汉地，而到最后满洲人及其宫廷中的内亚特征业已趋于淡化或仅具象征意义。和傅氏的概括相似，作者也把帖木儿王朝和奥斯曼土耳其王朝列入其中。就整体而言，这一模式可以看作对傅氏内亚历史体系中草原国家因逐步入主农耕地区而渐渐定居化和官僚化论述的发展，同时作者依然也将内亚政治体从农业区获取经济资源的途径变更作为政体演进的动力杠杆。① 上述分期可看作内亚研究模式的较

---

① 或为减少反证，作者将这一模式赋予一定的解释弹性，表现在晚期阶段中可以延续早期阶段的一些特点。譬如他承认贸易与贡物在"二元制帝国"的经济收入中仍很重要，但是随着时间的推移，政府直接从所统治的农业区中收税占到的经济比重会越来越高。尽管如此，对于匈奴从汉朝获得的经济资源是贡物还是贸易孰为重要（就多数时间而论）以及大蒙古国在汉地任用回回人推行的银本位包税制和辽金赋税制是否能够同等看待这类问题仍然是高度争议化的；而且大量在不同时期内都可以交叉出现的特征更是不可避免地会损害到这一分期模式的严整性和客观性。

新进展。

　　傅氏在哈佛教过的学生涂逸珊（I. Togan）长期研究蒙古帝国兴起前后直到后蒙古时代的内亚历史，后来出版了以研究克烈部为中心的全面论述 12～13 世纪草原秩序及其政治逻辑的专著。她在书中将前蒙古帝国时期的克烈汗国定义为仍然延续部落秩序的酋邦（chiefdom），并以大众对王罕为争夺领导权而戕害兄弟之举的普遍反感为例，认为部落秩序下的草原社会更强调亲人之间的共存，故即使对于争权斗争的失败者也不能随意杀戮而是多代以驱逐或流放，否则即会受到谴责并背上"不合法"的罪名。因此，戕害手足的"血腥的竞争推举制"虽然适合帝国秩序但却不符合前帝国时期部落秩序下的权力继承法则。①

　　这一观点有助于人们重新认识傅氏概念的适用范围。另外傅氏的研究体系中将游牧君主通过分配战利品维系统治地位置于草原政治的中心环节上，而涂氏则对"分配"（distribution）这一概念做出整饬，代之以诠释层次更加丰富的"再分配"（redistribution）：它不仅是指代分配战利品之类的实际行为，而且还具有观念上的意义，符合草原社会高度流动化、分散化的原则，因此渗透到各种领域中，是理解草原政治逻辑的关键所在。在她所提供的 12～14 世纪前后草原政治的演进图示中，内陆亚洲经历了从部落进化到帝国然后又再度部落化的螺旋过程。在第一个阶段也即部落秩序支配下，再分配的权力仅限于部落首领，并伴随着政治上的分权结构。

　　降至蒙古帝国时期，部落秩序被新的政治秩序取代，政治上的集权原则代替了分权机制，再分配原则也随之变化，这种权力逐渐可以延伸到帝国的征讨大军中的所有成员以及大众身上，同时重要的职位对于全体社会成员保持了开放性：有能力者不论出身即有机会担任。整套机制背后反映出财产和权力彼此分离的精神。最后到

----

① I. Togan, *Flexibility and Limitation in Steppe Formations: The Kerait Khanate and Chinggis Khan*, Brill: Leiden, 1998, p. 110 No. 254.

14 世纪以下的后蒙古时代，社会重归部落化，有能力者即可取得首领的位置，集权又改为对权力的共享形式，但再分配的原则却没有改变。① 同书还接受了《全史》中寻找"水平联系"的理论主张，试图勾画出蒙古帝国兴起之前，中国内地、中亚、近东等几大农耕区域的社会发展近似性。②

涂逸珊对草原"再分配"作用的评估在一定程度上激发了 J. Paul 对草原社会中职业军人阶层出现过程的研究。J. Paul 赞同将再分配视作维系君主与侍从之间的纽带的认识，并将其具体分为以下几类：直接瓜分战利品、赐予采邑、领取固定的薪俸等，同时强调首领阶层可以通过启动再分配外来物品的进程促使国家政体的形塑或者使其继续维持运转。在游牧社会国家化的进程中，君主需要锻造出一支有别于部落大众的高度效忠听命于己的脱离了部落组织的常备军，以形成能够有效地应付战争频仍现象的职业军士阶层，为此就必须采取再分配形式中的固定薪金制供养这一新生力量。

要顺利实现这一目标，游牧政权就有必要直接对所占领的大片农耕区域实行有效而稳定的统治，以确保从中征收到足够的税收，遂通过再分配的途径以薪金的方式转化为职业化军人们的生活开支，进而使他们从需要考虑日常生计的游牧大众中分离出来。若以上步骤环节均能顺利实现的话，那么不仅可以使原先人数有限只起拱卫作用的亲兵集团逐步成长扩充为规模可观的常态化军队，而且君主的个人高度集权也会随之有了保障并最终促成游牧政权完全转化为定居型的国家。③ 故通过几位学者长达二十多年的不懈研究，

① I. Togan, *Flexibility and Limitation in Steppe Formations: The Kerait Khanate and Chinggis Khan*, pp. 5 - 8, pp. 14 - 16, pp. 143 - 150.

② I. Togan, *Flexibility and Limitation in Steppe Formations: The Kerait Khanate and Chinggis Khan*, pp. 20 - 59.

③ J. Paul, "The State and the Military—a Nomadic Perspective", *Orientwissen schaftliche Hefte* 12/2003, pp. 25 - 68. 该文的法文简译本随后刊载于《年鉴》中，参见 J. Paul, "Perspectives nomads. État et structures militaires", *Annales: Histoire, Sciences socials*, 59/5 - 6, 2004, pp. 1069 - 1093.

分配这一重要资源调控手段在游牧社会国家化过程中的作用渐渐得以凸显。

傅礼初 70 年代末在论及超部落政治体的兴起时，曾将民众与大汗的关系生动地比拟成齿轮与机器，以表明在大汗权威的凝聚下，部落民众均被铰合进一台战争机器中，草原社会由此全面军营化，平民自然都成了出征的战士。① 最近川本正知重点以蒙古帝国的征服战争为个案，重新考察了在战争机制的驱动下游牧社会军事化的一般进程并兼及对定居人口如何施以控制的问题。作者指出，出现在征服战争之前的"部族战争"阶段已经造成旧有社会组织高度流动化，大批家族经历解体和重组的过程，从而促成游牧人财富资产的再分配。而当时的各大部族联合体也都形成了全民皆兵的体制，其首领即是部族军的指挥官。随着成吉思汗的统一草原和旧有部族的消失，早在部落战争阶段末期就已出现的十进制军事单位法则得到了全面的推广，在此基础上诞生了形式上以千户军为核心的新部落体制和大汗个人的亲卫军。

上述军队又在大汗家族及亲族功臣中进行再分配并辅助以游牧民的人口调查与户籍登记工作。因此每当蒙古大汗需要发动对外征战时，可以根据户籍资料确定出征兵力并分摊到大汗家族中的各位领有下属人口的亲属头上。而从窝阔台时期，征战兵力中又增加了相当于镇守新征服边境地区的探马赤军。征战军事行动结束以后，还要再次按照草原上的办法对新征服地区的人口情况登记调查并予以分配，以确保征战的胜利成果能够全归大汗家族和军事支配阶层享有。② 据此人力资源自身也需要被及时有效地纳入到再分配的体系中以便为战争机器的全面发动做好准备。

傅礼初在《蒙古人》中对于在位时间甚短的蒙古帝国第三位大

---

① J. F. Fletcher, " Turco-Mongolian Monarchic Tradition in the Ottoman Empire ", pp. 237 – 238.

② 川本正知「モンゴル帝国にぉける戦争游牧民の部族・军队・国家とその定住民支配」『アジア・アフリカ言语文化研究』第 80 号、2010 年、113 – 151 頁。

汗贵由的表现评价偏低，他认为因为贵由生前未能通过"血腥的竞争推举制"战胜一直对其抱有敌意的拔都，因此贵由承袭汗位在一定程度上不能算是名正言顺。[①] 傅礼初的另一位学生金浩东后来在一篇重新肯定贵由才能和政绩的翻案论文中对此观点做了辩驳。金浩东首先指出其父窝阔台生前选择失烈门作为继承人一事并不意味着后来贵由的即位属于僭越，因为草原政治中继承人凭借先王生前的指定而顺利继统的情况远少于候选人依靠实力在竞争中胜出的情形。而贵由本人也确有超出其他人选的优势之处：年长、在经验和勇武方面颇有能力，再加上其生母的鼎力支持。贵由继位的合法性也确实得到了绝大多数蒙古显贵的承认，对此当时还留有对其集体效忠的书面誓词为证。另外当他亲政以后，也确实筹划过继续西征以符合大汗英武形象的举措。[②]

　　傅氏同一文中对随后执政的蒙哥大汗的评价是：一是如同成吉思汗和窝阔台那样是名副其实的独裁君主；二是在拔都的支持下通过权力斗争的方式登上了汗位的宝座，在此斗争中除掉了敌对阵营中的多位王公；三是作为回报和妥协，协助其登位的拔都所统领的封国得到了独立发展的机会，渐渐脱离大汗的统治轨道。[③] 随后不久，爱尔森（Thomas T. Allsen）出版了有关蒙哥研究的新著，书中同样以傅礼初关于战争对应统一的论说来解释为何蒙哥即位后不久就急于准备大规模的对外征战，同时也不忘指出蒙古君主作为世界征服者的天命职责也对他个人的所作所为产生了推动作用。作者在随后的叙述中详尽地阐述了对外战争对于蒙古政体改造所起的契机作用。由于军事战争的顺利进行有赖于高效而灵敏的行政管理体制，而对外扩张又为内部的改革创造了合适的理由和机会，故颇有

① J. F. Fletcher, "The Mongols: Ecological and Social Perspectives", p. 33, p. 37.

② Hodong Kim, "A Reappraisal of Güyüg Khan", in. R. Amitai ed. *Mongols*, *Turks*, *and Others*: *Eurasian Nomads and the Sedentary World*, pp. 320 – 333.

③ J. F. Fletcher, "The Mongols: Ecological and Social Perspectives", p. 24, pp. 38 – 39, p. 49.

政治眼光与手腕的蒙哥竭力使二者互相配合，彼此促进，以全面符合帝国的征战需求和大汗的集权目标，为此他还大量从定居地区吸收专业人才加强国家的理财管理工作。随着帝国征战活动的积极开展，原本对集权持消极态度的王公集团也因为从征服中广泛获益而对蒙哥的专权举措愈渐容忍。最终他做到了以统一的方式管理整个国土广袤、民族众多的庞大帝国。①

这一研究以个案的方式深化了我们对草原政治中让渡政治权力与攫取战争收益之间博弈过程的了解。不过该书对于拔都的独立性评价不如傅氏评价的那样高，指出金帐汗国实际上并无完全自主的外事处决权，同时必须参加大汗发动的统一性对外征战活动。蒙哥有权在其领土上进行户籍登记造册工作以便为征发人力做好准备，大汗颁布的一系列经济措施也必须通行于其控制区域中。正因为金帐汗国的人力资源要受到大汗的调配使用，所以后来见于《元史》列传中的不少源自东欧的阿兰人家族都明确知道乃祖是在宪宗时代前来中土为皇室效力的。② 这对学界通常以为的阿兰人多是作为战败归附者直接流入蒙古军中的片面看法是重要的勘正。③ 当然向大汗一方提供重要人力资源的拔都及其后人也一直从其承袭的平阳分地上坐收五户丝食邑的税赋。④

傅氏在《蒙古人》的最后将阿里不哥和海都先后与忽必烈的冲突解释为带有争夺继承权色彩的守旧游牧人与倾向于入主农耕区域的混居人群之间的矛盾，并将大批蒙古人从草原转移到定居地带作为混居人群生活看作草原边缘化的滥觞，而忽必烈一方的最终胜出

---

① Thomas T. Allsen, *Mongol Imperialism: The Policies of the Grand Qan Möngke in China, Russia, and the Islamic Lands, 1251 – 1259*, Univ. of California Press, 1987, pp. 77 – 115.

② Thomas T. Allsen, *Mongol Imperialism: The Policies of the Grand Qan Möngke in China, Russia, and the Islamic Lands, 1251 – 1259*, pp. 54 – 59, pp. 134 – 143.

③ 赤坂恒明「モンゴル帝国期におけるアス人の移动について」载塚田诚之编『中国国境地域の移动と交流—近现代中国の南と北—』有志舍、2010 年、154 – 159 頁。

④ 蔡美彪：《拔都平阳分地初探》，《中国史研究》2009 年第 1 期。

则见证了这一历史前景的不可逆性。① 与之相似，罗萨比也在书中把阿里不哥和海都看作保守的蒙古人的代表，尤其将海都形容为蒙古游牧传统的捍卫者，并称他们和元朝的长期对抗使得忽必烈深陷统治合法性的危机之中，以致后来必须要通过征服南宋来树立其统治的威望。②

1997 年以色列学者彭晓燕（M. Biran）关于海都的论著出版，她将这位王子定位成具有军事才能和政治谋略的务实主义者，而非某种价值体系和意识形态的维护者，因此海都不再被简单地理解为拒绝定居文明的保守蒙古人中的代表。相应地，作为窝阔台孙辈的海都所诉求的政治目标也已不再是和忽必烈争夺蒙古大汗的统治权，而是尽可能多地扩大窝阔台汗国在中亚的地域和势力，因此其首要目标与对手还是同样位于中亚的察合台汗国，而如何控制这一兄弟汗国则成为他一生中最为关切的事业。至于海都对于元朝和伊利汗国控制下的农耕地带的抢劫和骚扰只是为了替其军队和封国获取生存所需要的经济资源，没有了后者，那么他的政体就会丧失政治和经济上的稳定性；故没有必要把双方的对抗夸大为定居而进步的蒙古人与游牧而保守的蒙古人之间的文明冲突。③ 这一关于海都的新研究在相当程度上更改了学界对于元朝与窝阔台－察合台后裔之间持续纷争性质的认识。

傅氏《蒙古人》中认为蒙古人虽然初期给予过农耕国家以重创，但他们对于定居农耕区的适应性其实并不逊色于突厥人，原因在于：一是他们早在草原上生活时就深受辽、金这类同时统治汉地和草原的"征服王朝"的影响；二是后者同中亚回回商人长期结成的密切经贸联络也为蒙古人后来对绿洲地带的文化适应铺平了道

① J. F. Fletcher, "The Mongols: Ecological and Social Perspectives", pp. 49 – 50.
② M. Rossabi, *Khubilai Khan: His Life and Times*, Univ. of California Press, 1988, pp. 47 – 62, pp. 76 – 77, pp. 104 – 106.
③ M. Biran, *Qaidu and the Rise of the Independent Mongol State in Central Asia*, Curzon Press, 1997, pp. 107 – 112.

路。① 这一观点后来也在彭晓燕发表的一篇全面评价蒙古帝国历史意义的综合性论文中得到拓展和升华。此文开宗明义地指出蒙古帝国的成就是革命性（revolution）的而不是带有量变性质的演进（evolution），并归结为其成功地将此前草原国家的传统（从匈奴到回鹘）和征服型国家的传统联合在一起。后一类国家系指 10 ～ 13 世纪出现的那些同时统治草原地带和农耕区域的新政权，它们兴起的背景是在唐朝、大食、回鹘这类传统大帝国统治崩溃以后，开国于中国东北和中亚这类混合型经济生态地域，相继包括了像东方的辽、夏、金政权和西方的萨曼王朝、黑汗王朝、西辽和花剌子模等。作者因此将这段时间定性为内亚历史上非常重要的国家塑造阶段，认为它们共同为后来兴起的蒙古帝国准备了必不可缺的制度和人才上的双重条件，表现在蒙古人不仅从其身上引进和汲取了治理定居地区的制度和经验，而且其实施统治的相关人才也多来自像契丹人和中亚人这类祖先曾为游牧人的民族。

彭晓燕还针对傅氏对于蒙古初期对农业区造成浩劫的论述做出补充，认为正是这类彻底破坏才驱使原来欧亚大陆各政权下的旧有精英阶层的解体和转化，从而促成蒙古帝国的革命性推进。② 她在文中还同样重视蒙古帝国政治遗产对后世欧亚大陆的影响作用，但指出各地彼此轻重有别，其中以对本土传统并不深厚的中亚与俄国影响为重，而对自身传统深厚的中国和伊朗则影响相对较轻。在具体论及该问题时，有别于傅氏注重草原式的君权继承传统在这些地区的长久遗留，彭氏沿用的是 R. D. McChesney 的考察角度，重点关注成吉思汗后裔血统的广受尊敬性和成吉思汗扎撒的崇高地位。③

傅礼初在哈佛的弟子中以 B. F. Manz 专长于探究后蒙古帝国时

---

① J. F. Fletcher, "The Mongols: Ecological and Social Perspectives", p. 42.

② M. Biran, "The Mongol Transformation: From The Steppe to Eurasian Empire", *Medieval Encounters* Vol. 10/1 - 3, 2004, pp. 339 - 348.

③ R. D. McChesney, *Central Asia: Foundations of Change*, the Darwin Press, 1976, pp. 121 - 138; M. Biran, "The Mongol Transformation: From The Steppe to Eurasian Empire", pp. 358 - 361.

期君主集权与部落权力间的消长关系，她选取的对象是帖木儿，并于 1989 年出版了以博士论文为基干的专著。她的研究显示在察合台兀鲁思的政治环境下，部落政治起着维系社会秩序的重要作用，而当初帖木儿也正是利用了部落政治的手段才得以问鼎权力。部落间的风俗规则可以制约彼此之间的暴力冲突，同时正如傅氏所分析过的，游牧人和定居人形成的密切联系有助于削减两者间的敌对摩擦。在帖木儿统治之前，部落首领的权力较大而上面兀鲁思的统治阶层则缺乏有效集权的能力。因此帖木儿上台以后，为了从根本上改变这种分权重于集权的局面，不仅要在观念上把自己塑造为成吉思汗家族地位和荣誉的捍卫者，以树立起统治的合法性，更重要的还要对原先体制下的部落秩序进行全面变革。

故帖木儿一方面大力提拔个人亲信阶层的地位，使之形成支持其统治的新生精英集团，同时又使他们互相制约，严防其发展强有力的私人关系，以求保证他们只忠诚于他本人；另一方面其还要竭力矮化部落首领的地位，将其下降到一个因缺乏资源、无利可图而不再值得追求的位置上，以此来有效削弱部落权力。帖木儿凭借上述手段措施最终建立起高度个人化的集权统治机制，可是这种个人色彩过于鲜明的权力体制却很难稳定地传递给其继承者，故其身亡以后，帝国内部又爆发了以争夺继承权为焦点的无序竞争式的长久纷争，最终导致国家的衰落。[1] 由此可见她的研究十分重视帖木儿个人的政治抉择和历史作用。有评论者据此指出，作者对于历史人物的个人性格和意志的高度评价虽然显得尚有讨论余地，实际上仍是其导师傅氏在《蒙古人》一文中所表达的游牧帝国的形成与当初创立人关系极大的观点的继承与发展，不失为一种值得关注的意见。[2]

深受傅氏学术遗产影响的最后一个群体也许是那些并不亲自从

---

[1] B. F. Manz, *The Rise and Rule of Tamerlane*, Cambridge Univ. Press, 1989, pp. 148 – 153.

[2] 间野英二「ベアトリース・フォーブス・マンッ『タマレインの勃興と支配』」载氏著『バーブル・ナーマの研究』Ⅳ『研究篇』、479 頁。

事第一手文献研究的社会科学工作者，包括了对欧亚草原感兴趣的一部分人类学家和"全球史"学者。在这些人类学家中，与之交往最为密切的莫过于巴菲尔德，他在80年代末所出著作的序言中，特别强调回顾了傅氏对于自己的巨大学术援助，声称在他的研究过程中，正是傅礼初使自己成功绕过了内亚研究中的那些极易使非专业人员坠入其中的学术陷阱，它们被看作"比成吉思汗屡屡采用的诈退奸敌战术更多也更致命"。也正是这种满怀的感激之情，促使他把此书题作对傅氏的纪念。① 他以后又发表了比较中东与内亚不同继承模式的人类学论文以深化傅氏生前开辟的这一课题。他首先引征评价了14世纪历史学家伊本·赫勒敦（Ibn Khaldun）论中东社会中游牧人王朝渐渐丧失其部落认同感的论点，接着采用更大的篇幅讨论了内亚的权力继承模式。他指出有别于中东游牧社会的动力机制，广泛存在的"阶序化"是内亚游牧社会的重要特征，上下尊卑秩序不仅表现在贵族和平民以及高贵氏族和普通氏族之间，而且还显现在同一家族内部的成员当中：按照年龄辈分的长幼决定家属成员的地位高低。在这种动力机制的支配下，叔侄辈分的明显位差容易导致父子直系继承法则不时地让位于兄终弟及的旁系继承法则。两种继承法则的交错并行使得草原社会极不安定，最终常需动用武力来解决继承人问题。

此外这种继承权的纠纷还可能延续到父辈和叔辈的下一代，从而以堂兄弟之争的崭新面目再现。故内战被看作这套机制的自然产物，而旁系继承法则的大行其道则为内亚草原社会常态化的继承争端（有时甚至会引发原有的中央化秩序瓦解坍塌）埋下了祸根。他随后以匈奴和突厥为例做出了具体的论述说明。而在全文的结论部

---

① Th. J. Barfield, *The Perilous Frontier*: *Nomadic Empires and China*, Oxford: Basil Blackwell, 1989, xii. 区别于傅氏的开放态度，有的内亚史学家坚称："那些因为种种原因不能核查基本材料可靠性的人，应该戒绝涉足中央欧亚历史学。"参见〔美〕塞诺《论中央欧亚》，王小甫译，载《丹尼斯·塞诺内亚研究文选》，第19页。

分，他特地对奥斯曼土耳其曾经实行过的允许新素丹杀戮其兄弟的制度加以评价。在他看来，由于近东和欧洲的历史学家全然不解旁系继承法可能导致的严重后果，故仅仅热衷于从道德层面上来评判该做法的残忍无道；实际上这种血腥制度的施行正是为了杜绝旁系继承法则的消极影响，而这又源自内陆亚洲的土耳其人西迁以后仍然长期受制于该继承法则催生的后果，因此土耳其统治者才断然采取了如此恐怖的办法来清算驱除这一传统政治遗产。①

巴氏的该项考察不仅深入解释了"血腥竞争推举制"的出现背景，同时也有助于对照观察中国历史上的相关历史现象。例如，已经入主中国多时的元朝即使到了中期仍然没有放弃推崇旁系继承法则的所谓"兄弟叔侄，世世相承"，由此形成的绵延相续的内耗苦果不仅造成君主统治极欠稳定，也严重地缩短了王朝自身的寿命，这和创造血腥杀戮兄弟办法以稳定继承制度和延长国祚的奥斯曼土耳其帝国构成了一反一正的绝佳对比。②

巴氏还就他和傅礼初先后论述过的内亚游牧国家产生于外部刺激－回应说做了更进一步的理论提升，最终将中国定义为原生型帝国，而把草原帝国定位成为与原生型帝国进行互动而随后出现的次生型帝国，鉴于维持其存在所必需的经济资源要依赖原生型帝国提供，故采用"影子帝国"的名称来加以命名。一旦原生型帝国瓦解，如影随形的影子帝国遂因丧失经济支柱而自然步其后尘。③ 这

---

① Th. J. Barfield, "Explaining Crisis and Collapse: Comparative Succession Systems in Nomadic Empires", in. D. Schorkowitz ed. *Ethnohistorische Wege und Lehrjahre eines Philosophen: Festschrift für L. Krader zum 75 Geburtstag*, Frankfurt am Main: Peterlang, 1995, pp. 187 –208.

② 对于元成宗以后叔侄、兄弟辈亲属成员不断卷入皇位争夺的史实考察，参见萧功秦《论元代皇位继承问题》，《元史及北方民族史研究集刊》第 7 辑，1983；周良霄：《蒙古选汗仪制与元朝皇位继承问题》，《元史论丛》第三辑，中华书局，第 43 ~ 46 页；姚大力：《元仁宗与中元政治》，《内陆亚洲历史文化研究——韩儒林先生纪念文集》，第 135 ~ 140 页。

③ Th. J. Barfield, "The Shadow Empires: Imperial State Formation along the Chinese-Nomad frontier", in. Susan E. Alcock ed. *Empires: Perspectives from Archaeology and History*, Cambridge Univ. Press, 2001, pp. 10 –41.

一归纳模式的出笼，代表着从外部探求草原国家发生动力机制学说已经发展到了更新的高度，自然引起了内亚学者们的广泛瞩目。不过学术界在实证和理论方面对此都存有诸多保留意见，历史学者曾专以 6~9 世纪的突厥汗国与隋唐王朝的政治关系为例，从个案的角度质疑了该模式的普适性。①

前述狄宇宙的分期构想也曾针对该模式过多地强调外部刺激的倾向予以纠偏。新一代的社会科学家更是批评该学说不过沿用了陈旧的"中心 vs 边缘"的认知图示来定位草原与定居地带的关系，故将草原政治体完全被动地置于中华帝国附属物这一边缘地位下，透现出很大的理论盲区。作为对此模式的扬弃，他们转而提出强调内在主动性和通过集体性反应行为创建秩序的"合规化理论"（the canonical theory）以解释草原国家的产生。② 此外或是出于专业隔阂之故，巴菲尔德 - 傅礼初的论述体系中始终没有从考古资料的范畴来把握内亚超部落政治体的出现。这一缺憾启发一些更为年轻的人类学家和考古学家积极利用在蒙古草原北部（Egiin Gol）获取的考古调查资料参与这场学术辩论。在初步分析了相关资料以后，他们一方面对于上述体系中的某些观点如傅氏对于内亚政治体制集权化途径的理解以及巴氏有关再分配舶来品和远程贸易作用的论说持正面评价，但另一方面也直言该体系对草原社会内部动力机制的观察失于简单，未能参照时代的先后变化来剖析政治 - 经济现象的不断变迁。

试以北蒙古 Egiin Gol 地区从青铜时代晚期到匈奴时期的考古学

---

① Michael R. Drompp, "Imperial State Formation in Inner Asia: The Early Turkic Empires (6th to 9th Centuries)", *Acta Oriental Academiae Scientiarum Hungaricae* Vol. 58/1, 2005, pp. 101 - 111.

② J. Daniel Rogers, Claudio Cioffi-Revilla, " Expanding Empires and A Theory of Change", in. J. Bemmann ed. *Current Archaeological Research in Mongolia: papers from the First International Conference on" Archaeological Research in Mongolia" held in Ulaanbaatar 8. 19 - 8. 23. 2007*, Bonn: Rheinische Friedrich-Wilhe Univ. 2009, pp. 445 - 459.

文化面貌而论，相关遗址分布的位置就历经了耐人寻味的变化，并反映出当地政治传统和利用资源方式的悄然改变。这些数据同时也揭示出草原生计资源利用的多元化渠道和草原社会针对环境变迁所具有的主动调适能力，因此内亚草原并非脆弱到只配看作经济上严重依赖南方农业区域的边缘之地，其和农耕区域的关系既相当复杂且又充满变数。而草原社会动力机制的关键点在于必须具有足以创造、维持和使用政治－经济关系格局的种种能力以克服空间里程的广袤性，这些能力指涉的内容主要是：一是加强彼此相距遥远而且在语言、文化和社会组织上均不相同的群体之间的关联；二是有效地实现人员、资源和信息在空间上的长程流动；三是为了达到政治目标而发展出军事行动的网络联系；四是政治体的本身组织特征应有助于广袤空间下的交流联系。[①]

新近从"全球史"角度定位内亚历史的代表性学者是 Macquarie 大学的 D. Christian。与傅礼初主要将驱动草原社会全面军营化的战争动员机制归结为领袖通过对外征战以获取待分配的战利品不同，他更倾向于在草原社会内部发现这套动员机制。而这一"内向"型的分析思路仍然立足于作者对草原生态环境的基本思考：既然这种生态环境相对脆弱，使得以牲畜头数为指标的牧民财富始终处于高

---

① W. Honeychurch, Ch. Amartuvshin, "Survey and Settlement in Northern Mongolia: The Structure of Intra-Regional Nomadic Organisation", in. D. L. Peterson ed. *Beyond the Steppe and the Sown: Proceedings of the 2002 University of Chicago Conference on Eurasian Archaeology*, Leiden: Brill, 2006, pp. 183 – 201; "States on Horseback: The Rise of Inner Asian Confederations and Empires", in. M. T. Stark ed. *Archaeology of Asia*, Cambridge: Blackwell, 2006, pp. 255 – 268; "Hinterlands, Urban Centers, and Mobile Settings: The 'New' Old World Archaeology from the Eurasian Steppe", *Asian Perspectives*, 46/1, 2007, pp. 36 – 64. 更加综合性的叙述参见 W. Honeychurch, Ch. Amartuvshin, "Timescapes from the Past: An Archaeogeography of Mongolia", in Paula L. W. Sabloff ed. *Mapping Mongolia: Situating Mongolia in the World from Geologic Time to the Present*, Philadelphiaz: Univ. of Pennsylvania Museum of Archaeology and Anthropology, 2009, pp. 195 – 219; W. Honeychurch, J. Wright, and Ch. Amartuvshin, "Re-writing Monumental Landscapes as Inner Asian Political Process", in. Bryan K. Hanks ed. *Social Complexity in Prehistoric Eurasia: Monuments, Metals, and Mobility*, Cambridge. Univ. Press, 2009, pp. 330 – 357.

度不稳定的状况中，那么牧民团体自然会经常采取重新确定迁徙转场路线的办法以规避风险，有时甚至还需要入侵其他牧民的草场和偷盗他们的牲畜来弥补其财富上的损失。因此迁徙常态化的草原生活方式不可避免地会伴生出无休止的人群之间的摩擦纠纷，并进而助长争斗和抢劫风气的流行。而游牧生活的易动员性和骑马技术的军事化功能往往又会促使普通的抢劫升级为席卷草原广大区域甚至影响到邻近农耕地带的大规模战事。

所以在 Christian 看来，游牧生活中标志性的迁徙行为不是傅氏认识的那样其滋生的各种问题足以在部落的框架下顺利解决的，而是为以后冲突和战事的发生留下了伏笔。这种风险环生的社会机制再加上因为人口和牲畜自然增长导致的对牧场空间的进一步需求，共同造成了游牧社会的极不稳定，而部落联盟和超部落组织的相继出现即是对它的直接反应。战争的结果既会造成失败一方被逐出草原，也会促进草原内部人群在语言、民族和社会层面上的融合，还会迫使更多的社会组织单位为了自身的安全，主动委身于那些有实力的部落联盟和超部落组织。Christian 在其关于草原社会组织的分类体系中将此类政治体确定为第五级，在它之上就是处于体系顶端位置的草原国家。他随后也承认，要想完成这最后一步的跃升，草原社会就必须与定居社会建立起密切的联系，只有当前者从后者那里获取了足够的资源以后草原国家才有真正出现的可能。①

2005 年过世的经济学出身的全球史学家弗兰克（Andre G. Frank）在 1998 年因出版高度颠覆性的《白银资本》一书而声名大噪，他不仅在书中对傅礼初《全史》中倡导横向整合历史事实的研究方法赞赏有加并勉力推进，此后又发表专文对内陆亚洲在早期近代期间的历史地位进行全新重估，一如他在著作中对中国等东方各国所做的翻案性评价那样。该文明确将傅礼初阐释的"全史"构想

---

① D. Christian, "State Formation in the Inner Eurasian Steppes", in D. Christian e-d. *Worlds of the Silk Roads: Ancient and Modern*, Brepols, 1998, pp. 60 – 76.

中有关各大地区平行发展和横向联系的论点作为文章开首的中心引语，旨在表明继承并发展傅氏所创的这一学术体系。论文的中心任务即是反驳此前学界所持的航海贸易的兴起促使内陆亚洲的跨大陆长途贸易趋于衰退和渐为取代，这最终导致后者在 17 ~ 18 世纪的世界政治 - 经济格局中沦为了边缘者的角色。

弗兰克首先在导论中以中亚莫卧儿人的入主印度和满洲政权取代明朝为例以证明内陆亚洲在那时仍旧保持着政治上的勃勃生气和强劲活力，而后在论述中简明地阐述了"内亚衰落论"的出台及流行与欧洲中心论和苏俄时期的政治现实密切相关。在对这一命题进行学术回应时，他重点引用了罗萨比等学者的考察结论，指出横贯内陆亚洲的陆上长途贸易正如傅礼初此前所质疑的，并未被新兴的海洋贸易所取代。然后他又对傅氏《全史》中所观察到的当时游牧经济确有衰退的结论进行了视野更为广阔的补正。弗氏认为以前的学者仅仅把关注点放在了内陆亚洲经济贸易的东 - 西交往上，而这完全不能反映该区域在 17 ~ 18 世纪的经济全貌。为了弥补以上单一视角的缺失，他引用了大量二手性研究著作，指出随着沙俄全面控制西伯利亚，极大地促进了内陆亚洲在南 - 北方向上的各地区间的贸易，同样其他以南 - 北为基轴的贸易关系如中国与蒙古、印度与中亚的经济往来也在这一时期有了长足的发展，所以内陆亚洲在东 - 西方向上出现的贸易衰退完全可以从南 - 北方向上的经济繁荣中得到补偿。

此外即使就东 - 西方向的贸易而言，这一时期由于西伯利亚的开发和中俄之间蓬勃发展的边境贸易而使该方向上的北线贸易得以开通，并跃居于南线贸易之上。故综合上述情况来看，可以认定内陆亚洲的经济地位在这两个世纪内，仍然居于世界重心地位，远未下滑到边缘化的境地。他进而认为，正是以内陆亚洲为中心促成的亚洲各大区域间的密切联系才构成了如傅礼初所构想的"大历史"画面，这使得包括内亚在内的全亚洲只经历了短期性的经济下降，而并未像欧洲一样遭遇实质性的"十七世纪的经济危机"，所以有关当时经济衰落的命题其实并不适合于亚洲。① 以上论述堪称全球史学家对傅氏"全史"学说的共鸣和发展。

最后值得一提的是，傅氏擅长综合概括的研究特点不仅反映在他的"全史"体系中，而且还表现在他对中国历史后半期的整体观察上。可惜他的结论仅见于《血腥的竞争继承制：奥斯曼帝国、印度穆斯林政权和晚期中华帝国的权力与承袭》这篇未正式发表的会议论文中，故对于学界的影响力殊为有限。文中认为："中华帝国的后半期不应从宋朝建立算起，而是应该从金朝的建立算起（如果不是辽朝的话），由此导入了内亚统治中国的时期，或者也可说是按照内亚的模式进行统治，这种统治不仅促使中国再度统一，而且极大地开拓了中国的边疆，并最终将其文化以此前几乎无法想象的规模辐射出去。"作者随后勾勒出金朝的重要历史地位："女真人在统治华北过程中已经建立了高度集中化的政府体系，君主驾驭官员的关系得到强化（甚至高官也像在辽朝那样，免不了受到杖责体罚），服务于皇室的内廷的重要性日益凌驾于外朝的官僚机构之上，官僚机器对皇权的约束则遭到清除，政府对于士大夫和商人的活动也实施了强化监控，更强势的军事镇戍制度的基础也得以奠定，中等规模的省级管理体系渐趋完善，全国人口则按照民族和职业划分等级和区别分类。以上所述都是中华帝国后半期的基本特征，这套制度架构由征服了金朝的蒙古人继承下来并使之适应他们的要求，并将其扩展到整个中国内地。"②

如果一位资深汉学家在1978年就有机会读到这番出自汉学专业

---

① Andre G. Frank, "Reorient: From the Centrality of Central Asia to China's Middle Kingdom", in Korkut A. Ertürk ed. *Rethinking Central Asia*, Ithaca, 1999, pp. 11 – 38. 参见〔德〕贡德·弗兰克《白银资本：重视经济全球化中的东方》，刘北成译，中央编译出版社，2008，第50、110~115、213~242、323~325页。

② J. F. Fletcher, "Bloody Tanistry: Authority and Succession in the Ottoman, Indian Muslim and later Chinese Empire", p. 68, 72; R. Bin Wong, "China and World History", pp. 5 – 6.

之外人士的评语时，相信一定会为它的言简意赅和见解深刻惊讶不已，因为当时的欧美汉学界尚无人能够如此清晰地描绘出中国历史后半期的发展脉络，他们对于类似课题的整体认知大体可以从艾伯华和谢和耐分别撰著的颇为流行的《中国通史》中窥见端倪。个别在一定程度上看出了问题所在的学者则冠以"残暴化"（brutaliza-tion）之类的表象性概念来涵概金元时期的政治特征。① 其对金－元政治的评论类同于俄国学者对于蒙古统治俄罗斯历史意义问题所持的道德化谴责。② 使之黯然失色的是，傅氏的卓识不仅准确地揭示了金－元之间在制度上的承袭和发展，而且还敏锐地将从明朝开始的中华帝国晚期的若干重要制度和政治特征的源头追溯到金－元时期，如地方最高一级行政区划的管辖空间范围渐趋扩大，最后形成所辖面积、人口户数与政府职能皆与此前有显著变化的所谓"行政大区制"；专制皇权在不断强化的过程中逐步克服了官僚制度制衡君权的制度性措施；带有强烈人身依附色彩的世袭性诸色户计制度的全面推行等。③ 至于国内学界，一直要到 20 世纪 90 年代初期，周良霄等才在《元代史》的前言中明确提出："明代的政治制度，基本上承袭元朝，而元朝的这一套制度则是蒙古与金制的拼凑。从严格的角度讲，以北宋为代表的中原汉族王朝的政治制度，到南宋灭亡，即陷于中断。"他为此所举出的元朝对后代的影响之处也包括了诸色户计制度、行省制度、专制皇权的加强等内容。④ 时至今日，国内外金元史领域中所积累的政治史和制度史成果益发彰显傅

① F. Mote, "The Growth of Chinese Despotism. A Critique of Wittfogel's Theory of Oriental despotism as applied to China", *Oriens Extremus* 8/1, 1961, pp. 17 – 20.

② 有关问题的学术史清理参见 D. Ostrowski, *Muscovy and the Mongols: Cross-cultural Influences on the Steppe Frontiers, 1304 – 1589*, Cambridge Univ. Press, 1998, pp. 85 – 107, pp. 244 – 248.

③ 在此之前，西方学术出版物上登载的全面论析金朝对于后代影响的论文寥寥无几，较重要者为陶晋生发表的一篇英文论文，参见 Tao Jing-shen, "The Influence of Jurchen Rule on Chinese Political Institutions", *Journal of Asian Studies* Vol. 30/1, 1970, pp. 121 – 130.

④ 周良霄、顾菊英：《元朝史》，上海人民出版社，1993，"序言"，第 5 页。

氏 30 余年前所规划描绘出的"金－元－明"转型确有前瞻之明。①

　　然而，用"金－元－明"转型这样明显带有内亚研究视角的图示来揭示中华帝国后期的历史走向，对于难以真正理解北族王朝历史重要性的多数汉学家来说，诚然是不易接受的。相对于后者而言，采取宋－元－明转变这种强调中国内部变革性的模式才能更好地联结起横亘在唐宋和明清之间的时代鸿沟。作为对这种理论的支撑，研究者强调了如下的基本观点：一是蒙古的入侵和统治并未对中国的社会－经济演进造成巨变式的阻滞；二是江南作为中国经济－文化中心地区的重要地位得以凸显；三是道学社会政治观趋于制度化。② 其中江南的经济社会发展周期尤其被视作论证该模式的关键所在。③ 与此对应，理学的兴起和士绅阶层转为"地方化"发展也被论者看作是未被草原统治打断而体现宋－元－明转变大趋向

①　关于行省制度的研究参见李治安《行省制度研究》，南开大学出版社，2000；《元代行省制度》，中华书局，2011。诸色户计的研究概述参见刘晓《元史研究》（《二十世纪中国人文学科学术研究史丛书》），福建人民出版社，2006，第136～142 页。皇权政治逐渐强化的研究参见周良霄《皇帝与皇权》，上海古籍出版社，1999；姚大力：《论蒙元王朝的皇权》，第 310～328 页；张帆：《论金元皇权与贵族政治》，载北京师范大学古籍所编《元代文化研究》，北京师范大学出版社，2001，第 170～198 页；《论蒙元王朝的"家天下"政治特征》，《北大史学》第8 辑，北京大学出版社，2001，第 50～75 页。金元时期地方军事镇戍制度的代表性研究参见松田孝一「红巾の乱初期陕西元朝军の全容」『东洋学报』第 75 卷1－2 号、1994；H. Franke, "The Military System of the Chin Dynasty", in. H. Franke, *Krieg und Krieger im Chinesischen Miltelalter* (*12. bis 14. Jahrhundert*), Stuttgart: Franz Steiner Verlag, 2003, pp. 215－245；王曾瑜：《金朝军制》，河北大学出版社，2004；史卫民：《中国军事通史》第十四卷《元代军事史》，军事科学出版社，1998；萧启庆：《元朝的区域军事分权与政军合一：以行院与行省为中心》，载氏著《元代的族群文化与科举》，联经出版公司，2008，第 271～295页等。此外有关金元时期货币政策延续性的研究参看〔日〕高桥弘臣《宋金元货币史研究——元朝货币政策之形成过程》，林松涛译，上海古籍出版社，2010。

②　Richard von Glahn, "Imagining Pre-modern China", in. Paul J. Smith/Richard von Glahn ed. *The Song-Yuan-Ming Transition in Chinese History*, Harvard Univ. Asia Center, 2003, pp. 69－70.

③　Paul J. Smith, "Problematizing the Song-Yuan-Ming Transition", in. *The Song-Yuan-Ming Transition in Chinese History*, pp. 7－19.

的证据。^① 而蒙古人对中国以后发展所起的巨大作用仅仅被圈限在确定中国疆域范围和承认理学的统治地位并以之指导科举应试两大方面。^② 只有将始自不同学术背景的以上两种"转型观"互补综合，方能更全面地体认出中国历史后期的发展变化总趋势。

综上所论，傅礼初的学说对于若干不同学术群体均产生了重要的影响。其中，汉学家群体所做的多属一种"填空补阙"式学术工作，即将其理论应用于北族王朝史中的个案研究中，结果在相当程度上补充和完善了其学说体系。"新清史"的学者则从傅氏的清史观中收益良多，普遍开始强调内陆亚洲对于理解清朝历史性的重要意义。不过这一派学者目前尚不能像傅氏那样游刃有余地驾驭多种语言文字，这与他们发出的要大力开发汉文以外的语种史料重构清史的学术号召并不契合。同时这批学者过度强调文本诠释的"去考证化"研究路线和通过批驳"汉化"以收到"去中国化"政治功效的意识形态倾向更促使其成果距离历史学的实证要求，始终存在着显著的差距。以上几点可说是他们和傅氏在为学治史上的区别所在。^③ 更为专业化的内亚史研究群体虽然对傅氏学说的吸收和评价因人而异，但其相关研究成果在这一领域长期受到推重却是不争的事实。此外他善于安排处理多语种史料的实证风格也被该专业内的多数学人树为职业典范。相形之下，对于兴趣点不在文献考察方面的人类学家和全球史学家来说，他们显然更加关注傅氏带有原创性

---

① Paul J. Smith, "Eurasian Transformations of the Tenth to Thirteenth Centuries: The View from Song China, 960－1279", in. *Eurasian transformations: Tenth to Thirteenth Centuries*, Leiden: Brill, 2004, pp. 279－308.

② John W. Dardess, "Did the Mongols Matter? Territory, Power, and the Intelligentsia in China from the Northern Song to the Early Ming", in. *The Song-Yuan-Ming Transition in Chinese History*, pp. 111－134.

③ 这一对比有力地表明，新清史学者群并不是在发掘利用了前人毫无措意的数量庞大的各类非汉文史料之后方才从实证层面对上一代中外清史学家普遍认可的"汉化说"提出鲜明有力的商榷和驳议。笔者以为，在评论新清史的成败得失时，中国学者不仅要"听其言"，更应"观其行"，以学术实践作为检验其研究高下的根本尺度，而从这一点来看，目前国内有些学者对新清史学派在使用非汉文史料上的语言能力与治学水准似有高估，详情需付专文讨论。

的理论反思以及"全史"般的宏观历史体系。要言之,傅氏在学风上的广采众长,再加上学术贡献的多侧面性使他赢得了专业和旨趣互不相同的各方学者们的一致器重和赞誉。

四 "开来多于继往":对于傅礼初学术成就的观察结论,兼与伯希和的比较

人们通常惯以"承前启后"或"继往开来"之类的评语来定位在学术研究上取得重要突破和辉煌成就的学人。如果具体衡诸西方内亚史研究领域在"二战"以后陆续涌现出的数代领军人物中,似乎称得上是继往者多而开来者少。所谓"继往"主要是指承袭由劳费尔和伯希和等人拓宽的以历史语言学为基础的传统东方学研究路数,而劳、伯等大师表现活跃的 20 世纪上半叶可以说是这种学风的全盛时期。他们在治学理念上标榜考证至上,无征不信的实证精神;在具体工作中则与美国杜威似的实用主义方法论判然有别,采取"证据抵半,始立假说;证据周全,方可操觚"的严谨不苟态度,可谓宁失于保守,不失于臆断;在选取材料上则将对象素材扩及汉学、印度学、伊朗学、阿尔泰学、藏学甚至印支学等众多学科下的文献资料和考古发现;在培养人才上则强调研究者必须先经过多年漫长而艰辛的多语种学习准备阶段之后始可着手处理历史考据类题目。

然而自伯希和于 1945 年去世以后,由于学术的自身演变和汉学、阿尔泰学等相关学科的内在调整,以往既求博大又不失精深的研究风格已无法尽数保持原貌。事实上,当初亲炙伯希和教益的弟子群体中再也无人能够像老师那样,在如此广博的学术领域中都做出令人叹为观止的成绩。除了个别例外,他们大多选择在较为狭仄的领域内从事专而深的研究工作,以求在细化专业、学有所守的基础上承接并发扬老师传下的学术遗产,同时竭力延续这种考证至上的实证学风,故这些学者的学术实践成效更多地体现在"承前"或

"继往"上，以确保在教育体制日益美国化的大趋势下，持续不断地维护上述带有更多象牙塔色彩的欧陆遗风。柯立夫毕生坚持不懈地发表长篇文献译注考释类论文就是其中最为突出的例证。

作为柯氏辛勤培养出的高足，傅氏在起步阶段忠实地继承了这种笃实求真的淳朴学风，并清晰地反映在他的成名作中。不过相对于其师辈中的多数人来说，傅氏并未以守成或继往自限，以至终身沉浸于考据学之中，而是准确预见到内亚史研究领域终将出现的学风变迁，并主动寻求与时代学术的交融互动。其治学路线前后历经数变：从最初带有欧陆传统东方学特色的考证史学逐步转向深受法国年鉴学派影响的宏观历史考察，直至构建出重塑早期近代阶段欧亚大陆整体历史面貌的"全史"体系；继而又系统汲取政治学、人类学等社会科学新知，以深厚的理论素养高屋建瓴地驾驭专业，选取课题，初步绘制出一幅全面揭示内亚游牧帝国演变转型的历史画卷，集中反映在其学术生涯最后阶段内才得以完稿的少数几篇"大题小作"型论文中。它们将全新的治学轨辙连同原创性的学术观点一并传导给后学，最终成功地转移改变了相关领域的研究风气。从近 20 多年间学界对其后期著述的热烈回应程度来看，傅氏更适于被定位成一位长于推陈出新的"开来多于继往"的学者。而放眼 20 世纪下半叶的欧美内亚史学界，应当说像他这样既能胜任考据难度较大的传统实证型题目，同时又能在立足当代社科理论的基础上宏观推动本学科前进发展的专业人才确实是寥若晨星。

傅氏能够在相对短暂的一生中做出他人难以企及的成就，固然与哈佛大学优良的师资条件与相对理想的学术环境相关，不过主要还应归功于他本人的天资和勤奋。从其先后辛勤学习掌握了二十种语言的骄人成绩来看，他大概在同辈从业者中是最善于自用其才的一位，因此人们方才不时把他和这一领域内的传奇人物伯希和相提并论。英国蒙古学家摩根（D. Morgan）在他那部极受欢迎的蒙古史导论中即作如是观，且视他的早逝为内亚历史研究在当下所蒙受的最大损失。他在书中还委婉地暗示即使像近 20 多年来西方蒙古学界成果最为丰硕的爱尔森（T. T. Allsen）这样的一流专家恐怕也未能在掌握的语种数量上达到傅氏生前的水准。[1] 单就所涉语文种类的数量而言，学术辈分存在代差的两人委实难分轩轾。不过他们在研究领域和治学方法上的某些差异却直接促使各自留下的成就难以等量齐观。

首先，从著述数量上看，生于 1878 年的伯氏在 50 岁之前已公开发表了内容长短不一的论文、书评及札记共计 370 多篇，数目篇幅极其可观。而且他去世以后才出版的不少遗著如《蒙古秘史》的复原本等在此以前也已着手进行。[2] 而傅氏一生撰写的论文、书评、著作专章加上遗稿总数在 50 篇以内。[3] 故两者的著述多寡简直不成比例。按照摩根的解释，傅氏一直忙于学习各种语言文字，因此大大滞后了其论著的撰发速度。此外有别于伯希和，傅氏显然在学习消化新史学著作及相关的社科理论上付出了更多的时间和精力。这也应是影响其成果发表进度的重要因素。更直接的原因则是傅氏在学术的后半生没有将主要精力分配到撰写个案性考据论文中，而是偏好于经过多年理论与史实的反复磨合以最终贡献出那类"大题小作"型论文。故学风的差异才是促使两者发表论文在数量上呈现差异的主要因素。

其次，两者的研究重心也有显著差别。就整体而言，伯氏涉及的领域远较傅氏宽广，他以汉学为中心，渐渐旁通到了与之毗邻的东方学各大学科，并借助不同语种史料的互证发明，一再推出远迈前贤的学术成果。从时段上看，伯氏的研究兼及了中亚伊斯兰化以

---

① D. Morgan, *the Mongols* second edition, Oxford, Blackwell, 2007, p. 28 No. 31, p. 195.

② 伯希和 50 岁之前发表的著述详目参见 H. Walravens, *Paul Pelliot (1878 – 1945): His Life and Works—a Bibliography*, Indiana Univ., 2001, pp. 1 – 61.

③ 傅氏遗稿中较有价值的未刊论文除了本章前面所述之外，还有他为 1974 年史景迁组织的明清之际学术讨论会提交的论明清之交的中国西北的论文，惜该文并未收入随后正式出版的会议论文集中。另外，张承志曾在三联书店 1993 年出版的《热什哈尔》后记中提到，傅氏似还留有遗作《马明心传》，但此条讯息未能得到相关资料的证实。

前和以后两个不同的时期，尤其以对前段的研究更为受人瞩目（部分得益于他在敦煌藏经洞的圆满收获）。因此国际学界在伯氏一百周年诞辰之际特地举行了以讨论中亚前伊斯兰化时期写本和碑铭文献为主题的纪念其研究业绩的学术盛会。至于傅氏的研究时段则主要限定在中亚伊斯兰化以后，考察对象相对集中于蒙古帝国和"后蒙古"时期的欧亚大陆诸王朝上，仅仅在讨论草原国家历史演变时才回溯到早期的一些史实。两者的关注差异可以清楚地从宗教史领域中反映出，伯氏感兴趣的宗教对象多为伊斯兰化以前流行于内亚的佛教、景教、摩尼教、祆教，其次才是晚期传入这一地区的伊斯兰教。伯氏的宗教史成果也以三夷教和佛教方面（侧重于对僧人行记的研究）最有价值，对伊斯兰教的研究相对来说就要逊色一筹。而傅氏对于宗教史的研习热情几乎全部倾注在伊斯兰教上，故在这方面的造诣也就明显超越了伯氏。

最后，两人掌握的语言工具数量固然在伯仲之间，但研究领域的差异却直接导致彼此的强项专长互不重合。作为沙畹培养出的职业汉学家，古汉语自然是伯氏掌握的最为深入的一种语言工具，复加上他对文献目录学的精通，共同助其成为 20 世纪文献功力最精深的西方汉学家，故伯氏能够在极短时间内高效完成像为梵蒂冈图书馆的汉文古籍编目这样繁复的技术性工作，至于他对其他语言的掌握程度就略显参差不齐。以俄语为例，伯氏虽然也具有阅读能力，但毕竟没有达到运用自如的地步，因此对于巴托尔德的巨著《蒙古入侵时期的突厥斯坦》，他仅仅是当该书的英文译本推出以后，方才将全书畅读完毕，并落笔撰写学术评论。与之相反，傅氏的大学专业即是修习俄语，研究生阶段才开始学习汉语，故语言优势使他成了为兹拉特金的《准噶尔汗国史》这类俄文原著写作书评的妥当人选，但其对汉语文献的掌握相应也要比伯氏和柯立夫逊色一些。

此外，两人对研究类语言的钻研情况也大不相同。以突厥语为例，伯氏用力最勤的是回鹘人在伊斯兰化以前创制的用粟特字母拼写的一种中古突厥语，并发表过释读回鹘语《双恩记》的长文，傅氏掌握较好的却是伊斯兰化以后中亚突厥人改用阿拉伯字母拼写的时代较晚的所谓察合台语。同样类似的是蒙古语，伯氏曾替藏学家杜齐（G. Tucci）专门翻译过用八思巴文拼写的元代蒙古语令旨，[1]并且为了还原译注《蒙古秘史》精研中古蒙古语的语法和词汇特征，而傅氏成功解读的则是采用托忒文拼写的清代西蒙古语书札。值得一提的是伯希和为求深入研讨中亚前期历史，还深浅不一地涉猎了这一时期流行的属于伊朗语系统的于阗语、粟特语以及古藏文、古叙利亚文等，这些语文大多在伊斯兰化以后湮灭无闻，成为只有在个别专家手中才起死回生的所谓死语言。与其形成对照的是，傅氏作为伊斯兰教和晚期欧亚帝国的研究专家，更为擅长的是阿拉伯语、波斯语和满语等一直沿用到近现代的活语言。就一般语言研习的规律而论，涉足已经丧失了口语基础而只能依靠比较语言学方可问津的死语言在难度上远非按部就班地学习近现代语言可比，故伯氏在历史比较语言学上的功力和素养自然较傅氏要深厚得多。

回顾 20 世纪的西方内亚史研究，伯希和与傅礼初恰好可以被看作前后不同时代的各自代表。作为前一时期学界领袖的伯氏堪称以考据法治学的大师，他所取得的近乎完美的实证成绩昭示着兴盛于欧陆国家的传统东方学，经过数世纪的强劲发展，最终登凌绝顶。可惜物极必反，伯氏于 1945 年的辞世即宣告了传统学术黄金期的高峰已过。多年以后，继起的傅礼初"开来多于继往"，虽然没有在考据上致臻青出于蓝，却创造性将现代史学的时新发展理念注入内亚史研究的领域内，并紧密结合社会科学理论知识，探索出推陈出新的学术范式，全面深入地改造了内亚史研究的学术风气，终于促使具有悠久传统的本领域研究渐渐从孤芳自赏的寂寥幽径中步入融合社科新知的开阔大道上。

---

[1]　参见 G. Tucci, *Tibetan Painted Scrolls*, Vol. 2, Roma, 1949, pp. 621 – 624。

补 记

　　关于第二节中涉及的内亚政治观念中用拟父子关系表示上下尊卑的等级秩序，承同乡陈恳校友教示，北朝晚期突厥佗钵可汗志得意满时，所发的骄言"但使我在南两儿（此指北齐、北周君主）常孝，何忧于贫"也可看作此类例证。又蒙元时期宗王常以可兀惕（köʼüd）见称，它的含义即蒙古语可温（köʼün～"儿子"）的复数，该名称即来源于宗王与大汗/皇帝之间恰如儿子对父亲的服从关系。

　　第三节中涉及的鲜卑等北方民族中常见名号"莫贺"的来源争议以及如何理解暾欲谷碑中的莫贺达干，莫贺或莫贺弗与以后北方民族语言中多见的表示"勇士"之义的巴图鲁（baγatur）有无关系等诸多问题，德国学者 Hans-Peter Vietze 曾在 20 世纪 80 年代末发表论文，回顾评论了各家的研究结论，大体上赞同兰司铁和德福的观点。据该文所论，莫贺达干中的 baγa 应当按照蒙古语中的相关形容词的用法去理解，意思为"小达干"，以相对于含义为"大达干"的阿波达干，故正如德福当初所断言的，它并非头衔之名。该词很可能与意为勇士的 baγatur 没有词源上的关联。后者的词干 baγa 疑如兰氏所论，来自叶尼塞语中表示"勇敢的，英雄"的 baha 一词，之后进入到早期蒙古语（柔然语？）时加上后缀构成 baγatur，它再借入到突厥语和其他语言中，最后成为流转分布地域极广近乎遍布整个欧亚大陆的专称用语。而此前曾被陈寅恪所采信的源自 W. Bang 的伊朗语说（baγatur < bagha-adurʼ 神火ʼ）和克劳逊等突厥学家所持的突厥语源说（引证时代较早的匈语和阿兰语中的 batur 等用例）等则遭到了否定。参见 Hans-Peter Vietze, "Zu einigen wörtern zentralasiatischer Herkunft im Deutschen und in benachbarten Sprachen", in. K. Sagaster/H. Eimer eds. *Religious and Lay Symbolism in the Altaic World and Other Papers. Proceedings of the 27th PIAC*, Wiesbaden: Harrassowitz, 1989, SS. 429 – 432. 笔者对于莫贺弗的解释暂

时倾向于接受德福后来发表的有关见解，即该词本自柔然语，可构拟为复合词 * maɣabat，后一部分 * bat 或与古突厥官衔 eltäbär 中的 -bär 相关。参见 G. Doerfer， "Mongolica im Alttürkischen"， in. *Bruno Lewin zu Ehren. Festschrift aus Anlass seines 65. Geburtstag. Band Ⅲ*：*Koreanische und Andere Asienwissenschaftliche Beiträge.* Bochum，1992，SS. 42 – 43.

此后艾骛德撰文批评了陈三平在解释莫贺时所创的"神子"说，并提出其源于梵语摩诃（mahā ~ "大的"），对此承精通古音韵学的聂鸿音师指教，莫字的入声 -k 的存在导致它和摩诃的前一音节难以勘同。另外考虑到梵语词汇的传播通常和佛教的流行关系紧密，而在公元之初的几个世纪内，东北地区的鲜卑人尚未接受佛教信仰，故该说与我们已知的这一文化背景也不契合。参见 Ch P. Atwood，"Some Early Inner Asian Terms related to the Imperial Family and the Comitatus"，*Central Asiatic Journal* Vol. 56，/2012 – 2013，pp. 61 – 68.

同节最后部分的注释内引用了美国人类学家 W. Honeychurch 的关于内亚早期以蒙古高原为中心的考古论文，目前他已出版了相关主题的专著，参见 W. Honeychurch，*Inner Asia and the Spatial Politics of Empire*：*Archaeology*，*Mobility and Culture Contact*，New York：Springer，2015.

关于笔者随后对"新清史"学派的专文评析，参见《北美"新清史"研究的基石何在》（上）?、《探究历史奥妙的车道最好由考据的路口驶入：柯娇燕构建的相关历史命题评议》，分别载达力扎布主编《中国边疆民族研究》第七辑，中央民族大学出版社，2013;《中国边疆民族研究》第十辑，中央民族大学出版社，2016 以及《论清朝君主称谓的排序及其反映的君权意识——兼与"共时性君权"理论商榷》，《民族研究》2017 年第 4 期。

第四章

乌瑞夫人北亚民族学研究的
贡献与启示

经过一个多世纪以来前后数代学人的共同努力，中国的民族史研究可谓成就斐然，毫不逊色于历史学科下其他各门专史的学术水准，唯在整合不同学科领域知识方面似还处于起步探索的初期阶段。这尤其体现为广义的语言学和民族学研究成果对民族史领域的整体推动尚显不足，以致不少民族史研究者对于上述学科知识略显生疏隔膜，从而于无形中束缚限制了自己的研究思路和学术视野。欲改变这一现状，则不妨从体悟领会国外学者在这些方面所积累的成熟学术成果入手。本章将具体通过对近来辞世的匈牙利学者乌瑞夫人的北亚民族学研究论述的概括介绍，以揭示她精深的研究造诣及在方法论上所具有的独到之处，从而为民族史学界更新研究范式提供若干学术省思。

乌瑞夫人原名卡瑟·科哈尔米（Käthe Kőhalmi），1926 年出生于维也纳，其父是布达佩斯大学教授。在 1949 年与藏学家乌瑞（G. Uray）结婚后，她依例改用夫姓作 Käthe Uray-Kőhalmi，以下为求行文之便，简称其为乌瑞夫人。她在大学期间主修的专业为东方民族史、东亚语言学（侧重于各种满－通古斯语和蒙古语）、民族学，其间受教于本国著名东方学家李盖提（L. Ligeti）与聂梅特（J. Németh）等。从 1950 年起，她即进入本国科学院语言所工作，以后又长期担任科学院图书馆及东方学研究团队的负责人，直至 1987 年退休。除了在科学院供职以外，她还不定期地在匈牙利和德国、奥地利的大学授课，同时参加了大量学术组织活动，且名列重要学术期刊《匈牙利东方学报》（AOH）的编委之一。截止到 2005 年，她已出版、发表专著、论文及书评 150 多部（篇），并直至去世前夕仍然笔耕不辍。这些论著中有近半数选择用德文刊出，故其影响已远远超出了本国学界。乌瑞夫人的学术生涯起步于研究北亚民族物资文化史，学位论文是以满－通古斯诸族的弓箭为主题，这一研究兴趣大体于 1970 年代初期告一段落，标志性成果便是她于 1972 年用匈牙利语出版了专著《草原骑马游牧人及其武器》。也正是从这时起，其个人兴趣点更多地转移到以《蒙古秘史》为中心的关于早期蒙古人的民族学与文化史的研究上，同时也致力于对通古斯民族神话与民俗的潜心探索，可以说近 40 年来她的主要学术活动即围绕以上两大中心展开，最终也在相关领域取得了颇富原创性的丰硕成果。[①] 而就历史学者而言，她所撰写的一系列旨在揭示蒙古帝国崛起之前，南西伯利亚森林狩猎民族向草原民族的过渡轨迹及其从文化上对于草原帝国的深远影响的著述尤其值得关注。它们对于学界思考草原帝国形成的背景与基础及其承载的历史文化遗产等关键议题均具有重要的指导意义。以下就从介绍其代表性论文的观点与论证开始，逐步体会到一位学术大家是如何从民族学领域成功地深入到民族史的，而这一成功的经验又足以使人从中汲取到那些有益的学术启示。

一　乌瑞夫人民族学研究成果概述

乌瑞夫人对《蒙古秘史》的探究始自 1970 年发表的《与〈蒙古秘史〉相类似的南西伯利亚民族志事例》。[②]（以下简称乌瑞夫人 1970）在这篇精彩论文的开头，她先简要地回顾了当时蒙古学界对《秘史》研究的成绩主要分布在文献学与语言学的领域中，而《秘

---

① 关于乌瑞夫人的学术简介及其主要成果参见 Á. Birtalan, "Lebenslaud und Bibliographie der Achtzigjährigen Käthe Uray-Kőhalmi", *Acta Orientalia Academiae Scientiarum Hungaricae* Vol. 59/3, 2006, SS. 361–376.

② Käthe Uray-Kőhalmi, "Sibirische Parallelen zur Ethnographie der Geheimen Geschichte der Mongolen", in. L. Ligeti ed., *Mongolian Studies*, Budapest: Akadémiai Kiadó, 1970, SS. 247–264.

史》在其他方面所蕴含的研究潜能则远未受到充分发掘，尤其是在探索《秘史》所反映的蒙古族最古老的文化层问题上，更是近于无人问津。乌瑞夫人则认为，正是通过对这种古老文化层的探访，或可有助于澄清《秘史》这部最早的蒙古史诗所产生的背景，而要洞悉那种深藏于《秘史》之下的文化古层，有效的途径就是引入与《秘史》记事相关的西伯利亚民俗学事例以从民族志的角度进行比较。此处作者使用的"古层"（ältest Schichte）术语明显渊源自 20 世纪前半期德奥民族学界非常盛行的民族－文化层概念。例如这一派研究北亚民族学的学者就曾把西伯利亚的采集狩猎民分为新旧两文化层，分别与不同的民族相对应，旧文化层的特征是食鱼和以犬为牵引动力，其承载者是所谓的古亚细亚人；而新文化层的特征则是猎兽和饲养驯鹿，对应于古亚细亚人以外的其他人群，因此北亚的最古层文化应该是"食鱼文化"而非狩猎文化。[①] 乌瑞夫人在随后的具体研究中首先略述了南西伯利亚民族志和《秘史》在族名和人名上的对应性：《秘史》中作为族名的兀良哈一名也广泛见于南西伯利亚；埃文基人（Ewenk）的口承材料中提到了位于南方的契丹人和乞颜人；《秘史》中先后提到的氏族名称 Oronar 和人名 Oron-artai 显然和驯鹿饲养人群有关；（因在通古斯语中，oron 是驯鹿之意）帖良兀惕人（Teleut）中至今仍有一个名唤蔑尔乞的氏族。[②]

此后她所着重分析的例证有：一是《秘史》中的有关人物及其形象与南西伯利亚民族志材料的对应性，文中所援引的民族志材料主要取自拉德洛夫于 19 世纪下半叶搜集整理的巨著《南西伯利亚突厥语族民间文学》第二卷。据其指出，阿兰豁阿（Alan-qo'a）一名也出现在萨盖人（Sagay）的英雄故事中，同时当初帮助朵奔蔑儿

---

① 大林太良「レオ・フロベニウスの北アジア民族学研究」，载氏著『北方の民族と文化』山川出版社，1991，39－40、55－56 頁。

② 关于埃文基民间传说中所见的契丹人最早为瓦西列维茨（G. M. Vasilevič）所刊布。对此的讨论参见 Karl H. Menges, *Tungusen und Ljao* (Abhandlung für die Kunde des Morgenlandes), Wiesbaden: Harrassowitz, 1968, S. 56.

干迎娶阿兰豁阿的其兄都蛙锁豁儿的独眼远视特征则在南西伯利亚的口碑传说中分布更广。在那些传说中，视力超常的独眼人通常扮演着牧羊者、林神和野兽看护者的角色，其中在一篇恩贾纳桑人（Nganassan）的民间史诗中，独眼人同样是以佐助主人公迎娶太阳之女的帮手形象出现。更富参证价值的是，雅库特人中林神－狩猎神的名称即作朵奔锁豁儿，其在词源上和朵奔蔑尔干兄弟的名字均有联系。而在雅库特语中，朵奔（dobun）是"有力的，残酷的"之意，而锁豁儿（soxxor）则为"独眼的，歪斜的"。① 因此她认为，独眼都蛙锁豁儿的形象系从古老的西伯利亚相关传说中衍生而来，并在《秘史》中扮演着求婚助手的角色。

二是《秘史》第 24～27 节述及阿兰豁阿死后，末子孛端察儿被其诸兄排挤，不得参与家产分配，结果骑着秃尾马顺流而下到别处结草庵而居并以鹰猎手段谋生。乌瑞夫人引用了基本情节与此相同的出自克孜尔人（Kïsïl）和雅库特人的两例口碑材料，其讲述的均为英雄或氏族祖先被亲人驱逐，只拥有老马或秃尾马及微薄衣物，被迫在外离群索居，仅靠狩猎维生。其中克孜尔传说也是称其主人公搭筑草棚并将其猎获的禽兽的头部和毛皮挂在树上，而雅库特传说中的主人公则用捕获的禽兽羽毛和骨头装饰其毡帐，这让人联想到孛端察儿将猎获的野鸭、野鹅挂在树上的细节。作者认为，三者共享了主人公先是作为社会的流放者，人为地被切断了所有的人际关系，但最终又重返社会赢取尊敬，获得权力或妻子的主题；其背后实际上反映的是萨满在取得自己的特殊身份（成巫）之前，通常需要隐居独处一段时间的超常经历。作为对此解读的补充诠释，她进而结合有关的图像资料分析了将猎物尤其是禽类悬挂树枝

---

① 乌瑞夫人此处引用的释义源于波兰学者卡卢任斯基（St. Kalużyński）《雅库特语中的蒙古语成分》（*Mongolische Elemente in der Jakutischen Sprache*）转引的别卡尔斯基《雅库特语－俄语词典》。根据最新出版的雅库特语词典，朵奔（dobun）意为"高大的，最大的（诗歌中），威严的"；锁豁儿（soxxor）意为"独眼的，侧面"。参见 W. Monastyrjew, *Jakutisch: Kleines Erklärendes Wörterbuch des Jakutischen（Sacha-Deutsch）*, Wiesbaden: Harrassowitz, 2006, S. 52, 143.

这一特殊细节所蕴藏的萨满文化背景。在埃文基人的信仰中，每一氏族均对应一条联结尘世与冥间的特定河流，其成员的灵魂即沿该河在现世与他界之间穿梭旅行。此河的源头坐落着氏族树，正在树枝上栖息的鸟类代表着将要诞生的氏族成员的灵魂，氏族树由萨满的保护神猎鹰看护，以防这些灵魂鸟逃逸。类似的萨满保护神守护氏族树上的灵魂鸟的信仰也流行于那乃人（Nanai）中间。由此她指出，《秘史》的孛端察儿故事更应看作氏族萨满起源传说的孑遗：作为孛儿只斤氏族祖先－萨满的他在猎鹰保护神的协助下将猎取的灵魂鸟置于氏族树上加以看护。

　　三是《秘史》第 129 节中出现了一个貌似极不寻常的争议性情节：札木合将战俘煮死在七十口大锅里。此前学者们对此问题的处理全然忽略了该细节所产生的特定文化背景。[1] 作者独辟蹊径，引证了南西伯利亚英雄史诗的相关材料，揭示了将敌人放在釜具中煎煮是当地英雄叙事文学中的一种常见主题，其目的是为了破坏其尸骨以阻挠敌人复活，有时甚至还需要烧掉其骨骸以杜绝这种可能性。上述观念不仅见于南西伯利亚的突厥人中，同时也流行于通古斯语族中的埃文基人。故《秘史》中的此处情节与通常所说的残忍暴行或者食人风习委实均无联系，只是反映了特定的信仰背景而已。作者还引用了岩画证据，试图论证该观念在匈奴时代就已存在。不过对于该图像是否符合作者的以上解说，考古学界还有不同的看法。[2] 值得一提的是，在西蒙古人口头中流传的史诗《江格尔》中也多次出现火焚魔怪尸骨以防止其复活的情节。[3]

　　四是《秘史》第 140 节和 245 节两度出现了在摔跤中通过折断对手

①　P. Pelliot et L. Hambis, *Histoire des campagnes de Gengis Khan. Cheng-wou ts'in-tcheng lou*, Leiden: Brill, 1951, pp. 135－139.

②　古学家曾将其解说成榨乳或煮肉、参见甲元真之「大ボヤール岩壁画と铜鍑」载氏著『东北アジアの青铜器文化と社会』同成社、2006、第 253 页；畠山祯「シベリアの鍑」草原考古研究会编『鍑の研究─ユ−ラシア草原の祭器　什器』雄山阁、2011、179 页注 26。

③　霍尔查译《江格尔》，新疆人民出版社，1987，第 139、276、288 页。

脊柱使人致命的描述，受害者分别是主儿勤部的力士不里孛阔和通天巫阔阔出。乌瑞夫人指出，同类置人于死地的手段常见于南西伯利亚英雄史诗中主人公同强力对手的生死较量中，就其实质而言属于一种"不出血而死"，适用于非常之人譬如萨满或者力士的身上，故可看作值得尊敬的辞世方式。与该原理相通的还有南西伯利亚阿巴坎的突厥人在向上天献祭白色动物时也是折断其脊柱使其不流血而死。这些现象都是出于担忧贵人或祭物的灵魂或魔力会随着出血而死时血液的溅洒而消逝的迷信心理。所以她随后强调，当《秘史》第 200～201 节叙及札木合向成吉思汗请求"不出血而死"以便将来其灵魂能够保佑后者子孙时所指的也应该是这种死法，虽然此处并未详尽陈述其具体细节。

作为对上述类比的补充，乌瑞夫人还指出，其他与《秘史》同类的著作也存在和西伯利亚民俗相对应的地方，并以 17 世纪成书的无名氏《黄金史纲》中也速该在同诃额仑见面之前仅仅依靠观察后者留下的尿迹就做出了她一定会生贵子的判断作为例证，检出了雅库特故事中的相似情节：主人公通过比较两姐妹的不同尿迹做出了放弃美丽的姐姐而改为迎娶貌寝的妹妹的决定。事后果然如他所预料的，姐姐不能正常生育，妹妹则顺利产下一子。这种近似性显示两者共享了同一主题，其背后透视的则是泌尿器官和生育能力之间存在内在关联的共有观念。①

在该文的结语部分，她概括指出，通过比较所得出的诸多近似性表明《秘史》中存在着反映了一个更早的氏族团体时代的风俗习惯，可以认为，当《秘史》经过民间诗人和吟唱者之口而逐渐成型时，被整合进来的不仅有孛儿只斤氏族世代流传下来的故事，而且还包含了其他英雄故事中的受人欢迎的主题和片段、模式。这种相似性还证实了直到成吉思汗时代，仍然有一部分蒙古人生活在与南西伯利亚的突厥人与埃文基人同样的环境下，因此作者期望更深入

---

① 此前已有学者指出了雅库特故事和《黄金史纲》中上述细节的相似性。参见高桥盛孝「传说と史实——元时代の传说について——」『关西大学文学论集』卷三第 3 号、1953。

的比较研究可以更多地澄清《秘史》中的那些晦涩难解之处。

是文问世十年以后，她终于发表了论同一主题的新作《早期成吉思汗家族下国家崇拜中的综合现象》（以下简称乌瑞夫人1987），将此前开辟的这项研究推进到新的高度。① 这篇论文起初是为1983年在波恩举行的讨论中亚宗教混合现象的学术会议而作，故她在论文序言部分开宗明义地点出发掘内亚游牧人信仰世界中那些隐藏较深的因素有助于学界调查中亚突厥–蒙古人中的宗教混合现象，而这些深层因素多形成于高级宗教的影响抵达之前。其结果也会有助于我们了解草原帝国下的宗教宽容问题。而在该文中她将着力考察在这种原本发端于统治者家族氏族崇拜的国家崇拜中，各种异质性的意识形态成分是否都得到宽容对待，并被视之均值平等。而在她看来，鉴于《秘史》写作于蒙古汗国政权建立之初，以后为了统治家族的需要又遭到修改润色，这种创作背景使其恰当地反映了游牧帝国统治者的意识形态，因此运用民族学的方法对《秘史》内容进行分析是达到上述目标的可行途径。显然作者沿袭了自己此前的思考路径，并意欲进而理清蒙古早期国家崇拜的性质与构造问题。

在进入正题之后，作者即将研究的对象聚焦在《秘史》卷一所叙述的孛儿只斤氏族神话的结构是否一元化的问题上，如同其给人的初步印象所反映的那样？ 文中处理的首要问题即是考察《秘史》首节所出现的苍狼白鹿传说。在整合了考古数据和文献记载以后，她明确指出，狼鹿都是广为传播的与氏族祖先起源有关的图腾动物，鹿的这一性质可以上溯到斯基泰人时代，以后又在历史上甚至当今欧亚大陆北部的不少民族中均有反映，并且在埃文基人和雅库特人那里，鹿还起着保护神和萨满的作用。狼作为图腾动物的情况也是同样历史悠久而又分布广袤，只不过在多数情况下，其作为氏族祖先的性别是女性，如同其在古突厥人心目中那样，而《秘史》

① Käthe Uray-Kőhalmi, "Synkretismus im Staatskult der frühen Dschingisiden", in. W. Heissig/H. J. Klimkeit（Hrsg）, *Synkretismus in den Religionen Zentralasien*, Wiesbaen: Harrassowitz, 1987, SS. 136 – 158.

中因为有了母鹿的出现才被改易为男性。因此她的结论是此处出现的狼鹿形象属于成吉思汗氏族神话祖先中的最早层面，其在内亚和北亚传播甚广，分别透露出了与古突厥人和斯基泰人的古老联系。

作者继而大大扩展了她于此前对都蛙锁豁儿兄弟超自然形象和特征（林神、狩猎神和牧羊者）的分析。她强调西伯利亚森林民族所崇拜的林神–狩猎神同时也具有主宰神的身份，这使得人们期盼从其那里获取所有财产、食物和衣物。当然这类神祇在西伯利亚森林地带具有多重外形和名称，前文中提到的雅库特人敬信的朵奔锁豁儿即是其中之一。此外在布里亚特蒙古人中的一些氏族中，独眼神也受到尊崇，还有的氏族则称其祖先来源于一位独眼善射的猎手。作为对比，她注意到拉施特《史集》中阿兰豁阿的丈夫不作朵奔蔑儿干而叫朵奔伯颜，过去人们容易简单地将其视作《史集》编写过程中产生的讹误。但乌瑞夫人引用了可观的民族志材料对此做了全新的注释。原来在南西伯利亚和蒙古，"伯颜"（bayan）一词及其变体常常是用来指代地神、山神等。例如雅库特人认为 Baj Bajanaj 和朵奔锁豁儿是兄弟，他是一个快乐好心的老人，穿着通古斯人的猎装，性质为土地神；绍尔人崇拜的类似神灵也被称为 Pajna；在布里雅特蒙古人和喀尔喀蒙古人中间，林神也被称作"杭爱"（Xangaj）或"伯颜杭爱"（Bajan Xangaj）；鄂尔多斯蒙古语里野物的主宰神也被冠以此名。类似的情况还反映在北蒙古等地盛行以它称唤大山的习俗中，透露出其与山神的渊源关系。这些证据提醒我们，《史集》中的朵奔伯颜一名甚至可能较朵奔蔑儿干有着更为古老的民俗文化背景，远非出于《史集》编修过程中产生的误记或虚构。[①] 要之，经作者论定，北亚的林

[①] 作为该词词干的 bay-在突厥语中的词义远非为人熟知的"富裕"之意所能涵盖，其同时还具有"主人，老人"等含义，并派生出"神圣的，伟大的"等形容词用法。参见 İbrahim Şahin，"The Turkic Word 'bay' in Onomastical Names：An Etynological Approach"，*Central Asian Journal* Vol. 55/1，2011. 此外，该词作为林神–猎神的词意也经雅库特语的中介借入到通古斯语中。参见 M. Knüppel，"Jakutische Elemente in tungusischen Sprachen Ⅵ–Ⅺ（nach S. M. Širokogorovs *Tungus Dictionary*）"，*Central Asian Journal* Vol. 54/1，2010.

神－猎神和山神往往具有身份上的重合性，作为对此观点的延伸论述，她又引用大量民俗资料说明氏族起源神话中祖先的诞生往往与圣山有关，这导致关于山神的纪念仪式和祖先祭祀常常密不可分。故作为蒙古氏族祖先之一的朵奔蔑儿干/朵奔伯颜不仅拥有猎神等特性，而且实际上还代表着不儿罕山神的形象，所以从不儿罕山之巅瞭望阿兰豁阿的朵奔兄弟其实都是这座圣山的人格化表现形式。

随后作者讨论了《秘史》中阿兰豁阿之父为寻求猎场，前来不儿罕山请求其主允准的一处细节，其请求的对象为 Burqan bosqaqsan šinĵi bayan uriangqai。对于它的理解曾众说纷纭，但因受汉文旁译表示复数意味的"主每"二字的影响，多理解为不儿罕山上有两位主人：Šinĵi bayyan 和 Uriangqai burqan bosqaqsan。乌瑞夫人则注意到"主每"二字对应的蒙古语原词作 ejet，而根据其对蒙古民俗材料的调查，该词常与表示大山、生灵等事物的名词组成一合成词，表示它们的主宰神，故不能呆板地根据名词复数词尾-t 将其翻译成两个主人。她据此推断阿兰豁阿父亲请求的神祇实为不儿罕山神，后面的一长串词语实际上是它的仪式化称谓，可译作兀良哈伯颜，具有高大形象的神。因此《秘史》的这段情节反映了外来氏族在进入原来为兀良哈人定居的不儿罕山圣地狩猎之前，必须征得此山山神的允许才行。而作为对此的答谢，外来氏族长的女儿阿兰豁阿则需要嫁给山神为妻，这样身为山神实体化形象之一的朵奔蔑儿干才能顺利地将其娶到手。同时正因为兀良哈人是此山的土著居民，所以直到成吉思汗时期，看护这一重要圣地的职责仍旧由他们担当。

作者进而指出，最初为兀良哈人供奉的山神朵奔兄弟之名也见于雅库特人传说的现象恰好反映了两者的历史渊源，因为雅库特人当初正是从南西伯利亚的萨彦岭一带迁出的，并在早期被称作兀良哈萨哈人。看来冠以兀良哈一名的部族在历史上不仅向北迁移，而且还曾向东、南方向蔓延到了后来为蒙古人所入主的鄂嫩河源地带。此外，她还强调，兀良哈人不只在蒙古氏族神话中有着重要位置，并且他们所掌握的冶铁技能还使其出现在《史集》等描绘的蒙古人冶铁熔山的迁徙故事中，虽然其重要性在这些记载中被人为地大幅度降低了。

作为对阿兰豁阿成婚神话分析的补笔，乌瑞夫人认为其还隐藏了其他民族的传说要素。她注意到其当时是在不儿罕山下的一条小河旁乘坐黑车而行，按照当时草原的情况，这种车辆由牛牵驶，而朵奔兄弟则依迎娶惯例应当骑马前往。因此这一细节非常近似于契丹人的始祖传说。在后者的传承中，也是男祖先乘骑白马，女祖先驾驭青牛车，结果在木叶山下的河畔相遇联姻，其后代繁衍成了契丹古八部。[①] 同样值得一提的还有朵奔兄弟的父亲脱罗豁勒真（Toroqolĵin）的词意与公猪有关，而契丹祖先三汗之一的喝呵的词源亦复如此。[②]

她接下来对旧文中关于孛端察儿氏族树主题的论述加以扩充，引用了民族学家的观点，说明这种灵魂鸟栖息的氏族树同时也起着生命树的功用，并承认存在着一个分布广袤的生命树文化传播圈。而在北亚地区流行的史诗中，它常被描述成位于圣山之巅，生长在靠近生命之泉的地方，也是英雄出生时躲避敌人的场所。作者还附带简述了树在北亚萨满进行的仪式活动中的作用和地位。

在完成上述细节分析的基础上，作者在余下的部分里对其论点做了综合提炼和详尽阐发。她指出《秘史》首卷在叙述成吉思汗氏族祖先神话时，兼容并包式地把不同时代和不同地域的元素组织在一起，其基本层面则呈现为动物化的萨满教式的自然崇拜，并与圣

[①] 关于对契丹"青牛白马"故事传承的研究，参见 R. Stein, "Leao-tche", *T'oung Pao* 35, 1940, pp. 16 – 17；田村实造『中国征服王朝の研究』（上）京都大学东洋史研究会、1964、59 – 112 頁；F. Aubin, "Cheval céleste et bovin chtonien", in. Rémy Dor ed. *Quand le crible était dans la paille. Hommage à Pertev Naili Boratav*, Paris：G. -P. Maisonneuve et Larose, 1978, pp. 37 – 38, pp. 41 – 42. 刘浦江：《契丹族的历史记忆——以"青牛白马"说为中心》，收入氏著《松漠之间——辽金契丹女真史研究》，中华书局，2008，第 99 – 122 页。

[②] 乌瑞夫人此处引用的是早期研究者石泰安（R. Stein）、冯家昇等人的解说。近来的契丹语研究表明，该词确系来自契丹语"猪"（uei）的音译。参见清格尔泰《契丹语数词及契丹小字拼读法》，《内蒙古大学学报》1997 年第 4 期。

山－圣树崇拜联为一体。这一部分内容也透露出其与南西伯利亚的突厥部族和通古斯人的紧密关系。《秘史》此处出现的一系列不同形象从最初的苍狼白鹿到后来的独眼远视人直到夜晚前来与阿兰豁阿交合的金色异人等都应视为兼具氏族保护者和氏族祖先身份的神灵，彼此之间并无高下之分，均属同一级别的尊崇对象。这种氏族崇拜的中心要务是同时向本氏族内已逝者和待生者的灵魂提供庇护所，并通过树立生命树/萨满树以使其起到保护氏族生命力的作用。所有这些神话元素均系在欧亚大陆广为传播的古老神话遗产的组成部分。

在她看来，成吉思汗祖先神话的起源层面系多重元素组合形成，包容了不同族群的神话成分，甚至那些早已消亡的草原帝国的统治氏族的起源传说中衍生出的各种神话形象与故事主题也都掺入进来，例如契丹统治家族的青牛白马神话和突厥阿氏那氏族的狼生传说。这种神话整合对于新形成的草原汗国具有莫大的政治意义。其开国之君一方面凭借权力或智慧将联盟内各部族的起源传说纳入一个单一的氏族谱系中，从而凭借这种虚拟的高贵血亲关系为纽带确保了政治联盟的稳固性；另一方面又使得新生统治家族原本还很微弱的统治魅力（charisma）则借助先前游牧帝国的赫赫威名而得以加强。不过她又指出，以清朝吸收相对弱势的虎尔哈人三仙女吞食朱果传说作为已出的案例观之，有时新兴统治者对于这些外来资源并不挑剔。[1] 当然就《秘史》而言，为了出色地实现这种政治意图，就必须巧借文学手法创制出若干让人容易接受的神话形象来。故像突厥和契丹等外族的祖先传说都被纯熟地植入蒙古人的起源故事中，并构成了一套貌似统一的带有真实感的历史叙事，这一点实在让人钦佩不已。作者随即又以《秘史》第 63 节德薛禅夜梦白海青擎握日月的细节为例，考察了其中的日月及鹰隼形象在内亚文化

---

[1] 这一观点由松村润首创、参见氏著「清朝の開国説話について」载『山本博士还历记念东洋史论丛』山川出版社、1972、431－442 页。

中与君权观念、萨满文化的关系。最后作者所下的结语如下：既然晚出的像蒙古这样的游牧帝国是将不同生活方式的部族整合为一体，那就势必要将异质性的传说材料合并入统治家族的神话体系中以从意识形态的向度上予以支持，同时还将早先王朝的相关神话也一同浇筑进来，以最终给新兴帝国的权力基石再镀上一层金。在此过程中，那些来源各异的神话元素最后都无差别地汇合交融，也都一视同仁地享受尊重。

要之，乌瑞夫人的新作较旧文迈进了一大步，凭借其丰厚的民族志学养，相对完整地解析了兴起之初的大蒙古国意识形态成立的基础，也使得《秘史》中那些令人扑朔迷离的情节逐渐清晰地展现出其本来面目。从引用率来看，这篇论文发表之后，立即在西方蒙古学界及相关领域内成为讨论这一主题所必须参考的里程碑之作。

进入 1990 年代，乌瑞夫人的不少作品实质上都是对上述两文主要观点的发展和补证。例如她于 1998 年发表的《与圣山联姻》（以下简称乌瑞夫人 1998），显然与前引乌瑞夫人 1987 所分析的阿兰豁阿婚姻故事有着直接的学术关联。[①] 只不过她在这篇短文中将观察的视野扩展到几乎整个内亚，以从中提炼出带有共通性的主题。她的分析是从考察人格化山神的性别入手，结果发现以地域而论，西伯利亚的山神以女性居多，虽然男性山神也还存在；构成反差的是蒙古的山神基本上显现为男性；而西藏的山神中男女皆有，并且可以互相婚配。这种山神互婚的情况在北亚绝少出现。如果以民族而论，则蒙古人和突厥人均倾向于将山神认定为男性，通古斯人的观念却与之相反，故流传着英雄与女性山神通婚的民间故事。在通古斯文化背景中，若猎人设法追求到了山神，则可以直接确保其狩猎圆满成功。不过在黑龙江的通古斯人的神话故事中，同样也出现了

---

① Käthe Uray-Kőhalmi, "Marriage to the Mountain", in. Anne-Marie Blondeau ed. *Tibetan Mountain Deities*, *Their Cults and Representations*, Wien: Verlag der Österreichischen Akademie der Wissenschaften, 1998, pp. 211 – 214.

猎人为了获取捕猎时的"好运"而将其女嫁给山神的主题。作者最后认为，在原始社会中，人们对待自然和外族的态度常被化约为以家庭为纽带的人际关系，由此婚姻成为实现这一契约的手段，并表现在交换妇女上。当人们想要进入一个地域生活时，照例需要同该地的保护神（如山神）建立联盟似的家庭关系，为此常常导致将女孩嫁给山神或者对其献祭的行为。在此之后，他们对这片区域的使用才可以说是拥有了合法性。

早在 1988 年由海西希（W. Heissig）主持的一次蒙古史诗及相关主题的学术讨论会上，乌瑞夫人就提交了一篇题名为《地神》的论文，以后又正式发表在会议论文集中（以下简称为乌瑞夫人 1992）。① 该文深入地讨论了蒙古传统信仰体系中的地神观念，这对于我们认识古代蒙古人的神祇世界观有着直接的参考价值。作者先考察蒙古与南西伯利亚民间史诗中地神的外在形象，发现其外形多呈现为令人恐怖的怪兽动物，只是与一般的蟒古斯魔怪有所区别。地神在这些英雄诗歌中有时会成为主人公在经历难题考验中所制服战胜的对手，但有时也会转化成对英雄有利的帮手，因此具有双重性格。在其正面形象中，地神还会作为无依孤儿的抚养者出现，反映了它能够向人提供庇护所以及再生之力。而在雅库特史诗中，地神又与氏族树存在密切联系：英雄对圣树的祈求召唤最后迎来了白发地母从圣树根部现身，而同时又作为氏族女祖先的白发地母向英雄说明了后者的身世和将要承担的责任。这表明了地神、祖先身份上的重合，并揭示了氏族与其所居地域之间的紧密关联。在具体论及孛儿只斤氏族所居住的不儿罕山地域时，作者结合其对圣山–氏族树主题的考察，进而强调成吉思汗向不儿罕山的献祭行为同样具有向山神–地神祈祷求福的深意，因为该神祇正是孛儿只斤氏族的

---

① Käthe Uray-Kőhalmi, "Die Herren der Erde", in. W. Heissig（Hrsg.）*Fragen der Mongolischen Heldendichtung*；Teil5, Wiesbaden：Harrassowitz, 1992, SS. 78 – 87.

保护神。《秘史》卷一中所出现的神异之物：独眼远视人及其兄弟、夜梦中前来与阿兰豁阿相会的金色异人及其化身的黄犬形象均系该保护神的不同实体表现。[①] 乌瑞夫人附带指出蒙古人与南西伯利亚的雅库特人等共有的独眼山神的观念应视作源自共同传统的证据。

作者又在文章的最后一部分概括了地神作为一定地域的实体化形象所具有的性格：取决于相关人群所处的历史 - 政治环境，地神可以表现出对人类友善、中立、为恶三种不同的态度。而从地神或山神的本性来看，其功能则是给其所监护地域上的人兽生灵赐予生命力和福运，掌控护卫着他们的灵魂，使其降生于世而在死后又返归冥间。此外她还讨论了森林民族和草原民族对于本地之外的地神的不同观念。对于前者而言，那种与外部空间相对应的地神就其本质来说，仍然表现出中立性质而不具危害性。该观念和森林地带的生活环境是一致的。相反，对于草原民族来说，部落间所维持的政治关系不够稳定，而草原民族在游牧迁徙到外地时又容易遭遇外来敌人带来的危险，因此在原居地之外的空间地域显得远非友善可亲，而其物化形式地神自然也就多以面目狰狞的危险动物形象出现。这种负面外形可以看成人们实际接触到的外来恐惧的投影。在民间史诗中，英雄主人公一旦与其遭遇，就必须或者制服它，或者至少也要使之妥协。但在现实生活中，蒙古人不时担忧这种外部的地神会对其带来灾祸甚至危及性命。典型的例证即是《秘史》中描述窝阔台在对金征战取胜后因杀戮过多，而遭致金国本地水土之神的报复，仅仅倚靠其弟拖雷以身代祭才得以转危为安。虽然这段情

[①] 《史集》中称成吉思汗因为出猎时喜欢不儿罕山一棵孤树，遂以之为中心将其周边地域指定为其家族成员的下葬地。根据乌瑞夫人对已逝氏族成员灵魂托庇于氏族树的观察，有理由认为在蒙古人心目中，该孤树如同现实中竖立的萨满树一样，同样都是氏族树的实体化身。《史集》还说成吉思汗下葬当年，野地上长起了无数树木和青草。这一点使人联想起《魏书》卷 108《礼志》所记北魏在其祖宗之庙所立的祭祀桦木 "生长成林，其民益神奉之"。传说的相似显示出作为氏族崇拜对象的兆域和宗庙的神圣性。参见〔波斯〕拉施特主编《史集》，余大钧等译，第一卷第二分册，商务印书馆，1986，第 322～323 页；水野清一「林となつて灵异を示す话」『东洋史研究』卷四第 1 号、1938。

节本身带有神话色彩，以试图掩饰黄金家族内部手足相残的深重悲剧，却准确照见出当时蒙古人对于外部陌生世界敬畏有加的心理观念。此外，乌瑞夫人还举出若干旁证：当初布里雅特人的迁徙方向是从西向东，故在其观念中，西方的神灵友善而东方的神灵作恶，而对于那些从北向南迁徙的通古斯人来说，南方又成了邪恶敌人的所在方向。故从本质上看，地神的不同形象直观地映射出氏族与其所居故土和外部世界的不同关系。

显然，上述论文均从不同侧面挖掘了蒙古人与南西伯利亚民族之间的文化联系，读者自然会提出疑问：当初大蒙古国成立前后，融入汗国体制的是否也有源自南西伯利亚的突厥–通古斯人？乌瑞夫人在 2002 年《匈牙利东方学报》的纪念李盖提特辑上所发表的专文《〈秘史〉中出现了通古斯人吗?》（以下简称乌瑞夫人 2002）可以看作她对此问题的基本回答。[①] 不过综观全文，可知作者行文的重心还是落在了用民族学的方法重构蒙古人从入居鄂嫩河源直到成吉思汗幼年时期的社会生活环境上。文中开篇即点出，孛儿只斤蒙古人的活动地域处于森林与草原的边缘地带，他们在此兼营狩猎与放牧维生，这种混合经济形态持续了约一个世纪之久。她先引证《秘史》第 109 节的有关内容，论及蔑尔乞人的森林渔猎民特性，随即又用较大篇幅缕析了《秘史》首卷对阿兰豁阿所在氏族迁徙历程的记叙，说明该氏族是兼营狩猎与放牧的混合经济人群，而类似现象在贝加尔湖地区颇为常见。作者接着回顾了阿兰豁阿与朵奔蔑儿干结合的神婚性质，再次强调了朵奔兄弟与主宰猎物的山神形象之间的关联。在乌瑞 1970 解释的基础上，该文新从通古斯语的角度阐释了“都蛙”一词的来历，其含义为“顶峰、山巅”，因此阿兰豁阿夫兄的名字与山神的联系更趋直接。作者又考察了《秘史》第 13～16 节中朵奔蔑儿干从兀良哈猎

---

① Käthe Uray-Kőhalmi, “Tungusen in *Der Geheimen Geschichte der Mongolen?*” *Acta Orientalia Academiae Scientiarum Hungaricae* Vol. 55/1 – 3, 2002, SS. 253 – 262.

人处接受兽肉馈赠的细节，从其形象身份入手，论证了兀良哈人遵循的这种与外人或者猎神分享猎物的行径是一种少见于草原地带却流行于森林地区的狩猎礼俗。

作者又在旧文对孛端察儿萨满－始祖双重形象分析结论的基础上，论述了孛端察儿兄弟对统格黎克溪居民的抢掠实际上反映了新来的蒙古人攫取生活在森林地带但又放养牲畜的兀良哈人的地域的史实。根据以上论述，乌瑞夫人认定，神话和习俗上的证据共同揭示了在蒙古人迁入鄂嫩河源之初，其文化中明显是南西伯利亚成分占据优势，经济形态上兼有牧猎。他们还与当地的原住民兀良哈人有着紧密的联系。后者不仅仅是射猎民，还拥有南西伯利亚森林民独擅的技术优势：长于冶铁。但当蒙古人移居进来之后，他们渐次沦为其下属，不过却把这种对当地圣山的崇拜连同冶铁礼仪等一齐传递给了前者。既然兀良哈人对蒙古文化的塑造如此重要，作者于是就用余下的篇幅讨论了这一人群的民族成分。在她看来，虽然民族志的材料显示兀良哈作为族名在南西伯利亚及相邻地域分布至广，以至于在操突厥语和通古斯语的各人群中都能发现其踪迹，但该词从构词法的分析上看，还是一个明确的通古斯语单词：词干部分来自埃文基语 urě（山、山林），后缀-ngkai～-ngai 表示"居民"，故整个词语表示山林民族的意思。这也同各处的兀良哈人所处的植被地理环境相一致，虽然其语言并不全然相同。作者此后对大蒙古国建立前后的兀良哈人的语言情况做了推断，看来她不赞同伯希和的结论，即他们已经全部从语言上蒙古化了，而是毋宁相信他们仍然使用突厥语或者通古斯语，只不过在一定程度上作为双语人群也能讲蒙古语。她还认为，这些兀良哈人的成分实质上构成了今天操突厥语的雅库特人的民族底层，并且这些雅库特人和当初成吉思汗氏族的蒙古人的底层成分都来自通古斯人。作为支持这一基本设想的证据，作者分析了《秘史》中一些难以用蒙古语来解释词源的名词，指出它们实际上均属通古斯语借词，这些单词又多与采集、渔猎、冶铁相关，反映出当时的蒙古人确实在这些方面与通古斯人有过密切的文化交流，故对其观点不啻是一种支持。①

作者在最后还分析了孛端察儿兄弟和帖木真幼年时均只拥有少量马匹的情节，认为这表明蒙古人尚处在一种从森林到草原的过渡状态中，可称之为骑马狩猎人最为合适。与这种生活形态最相近的就是近代的鄂伦春人。对于这类人群来说，如果能拥有充足牲畜作为资本从事劫掠，那么就有希望最终幸运地转化成势力强大的草原游牧民政治集团，反之则可能要倒退到森林深处谋生。

此外在 2002 年布达佩斯举行的国际阿尔泰学会年会上，乌瑞夫人提交了一篇题为《论契丹与蒙古的共有传统》，并于次年正式刊载于会议论文集中（以下简称乌瑞夫人 2003）。从标题上看，该文是将乌瑞夫人 1987 中所涉及的《秘史》中的契丹始祖传说因素引向深入，尝试全面梳理两者的文化相似性问题。文中列举了以下数项相似性：（1）契丹人与蒙古人在举行义兄弟之间的结拜仪式时，往往都要交换衣物等生活用品；（2）妇女在契丹与蒙古社会中都享有很大自由，并拥有较高地位，均出现过女摄政的情况，此点与突厥人显著有异；（3）氏族祖先起源神话的近似；（4）两者均流行对圣山－圣树的崇拜和祭祀；（5）两者宫廷中均重视对于灶火的看护，且一致与祖先祭奠有关；（6）旗鼓在契丹－蒙古人中均象征着权力和氏族，还都存在以人祭旗的习俗；（7）数字"八"在契丹和蒙古的祖先祭祀中都具有异乎寻常的重要性等。②

对于上述现象，作者认为宜分为两类，一类是属于草原民族

---

① 例如《秘史》第 74 节中述说铁木真母子依靠挖掘采集一种名叫速敦的草根为食。此前柯立夫已注意到该词也见于《元史·伯颜传》中，音译作蓿敦。他将其复原为 sudun，并与蒙古语中一种表示类似黄芩的植物 sudusun 相联系。根据乌瑞夫人的考察，它实际上借自埃文基语的 sudui（野洋葱）。参见 F. W. Cleaves, "The Biography of Bayan of the Bārin in the *Yüan shih* translated and annotated", *Harvard Journal of Asiatic Studies* Vol. 19, 1956, p. 263 No. 690.

② Käthe Uray-Kőhalmi, "Übereinstimmungen in der Tradition der Kitan und der Mongolen", in. A. Sárközi ed. *Altaica Budapestinensia MMII*: *Proceedings of the 45ᵗʰ Permanent International Altaistic Conference*, *Budapest*, *Hungary*, *June 23 – 28*, *2002*, Budapest: Eötvös Loránd Univ. 2003, SS. 368 – 373.

文化广泛传播的现象，如关于圣山崇拜的种种表象，以及与氏族祭祀相关联的圣树崇拜等，这些均为欧亚大陆文化的共性，并非只有契丹－蒙古才独有。另一类因素或者是蒙古继承自契丹，或者是二者均承袭自一个更古老的文化传统，例如氏族起源传说、妇女的较高地位、结拜兄弟仪式及祖先祭祀中的某些要素等。至于蒙古继承契丹文化的时机问题，作者认为当大蒙古国成立前后，一部分契丹人出于政治原因而选择加入到蒙古一方，其中既有公开反抗女真人统治的尚未汉化的契丹部族，也有像耶律楚材这样的契丹皇室之后。而蒙古在与这些契丹人交往的过程中，意识到契丹人在语言文化上较之女真更为接近自己，故而乐于从他们那里汲取文化元素。

乌瑞夫人论述《秘史》的最新论文发表于 2009 年出版的《罗依果祝寿论文集》中，此文的写作距离乌瑞夫人 1970 已经时隔了近 40 年之久，可以看成是她对个人数十年《秘史》潜研心得的一个总结。其题目作《从民族学的角度观察〈蒙古秘史〉》，带有明显的概述色彩（以下简称乌瑞夫人 2009）。[①] 作者眼中的《秘史》不仅应该看作蒙古人历史的源泉，而且也直接反映了时人的思想和意识，故对其的评价不必拘泥于历史著述的真实性。她以阿兰豁阿的神奇怀孕为例，讨论了这一故事在后出著作中所发生的细节改动。最突出的是《秘史》的金色神人与黄犬形象在佛教色彩甚浓的《蒙古源流》中全然不见，而在充满着鄙夷不洁动物的伊斯兰教观念的《史集》中则被红发蓝眼的人所替换。此现象表明《秘史》中的古老神话尤其是其中动物的形象在后世遭到了背弃和忌讳。这反衬出《秘史》的写作完全是在一种不受佛教或伊斯兰教这样的高级宗教影响下完成的，因此其折射出的世界观和价值观，才可以真正界定

---

① Käthe Uray-Kőhalmi, "*Die Geheime Geschichte der Mongolen aus Ethnologischer Sicht*", in. V. Rybatzki eds. *The Early Mongols：Language, Culture and History——Studies in Honor of Igor de Rachewiltz on the Occasion of His 80th Birthday*, Bloomington, Indiana 2009, SS. 183 – 194.

为成吉思汗时代的草原游牧民的文化综合特征。

在随后的概述中，作者重申了她一贯的看法：《秘史》首卷反映出蒙古人文化形态兼重放牧与狩猎的两重性，并补充指出这种由狩猎逐渐向放牧过渡的过程在内亚历史上经常会出现，而16~17世纪的索伦人则是最后一批经历了这种变迁的人群。在蒙古人的这种文化双重性中，森林狩猎民的文化特征群显然属于深层要素，体现在阿兰豁阿父母原本属于南西伯利亚森林狩猎民，其丈夫与森林兀良哈人共享狩猎成果等。至于《秘史》这一部分提到的主人公往往只拥有少量马匹的现象，更是其仅处于向草原生活形态转型初期的生动写照，正如最近南西伯利亚和兴安岭山地的狩猎民同样也只有少数马畜。乌瑞夫人接着论述了"南西伯利亚森林狩猎民文化特征群"的概念，并总结出除了捕猎以外，它还包括的其余要素：捕鱼、饲养驯鹿和少许马匹、利用风箱冶铁、劳役婚等。其中对劳役婚的探讨不见于作者的旧作内。这种让女婿在婚前需在其未来岳父家效劳的习俗见于帖木真与孛儿帖的成婚前。据作者的观察，此风俗在蒙古很少见，但在西伯利亚非常普遍。作者还对比了蒙古人和蔑儿乞人、兀良哈人的情况，指出当时的兀良哈人仍旧是驯鹿狩猎民，而蔑儿乞人和蒙古人则较为相似，均属那种适应草原生活时间还不长的人群，因此其内部仍然有一部分人员专赖狩猎为生。作者在全文的最后指出，这种"南西伯利亚森林狩猎民文化特征群"虽然集中体现在《秘史》的首卷，但在以后的段落中也能找到其痕迹。例如拖雷代替其兄对金国水土之神的献祭，又如蒙力克老人在察觉其子阔阔出将有性命之忧时，顺口吟出了两句譬喻："自褐地如土堆般大时，自江海如溪流般大时"，与此类似的譬喻更多地见于通古斯人对世界形成的描述中。凡此种种都清楚地映照出《秘史》作者所浸染感受的文化氛围，因此人们应当将此书作为一文化现象来评估其价值，而不必用一种如实写作的史书标准来衡量它。

乌瑞夫人对《秘史》研究的另一突出贡献是澄清了萨满团体在

当时蒙古社会中的地位与影响。关于这一问题,作者先于 1991 年发表了《孛额与别乞:早期蒙古人中的萨满团体与祖先崇拜》(以下简称乌瑞夫人 1991)。[①] 她在文中首先揭出其撰著目的:通过对《秘史》中两节记述的考察,以增进学界对于草原帝国官方崇拜成型问题的了解。具体来说,《秘史》第 216 节和 244 ~ 246 节先后出现的兀孙老人和阔阔出一般都被注释者解释为萨满,而在作者看来,有必要重新检讨这一看似不成问题的理解。

就阔阔出而言,其拥有的头衔"帖卜-腾格里",(Teb Tenggeri)已经使他表现出超乎常人的禀赋,而按照《史集》的描述,此人冬季可以裸坐于冰上而不被冻伤,并被认为能与神灵沟通。[②] 作者指出,这种非常人所敢为的坐卧冰上的"神通"也见于民族学家对通古斯萨满的报道中,此外根据海希西(W. Heissig)的调查,阔阔出甚至还在科尔沁民间流传的萨满谱系中占据着开端的位置。这些都显示其人确实是一个受到尊重的很有威力的萨满,但他不满足其社会地位,故极力利用其魅力来谋求政治权力,为此打压对其不满的帖木真的兄弟,最终以遭到大汗整肃而身亡。对于阔阔出的行径,乌瑞夫人认为萨满对权力的这种诉求有其内在合理性,因为在更早的时代,萨满与氏族的长老或领导人在身份上常常是合一的,故阔阔出之举应当被解读为不甘失势的萨满阶层试图夺回权力与地位的不成功尝试。作者此处以孛端察儿为证并旁及其他事例,以说明氏族祖先与萨满的身份确实可以做到合二为一。至于对成吉思汗这样的世俗统治者来说,他们只是希望利用萨满的超常本领来为其权力装点门面,故自己有时也要上演类似的神异举动,以至于

---

① Käthe Uray-Kőhalmi, "Böge und beki: Schamanentum und Ahenkult bei den frühen Mongolen", in. *Varia Eurasiatica: Festschrift für Professor András Róna-Tas*, Szeged, 1991, SS. 229 – 238.

② 〔波斯〕拉施特主编《史集》,余大钧等译,第一卷第一分册,商务印书馆,1983,第 273 ~ 274 页。关于对帖卜-腾格里的考释,参见 F. W. Cleaves, "Teb Tenggeri", *Ural-Altaische Jährbucher* 39, 1967, pp. 248 – 260.

日后在蒙古民间，察合台夫妇也被人们当作萨满尊敬。① 而萨满在当时社会里的中心任务还是保佑本氏族成员免受外来灾祸的伤害，虽然像阔阔出这样的杰出之士也能通过预测未来以左右局势，但始终未被统治者授予正式职务，更谈不上作为萨满之长到达统治阶层的顶端。

与阔阔出不同，兀孙长老的情况则属于另一回事。他被统治者正式册封为别乞，这一官职并不像许多注释者推测的那样，与萨满（孛额）有关。他被赐予的白衣白马装束也不是只有萨满才能独享的打扮。事实上，萨满只是在某些特定的仪式场合下才选择白衣，相似的情况也见于铁匠和台吉中间，因此完全无须放大白色和萨满之间的对应关系。兀孙长老的主要职责应当是主持祖先崇拜，这关系到氏族保护神（翁衮）对成员的保佑与赐福，因而具有非同小可的意义。证以民族志材料，在游牧人社会中，确实也是由氏族长老而不是萨满来负责这一事项。只是在有的场合下，某一氏族会被委以专任，例如鄂尔多斯的成吉思汗陵墓祭祀就是由达尔哈特人专门负责，其历史一直可以追溯到元朝。当然在更高规格的国家礼仪中，君主本人可能直接负责有关祭祀事宜。需要仔细甄别汉文文献与西方文献对蒙古社会所谓"巫"的记载，不能一看到这类用语，就想当然地认为是在描写萨满。更多地来自朝鲜族与满族的田野记录也表明，在这些社会内部，长老主持的氏族祖先崇拜与萨满的"入巫"活动判然有别。后者的工作是通过召唤神灵来驱走邪魔，为人治病，为此作法者本人有时需要进入到精神恍惚的状态中。她还附带指出，那种相信游牧国家内部存在一个拥有较高政治地位的"萨满显贵阶层"的观点，其实只是对中世纪西方国家－教会二元

---

① 值得注意的是，在术扎尼完成于 1260 年的《纳昔尔史话》中明确记述了成吉思汗精通魔法与欺骗，有些魔怪还成为他的朋友。他能不时地陷入恍惚状态中，在这种丧失知觉的情况下，其口中会说出各种事情。此番情景在他兴起的时候可谓司空见惯，而那些降附于其身的魔怪则预言了其军事上的胜利。参见 J. A. Boyle, "Turkish and Mongol Shamanism in the Middle Ages", *Folklore* Vol. 83, 1972, pp. 180–181.

模式的错误挪用，结果将游牧帝国的国家崇拜问题理解得过于简单，自然也就经不起各项事实的检验。

作者最后对萨满地位的概括如下，萨满就其存在方式而言，并不适合被单列入一个阶序化的社会阶层，他们只是某种"出神者"，在感情气质上较常人敏感一些，多少可看作出类拔萃之人，也有可能因其本领而受到尊重，但从本质上看，这些人还是处于社会的边缘，远不能和真正的宗教显贵相提并论。至于那种相信在游牧帝国中存在等级化、宫廷化的萨满教的观点纯属误导，正确的解释应当是：当氏族崇拜一步步发育成国家崇拜时，对其的掌控就由统治者委任给合适的人选或者集体。有关的具体人选完全由富有人格魅力的君主决定，而特定的集体则可能来自帝国联盟下的某一氏族，他们的相关工作经验是可以通过后天"学习"的途径掌握到。相反，萨满的超常表现与能力的取得则全然与国家无关，换言之，他们的这类本领多出于天赋，因而也不是常人可以"学习"到手的。所以《秘史》中的兀孙长老根本就不是萨满，而更像一个地位崇高的国家官员。[1]

同样是在 20 世纪 90 年代初期，乌瑞夫人还完成了上文的姊妹篇《从氏族崇拜到国家崇拜》，并在 1991 年的班贝格中亚研究学术会议上宣读，以后正式收录在该会议论文集中（以下简称乌瑞夫人 1994）。[2] 是文开端简要回顾了草原游牧帝国的发展历程及其与森林地带的关系，指出首先将要研究森林民族与森林－草原民族中的祖先崇拜及其主持者的意义。乌瑞夫人对氏族崇拜的考察从论述氏族树的形象与象征功用入手，她指出，氏族树是氏族崇拜的物化形

---

[1] 对兀孙长老性质的类似解说，参见 U. Johansen, "Seniorität und Verschwägerung in den Berichten der *Geheimen Geschichte*", in. H. Eimer（Hrsg）*Studia Tibetica et Mongolica（Festschrift Manfred Taube）*, Swisttal-Odendorf: Indica et Tibetica Verlag, 1999, S. 155.

[2] Käthe Uray-Kőhalmi, "Vom Sippenkult bis zum Staatskult", in. B. Ingeborg（Hrsg）. *Bamberger Zentralasienstudien Konferenzakten ESCAS Ⅳ Bamberg 8 – 12 Oktober 1991*, Berlin 1994, SS. 317 – 323.

式，在神话史诗中被描绘得神奇而华丽，其根部更是被认作氏族生命力的贮藏所。而在现实的祭典中，氏族树多表现为一棵高大挺拔的阔叶树，氏族的庆典即在树下举行，例如《秘史》中叙述的忽图剌称汗仪式。在这类场合下发生的活动，照例与萨满无关。氏族树还是氏族成员死后灵魂的安息场所，以促使死者在氏族内有再生的可能，故森林民族多采取树葬方式处置尸体。氏族树除了保存生命力以外，同时也象征沟通天地的世界轴。而世界轴的形象又与世界山联系起来，故氏族仪式的举行地常常被选在山顶或者可以很好地眺望高山的平地上，氏族的保护神被想象成居住在山岩上，并拥有动物或者人一样的体貌，并且那些圣山同样也被看作是氏族生命力的贮藏地，所以在民间史诗中，英雄直接从山岩中诞生是一常见的主题。同样与氏族树类似，具有再造生命能力的圣山也是死者灵魂的通常去处，故山地也是死者下葬的理想处所。这种属于氏族崇拜范畴的圣山信仰至今仍通过翁衮崇拜和鄂博祭奠表现出来。氏族崇拜的第三个组成部分则是对水的尊崇，这根植于人们信仰中的长生水观念。

至于这类氏族崇拜的主持者通常都是部落的长老而非萨满。萨满与氏族的联系主要表现在萨满入巫过程中所召唤的神灵多是氏族的保护神翁衮以及萨满的主要职责之一是护送氏族逝者的灵魂前往冥间并保障氏族成员在阳间不受外来伤害。此外在有些事例中，萨满还是本氏族的神话和传说的记忆保持人。总之，一般性质的求福活动不属萨满的基本任务，他们承担的日常性工作如治病、找回失物等与氏族崇拜亦无本质联系。所以氏族崇拜与萨满事务全然不同，前者紧紧围绕山、树、水等自然物进行，并与祖先祭祀整合于一体。

全文的后半部分则转入到对游牧帝国国家崇拜的考察上。在此作者所批评的旧说如下：统治者所在氏族的起源神话自然形成了国家意识形态而祖先神也就相应成为国家的保护神，同时萨满阶层是国家崇拜的承载者。作者根据此前乌瑞夫人1987的考察，指出国家崇拜的来源绝不只限于统治氏族的神话要素，而是以兼容并包的态度整合了历史和现时上多个族群的相关资源，以唤起其统治下的异质人群的归属感与认同心。而较之氏族崇拜，王朝的开国者常在国家崇拜中被赋予更高地位，至于国家崇拜的承担者，既可以是特定氏族，也可以是各种显贵头面人物甚至君主本人，但与氏族崇拜类似，萨满在其中同样不起重要作用。

二　国际学术视野下的乌瑞夫人研究业绩之评析

在详要地概括了乌瑞夫人的上述研究成果之后，我们不妨从国际学术的背景与现状来对其成就作一评估，以凸显出其与众不同的学术贡献，并从中体会到她在这方面的学术造诣对我们会有哪些重要的启示。前面已经多次提到，她对蒙古人先祖神话的考察是贯穿其《秘史》研究的主线（参见乌瑞夫人1970、1987等）。在这一领域，与其研究最具可比性的要数村上正二1964年在《史学杂志》上发表的长文《论蒙古部族的祖先传承》，[①] 迄今为止，该文仍然称得上是研究蒙古祖先传说篇幅最长，论述也最详尽的力作，将此文的主要观点与乌瑞夫人论著相比照，不难发现二者的相异与趋同点。对于《秘史》卷首所记的蒙古祖先传说谱系，村上氏同样没有视其为一元整体，而是将其拆解为三组各自独立的传说，其中真正唯成吉思汗氏族独有的只有阿兰豁阿神奇怀孕产子传说。《秘史》开篇的苍狼白鹿传说属于整个移居到不儿罕山一带的蒙古部族的共有传说，朵奔兄弟的故事则在上述二组传说之间起到媒介桥梁的作用。尽管他没有将狼鹿作为祖先动物的历史上溯到更早的时代，但仍与乌瑞夫人一样，原则上也倾向于用族灵信仰来解释二者的出现，并具体将其解说为萨满神兽，视之为始祖的守护神，发挥着如同翁衮似的功用。如此看来在村上氏构建的蒙古祖先传说体系中，

---

① 村上正二「モンゴルの族祖传承——とくに部族制社会の构造に关连して」载氏著『モンゴル帝国史研究』风间书房，1993、207－276頁。

狼鹿神话的位置也是处于底层。关于不儿罕山在蒙古信仰体系中的地位，村上氏以匈奴－突厥时期的郁督军山为例证结合相关民族学资料，认为不儿罕山与之类似，是蒙古人心目中狼鹿族灵栖居的圣山。蒙古人每年春季正是通过对这一祖灵的祭祀来取得母畜丰产等种种回报。不过与乌瑞夫人截然相反，村上氏强调了萨满在祖灵祭祀中的核心地位，而且他还指出萨满在森林地带的活动显得更为频繁一些。

村上长文中同样是将都蛙锁豁儿的形象作为考察的重点。对其产生的背景分析，他也是从梳理不儿罕山与兀良哈人的关系入手，由此肯定了后者才是此山的土著，并以圣山观念影响晚到的蒙古人。作者此处也讨论了阿兰豁阿之父所请求的不儿罕山主人的名称（Burqan bosqaqsan šinǰi bayan uriangqai），他大胆推测 šinǰi bayan 应还原为 šemči bayan，整个名称的意思是"现身于不儿罕山的兀良哈哑巴长老"，[①] 这表明了兀良哈人对该山的原属权。随之出现的独眼人都蛙锁豁儿则是栖居此山的山神，并且还是保佑兀良哈人日常生活尤其是狩猎方面的族灵，阿兰豁阿与其弟的结合应看作是一场由山神主持的不同寻常的婚礼。村上此处颇费周章地讨论了独眼与山神形象之间的对应关系，而且与兀良哈人作为特殊冶铁部落的特征相联系。他使用的类比材料主要源自日本民俗学研究的奠基人柳田国男对于日本古代传说中栖居山中的铁匠始祖独眼独脚怪物的研究，还参证了贝冢茂树对中国古代独眼独脚山神"夔"作为金属冶炼神性质的考察，由此论定都蛙锁豁儿的类似特性。他此处甚至还以古代经常是由残疾人集团专司冶铁行业为据，以便能对此前关于"哑巴长老"的解释自圆其说。随后村上氏又连篇累牍地引用 Cza-plicka 和宗教学家伊里亚德（M. Eliade）等人关于萨满和铁匠身份相似的论说，把《史集》中关于蒙古宫廷新年之夜举行锻铁仪式的

---

① 乌瑞夫人 1987 S145 No.66 引用科瓦列夫斯基大词典，注明 šinči 是蒙古语"体格"之义，故将神名解释为"具有高大形象的神"。

活动解读成一种从兀良哈人那里辗转承袭而来的萨满教秘仪。在他看来，当作为外来人的阿兰豁阿氏族要进入不儿罕山定居射猎时，首先就要取得兀良哈人的保护神独眼山神的许可，并通过山神安排的圣婚和接受对方特定的锻铁仪式来通过这种常常为人类学家提及的"入会考验"。以后阿兰豁阿的神奇怀孕又暗示她凭借着大巫女的身份，使得神灵附体，最后产下了日神之子。

显然村上正二以上关于族灵信仰论述的主旨与乌瑞夫人对于氏族崇拜的基本看法颇有可比性，这体现在对独眼山神形象的识别及对兀良哈人作为狩猎－冶铁民性质的论证上，因此两人在阿兰豁阿婚姻的非世俗性上各自都得出了近似的结论。只不过村上氏没有讨论朵奔蔑儿干的神话形象，而乌瑞夫人则参照《史集》中的同人异名朵奔伯颜，结合民族志材料，进而论定其人同样也是山神的实体表现。另外在与阿兰豁阿神秘相会的神灵问题上，乌瑞夫人解释其为氏族保护神，村上氏则以日本神话中流行的"日之御子"观念为参照而径直称之为日神。他还采纳了"别乞"一名为萨满之首的说法，而这正是乌瑞夫人在相关论文中极力批驳的。当然就问世时间来说，村上氏的论文要较后者为早，而且乌瑞夫人不谙日文，无法利用此前村上氏已经发表的这些可资借鉴的成果。不过客观地说，尽管村上正二堪称日本战后专治蒙古史特别是《蒙古秘史》的翘楚，但是他的论文中却并未引用多少第一手北亚民族志的材料，以柳田国男论述日本山神的个案来比附《秘史》神话，总让人感到在进行类比研究时没有很好地遵循"先近后远"的学术规范，相反乌瑞夫人对于北亚民族志材料的运用可谓娴熟于心，随时随地都可做到信手拈来，进而借助其渊博的语言学知识，将有关专名的考释推向深入，使读者为之茅塞顿开。故乌瑞夫人的论证后出转精，完全称得上是国际学术界首位如此广博地征引北亚民族志材料对于《秘史》内容进行对比研究的学者，因此著述的晚出对于其学术原创性并无直接的损害。

长期以来，我国学界在对《秘史》首卷所涉人物背后的神话因素的研究重视不够。直到 20 世纪 90 年代后期，蒙古族学者陈岗龙才正式撰文探讨了都蛙锁豁儿与山神的联系，通过与突厥民族文学中的独眼巨人形象的比较，指出了都蛙锁豁儿的原型出自蒙古－突厥系民族共同信仰的山神形象。[①] 不过这一研究结论似并未对史学界以新的视角探讨早期蒙古社会产生显著影响。与此相对，村上正二的论文却在一定程度上启发了日本学者对于相关问题的继续探讨，此后原田理惠撰发了专文《〈秘史〉所见的前帝国时期的蒙古社会》。[②] 该文也是将蒙古帝国形成以前，蒙古社会内部的森林狩猎民因素置于考察的中心。作者在村上氏结论的基础上进一步指出蒙古先祖的第七代也客你敦和第八代撝锁赤这两个人名实际上是从兀良哈人的族灵与族长名称中承袭衍化而来的，并将朵奔蔑儿干从兀良哈猎人处接受鹿肉的情节解释为狩猎民向反客为主的游牧人上缴贡纳的一种形式。她还考察了蒙古氏族对兀良哈人的支配情况，指出了后者作为依附民尚处于没有阶层分化的原始共产制，而与已经有了明显社会分化的蒙古人完全不同。此外，作者在微观考察上也取得了值得注意的进展。她细致分析了《秘史》第 112 节别里古台的生母因为被俘改嫁羞见其子而避入森林和 79～80 节帖木真为躲避泰赤乌人而逃进森林这两处情节，指出在时人的观念中，森林具有神圣性，因此能成为逃人的天然庇护所，而追逐者不能贸然进入搜索，故当帖木真遁入山林以后，泰赤乌人只得采取守株待兔的办法围在森林四周。相似的情景还出现在《秘史》第 103 节帖木真靠躲进不儿罕山的密林而最终摆脱蔑尔乞人的追捕。这种游牧民也视森林为圣域的观念反映了在同一地域内的牧人对狩猎民文化的尊重，有利于双方在表面的支配关系格局下更为融洽和睦地共处。

故综合村上氏和乌瑞夫人的论证，都蛙锁豁儿的山神性质大致可以论定。不过发人深省的是，在后代蒙古人讲述的民间故事中，

---

① 陈岗龙：《蒙古族独眼巨人故事的比较研究》，载氏著《蒙古族民间文学比较研究》，北京大学出版社，2001，第 46～48 页。

② 原田理惠「『元朝秘史』に見る帝国成立前のモンゴル社会」载『佐久間重男先生米寿纪念明代史论集』汲古书院、2002、239－259 頁。

独眼山神完全逆转为凶残负面的反面典型，其体格巨大，平时住在山洞中并放牧羊群，对于牧民来说则是非常可怕的食人怪物。落难者通常只能通过先用计刺瞎其额头上的独目，再将自己藏在羊腹下或者身披羊皮才能脱险。类似的故事也流传于哈萨克－柯尔克孜人和乌古斯突厥人中间。[①] 这类故事中的牧羊情节显然与狩猎民族所熟悉的山林环境不够统一，反而与草原生活更为贴近，故知其属于晚出题材，折射出了草原民族的生态观。这也同蒙古人、柯尔克孜人和乌古斯人日趋游牧化的经济形态变迁是一致的。看来对于已经彻底脱离森林狩猎文化环境，完全适应了草原畜牧生活的牧民来说，过去作为狩猎主宰者的山神的令人敬仰的形象在人们的记忆里逐渐遭到了歪曲，虽然保留了独眼穴居的典型特征，但却最终被妖魔化处理，沦为贪婪的食人者，其对羊群的控制则暗示它作为牧民财富的掠夺者而存在，因此在生命和财产两方面成为游牧人不折不扣的对手。与此相对，在南西伯利亚的那些半畜牧半狩猎的民族如布里亚特人等那里，主管猎物的远视独眼神形象依然长期存在，只是随着畜牧文化因素的掺入，独眼神的社会角色中又新增加了看护羊群一项。[②] 至于在那些更多地保持了狩猎文化传统的高山地带，独目山神的正面形象则更未经历明显变迁。例如在高加索山区广为人知的独目山神 Elta 一直受到人们的极大尊敬，它是猎人的保护神，猎物都归他掌管，故猎人的收获大小完全取决于它，为此猎人在狩猎完成后必须对其进行祭祀答谢。[③] 巴基斯坦北部洪札河谷山区的布鲁沙基人也流传着类似的独目巨人的形象，平时猎人只能看

① 郎樱：《东西方文学中的独眼巨人母题》，《西域研究》1993 年第 3 期；阿地里·居玛吐尔地等：《柯尔克孜族民间信仰与社会》，民族出版社，2009，第 139、257 页；《中亚文明史》第 5 卷，蓝琪译，中国对外翻译出版公司，2006，第 614 页。G. Lewis, trans. *The Book of Dede Korkut*, London 1972, pp. 140 – 150. J. Taube, "Albasty in einer Überlieferung bei Č. Č. Valichanov", in. Anett C. Oelschlägel (Hrsg) *"Roter Altai, gib dein echo！" Festschrift für Erika Taube zum 65 Geburtstag*, Leipziger Univ., 2005, SS. 473 – 474.
② 参见乌瑞夫人 1970，S. 249.
③ A. Dirr, "Der Kaukasische Wild-und Jagdgott", *Anthropos* Vol. 20, 1925, S. 144.

见其仅凭借一只腿在山上跳来跳去，不过人们可以通过制服它来使
其为之服务。① 兴都库什山的人们还传说天上的彩虹就是独眼巨人
的身影，他平时仰赖高山上的泉水为生。② 故生态环境的差异和经
济形态的转变导致独眼山神的形象因地各异，大抵在狩猎文化要素
占优势的山地和森林地带，其多以对人无害的形象出现，而在草原
畜牧社会中，却逐渐被视为牧民的天敌。

　　乌瑞夫人和村上正二还一致重视《史集》中兀良哈人声称自己
对于当初蒙古人冶铁出山一事颇有助益的记载，并认为后来为蒙古
人所遵循的新年冶铁礼仪其实也是袭自兀良哈人。如果这一推论符
合实际，那么岂非是说蒙古人直到入居不儿罕山一带才从当地的原
住民那里学到有关冶铁的知识与礼仪？而此前蒙古人的祖先在额尔
古纳河右岸的山谷中"冶铁出山"的传说就完全丧失了最基本的前
提条件？欲解除这些疑惑，就需要考察蒙古高原及其附近铁矿资源
的实际分布状况，目前的证据显示从额尔古纳河的右岸一直到大兴
安岭山脉确实不见铁矿分布，距离额尔古纳河最近的铁矿资源在其
左岸靠近今博尔朔夫山的地方。更为集中的铁矿资源则蕴藏在贝加
尔湖东－南方向的南西伯利亚以及毗邻的色楞格河与鄂尔浑河的交
汇处，此外在杭爱山一带也有天然铁矿，但明显不及上述地点丰
富。③ 故此前语言学家用满－通古斯语的"铁"（sele）来解释古突
厥文碑铭中就已出现的仙娥水/色楞格河（Sëlëŋë）就显得颇有道
理，虽然以后这里的通古斯人渐渐被蒙古人所同化。④ 再考虑到不

---

① H. Berger, "Etymologische Bemerkungen zu einigen auf Geister und Geisterglaube
bezügliche Wörter im Burushaski", in. P. Snoy（Hrsg）. *Ethnologie und Geschichte*：
Festschrift für Karl Jettmar, Wiesbaden：Franz Steiner Verlag, 1983, S. 31.

② Wazir Ali Shah, "Notes on Kalash Folklore", in. *Cultures of the Hindukush*：*Selected
Papers from Hindu-Kush Conference held at Moesgard 1970*, Wiesbaden：Franz Steiner
Verlag, 1974, p. 73.

③ 白石典之『モンゴル帝国史の考古学的研究』同成社、2002、54頁図1－25。

④ 同样以"铁"给所居地的河流命名的情况也见于西伯利亚的通古斯人。参见
Karl H. Menges, "The South-Siberian Turkic Languages Ⅱ", *Central Asiatic Journal*
Vol. 2, 1956, p. 170.

儿罕山的兀良哈人正是从北方铁矿丰富的南西伯利亚森林地带南迁过来而新抵达的鄂嫩河源一带却相对缺少铁矿分布，因此可以认为兀良哈人将其在南西伯利亚始居地就早已掌握的冶铁技术教授给新迁到草原区域的蒙古人的观点当距史实不远。① 故《史集》中关于蒙古祖先冶铁出山的生动记叙反而相对晚出，是其西迁入草原接触到铁矿冶炼知识之后方才形成的全新传说。

其实《史集》中的熔铁出山故事还有其他值得推敲的地方。按照书中所记，此地的四周唯有群山和森林，仅靠一条羊肠小径才能与外界沟通，所以当后来蒙古人随着人口繁衍而想外迁时，竟不得不倚靠如此奇异的解决措施才能走出这一险峻至极的原居地。② 由于该地被拉施特记作额儿古涅－昆，故学者们一般都把事发地点推定在额尔古纳河的右岸山林一带。但问题在于，额尔古纳河右岸并无险峻大山，多数地区平均海拔只有 500～1000 米。而山势巍峨的大兴安岭距离此河还有相当的距离，不宜被看作是紧邻此河的山地。③ 大概正是存在上列因素，那些实际造访过额儿古涅－昆的蒙古人才会对拉施特说，该地虽然条件艰苦，但并未到达所说的那种程度，虽然他们仍然相信熔山开路之事确曾在此处发生过。④ 这种传说描述与实际环境之间的显著差异说明了西迁之后的蒙古人其实是把他们的先祖在大兴安岭山地和海拔相对较低的额尔古纳河右侧的先后两个不同时期的生活经历糅合在一起，前一时期反映的应该是唐代的蒙兀部作为室韦的一支尚生存在兴安岭的深山老林中，可谓完全的渔猎民族，而在稍后的时段中他们已经迁出山地，移居于

---

① 正是由于蒙古部所处的鄂嫩河流域一带缺乏铁矿，故帖木真于 12 世纪末发动的对于色楞格河下游的蔑儿乞部的战争被学者解释为夺取稳定的铁矿供给地。参见白石典之『モンゴル帝国史の考古学的研究』、52～53 页。

② 〔波斯〕拉施特主编《史集》，余大钧等译，第一卷第一分册，第 251～252 页。

③ 以 17 世纪末的俄国访华使团为例，他们于 1693 年 8 月 8 日渡过额尔古纳河，直到 9 月 1 日才抵达位于兴安岭山脉一侧的雅鲁山。参见〔荷〕伊兹勃兰特·伊台斯等《俄国使团使华笔记（1692～1695）》，北京师范学院俄语翻译所译，商务印书馆，1980，第 157～158 页。

④ 〔波斯〕拉施特主编《史集》，余大钧等译，第一卷第一分册，第 252～253 页。

自然条件异于从前的额尔古纳河畔。只是到了拉施特时代,蒙古人对于这两个不同时期的历史记忆已经完全混淆在一起,并植入了在定居到草原以后才有的冶铁题材,使得整个故事初看之下仿佛为一个统一整体。实际上田村实造早已通过梳理文献记载,将蒙古人迁徙的全过程区分为前后三个时期,分别对应兴安岭山地、额尔古纳河源头之一的海拉尔平原、鄂嫩河-石勒喀河流域,时间上则相继处于唐代、10~11世纪的辽代、12世纪的金代。[①] 较之多数著述仅将蒙古人的迁徙划分为在额尔古纳河与鄂嫩河先后两个阶段,这种"三期论"应该说更为可取。

不过若按田村氏的观点,那么蒙古人真正迁播到草原地带是在12世纪,这会不会在时间上有些偏晚?对此村上正二明确推断蒙古人是在9世纪中叶的回鹘汗国覆亡后,经贝加尔湖东侧的僻地进入了草原。[②] 类似的断代分歧也出现在我国元史学界。[③] 在此我们可以回顾乌瑞夫人的有关看法,在乌瑞夫人2002中,她认为孛儿只斤蒙古人的先祖在这一森林草原的过渡地区已生活了约一个世纪;而在乌瑞夫人2009中,她又指出在帖木真出生前四至五代人的时间里,蒙古人已经启动了从森林狩猎民族向草原民族的转变。[④] 据此可知她基本上是认可蒙古人在11世纪末期到12世纪初期迁徙到该地区的。尽管她对自己的这一观点从未做过周密论证,而更多的是出自一位民族学家的经验判断,即从《秘史》首卷及其他部分存在如此之多的森林狩猎文化因素的现象上推测出来的。简言之,她透过对

---

① Tamura Jitsuzo, "The Legend of the Origin of the Mongols and Problem concerning Their Migration", *Acta Asiatic* Vol. 24, 1973, pp. 1–14.

② 村上正二「モンゴル帝国の成立と分裂」『モンゴル帝国史研究』第278頁。

③ 姚家积认为蒙古人是在11世纪后期至12世纪前期这段时间才到达三河之源,陈得芝则论证蒙古部迁到这一地区是在9世纪后期或稍晚。参见姚家积:《蒙古人是何时到达三河之源的——兼论蒙古人母权制氏族社会的发展》,《元史论丛》第一辑,中华书局,1982,第12~29页;陈得芝:《蒙古部何时迁至斡难河源头》,载氏著《蒙元史研究丛稿》,人民出版社,2005,第61~67页。原作发表于1981年。

④ 乌瑞夫人2002,S. 253;乌瑞夫人2009,S. 186.

这些遗留性因素的提取分析，最后得出蒙古人转向游牧化生计的时间不会很久的认识。当然她此前对 17 世纪通古斯人由狩猎转向放牧个案的考察也有助于其建立一种类比联系（简称乌瑞夫人 1981）。[①]那么这种民族学家的观察体验是否和从其他角度独立得出的结论吻合呢？

近期考古学证据的浮现使得历史上蒙古人迁入草原的时间问题逐渐清晰起来。考古学者通过对 9 ~ 12 世纪额尔古纳河到色楞格河之间广阔地带的考古学文化的区分与鉴别，发现属于原蒙古人文化的额尔古纳考古类型直到 12 世纪才向西越过额尔古纳河扩张到北至石勒喀河，南到克鲁伦河并包括三河之源在内的广大区域，从而改换了此前当地的文化面貌，形成真正意义上承载初期蒙古人文化的所谓 Undugun 考古学文化。这种现象的发生显然同 12 世纪初期原先控制草原地带的辽国因女真的崛起而陷入危亡的时局变迁有关。原先在两个多世纪内同时受制于契丹与阻卜而不得西进的蒙古人抓住了这一历史机遇，迅速进入草原填补了势力真空。[②] 如此来看，蒙古人入主草原的时间诚然比一般以为的要晚，此前学界常用的利用《秘史》和《史集》所载的蒙古祖先世系来逆推西迁时代的做法值得商榷，相反乌瑞夫人采取民族学方法得出的相关推论却显得与考古证据相去不远。

乌瑞夫人 2002 肯定了森林兀良哈人中存在显要的通古斯人成分。这种观点也可以在一定程度上得到其他学科论据的支持。首先关于兀良哈人定居的贝加尔湖和额尔古纳河之间的外贝加尔地区，其被不少苏联时期的民族学家和人类学家认定系通古斯人的发祥地之一。持这种说法的学者认为通古斯人的祖先在该地区与突厥－蒙古人的祖先分离后，再向西与内贝加尔地区的古老居民

---

① Käthe Uray-Kőhalmi, "Daurien: Das Keimen und Absterben Eines Nomadenreiches", *Acta Orientalia Academiae Scientiarum Hungaricae* Vol. 35/2 – 3, 1981, SS. 255 – 273.

② 白石典之『チンギス＝カンの考古学』同成社、2001、15 – 37 頁。

（体质人类学上近于尤卡吉尔人等古亚细亚人）融合，在此基础上才形成了真正意义上的通古斯人。[①] 尽管这一问题尚存争论，但历史记载和民族学资料却一致显示了从 16 世纪直到最近，通古斯人（主要是埃文基人）确实是外贝加尔地区的主要居民。[②] 那么在更早的时期是否也是如此呢？对此从考古证据上观察，至少在下限到公元 10 世纪的以石勒喀河 - 鄂嫩河流域为中心的布尔霍图伊文化中发现了明确的来自东方的靺鞨文化因素，体现在金属制品和陶器用具上。[③] 该文化的对应人群一般被认为是室韦人，而后者一般被认为是构成广义蒙古人的重要来源。[④] 故通古斯人在外贝加尔地区确实有着悠久的活动历史，其影响一直延续到后来的蒙古西迁时期，也是完全可以理解的。此外乌瑞夫人和村上正二还都强调了蒙古文化中森林狩猎因素的另一重要来源，即阿兰豁阿氏族当初是作为豁里部族的支系从贝加尔湖地区南迁入不儿罕山一带的。现在我们知道，贝加尔湖周边的豁里文化兴起于 11 世纪中期，取代了原来在此地区兴盛了好几个世纪的库木鲁琴文化（承载者可能是操突厥语的骨利干人）并随即向东南方向扩张，迟至 12 世纪前期，它已深入到三河之源的肯特山地区。[⑤] 大致正

① 持这种说法的是列文（M. G. Lewin）、瓦西列维奇等，他们修正的是考古学家奥克拉德尼科夫（A. P. Okladnikov）的通古斯人起源于内贝加尔湖区域说，认为后者的概括尚不全面，忽视了对通古斯人起源中东方因素的考察。对此的评述参见 K. Jettmar, "Zum Problem der tungusischen Urheimat", in. *Kultur und Sprache* (Wiener Beiträge zur Kulturgeschichte und Linguistik 9), 1952, pp. 484 – 511; M. G. Levin, *Ethnic Origins of the Peoples of Northeastern Asia*, Univ. of Toronto Press, 1963, SS. 162 – 186. 奥氏观点概要参见 A. F. Michurin 著、佐藤纯一译「エヴェンク（トングース人）の起源问题に就て」『民族学研究』卷 19、3 – 4 期、1956。

② Käthe Uray-Kőhalmi, "Der Mongllisch-kamniganische Dialekt von Dadal sum und Die Frage der Mongolisierung der Tungusen in der Nordmongolei und Transbajkalien", *Acta Orientalia Academiae Scientiarum Hungaricae* Vol. 9, 1959, SS. 163 – 204；并参见乌瑞夫人 1981。

③ 菊池俊彦『北东アジア古代文化の研究』北海道大学图书刊行会、1995、第 196、242 页；臼杵勋『铁器时代の东北アジア』同成社、2004、第 158、209、212 页。

④ 关于该文化的基本介绍，参见阿谢耶夫（I. V. Aseyev）等《中世纪时代外贝加尔的游牧民族》，王德厚等译，《东北亚考古资料译文集》，《北方文物》杂志社，1996。

⑤ 白石典之『モンゴル帝国史の考古学的研究』、36 – 38 页。

是在这时，这些豁里人的余部先后与当地的兀良哈人以及从额尔古纳河方向西迁而来的蒙古人相遇并融合，在此现实基础上形成了阿兰豁阿婚姻故事。以上可以说是用考古学的材料诠释了蒙古文化中森林狩猎因素的来源途径问题，这与乌瑞夫人从民族学的角度延伸出的论断并无实质性的矛盾。

下面再对乌瑞1991关于蒙古社会中将萨满与长老的不同作用相区分的论述作一评价。在随后的几年，剑桥大学的人类学家卡珞琳·汉弗莱（Caroline Humphrey）在达斡尔人鄂嫩的协助下，完成了一部以后者青年时期经历的萨满教活动为主题的带有回忆录性质的民族志，题目即作《萨满与长老：达斡尔人中的体验、知识与权力》。① 从标题上看，在传统达斡尔人社会中，萨满（yadgan）与长老（bagchi 或老人）之间也是有着身份差别的。根据对鄂嫩回忆的概括，虽然两者的行为过去在学界都被笼统地称为"萨满教"（shamanism），但事实上萨满的工作是重在处置日常生活中的疾病、灾祸和精神困扰等。大量对自然事物（天、山、水、岩石等）的崇拜活动是由长老而非萨满负责，因达斡尔人认为这些非生命物的背后均有掌握其生命力的精灵存在，故需要对之进行祈祷与祭祀，其中只有对树的崇拜是由整个团体共同参与。与之相对，萨满更多地是与动物世界打交道，其仪式中自然也多是召唤动物化的神怪。以各自的祷词来说，长老的召唤中处处强调的是一种他所掌握的"知识"的表现，而这种知识又是关于人们身边世界的，故通过祈祷进行"求福"的世俗意图十分强烈；相反萨满的祷歌中则力图将他界中的各类为人所不见的各种形象展示出来，以协助其完成特定的任务，故其内容充斥着超验性，往往非普通人所能领悟。② 此后人类学家对长老在南西伯利亚的帖良兀惕人社会中的功用与性质的调查

---

① C. Humphrey with U. Onon, *Shamans and Elders: Experience, Knowledge, and Power among the Daur Mongols*, Oxford: Clarendon Press, 1997.

② C. Humphrey with U. Onon, *Shamans and Elders: Experience, Knowledge, and Power among the Daur Mongols*, pp. 47 – 61.

也再次证实了上述结论。① 故实地考察的结论基本符合乌瑞夫人此前对二者不同特征所下的论断。

而在乌瑞夫人关于别乞的论著发表以前，确有不少学者相信别乞一职就是代指萨满，并且根据《秘史》中成吉思汗对兀孙长老的记载，进一步推断其为萨满显贵。这种观点较早由巴托尔德和弗拉基米尔佐夫倡导。② 以后又由岩井大慧在全盘接受的基础上作了补充与发挥，在这位日本学者看来，别乞和蒙古语中表示萨满的字额，均系同源词，甚至突厥语中的伯克，女真－满洲语中的字极烈－贝勒也都和它们存在词源上的关系。③ 实际上这种比附并不成立，字额（böge）在词源上借自具有相同含义的突厥语 ∗ bügö（参见回鹘语 bögü 等形式），与同为突厥语的 bög（伯克）和蒙古语别乞（beki）均不相干。④ 突厥语 ∗ bügö 被认为来自一个构拟的突厥语动词 ∗ büg-（"知道"），⑤ 也可能最终源自汉语"卜"（puk）。⑥ 科特维

---

① Agnieszka E. Halemba, *The Telengits of South Siberia：Landscape, Religion and Knowledge in Motion*, London/New York 2006, pp. 114 – 115, 124 – 125, 174 – 176, 182 – 183. 对已逝长老崇拜的叙述参见 R N. Hamayon, "A Challenging Technique involving Imaginary Figures of Power among the Pre-Soviet West-Buryats", in. D. Sneath ed. *State of Mind：Power, Place and the Subject in Inner Asia*, Univ. of Cambridge, 2006, pp. 25 – 27.

② 〔俄〕巴托尔德：《蒙古入侵时期的突厥斯坦》（下），张锡彤等译，上海古籍出版社，2007，第 446 页；〔俄〕符拉基米尔佐夫：《蒙古社会制度史》，刘荣焌译，中国社会科学出版社，1980，第 81～82 页。此说基本上得到鲁保罗的赞同，参见 Jean-Paul Roux, "Le nom du chaman dans les textes turco-mongols", *Anthropos* Vol. 53, 1958, pp. 139 – 140.

③ 岩井大慧「成吉思汗の即位と巫覡に就いて」載羽田博士还历纪念会编『羽田博士颂寿记念东洋史论丛』京都东洋史研究会、1950、120 – 125 頁；H. Iwai, "The Word Pieh-chi 别乞 Beki and Mongol Shamans", *Memoirs of the Research Department of the Toyo Bunko* Vol. 14, 1955, pp. 72 – 79.

④ G. Doerfer, *Türkische und Mongolische Elemente im Neupersischen* I, Wiesbaden：Franz Steiner Verlag, 1963, SS. 233 – 236.

⑤ J. Janhunen, "Siberian Shamanistic Terminology", *Mémoires de la Société Finno-Ougrienne* 194, 1986, p. 103.

⑥ Han-Woo Choi, "On the Turkic Shamanic Word Bögü", in. G. Bethlenfalvy ed. *Altaic Religious Beliefs and Practices：Proceedings of the 33rd Meetings of the PIAC, Budapest June 24 – 29, 1990*, Budapest, 1992, pp. 83 – 87.

奇在考察突厥语的 bög（伯克）和蒙古语别乞（beki）等称衔的关系时，同样也把 böge/bögü 等表示萨满的词汇排除在外。[1] 故从词源上已可断定别乞与萨满毫无关联。而综合民族学和语言学的证据来看，那种将别乞解释为萨满显贵的观点的确显得证据薄弱应予放弃。

乌瑞夫人的论述还颇有针对性地提醒我们，绝非《秘史》等史料中一出现了与超自然力量进行沟通的场景时，就需要采用萨满的活动来加以解说。实际上目前在对早期蒙古人的信仰观念进行分析时，普遍存在着"泛萨满化"的认知倾向。这种观念强调蒙古人早期都是典型的萨满教徒，不仅萨满教在日常社会生活中作用巨大，甚至政治上的"长生天"观念也被看作系萨满宣传天命的一种形式。对于这些流行成说的有效性，有必要重新审视检讨。

首先就兀孙老人的职责而言，《秘史》说是"坐在众人上面，挑选个好年月议论了，教敬重者"。看来他需要处理日常生活中的良辰吉日的预测事宜。而这一择吉工作一般只需要遵循程式化的占卜程序即可完成，无须非得像萨满那样通过"入巫"仪式才能达到目的，所以兀孙老人在此事务上发挥着相当于卜者（tölgečin）的作用。[2] 同样类似的是耶律楚材，他也是凭借着特殊的占卜本领而受到蒙古大汗的器重，最后在窝阔台当政时期，还得以参与军国大计。显然，无论其占卜结果多么灵验，蒙古人也不会把他的身份误解成降神作法的萨满。再来看《秘史》中成吉思汗初次被推选为汗的时候，当时的八邻部的豁儿赤起到了相当大的鼓动作用，他自称亲耳听见一头无角牛作为神明的代言人，说出了"天地商量着国土

---

[1]　W. Kotwicz, "Contributions aux études altaïques", *Rocznik Orjentalistyczny* Vol. 16, 1950, pp. 355 – 365. 也参见 Karl H. Menges, "Problemata Etymologica", in. H. Franke（Hrsg.）*Studia Sino-Altaica*, *Festschrift für Erich Haenisch zum 80 Geburtstag*, Wiesbaden, 1961, SS. 130 – 140.

[2]　民族学家对图瓦的调查表明，在其传统社会中有关预言占卜吉凶的事务由能够与保护神进行沟通的萨满和喇嘛承担，但以后则渐渐为通晓传统知识而阅历丰富的长老所担当。参见 Anett C. Oelschlägel, "Deutung und Wahrheit, zwei Divinationspraktiken bei den Tyva im Süden Sibiriens", in. Anett C. Oelschlägel（Hrsg）"*Roter Altai, gib dein echo!*" *Festschrift für Erika Taube zum 65 Geburtstag*, SS. 378 – 386.

主人教帖木真作，我载着国送与他去"这样极富煽动性的话。但此人的身份同样与萨满无关，而只是部落中的贵族。① 甚至到大蒙古国完全建立以后，蒙古统治者之所以长期对各种宗教表面上均持宽容态度，最主要的原因还是相信这些形形色色的宗教徒都具有祈祷告天来为自己邀福的本领。综上可知萨满的仪式与活动在蒙古人的观念中只是同超自然力量保持沟通的众多渠道中的一途而已，远不能用其来涵盖当时蒙古人的精神世界和信仰体系。所以当蒙古人在外征战过程中一旦邂逅到反常事物时，也并非首先就诉诸萨满活动来化解。例如当蒙古西征军于1221~1222年之交在靠近印度之地发现稀有怪兽"角端"时，随后引发的即是耶律楚材占卜吉凶的活动。② 当然从这件突发性离奇事件的背后，我们也可隐约窥知前述乌瑞夫人1992所论述的地神观念在蒙古人头脑中还占据着重要的位置。

在此人们也许会提出一个疑问，在乌瑞夫人1991、乌瑞夫人1994主要以大蒙古国兴起前后为例讨论游牧帝国的氏族崇拜和国家崇拜时，为何却对学者们常常津津乐道的长生天信仰视而不见呢？这是否成为其所做概括中的一个盲点呢？③ 不过新近的考察却显示这一信仰在大蒙古国创立过程中的地位被错误地高估了。以长生天所对应的蒙古语原词 köke möngke tenggeri 来说，tenggeri 主要是指作为神灵住处的自然天，möngke 作为修辞词则具有"持久、坚固"之

---

① 周良霄认为当时豁儿赤的身份正是别乞，孟慧英则明指其为萨满，皆不确。参见周良霄《蒙古选汗仪制与元朝皇位继承问题》，《元史论丛》第三辑，中华书局，1986，第35页；孟慧英：《中国北方民族萨满教》，社会科学文献出版社，2000，第121页。

② 关于此事可能发生的时间、地点和简要过程，罗依果有详细考述，他在文中纠正了王国维所引用的耶律希逸诗集记载里的舛误之处。参见 I. de Rachewiltz, "More about the Story of Cinggis-Qan and the Peace-loving Rhinoceros", in. A. R. Davis ed. *Austrina*: *Essays in commemoration of the 25th Anniversary of the Founding of the Oriental Society of Australia*, Oriental Society of Australia, 1982, pp. 13 – 29.

③ 这一点在某些论著中被发挥到十分突出的程度，并被赋予了积极的现实意义。参见 Sh. Bira, "Mongolian Tenggerism and Modern Globalism. A Retrospective Outlook on Globalisation", *Journal of The Royal Asiatic Society*, (Series 3) Vol. 14/1, 2004, pp. 3 – 12. 中国学者对此命题的论述以胡其德为代表，参见氏著《蒙元帝国初期的政教关系》，花木兰文化出版社，2009，第44~47页。

义，并非人们印象中的那种"无始无终"的洪荒式的概念。两者连用的首例见于《秘史》卷6的第172节内成吉思汗在庆幸部下脱难时的感谢上苍之语中，故知其起着保护神的作用，但它在成吉思汗的称汗仪式中却并未出现，显然与君临天下的统治合法性没有关联。而"天的旨令"（tenggeri-yin ɉarliq）一词在《秘史》中的出现更是晚到了卷10的第244节中阔阔出的话中。值得注意的是，《秘史》中充斥着对祖先、高山、旗纛等的祭祀，却未单独出现对天的崇拜。当涉及对统治者的庇佑时，天有时还与地搭配联称。事实上，成吉思汗初次称汗的时间远早于长生天观念的出台。只是当帝国以后随着征战频仍日益扩张其疆土时，这一观念才渐渐趋于强化，并体现在蒙古大汗要求对方主动臣服的外交书信中。具体是在窝阔台的统治时期，长生天一词作为套语，固定化地出现在蒙古语"气力里"（-yin küčün-dür）的前面，表示蒙古大汗的权威来自"上天的意志"。① 而在长生天观念越来越多地带有统治天命色彩的发展过程中，外部世界尤其是来自中原一方的王权普适性观念显然对其的定型起到了塑造作用。② 按照《元史·太祖本纪》的记载，直至大蒙古国成立后的1209年，成吉思汗还以为中原王朝的皇帝是"天上人做"，全然未抱有一种受到长生天护佑的统治天下的普适性王权观，仅仅当他得知新即位的君主是懦弱不堪的卫绍王时，才产生了称雄自立的决心。因此乌瑞夫人主要用围绕自然事物为祭祀中心的氏族崇拜来界定12~13世纪之际大蒙古国成立前后蒙古人的精神信仰是完全合适的，长生天信仰转化成普适性的统治合法化理念

---

① Marie-Lise Beffa, "Le concept de tänggäri 'ciel' dans l' *Histore secrète des Mongols*", *Etudes Mongoles et sibériennes* 24, 1993, pp. 215 – 236; F. Aubin, "Some Characteristics of Penal Legislation among the Mongols (13th – 21st Centuries)", in. W. Johanson et I. A. Popova eds, *Central Asian Law. An Historical Overview: A Festschrift for the Ninetieth Birthday of Herbert Franke*, the Univ. of Kansas in Lawrence: Society for Asian Legal History, 2004, pp. 120 – 124.

② I. de Rachewiltz, "Some Remarks on the Ideological Foundations of Chingis khan's Empire", *Papers on Far Eastern History* Vol. 7, 1981, pp. 21 – 36.

则是以后才发生的现象，且与古朴的萨满教观念并不契合。

关于长生天信仰后起的另一个生动事例见于《秘史》和《史集》对拖雷代替窝阔台用自己的生命向神明献祭的不同叙述上。偏早的《秘史》借巫师之口表明了拖雷献祭的对象是作祟的金国水土之神，而在晚出的《史集》中则变成了其向长生天祷告，请求其允准他代替兄长献出个人生命。① 两者的差异有力地证明了《秘史》成书于蒙古人尚崇敬地神的时期，而到了《史集》编修之时，长生天信仰业已取代了这种质朴的带有泛神色彩的唯灵论。

三 乌瑞夫人研究成果给我们的启示

通过上面一节将乌瑞夫人的有关研究成果置于国际学术视野下进行评述，大致明确了她在两个主要方面取得了具有前瞻性的原创贡献。一是12～13世纪之际的蒙古游牧社会中剖离出大量主要来自南西伯利亚的森林狩猎民文化因素，为我们理解稍后兴起的大蒙古国提供了一个有别于以往的观察视点。二是彻底动摇了那种最早被俄国学者提出，以后又流传甚广的蒙古汗国内部存在萨满显贵阶层的假说，并结合民族学的证据对草原社会内部的萨满团体和长老阶层的不同功效作了明晰区分，从而表明远不能纯用萨满教来界定游牧民与超自然力量进行沟通的有关活动。至于她在草原民族物资文化史与通古斯民族的民俗与神话研究方面的造诣，本章因受主题所限而没有涉及。

我们注意到，固然在此之前，符拉基米尔佐夫在名著《蒙古社会制度史》中已经指出森林狩猎民与草原牧民之间的界限并不绝对，前者向后者的转化也常常发生，但是毕竟他对此问题的论述还是止于粗线条似的勾勒。② 而如此广博地使用相关的民族志材料来

① 〔波斯〕拉施特主编《史集》，余大钧等译，第二卷，商务印书馆，1985，第38～39页、201～202页。
② 〔俄〕符拉基米尔佐夫：《蒙古社会制度史》，刘荣焌译，第56～57页。对于符氏论点的回应，参见吉田顺一「モンゴル族の游牧と狩猎——十一世纪～十三世纪の时代——」『东洋史研究』卷40 第3号、1981。

比照解读《秘史》等原始资料以推动这方面的研究，应该说在国际学界中还是始自乌瑞夫人。值得注意的是，乌瑞夫人在其一贯的行文风格中，常常是首先提出一系列她对游牧社会和草原民族的概括性看法作为论述的基本架构，然后再具体以蒙古为例，进行详细的论证。这透射出她对草原民族中蕴藏的森林狩猎文化因素的观察思考明显带有全局性，并非仅止于一个特定的时期或者民族。因此，她除了致力于对《秘史》所反映的蒙古社会研究以外，还曾撰写过 17 世纪原为森林狩猎人群的索伦人向畜牧文化变迁的论文，以揭示这种过渡在北亚的历史上具有规律性。完整地读过其论著后就能体会到，按照乌瑞夫人的研究思路，草原汗国的形成根基显然应该去北方的南西伯利亚针叶林区域去寻获。以其最为关注的蒙古部来说，她将后者兴起的鄂嫩河源定义成一个位于森林与草原之间的中介地带，在她看来正是这样一个从狩猎转向畜牧的历史尚不悠久，长期活动于草原边缘的并不起眼的部落最后却战胜了比其游牧色彩更浓的各传统强部，成功地实现了蒙古草原的统一并逐渐发展为人类历史上面积最大的游牧帝国。所以当人们震慑于蒙古铁骑以千军万马的撼山之势席卷欧亚大陆时，恐怕很难会设想当初黄金家族的家庭成员还曾因为缺少足够的骑乘而在逃难时经历险境。

乌瑞夫人的观察角度明显与拉铁摩尔的学术继承者们的思考取向不尽相同。按照后者提炼出的征服王朝发源于草原边缘地带的学说，成吉思汗与其他入侵者一样，也符合这一规律，因而不是真正起源于大草原的人。[1] 他所设定的草原边缘虽然也包括了中亚绿洲和南西伯利亚森林地带的边际区域，但在具体论证草原社会与周边社会关系时主要还是把视线汇集到蒙古草原与华北农业区域间的衔接过渡地带上。[2] 以后的学者在沿用该模式解释历史史实时基本维

---

[1] 〔美〕拉铁摩尔：《中国的亚洲内陆边疆》，唐晓峰译，江苏人民出版社，2005，第 347 ~ 349 页。

[2] 〔美〕拉铁摩尔：《中国的亚洲内陆边疆》，唐晓峰译，第 292 ~ 293 页。

持了这种"南向关注"的视角，唯巴菲尔德对成吉思汗源于边疆区域的观点提出质疑，相信其出自真正意义上的草原腹地。[①] 实际上辽金时期在北边修筑的界壕边堡已经向北远远楔入草原，抵达位于鄂嫩河流域正南方不远的克鲁伦河草原，由此拉铁摩尔将成吉思汗也判断为在边疆区域成长起来的首领并无大误。[②] 故聚焦到 12 ~ 13世纪之际的鄂嫩河流域及其附近，应该承认那里是一个具有"双重边疆"性质的特殊地带，一方面该地的牧民还保留了浓郁的北方森林狩猎民的文化特色，甚至还有一部分人群如兀良哈人从经济形态来说更近于森林狩猎民；另一方面却又直接承受南方金国的政治与文化的影响。因此这里对于北方森林地带和南方的华北农业区都保持了同等开放性，双方的文化、资源、技术甚至人员可以有效地流动汇聚于此，所以蒙古人绝非僻处在大漠深处的相对隔绝的部族。以上概括可以说是观察前帝国时期蒙古社会的一个基本立足点。故相对学界通常采用的南向观察视角，乌瑞夫人的研究提示了一个从相反方向省思问题的维度，有助于我们全面认识蒙古帝国的兴起背景。[③]

至于她在萨满教研究方面所取得成果的启发性则如她自己所

---

① Paul D. Buell, "The Role of The Sino-Mongolian Frontier Zone in the Rise of Cinggis-Qan", in. Henry G. Schwarz ed. *Studies on Mongolia*: *Proceedings of the First North A-merican Conference on Mongolian Studies*, Western Washington Univ. 1978, pp. 63 – 76; S. Pearce, "The Land of Tai: The Origins, Evolution and Historical Significance of a Community of the Inner Asian Frontier, "in. Edward H. Kaplan ed. *Opuscula Altai-ca*: *Essays Presented in Honor of Henry Schwarz*, Western Washington Univ. 1994, pp. 465 –498; 石见清裕「ラティモアの边境论と汉 ~ 唐间の中国北边」载唐代史研究会编『东アジア史における国家と地域』刀水书房、1999、第 278 – 299 页; Thomas J. Barfield, *The Perilous Frontier*: *Nomadic Empires and China*, Oxford: Basil Blackwell, 1989, p. 12.

② O. Lattimore, "The Geography of Chingis Khan", *Geographical Journal* Vol. 129, 1963, pp. 1 –7. 遗憾的是，这篇论文未被巴菲尔德及时注意到。

③ 以巴菲尔德的著作为例，几乎完全未涉及这方面的内容，只是简单地交代说由于缺少文字记录和考古研究，蒙古 – 西伯利亚之间的交接地带的民族与文化间的历史关系显得晦暗不清。参见 Thomas J. Barfield, *The Perilous Frontier*: *Nomadic Empires and China*, p. 17. 此前涉及这一问题的较为详细的研究参见松田寿男『东西文化の交流 I』(松田寿男著作集第三卷)、六兴出版、1987、125 –147 页。

言，提醒了西方学术界不能满足于单纯地套用西欧中世纪时期国家与宗教的二元模式来解释草原汗国的政权与宗教之间的关系，而要不带偏见地处理好文献记载与民族学资料，切实有效地剖析游牧国家意识形态与氏族崇拜等信仰间的复杂联系。显然这对当下流行的动辄使用萨满教来解释草原民族精神层面活动的学术倾向来说，同样会起到很好的反思效果。

行文至此，不妨对乌瑞夫人的民族学方法论稍加观察。应该注意到，匈牙利在独立以前曾是奥匈帝国的一部分，其知识分子长期习惯采用德语作为学术语言，故在文化上更多地显现出德国学术的深厚影响，民族学领域也不例外。具体到该学科，20世纪前半期在德奥学界占据统治地位的学派就是所谓的维也纳历史民族学派。该学派标榜使用文化圈划分的研究方法，将文化视为诸特征的集合体。在确定文化圈的分布范围时通常是以某种代表性生产工具的流播地域作为标准，而在考察该工具的分布情况时只注重各地器物上的文样与装饰是否相似而全然忽略其在功用上的区别。故这一学派热衷于将传播论作为解释相似性现象的最主要手段，具有明显的反对各地区存在独立进化可能的倾向。它曾在20世纪20年代前后风行于欧洲大陆，以后由于其自身存在的严重理论缺陷很快被后起的人类学学派取代。[①] 不过在德奥两国和匈牙利，该学派的某些思想理念经过与其他学术资源重新整合后仍得以保留。以乌瑞夫人2009为例，文中明确地构拟出一个"南西伯利亚森林狩猎民文化特征群"的概念来，包括了捕猎、捕鱼、饲养驯鹿和少许马匹、利用风箱冶铁、劳役婚等多项具体特征。这就明显地让人体悟到颇有从前文化圈学说的遗风，都是以特征集合体的文化丛概念来看待文化的组成，并且与一定的地域相对应。另外像本章前面提到的乌瑞夫人

---

① M. Harris, *The Rise of Anthropological Theory*, New York：Thomas Y. Crowell Company, 1968, pp. 379–392.

使用的文化"古层"概念也直接源自德奥学者的相关术语，这种文化层的理念其实同样也是当时不少维也纳学派学者在解释文化现象时所习用的。更能展现出她与维也纳学派存在学术关联的则是"传播"（verbreiten）一语常常出现在行文中，以作为对其论述的背景性说明。例如她在解释构成氏族崇拜重要一环的生命树观念存在于西起图瓦，东至黑龙江流域的广阔地带时，明确称其为在欧亚大陆上广为传播的古代神话遗产之一，而且还使用了"传播圈"一词来界定这一现象；类似地在论说狼鹿作为图腾动物在内亚的广布性时，以及与氏族祭祀有关的圣山崇拜在草原出现时也是以传播释之。[1] 她还在具体论及一处受到蒙古人祭祀并被尊称为"岩石妈妈"的石圈遗迹时，很自然地使用昔日维也纳学派非常青睐的大石崇拜的传播现象来诠释。[2] 当然此处揭出乌瑞夫人与这一早已成为明日黄花的学派间的学术渊源并不在于暴露其理论弱点，而只是想提示读者在阅读其著作时应该注意到其研究所反映出的特定理论背景。[3]

另一方面匈牙利的政治局势在二战以后发生了根本变化，转而成为东欧社会主义阵营中的一员。先前民族学派中的不少内容特别是其中的反进化论内容因显得不合时宜遭到批判，而恩格斯的《家庭、私有制与国家的起源》所阐述的社会演进的进化模式则普遍受到欢迎与支持，尤其是书中对初次社会分工的论述因直接解释了牧业的产生背景而在研究游牧起源的学者中备受关注。[4] 乌瑞夫人不

---

① 乌瑞夫人 1987，S. 150，149，137，140，146.
② 乌瑞夫人 1994，S. 320. 关于维也纳学派对此的阐述，参见 Robert von Heine-Geldern, "Das Megalithproblem", in. *Beiträge Österreichs zur Erforschung der Verangenheit und Kulturgeschichte der Menschheit*: *Bericht über das erste Österreichische Symposium auf Burg Wartenstein*, Horn 1959, SS. 162 – 182.
③ 尽管传播论在人类学界早已处于弱势，但在历史学界对其抱有同情态度的学者大有人在。在最近出版的一部关于全球史的导论性质的著作中，作者声称"虽然传播论被修饰和雕琢以符合历史学家的连续性知识，但它作为理解和叙述人类历史的基本工具，是永不可能被抛弃的"。参见〔美〕柯娇燕（P. K. Crossley）《什么是全球史》，刘文明译，北京大学出版社，2009，第 42 页。
④ 中央编译局译《马克思恩格斯选集》第 4 卷，人民出版社，1973，第 20 ~ 21，155 ~ 157 页。

仅同样受到这种社会分工理论的影响，而且她于 20 世纪 50 年代后期还亲自前往外贝加尔地区进行田野考察。该地在经济形态与居民成分上的复合性进一步加深了其对相关问题的思考，并最终启发她沿用森林狩猎民－草原游牧人－定居农耕民的进化图式，并结合社会分工情况来解说北亚民族所经历的社会变迁和政治形态。这一点在乌瑞夫人 1981 体现得颇为突出。此文标题为"达斡尔人：一个游牧王国的兴衰"，重点是分析 17 世纪外贝加尔地区的政治模式和社会形态。乌瑞夫人在该文的序言中强调了蒙古草原的北方和东方的森林地带对于未来游牧政权的孕育作用，视其为游牧力量的摇篮地。显然乌瑞夫人这里使用的"游牧政权"一词是过于笼统了，因为满洲人所建立的政权也被划入此一类型中。她认为若非俄国哥萨克和满洲人向这一地方大举扩张，当地的民族本来可以发育成为一股更为强大的政治势力。作者论述此时的通古斯人和达斡尔人已经结成了一个可称之为游牧王国的稳固政治联盟，其中居于政治主导地位的游牧人来自从前的森林狩猎民族通古斯人（索伦人），而蒙古化的达斡尔人这时则已经转化为定居的农民，并与索伦人结成互惠分工的依存关系，他们既受到后者的武力保护同时又要用农产品向其交纳赋税，并且索伦人还致力于拓展该地和外部世界的贸易网络，还从军事上加以维护。故双方的关系相对平和友好。当然在乌瑞夫人看来，草原政治力量常常均由异质性人群组成带有联盟性质的政治体，因而内部的专业分工也是其常态，反映在祭祀、冶金、农耕等方面都可以由特定的人群专任负责，其中有的如蒙古还通过起源神话谱系的创制确保了不同来源的成员均对此具有归属感。综上可知，历史唯物论中的某些观点对她学术思想的成型也起到了相当重要的塑造作用。由此可见战前流行的维也纳学派的学术影响和战后得到提倡的历史唯物主义常常以互补的方式共存于其著作中。

我们在评论乌瑞夫人的研究得失时，也应该指出其存在某些细节上的纰漏或者论述不完善之处，这主要是缘于她并未受过系统的汉学训练，因此对于数量庞大的汉文史料不能直接利用，而只能借助于有限的转引，故不免产生某些知识上的误解。例如她根据塞诺论文对《酉阳杂俎》的有关译文，认为书中描述了突厥人起源于一头金角白鹿的祖先神话。实际上该书中的相关章节只是叙述了突厥先祖射摩可汗同海神女之间的因缘故事，白鹿仅是前者在进入后者居地时必须乘坐的骑畜而已，这与突厥人的兽祖传说并无直接关系。她还在引用汉文史料中所记载的高车王女自愿与狼交合婚配的故事时，将高车误作为"高昌"（Kao-Ch'ang）。[①] 更容易让人产生误会的是，她引用石泰安的观点，认为《契丹国志》卷首《契丹国初兴本末》中出现的迺呵可汗是一位独目犬首之人。[②] 其实《契丹国志》中仅言迺呵"此主特一骷髅，在穹庐中，覆之以毡，人不得见。国有大事，则杀白马灰牛以祭，始变人形，出视事"。当初石泰安仅仅是以迺呵二字读音与契丹语表示狗的"捏褐"一词读音近似就轻率地做出勘同。[③] 而他之所以会得出这种结论，又始于接受了其师伯希和将《黑鞑事略》中表示传说中狗国一名的那海益律子中的后三字还原为"耶律"的复数形态，因而先入为主地相信犬在契丹人的兽祖传说中占据重要的地位。现在看来，伯希和的上述考证实无充足理由，当属大师一生严谨治学中的偶见疏失，"益律子"三字还是当如沈曾植所论，系"益律干"之讹误，表示蒙古语 irgan（人民）的含义。[④] 以后震于伯希和在汉学界取得的巨大成就和赫赫声名，长期以来几乎无人对此提出疑义，故石泰安不加批判地将之吸收到自己的相关著述中实不足奇。至于那些不谙汉文史料的学者更是确信其为定论，以之论述契丹人中间流传着以犬为始祖的祖先传说，例如人类学家怀特（D. G. White）和突厥学家戈登（P. B.

---

① 乌瑞夫人 1987, S. 138, 139.

② 乌瑞夫人 1987, S. 147.

③ R. Stein, "Leao-tche", pp. 23 – 25.

④ 伯希和的这种观点见于其早年在《通报》上所撰的书评中，参见 *T'oung Pao* 28/1931, p. 118, p. 469; 29/1939, p. 24. 但在其遗著里已经对此表示了怀疑，参见 P. Pelliot, *Notes on Marco Polo* II, Paris, 1963, p. 685.

Golden)、藏学家克瓦尔内（P. Kvaerne）等人的论著即是如此。[1]
具体到洒呵一词，应如白鸟库吉和清格尔泰所指出的，洒同《辽
史》中的表示头的耐字一样，也是"头，首"之意，呵则是可汗之
音变。[2] 故这位契丹人的神话祖先与狗犬之义毫无关联。[3] 乌瑞夫人
又给其新添上独目特征，可谓与事实愈行愈远。

　　还有一点需要商榷，即乌瑞 2003 在讨论契丹对蒙古文化的影响
时，将其产生时机归结于大蒙古国兴起前后，这一点在我们看来，
有些失之过晚。从她的文献征引情况来看，似乎并不了解早在反映
11 世纪北方民族历史的《契丹国志》和《辽史》中就已经明确提
到了蒙古里国等相对于契丹的地理方位等情况，因此两者的交往更
早可以追溯到蒙古人西迁之前。（这里暂不考虑时间更早的蔑劫子
与蒙古的勘同问题）以后当蒙古西进之后，有如前面所分析的，他
们所占据的鄂嫩河源地区也恰好对南方保持了开放性，因此不少金
国境内的人员足以通过种种途径流入到这一边缘地带中。我们清楚
地看到，早在成吉思汗当初被王罕击败而退往班朱尼水避难时，跟
随其同饮浑水以示同甘共苦的功臣中就有契丹人耶律阿海和秃花两
兄弟。可以推测，像这种由原辽金统治区北上草原却未留下姓名的
契丹人当不在少数。从这一点上分析，将契丹与蒙古的文化交流仅
仅归结于大蒙古国建立之初的那段时期内，似嫌过于狭窄了。除了

---

① D. G. White, *Myths on the Dog-man*, The Univ. of Chicago Press, 1991, p. 131; P. B. Golden, "Wolves, Dogs and Qipčaq Religion", *Acta Orientalia Academiae Scientiarum Hungaricae* Vol. 50, 1997, p. 94; P. Kvaerne, "Mongols and Khitans in the 14th-Century Tibetan Bonpo Texts", *Acta Orientalia Academiae Scientiarum Hungaricae* Vol. 34, 1980, pp. 102 - 104.

② 参见《白鸟库吉全集》第四卷，岩波书店，1970，第 262~264 页及清格尔泰前揭文。

③ 傅海波认为，契丹语的"狗"（捏褐）在读音上更近于通古斯语族中的相关词汇而不是此前认为的蒙古语，参见 H. Franke, "Randnotizen zu Einigen Worten der Khitansprache im Lichte Neueren Arbeiten", *Acta Orientalia Academiae Scientiarum Hungaricae* Vol. 36, 1982, SS. 176 - 177. 对此可联系通古斯语族中埃文尼语中的 ŋ ɵkз（公狗）一词及其方言变体，参见〔苏联〕K. A. 诺维科娃：《关于满通古斯语中"狗"这个名称的词源》，陈伟等译，载氏著《阿尔泰语言学译文集》，社会科学文献出版社，2011，第 188 页。

她所列举的有关契丹与蒙古文化因素的相似点以外，至少还应该加上烧饭和射柳习俗以及皇室和显贵之间的交换婚姻惯例等。① 当然这些疏失之处相对于她做出的学术贡献而言，自然只是瑕不掩瑜。

回顾战后西方学界从民族学的角度结合历史材料对内亚历史文化的研究中，我们看到，除了本章介绍的乌瑞夫人以外，还有不少学者活跃于该领域内，从较早的 K. Jettmar、L. Vajda、S. I. Vainshtein、J. P. Roux、E. Lot-Falck、V. Diószegi、L. Krader、A. M. Khazanov，到稍后的 F. Aubin、R. Hamayon、B. Chichlo、R. I. Meserve、S. Szynkiewicz、C. Humphrey 等，再到更为年轻的一代如 Á. Birtalan、D. Sneath 等人也都做出了各自的贡献。阅读他们的著述并汲取其中合理的部分显然能够对国内民族史研究的深入发展提供有益的借鉴与启示。

补　记

关于本章出现的帖卜 - 腾格里（Teb Tenggeri）问题，或可留意1976 年刊布的一则南西伯利亚叶尼塞突厥语卢尼文铭刻资料。这一铭记被凿刻在当地一个名叫 Tepsey 山口的岩石上，其内容反映的是刻写者向一位名作 täbšäy tängri 的神灵祈求福佑。参见 M. Erdal, "Anmerkungen zu den Jenissei-Inschriften", in. M. Ölmez etc Hrsg. *Splitter aus der Gegend von Turfan. Festschrift für Peter Zieme*, Istanbul. Berlin，2002，S. 60. 该地当今的地名 Tepsey 明显来自这一古突厥时代的神名。虽然现在还无法对后者进行专业的词源学分析（是否来自古突厥语中与在山路上经行等动作有关的常用动词词根 täb-? 参见 G. Kara，"Some Passages of the Uygur Antarāthava-Treatise Revisi-

---

① 关于对契丹与蒙古均有的交换婚姻习俗的对比研究，参见 N. Uno，"Exchange-Marriage in the Royal Familes of Nomadic States"，in. V. Rybatzki ed. The Early Mongols: Language，Culture and History——*Studies in Honor of Igor de Rachewiltz on the Occasion of His 80th Birthday*，pp. 175 – 182.

ted", in. M. Ölmez etc（Hrsg.）*Splitter aus der Gegend von Turfan. Festschrift für Peter Zieme*, p. 96 No. 6.），但笔者怀疑，蒙古时代的 Teb Tenggeri 很可能最终来自 täbšäy tängri。考虑到有关地名所出现的语言使用环境，后者也许在早期曾具有类似山神的含义色彩。

另外第二章中引用的陈岗龙书中认为都蛙锁豁儿名称中的 Du'a 可以和柯尔克孜语中含义为"巨人"的 döö 相比勘，同样的观点也已被蒙古国学者 Gaadamba 提出过，但正如罗依果在引用时所附带指出的，döö 在突厥语中的词源并不清楚。参见 Igor de Rachewiltz trans. with commentary *The Secret History of the Mongols*：*A Mongolian Epic Chronicle of the thirteenth Century*，Vol. I p. 240 No. 3. 笔者以为，柯尔克孜语的 döö 不仅在读音上，而且在形体上非常近似于直至近代在中亚塔吉克人和乌兹别克人民间信仰中仍广为流传的具有黑色巨人般外貌的魔怪 dev，而后者又来自中古伊朗语中表示魔鬼的常用词（与梵语中表示天神的 deva "提婆" 同源，只是各自所涉的感情色彩完全相反）。此外在阿塞拜疆语中既将恶神称作 div，同时还把一种半人半鱼的水生怪物叫作 ərdov。后者的前面部分显然来自古突厥语 är（"男人"），而后半部分 dov 则应与魔怪名称有关，这样该专名才与其整个形体特征相吻合。看来突厥语中多支现代突厥语中均保留有含义为魔怪或恶神的这类怪物名称，其暗示出中古伊朗语中表示魔鬼的 daēuua 应该是在较早的古突厥共同语阶段就已被借入，尤其是考虑到在突厥语分类体系中，乌兹别克语、柯尔克孜语和阿塞拜疆语分属三种彼此不同的语支。故从时代上看，《蒙古秘史》所代表的早期蒙古语借入了一个更早的古突厥语外来文化词也并不费解。参见 J. Taube，"Geisterglaube bei Tadschiken und Usbeken"，in. K. Jettmar etc eds，*Die Vorislamischen Religionen Mittelasiens*，Stuttgart：W. Kohlhammer 2003，SS. 120 – 121，124；Boris A. Litvinskij，"Relikte vorislamischer Religionsvorstellungen der Pamir-bevölkerung（Ende des 19. und Anfang der 20. Jahrhunderts）" in. K. Jettmar etc eds，*Die Vorislamischen Religionen Mittelasiens*，SS. 42 – 45；R.

Sattarov, "Between the Supernatural and the Natural: Aspects of Religious Beliefs among the Azerbaijani Turks", in. B. Kellner-Heinkele etc eds. *Man and Nature in the Altaic World: Proceedings of the 49th PIAC, Berlin, July 30 – August 4, 2006*, Berlin: Klaus Schwarz Verlag, 2012, pp. 299 – 302.

第五章

王明珂与历史学研究的人类学化

自 1997 年王明珂先生在台湾出版其第一部历史人类学专著《华夏边缘：历史记忆与族群认同》以来，在随后的 10 年间，他又连续出版了《羌在汉藏之间：一个华夏边缘的历史人类学研究》《英雄祖先与弟兄民族：根基历史的文本与情景》。这些著作先是在岛内，继而在大陆的人类学界和历史学界掀起了一浪高过一浪的反响。王氏早年在台湾师范大学和中研院历史语言研究所学习和工作期间打下的史学科班功底跟他以后在美国所接受的正规西方人类学训练相得益彰，互为表里，促使其能够根据自己亲身参与的田野调查并配合前人提供的考察报告，在深入分析原始材料的基础上得出极富创见的个人见解。① 尤为突出的是，他具有进行概念提炼（conceptualization）的深厚素养，故长于在论述的最后将其观点理论化与系统化，再揭橥以主题概括性非常鲜明的工具概念作为点睛之笔，从而成功会通了横亘在具体论证与抽象思辨之间的中继环节，并顺利地将实证研究与理论概括整饬于一体。这也是他的研究胜出此前那些虽精于整理分析材料却不甚注重抽象解析的老一辈民族志人类学家的地方。而在史学研究领域中，其研究成果无论是在较为倚重实证研究且治学路数业已趋向定型的不少中年学者看来，还是对于那些正亟于跨出枯燥沉闷的考据大门而另觅治史新路的众多青年学人而言，都具有莫大的冲击与启示，因此也就自然能够得到年

----

① 关于王氏的个人学术历程，笔者所了解的仅限于其在三联出版社为纪念张光直先生而刊行的一本纪念文集中所写的有关回忆性文章，参见《四海为家：追念考古学家张光直》，三联出版社，2002，第 167～174 页。对于王氏所持的历史人类学立场，大陆民族学者徐杰舜曾与之有过对话，参见徐杰舜、王明珂《在历史学与人类学之间》，《广西民族学院学报》2004 年第 4 期。

龄辈分与治学背景各异的学人的一致重视或欣赏，特别是对于部分原本对历史人类学的方法论知悉不多而又不以传统的治史路径为惬意的读者来说，阅读王著甚至足以使他们产生一种发现知识新大陆般的由衷欣悦。作者在 2008 年又通过推出新著《游牧者的抉择：面对汉帝国的北亚游牧部族》，将自己多年以来对北亚游牧社会的研究心得做了系统化的总结与理论上的提炼升华，堪称迄今为止汉语学术圈内对传统游牧社会研究最具纵深性的一部力作。① 它的刊行再度激起学界的强烈关注，并得到了耕耘于不同学科领域的一线专家们的肯定与赞赏。确实，像此书这样出色地整合了文献史料、考古数据和田野调查资料三种不同类型的研究素材，并在微观考察和宏观阐释的层次上都大大深化和拓宽了前人研究结论的著作，在此前的中国历史学界和人类学界都是缺乏先例的。因此，通过对此书所运用的方法论和论述主体的一些不太系统的评论，可以使我们清楚地反观到目前人类学方法论在历史研究里尤其是民族史研究中的应用与进展，并体认出这一研究模式在实践过程中尚存在的问题。

一　概念的择取与辨析："游牧"（nomadism）还是"放牧"（pastoralism）？

从该书的体例安排来看②，读者会发现作者实际上是将对汉代的北方游牧人群活动的考察置于北方游牧社会产生的大背景下进行，并尝试引入游牧社会的一般性原则和特征以结合文献与考古材料来具体

---

① 王明珂：《游牧者的抉择：面对汉帝国的北亚游牧部族》，广西师范大学出版社，2008。

② 该著的体例结构如下，前言部分 14 页简要地介绍了以往对游牧社会的研究和该著各章节的旨要。正文由六章构成：第一章"游牧经济与游牧社会"（1～61页），第二章"中国北方游牧社会的形成"（63～100页），第三章"草原游牧的匈奴"（101～156页），第四章"高原河谷游牧的西羌"（157～194页），第五章"森林草原游牧的乌桓与鲜卑"（195～219页），第六章"游牧部族与中原北疆历史"（221～244页）。随后的结语部分则在第 245～253页，最后附有参考文献和关键词索引。

指涉汉代北方游牧人群的若干活动层面，因此该书前两章的篇幅构成了几乎全部正文内容的五分之二，亦可以说它们在全书中起到了建立论证立足点的支撑作用。与此相比，真正关于汉代北方游牧人群的文字仅在正文中占到了略多于一半的篇幅，章节内容的布局清晰地映照出作者的研究思路自始至终是遵循演绎法进行的，人类学的方法在其中发挥着至关重要的部勒组织原始素材的效用。显然这种研究风格与一般遵循论从史出原则的实证性史学论著有着方法论上的霄壤之别。

在进行具体评议之前，本章需先就该书中所使用的有关术语稍作考察。书中正文第一章开宗明义地将"游牧"界定成一种经济生产方式，[①] 并在后文给出了其在英文中的对应形式：nomadic pastoralism。[②] 这一英语词组中的 nomadic 才是表示"游牧"的含义，而 pastoralism 仅仅是代指"放牧或畜牧"之意，含义颇涉宽泛。在哈扎诺夫（A. M. Khazanov）著作的英语版中，其对游牧和放牧的类型主要甄别出了下列几种形式。（1）纯粹的游牧（pastoral nomadism proper），这指的是一种其内部完全不存在农业成分的移动游牧生活方式，其仅仅出现在某些地域的游牧社会中。（2）半游牧的放牧业（semi-nomadic pastoralism），在这种社会中虽然人群要定期地进行牧场的迁徙并大规模地放养牲畜，但其内部仍然存在着一定的农业成分以作为对牧业的次级补充。按照哈氏的理解，欧亚草原上从古至今的许多游牧人群都应归于这一类型，例如历史上的斯基泰人（Scythians）、匈奴、可萨、金帐汗国下的蒙古人以及后来的鞑靼人、土库曼人等。（3）半定居化的放牧（semi-sedentary pasoralism），其与半游牧的放牧业的区别在于，农业在其经济生活中已经占据了主导性质的作用，但仍旧存在着季节性的迁徙，唯其移动的时间和距离均少于半游牧的放牧业，而且有时也并非全部社会成员都要卷入这种迁徙生活中。（4）存在专门放养人的农业（herdsman husband-

---

① 《游牧者的抉择》，第 3 页。
② 《游牧者的抉择》，第 20 页。

ry)，其内部多数成员过着定居生活并以务农为生，而对牲畜的照料与看管工作则由特定的人群完成，牲口本身常常被置于远离定居点的牧场中放养。过去中亚的乌兹别克人中大量存在着这一形式。（5）高山－低地轮换式放牧业（yaylag pastoralism，yaylag 是突厥语，参见维吾尔语 yaylaq "夏牧场，草原"），这是指的一种利用环境资源的混合经济方式，其居民在一年的部分时间内在低地从事农业生计，而在其余的时段又迁移到山地改行放牧。① 内涵较为确切的游牧概念实际上主要适用于上列前两种放牧类型即纯粹的游牧和半游牧化的放牧。巴菲尔德（Th J. Barfield）则指出，学界应当区分使用游牧（nomdism）和放牧（pastoralism）这两个内涵有别的术语，因为有些像近代牧场中的农工那样的放牧人并不游牧，而另有一些如猎民之类的游动人群却不放牧牲畜。② 而在欧亚大陆考古研究领域中颇具发言权的英国考古学家伦福儒（C. Renfrew）在一篇讨论放牧出现及其阶段划分的学术综述中，极力主张避免使用半游牧（semi-nomadic pastoralism）之类的含混暧昧的名称，认为青铜时代的欧亚草原经济是一种放牧－农业并重的生计形态（pastoral-agricultural ecnomy），而直到进入公元前一千纪以后的铁器时代，才出现了完全的游牧经济（fully nomadic-pastoralist economy），斯基泰人等即是其中的代表。③ 因此那种简单地将游牧与放牧混为一谈的倾向应当受到明确的纠正，而对于这一点，最近国内的学者也已有所措意。④ 如

---

① A. M. Khazanov, *Nomads and the Outside World* (trans. J. Crookenden), Cambridge University Press, 1984, pp. 19 – 24.

② Th J. Barfield, *The Perilous Frontier: Nomadic Empires and China*, Oxford, 1989, p. 20.

③ C. Renfrew, "Pastoralism and Interaction: Some Introductory Questions", in. K. Boyle etc eds *Ancient Interactions: East and West in Eurasia*, Cambridge, 2002, p. 7.

④ 国内学界对这两个词的混用常见于对它们的英文翻译中，如将 pastoral 也译成游牧，对此的批评参见林沄《柯斯莫〈中国前帝国时期的北部边疆〉述评》，《吉林大学学报》2003 年第 3 期。但在新近出版的胡博（L G. Fitzgerald-Huber）论文的中译文内，原文的 pastoral/pastoralist 等仍旧被译作与中文 "游牧" 相关的词。参见〔美〕夏含夷（E L. Shaughnessy）主编《远方的时习：〈古代中国〉精选集》，上海古籍出版社，2008，第 13 页等。

果参照上述标准来对王著中所采用的"游牧"一词来涵盖的有关民族加以复核，不难发现其中的问题所在。

王著中将三种汉代北方游牧社会区分为：（1）以草原游牧为主的匈奴；（2）以高原和高山河谷游牧为主的西羌；（3）以丘陵森林草原游牧为主的鲜卑和乌桓[1]，并在正文中给三者各安排了一章的篇幅以具体阐述。将匈奴定位成游牧人，从整体上看自然没有问题，学界对此当无异议。但是，"游牧"一词是否也能妥帖地适用在西羌及东胡身上，恐怕其中就包含着很大的争议。以西羌来说，作者在第四章中所提供的材料和得出的结论已经清楚地显示了其经济形态与匈奴有着显著的差别，一方面他们要每年定期地迁徙到地势较高的山地以牧放牲畜，而另一方面他们又需要利用地势低缓的河谷地带以经营农业，甚至会为此而与中央政府发生严重冲突。如果依照哈扎诺夫的分类模式，那么汉代西羌的这种经济形态明显接近于高山－低地轮换式放牧业（yaylag pastoralism）。质言之，若从大的经济形态类别上着眼，它仅属于放牧的一种亚型而不应被划归游牧的范畴。

至于东胡系统的乌桓和鲜卑，鉴于文献中留下了更为明确的关于他们从事粗放性农业的记载，不仅用谷物为粮，甚至还以之酿酒，因此作者认为农业在他们生计中的地位，远过于其在匈奴和西羌经济中所占的比重[2]。既然如此，将其放入游牧形态内就更加值得商榷。作者视其为游牧人的理由显然系出两点：一是史书中留下了关于他们"随水草放牧，居无常处，以穹庐为宅"的记载；二是作者援引民族志的材料，认为其所处生态环境颇似于近代在森林草原地区游牧的图瓦人[3]。先看第一点，证据来自王沈《魏书》中对当时乌桓人的经济面貌的描述，这里暂且不说成书于晋朝的《魏

---

① 《游牧者的抉择》前言，第 11 页。
② 《游牧者的抉择》，第 204 页。
③ 《游牧者的抉择》，第 199 页以后。

书》能够在多大程度上揭示两汉时期的乌桓历史面貌，① 即使同样以《魏书》本身来立论，其还存有乌桓人"耕种常用布谷为候……东墙似蓬草，实如葵子，至十月熟"等反映农耕面貌的记载，所以只能带有一定保留地认为汉代的乌桓大体维持着一种畜牧－农耕混合经济形态的生计方式，这与他们所主要分布的西辽河流域的自然生态环境应该是契合的。至于汉代的鲜卑，长期以来其主要活动区域较之乌桓要更加远离汉的边塞，因此可以说在北匈奴迁徙之前，汉朝对他们的了解尚少于乌桓，至少在西汉时期，当时的许多鲜卑部落尚分布于蒙古高原和东北平原之间的今内蒙古东北部的山麓地带，属于生计上需主要依赖渔猎与采集的森林民族，经济形态与游牧生活相距甚远，这一点从拓跋鲜卑的始居地"鲜卑石室"所位于的大兴安岭嘎仙洞一带的自然环境以及晚近时期居住在这里的鄂伦春族和鄂温克人的经济形态中可以窥知。大约到了东汉初期，这部分拓跋鲜卑人迁徙到了呼伦贝尔湖四周以后，才开始了经济形态的变迁。② 而那些在东汉时期南迁到辽河流域与滦河流域之间的东部鲜卑当与其邻近的乌桓相似，维系着一种兼有畜牧与农耕成分的混合经济。③ 至于王氏援引图瓦人的事例作为类比，也需要作具体辨析。首先作者明显受到了 S. Vainshtein 的著作《南西伯利亚的游牧人：图瓦人的放牧经济》（*Nomads of South Siberia：The Pastoral Economies of Tuva*）书名的极大影响，复又主观断定汉代东胡的生态环境颇似于图瓦地区，故以为用图瓦人的森林游牧方式来定义鲜卑－乌桓的经济模式自属可行。然而至可留意的是，S. Vainshtein 著

---

① 有关的考察参见王庆宪《王沈〈魏书〉与乌桓鲜卑》，《内蒙古大学学报》1990 年第 4 期。
② 这一时间仅是推测，参见马长寿《乌桓与鲜卑》，第 242～243 页，上海人民出版社，1962；康乐：《从西郊到南郊——国家祭典与北魏政治》，稻禾出版社，1995，第 7 页。
③ 《三国志》卷三十《乌丸鲜卑东夷传》注引王沈《魏书》，称东汉后期檀石槐之时："鲜卑众日多，田畜射猎不足给食"，显示当时至少有一部分鲜卑人对农耕并不陌生。

作的英文版刊于 1980 年，其依据的俄文本出版于 1972 年，而在 80
年代以前可以说西方学界对于游牧（nomadism）与放牧（pastoral-
ism）的甄别远不像现在这样严格，对于游移于山地与草场之间，兼
事畜牧与农业的图瓦人而言，能否在整体上可被今天的人类学者视
作游牧人，恐怕会引起不同的意见。况且即使在图瓦人之中，也有
一部分人是专事饲养驯鹿的非游牧人群。① 更成问题的是，汉代的
鲜卑 - 乌桓在生态地理上与图瓦人只存在少许可比性：因为图瓦人
所处的森林草原相间分布之地大致是处在从叶尼塞河流域上游到萨
彦岭一带，恰好构成一个相对独立而又封闭的自为一体的地理单
元，并且长期以来该地自然环境的变化也不甚显著。但衡诸汉代的
鲜卑 - 乌桓人的生态面貌，则情况明显要复杂得多。这里姑且不论
他们在不同时期的迁徙所造成的分布地理的差异，仅仅选取西汉一
朝的时段来看，这些东胡人在当时的分布就及于北至大兴安岭深
处，南达长城沿线的广大地区，其间的地理环境和自然气候相差迥
异，最多只能说某些位于从森林向草原过渡的地方可能和图瓦的自
然生态有着一些类似之处，怎能以偏概全轻言鲜卑 - 乌桓人的生态
环境与图瓦地区酷似呢？作者对此未作细致的地域化考察，仅仅交
代说他们主要活动在西辽河流域的森林草原地带即将如此复杂的问
题大大化约了，故在整章中轻易地给东胡人分配了一个像图瓦人那
样的标签化名称——森林草原游牧民族。这一失之片面的概括诚然
对作者的叙述带来方便，却没有准确而动态地描绘出反映汉代东胡
人活动的整幅历史长卷。②

综合本节所论，可知王先生对于容易混淆的"游牧"与"放
牧"这对概念并未做到切实有效的区分，在他看来，似乎只要存在
迁徙放牧的因素，那么"游牧"（nomadic pastoralism）或作者借用

① A. M. Khazanov, *Nomads and the Outside World*, p. 41.
② 从书中第 203～207 页以及第 215 页末段的有关叙述来看，不能说作者对东胡的
环境多元化以及由此造成的各部族经济形态的差异毫无所察，然而一旦切入具
体分析中，他所讨论的对象即基本未逾出"辽西及邻近地区"。

的"专化游牧业"一词即可放心地使用，至于其他的如农业、渔猎、采集等经济成分纵使在其整体经济比重中占有相当显要的地位也完全可以被划入所谓的"辅助性生计方式"而不致影响对"游牧"性质的基本判定。所以这一概念在书中常常只是表达了近似于"放牧"（pastoralism）的意境，并明确体现在他对西羌和东胡的经济形态的界定与阐释中。

二　类比与延伸：民族志材料的选取与演绎推理的限度

如前所述，笔者提出了援用民族志材料时应首先考虑它和作者所考察的对象的相关度问题，否则容易使研究者夸大某些相似性以致最终得出偏颇的看法。这类问题在全书中还有一些，值得我们作认真的清理。首先，多少让人感到有些意外的是，文中引用的民族志材料大量抽取自中东和非洲的例证，而在引用与中国有关的民族志材料时，作者似乎仅对 R B. Ekvall 等搜集分析的青海藏族的个案有所偏好，对这些数据的叙述和分析可谓占了该书相当的篇幅，相比之下，除了激发作者产生类比灵感的图瓦人的资料以外，全书中引征的其他来自欧亚草原地带的民族志材料反倒只成了零星的点缀，而且往往是在三言两语中一带即过，复多引自 L. Krader 等有限的几位作者的著述。固然作者也许会辩解说，人类学界在游牧社会研究中所取得的理论创获正是得益于学者们对阿拉伯社会的贝都因人和非洲努尔人的深入考察，因此引征它们又有什么不妥呢？当然，如果引用这类材料是人类学者或者说历史人类学者在涉足这一研究时必须遵守的学术规范，那么这样做自然有其学科属性的意义而不应受到简单化的质疑。不过，笔者还是认为，考虑到全球各地的游牧－放牧社会的形态多样性而作者所考察的对象主要又是集中在北方草原地带，因此不妨在举证时，多援用一些欧亚草原的相关证据，这种"先近后远"的选取原则或嫌拘谨保守，但毕竟能够在类比的相关度上使人感到更贴近语境。况且自 20 世纪 80 年代以来，人类学界已经开始渐渐从研究探讨各地畜牧社会的共性转向分析它们各自内部的特性，如巴菲尔德即在他的分类体系中明确按照地域特征将全世界的放牧人群区分为东非放牧民、贝都因游牧人、西南亚放牧民、欧亚草原游牧民、西藏高纬度地区放牧民这几大类型。他同时强调，以上每一放牧类型均和某种特定的牲畜相对应，后者不仅对牧民而言具有经济价值，甚至还被其进而赋予了文化价值，具体到欧亚草原游牧类型，这种动物就是马。① 此前哈扎诺夫也确立了类似的按照地域区分的划分标准，唯在他对欧亚草原类型的界说中，绵羊和山羊也具有重要的经济价值。② 此外作者对民族志材料的征引与阐释在很大程度上是配合其演绎推论进行的，不过采取这种从一般到特殊的论证方式能否很好地顾及欧亚草原游牧类型的特点，似并未在书中被清晰地交代过。

例如书中对游牧人群的食物来源做了分析③，认为在新石器时代的原始农业时期，人们畜养动物以获取肉食为目的，但到了比原始农业要晚的游牧时代，人们知道如何以食用乳制品来取代食肉，并强调说只有学会"吃利息"（乳），并尽量避免"吃本金"（肉），游牧经济才得以成立（作者所加的限定条件是在 20 世纪以前的传统游牧社会）。上述看法无疑是作者在参照大量民族志材料的基础上才得出的，同时也吸取了一些研究者的考察结论。应当承认，这一观点有益于修正长期以来萦绕于人们头脑中的游牧民族不分地域时代，日常饮食中一概以肉食为主的刻板印象，但若由此引申出只有尽量多吃乳少吃肉，游牧经济才得以成立，那么从客观存在的反例来看，这一认知又有些推论过度了。据考古学者对位于公元前一千纪的南哈萨克草原的铁器时代的放牧遗址所遗留的动物品种和年龄比例及骨骼状况的分析，认为当时的牧民饲养绵羊和山羊主要是

---

① Th J. Barfield, *The Nomadic Alternative*, NJ: Prentice-Hall, 1993, pp. 131 – 138.

② A. M. Khazanov, *Nomads and the Outside World*, pp. 44 – 47.

③ 《游牧者的抉择》，第 29 ~ 30 页。

为了食肉，其次才是食乳，牛的情况也与之相仿，而马肉作为食物的来源也已得到证实，但当时的牧民是否饮用马奶的情况反而缺少证据。① 虽然对这些遗址所反映的游牧化程度尚有争论，但上述研究至少证实了游牧的成立与否并不一定建立在消耗乳类多于肉类的消费结构上。而从 13 世纪的蒙古社会来看，游牧人对肉类和乳类的消耗主要受季节变化的影响，牧民在夏季的食品以后者为主，基本不消费肉类，但到了冬季，则仅有少数富人家庭才有条件享用奶制品，大多数牧民的日常饮食转而明显依赖肉食。② 另外在公元前一千纪内的图瓦阿尔赞地区的高规格古墓中所发现的三百匹残留的马骨还表明当时的游牧人流行在为其首领举行的下葬宴会上集体宰杀并食用马肉的习俗。③ 由是可知，特定场合下的食肉行为在当时的某些游牧社会中还具有仪式性质的作用，并非全盘受游牧人的经济理性所制约。因此对肉类和乳类各占游牧人饮食消费的比重问题，尚需结合具体语境具体考量，不宜断定这一经济完全建立在多食用乳类的消费基础上。更何况，目前我们还不能确知欧亚草原的牧民是在何时才开始以乳制品为主食，究竟是在进入公元前一千纪的游牧化时代，还是在更早于此的属于青铜文明的放牧时代？毋宁认为，现在讨论这一课题的时机尚不够成熟，而作者的观点过于倚重理论化推导而显得大而化之了。

作者在讨论游牧社会特征时，非常重视人类学家观察到的游牧社会人群在组织上的分枝化或分散化（segmentation）特征，并急于在匈奴这样的典型游牧社会中搜求到它的具体表现。采取这种从一般到特殊的演绎模式在史学研究中自有其用武之地，不过若运用失

---

① N. Benecke, "Iron Age Economy of the Inner Asian Steppe: A Bioarchaeological Perspective from the Talgar Region in the Ili River Valley (Southeastern Kazakhstan)", *Eurasia Antiqua* 9/2003, pp. 64 – 81.

② 〔意大利〕柏朗嘉宾等：《柏朗嘉宾行纪　鲁布鲁克东行纪》，耿昇等译，中华书局，1985，第 42 页。

③ 林俊雄「草原游牧文明論」載『岩波講座・世界歴史』3『中華の形成と東方世界』岩波書店、1998、第 132 頁。

当，反易予人以削足适履之感。下面拟对作者提出的以"二十四长"制来印证分散化在匈奴社会组织中确有体现的观点做一测试。作者在书中曾说："匈奴的左右贤王、二十四长，以至千长、百长、什长的组织，似乎就是一种由上而下的分枝性社会结构。"[①] 而在前文中作者又将二十四长定义为单于册封的二十四部的首领，称其皆为单于近亲子弟，他们及其下的千长、百长等构成了一种阶序化地方体系。[②] 按关于二十四长的基本史料是《史记》卷110和《汉书》卷94的《匈奴传》，后者当源于前者，现将《史记》中的有关文字摘引如下：

> 置左右贤王、左右谷蠡王、左右大将、左右大都尉、左右大当户、左右骨都侯。匈奴谓贤曰屠耆，故常以太子为左屠耆王。自如左右贤王以下至当户，大者万骑，小者数千，凡二十四长，立号曰万骑……诸左方王、将居东方，直上谷以往者，东接秽貉、朝鲜。右方王、将居西方，直上郡以西，接月氏、氐、羌。而单于之庭，直代、云中。各有分地，逐水草移徙。而左右贤王、左右谷蠡王最为大国，左右骨都侯辅政。诸二十四长亦各自置千长、百长、什长、裨小王、相封、都尉、当户、且渠之属。

从以上内容来看，二十四长包括了从贤王到大当户的官员人选，故王著将左右贤王与二十四长并列处置[③]系出于对史料的误解，而这些人的职务当由单于任免，但他们是否同时兼为地方上一或大或小部落之首长，则从文献中无由得到明晰的证明。换而言之，从贤王到大当户再到下面的千长、百长等名称仅仅构成了一种官名由高到低逐渐下降的职务性序列，并不形成王氏希望看作的从高到低

---

① 《游牧者的抉择》，第146页。
② 《游牧者的抉择》，第145页。
③ 《游牧者的抉择》，第146页。

的阶序化地方社会组织。其麾下的"万骑"亦当视作二十四长能够调动的下属兵力，所谓"各有分地，逐水草移徙"或"最为大国"则应理解为二十四长虽然其所管"分地"有着大小的差异，但他们对军事及民政权力的行使都只限于一定地域内，也即权力的施用范围受着其辖区的限制。这也显示了在匈奴社会中，唯有单于才真正掌握有超地域的有效权力。基于以上理解，似乎可以赞成内田吟风的下列解说，二十四长的性质原本相当于单于可以直接任免的"总督或地方军区司令"，只是后来由于分地趋于固定化，才渐渐随着官职的世袭而向地方领主转变。[①] 此外，山田信夫则将整个匈奴国土看成由单于和左右贤王及左右谷蠡王分别掌控的左、中、右三大军区组成，单于直辖的中央方面则由左右骨都侯协助其本人加以治理，而左右两大军区下面又各设从大将到大当户的阶层，从而使他们成为相互独立的各支部队的长官。[②]

因此二十四长在创建之初，即构成了匈奴国家的战争机器的最主要部分，单于利用这一体制可以有效地在战时调动人力资源以服从军事上的需要，平时则负责对广袤的国土实行区域化的治理，相当于一种重在军事、兼理民政的国家管理系统。[③] 这一特殊的人力资源动员体制与王氏揭示的游牧社会组织中的"分枝性结构"[④] 有着功能和特征上的根本不同。主要体现在以下三点。第一，前者的官职序列构成是从高到低阶梯式递减，而后者却促使社会结群方式由小到大，"包裹式"地层层结合。第二，前者的定型来自国家机器为动员军事资源而做出的制度性安排，并体现出公权力在单于本人及其亲属之间的调整和分配，后者实际上根植于游牧社会内部为更好地利用资源与应对外来挑战的需要。第三，前者在运行中逐渐

---

① 内田吟风『匈奴史の研究』创元社、1953、78 页。

② 山田信夫「匈奴の二十四长」载氏著『北アジア游牧民族史研究』东京大学出版会、1989、37 – 38 页。惜山田氏对匈奴的国家发育程度估计可能有些偏低。

③ 类似的理解还可参见泽田勋《匈奴：古代游牧国家的兴亡》，东方书店，1996，第 129 ~130 页；加藤谦一『匈奴「帝国」』第一书房、1998、150 – 153 页。

④ 《游牧者的抉择》，第 56 页。

具有制度化和世袭化倾向，而后者反而促使游牧社会的社会组织形式带有应变色彩十分突出的临时性和权宜性。顺便指出，所谓的二十四长对应二十四部落的观点来自对汉文史料理解有限的一些欧洲学者的著述，此说纰漏甚多，本不宜视作信实可采之说。①

作者采取演绎策略的另一显现是将人类学家通过对中东游牧社会考察所揭示的游牧社会内部成员平等化特征部分地移用到内陆亚洲的牧民社会中，认为此特征也应当见于这些游牧社会中，具体表现在以下两例。一是进入公元前一千纪以来，中国东北从辽西到燕山一带的考古学文化的交替（由夏家店上层文化被其后继文化所取代）反映出"自主化、平等化"的法则渐渐强于"集权化、阶序化"的特征，最后到秦汉交替之际，辽西的半游牧社会的贵族统治集团瓦解，从而使社会的平等化进一步发展②。二是匈奴游牧社会中蕴含的平等自主原则，单于可能难以约束其统治下所有部落的行为，这使得个别部落有条件采取自主化的突破资源边界譬如集体归降汉朝的行为③。对于第一个案例，我们首先应注意到目前已知的晚于夏家店上层文化的辽西地区的东周时代考古学遗存数量较少，主要仅有敖汉旗的铁匠沟和水泉两处墓地及林西井沟子西区墓地，其中铁匠沟的墓地被严重破坏过，井沟子村西区墓地也被盗挖过。如果仅仅以这样有限的墓葬资料来与出土遗物非常丰富的夏家店上层文化进行对比，进而借缺乏高等级大墓（以伴出较高规格的随葬器物组合为标志）为由断定春秋以后辽西社会经历了一个平等化的发展历程，那立论就显得过于薄弱了。而且按照有的考古学者的解释，东周时期，燕山地区和辽西地区的社会仍处于继续发展的趋势，并不断受到临近的燕文化的影响，这种趋势随着燕文化的北上日益明显，最终使其在战国中后期逐渐丧失其自身的文化特征，完

---

① 参见谢剑《匈奴政治制度的研究》，《中研院历史语言研究所集刊》第41期，1970，第242、248页。
② 《游牧者的抉择》，第85~88页。
③ 《游牧者的抉择》，第141、152~153页。

全被同化到燕文化中。① 故燕山－辽西一带考古学文化的变迁现象主要还应当从此地的政治局势和族系融合中求解，泛泛地引述所谓的"一般法则"甚至主观重构出一个"贵族统治瓦解"的时期恐怕难中鹄的。至于第二点关于匈奴社会是否明确存在"平等化"证据的问题，仅就作者列举的那些史实亦难取信于人。不仅文献中并无暗示匈奴军队南下扰边之举纯系各部不服从单于约束之道的自发性行为，而且王氏所述的集体叛逃之举均发生在匈奴被迫退出漠南的生计日渐困难之时，其中一例明显是饥荒所导致，因此怎能以特殊背景下的个别现象来证明作者力图强调的游牧社会中的一般法则呢？当然王氏上列论证本身还使人启疑：前述存在于中东游牧社会的平等化原则是否也基本适用于欧亚草原类型的游牧社会？下面对此做一鸟瞰式的观察。

首先就笔者所了解的个案来看，平等化原则体现得比较突出的欧亚草原型游牧民族以中亚的土库曼人为代表。19 世纪的土库曼人自我评价说："我们是一个没有首脑的民族，我们不想要任何首领。我们都是平等的，在我们当中每个人都是他自己的沙皇。"平时他们只遵守习惯法，并无贵族阶层和固定的行政机构，首领的权威也仅取决于个人的威望而缺乏任何制度化的权力作为保障。只有出现战争威胁或者需要建筑公共工程时，其权力才会得到明显加强。不过需要指出的是，王氏曾假定游牧社会中首领享有的权威高低与游牧人跟定居社会的联系程度直接相关，双边的联系越是密切，则游牧人首领的权威就越高②。但是裁量以 19 世纪的土库曼社会，这一模式成立的适效性颇为有限，因当时的土库曼人与近邻定居人的关系既紧张又密切，他们盛行在商道上抢劫和掠夺来往的商队，并将不能支付赎金的俘虏带到邻国去出卖，以此报复其临近的定居型诸国（波斯、布哈拉等）的侵袭行为，但土库曼人与定居社会之间长

---

① 宫本一夫『中国古代北疆史の考古学的研究』第 7 章「战国燕とその扩大」中国书店、2000、229－231 頁。

② 《游牧者的抉择》，第 57～60 页。

期存在的这种一直持续到被沙俄吞并为止的对抗型紧密关系却终究未能促成持久化的首领权力出现，更无从建立起稳定的国家制度。[①]况且见于土库曼社会中的平等化关系在欧亚草原游牧人中未必典型。不少人类学者主张游牧社会中贯彻着阶序化（hierarchical）原则，社会分层是其普遍现象。有时候是根据人们财产多寡的差别，更多场合下则基于社会成员被认定的祖先血统的尊卑。具体到传统型突厥–蒙古游牧社会中，通常用"白骨"和"黑骨"来分别指代较受尊重的权贵阶层和社会地位相对低微的被统治阶层，"白骨"阶层常常把他们的祖上追溯到古代的某位尊贵人物那里。[②] 譬如哈萨克人中的白骨阶层常声称其祖先来自成吉思汗和阿巴斯哈里发，白骨阶层和黑骨阶层的人最初在通婚上可能都会受到限制。而到以后随着某些宗教因素及沙俄吞并所带来的局势变化才促使双方的界限渐趋淡化。[③] 阿富汗的哈扎拉蒙古人中的世袭性贵族阶层则宣称其血统本自穆罕默德，其成员的婚配对象一般亦仅限于本阶层以内。只是他们所具有的社会威望不仅取决于血统，而且还由其个人的品行所决定。[④] 从总体上看，游牧社会常采取一套谱系原则（genealogical principle）为其内部的各部分及其所有成员的社会地位安排出一个阶序来，其确立依据来自各个社会成员与假象的祖先在血统上的距离远近。通过这种结构，使得财产和社会地位的阶序化在全体成员中得到实现。[⑤] 社会分层现象早在公元前一千纪的游牧社会出现时期已现征兆，考古学家通过对乌拉尔山以东草原古坟的规

---

① M. 阿纳耐佩索夫：《土库曼人》，载联合国教科文组织主编《中亚文明史》第五卷《对照鲜明的发展：16 世纪至 19 世纪中叶》，蓝琪译，中国对外翻译出版公司，2006，第 96～98 页。

② X de. Planhol, "Noirs et Blancs: sur un contraste social en Asia Centrale", *Journal Asiatique* 1967, pp. 107 – 113.

③ A F. Hudson, *Kazak Social Structure*, reprin. by Human Relations Area Files Press, 1964, pp. 56 – 57.

④ Elizabeth E. Bacon, *Obok: A Study of Social Structure in Eurasia*, New York, 1958, pp. 32 – 33.

⑤ L. Koryakova and A V. Epimakhov, *The Urals and Western Siberia in the Bronze and Iron Ages*, Cambridge University Press, 2007, p. 214.

格类型的整理研究，初步将这些古冢的等级区分为王陵型（对应国王或首领）、社会精英型（主要对应骑马武士）、普通平民型和缺乏任何随葬品的依附人型。① 对于上述种种材料自然还允许做出不同的解释，但像《游牧者的抉择》一书这样对其毫不置一词，而径直将存在于中东游牧社会的有限法则愈加放大，并四处出击地运用到欧亚草原型游牧社会中的论证方式，未免有些流于比附，不易真正洞察内亚游牧社会的本质。②

正由于王先生的研究在某种程度上已经形成了对演绎推论模式的路径依赖，所以当他遇到一些需要具体问题具体分析的现象时，其擅长的这一学问路数就显得有些鞭长莫及，以致有时只好虚晃一枪，匆匆退场。作者在讨论匈奴内部蕴含的农业成分时，提出了其可能只在漠北存在的论点并解释了原因，此说应属其著中真正的闪光点之一。遗憾的是，在具体讨论位于外贝加尔地区的兼有城址和墓地的伊沃尔加定居性遗址的文化面貌时，他却对于防卫本城的土堤和壕沟的功能仅做了一个让人深感莫知所凭的解说："它们或显示这样的混合经济定居生活并未能得到匈奴国家完全的保护"，而未提供任何具体历史背景方面的深度解释③。其实考古学者早已结合该城的位置及其相关的民族分布对此做了充实的研究，该城在地理上位于匈奴的边陲之地，除了用以安置并监护定居务农和从事手工业的汉人以外，同时也具有一定的军事防卫的功能，而当公元前1世纪匈奴国力衰退之后，原先依附于匈奴的丁零人转而有侵袭该地之举，故其军事职能得到了加强，多重壕沟等防御性设施的出现

---

① L. Koryakova and A V. Epimakhov, *The Urals and Western Siberia in the Bronze and Iron Ages*, pp. 331 – 333.

② Barfield 曾在一项对比研究中区别出两系不同的游牧社会体制，一类是具有平等性的（egalitarian）中东部落模式，另一类则是突厥 - 蒙古式的更为阶序化的（more hierarchical）内亚部落联盟模式，参见 Th J. Barfield, "Tribe and State Relations: The Inner Asian Perspective", in. K. Kostiner ed. *Tribes and State Formation in the Middle East*, London: I. B. Tauris/Co Ltd, 1991, pp. 160 – 170.

③ 《游牧者的抉择》，第 129 ~ 130 页。

以及许多被废弃的居址上所存现的火焚痕迹正是当时这种愈趋紧张的敌对冲突关系的生动写照。① 近来也有学者根据对该城附近墓地所出人骨保存状况的分析并结合葬者性别比例现象进行考察，认为一方面有不少男性被葬者系直接死于战乱，另一方面还有不少男性阵亡之后其尸骸未能入土下葬。② 新的研究进展可以进一步扩展前说。

三 气候启动论的误区：新解释模式下的中国北方地带的 农牧转型问题

在本节中笔者考察的角度将从有关方法论的讨论上转移到对《游牧者的抉择》一书基本论点的辨析，试对该书第二章"中国北方游牧社会的形成"所揭示的农牧边缘地带经济形态转型的原因做一集中辩证，王氏此章所表达的观点其实早在多年以前出版的《华夏边缘》中就已经得到了阐发，而现在又由作者做了再次梳理和强化。作者总的论述倾向是，从公元前 2000 年至前 1000 年前后的气候干冷化，导致从西辽河流域到青海河湟地带的农牧边缘地带的居民为适应生态变迁，开始了向游牧化转型的历程③。该观点此前反映在《华夏边缘》第二部分下的三章中，而与前著直接使用未加任何限定成分的"游牧"一词相比，近著特地使用了一个"专化游牧业"的概念，以表示他所讨论的中国北方游牧业并非"纯游牧"故有其自身特点④，不过这种概念的重新诠释并不意味着作者解释立场上的质变。下面我们先来看《华夏边缘》中的几段论述，作者在考察青海河湟地带经济形态变化的原因时，归结为两点，一是公元前 2000 ~ 前 1000 年全球气候的干冷化，使得原始农业遭受打击；

① 林俊雄「匈奴における农耕と定着集落」载护雅夫主编『内陆アジア.西アジアの社会と文化』山川出版社、1983、22 – 25 頁。
② 臼杵勋『铁器时代の东北アジア』同成社、2004、151 頁。
③ 《游牧者的抉择》，第 78 ~ 97 页。
④ 《游牧者的抉择》，第 78、98 页。

二是自进入马家窑时期以来长期的农业定居生活造成了当地的人口
增长与资源分配不平均的现象。① 继而作者在考察河套一带的农牧
转型原因时，明确宣称："许多古气象学者都指出，以全球整体来
说，公元前 2000～前 1000 年是一个逐渐趋于干旱的时期。这个趋
势到前 1000 年左右到达顶点。"② 随后又在具体论述中指明河套地
区的干旱化是在公元前 2500～前 1500 年。③ 最后作者在解释辽西地
区考古学文化变迁时，也不忘指出："这波干冷化的环境变迁，最
后终于造成夏家店下层文化结束。"④ 看来气候变迁（干冷化）成为
王先生解释公元前两千纪以来北方人群经济形态变化的一条通辙，
容易给人留下以不变应万变的印象。而在作者的新著中，上述气候
启动论或决定论依然得到强调。当然以气候变迁来阐释古代北方人
群的经济形态发生改变的思考取向如今在大陆学界也是相当的风
行，值得我们来认真检验这一模式的运用适效性。

首先来看作者时引的那句套语似的论据（所谓许多古气象学
者都指出云云）的出处，此段表述根据作者在底注中的交代，系
来自哈扎诺夫的著作。但哈扎诺夫虽然表示他相信公元前二千纪
的气候干旱性，却更为重视其在前 1000 年之际所到达的旱值顶
点，以解说欧亚草原类型的游牧社会为何不早不晚地于这时才出
现。⑤ 所以读者自会体察到哈氏原意和王氏观点之间的微妙差别，
前者是要用气候变迁来解释前 1000 年时的游牧起源，而后者却是
想借用前者的观点来解释比前 1000 年更前几个世纪就已经在今中
国北方地带所发生的经济类型转变。这样看来，哈氏的论述能够
在多大程度上支持王说，实在需要斟酌。因为如果严格按照哈氏

---

① 王明珂：《华夏边缘：历史记忆与族群认同》，社会科学文献出版社，2006，第
64 页。
② 王明珂：《华夏边缘：历史记忆与族群认同》，第 81 页。
③ 王明珂：《华夏边缘：历史记忆与族群认同》，第 85 页。
④ 王明珂：《华夏边缘：历史记忆与族群认同》，第 104 页。
⑤ A. M. Khazanov, *Nomads and the Outside World*, p. 95.

的观点，那么应该导出的结论似乎是，在公元前 1000 年前后，中
国北方地带受气候变迁影响而产生了经济类型的明显变化，至少
是在此前畜牧成分已有增加的基础上的进一步放牧化。此外，更
不要忘记，哈氏的学术造诣主要是在人类学界，他所宣称的有关
气候与环境的变迁究竟能在何种程度上属实，自然还需要引证更
为专业的参考文献来说明。

关于公元前两千纪欧亚大陆的气候变迁问题，现在已经比哈扎
诺夫著作出版的时代增加了更多的研究成果可以参考。为了使考察
更具说服力，我们引述的参考文献所涉及的地区当不限于国内一
隅，以尽可能在更大的范围内捕捉到环境变迁对人类造成的共性问
题，这正如在以后历史时期的 14 世纪和 17 世纪，欧亚大陆遭受的
气候恶化使得彼此间相隔万里的中国和西欧均饱受天灾之苦。① 首
先就温度而言，参考日本所出的"文明与环境"丛书中第二卷所绘
制的从公元前 10000 年至近期的地球表面温度变化曲线图，发现公
元前 2000 ~ 前 1000 年的大多数时段里气温比今天略高 0 ~ 1 摄氏
度，更明显高于此前的公元前三千纪的寒冷期，虽然从约前 1500 年
开始降温，但直到接近前 1000 年的最后几个世纪内温度才出现比今
天气温略低 0 ~ 1 摄氏度的情况。② 从温度上看，前两千纪正好夹在
两个低温千年纪之间，其总体气温还是比较适宜的，不能被归入温
度陡然降低的小冰河期。具体到这一时期的东亚大陆的气温情况，
大致对应于商朝的纪年范围，通过对各种物候资料和卜辞文字的检
讨，基本能够确定商代的统治区内的温度略高于现在的气温。这种

① 比较简明的论述参见〔德〕傅海波等《剑桥中国辽西夏金元史：907 ~ 1368
年》，史卫民等译，中国社会科学出版社，1998，第 669 ~ 670 页；〔美〕魏斐
德：《洪业——清朝开国史》，陈苏镇等译，江苏人民出版社，1998，第 6 页。
有关的研究参见汪荣祖《气候变化与明清代兴》，载北京大学中国古代史中心主
编《纪念陈寅恪先生诞辰百年学术论文集》，北京大学出版社，1990，第 333 ~
336 页。
② 安田喜宪「綜論 2 地球と文明の画期」載伊東俊太郎、安田喜宪編『講座 文明
と環境』第二卷『地球と文明の画期』朝倉書店、1996、第 23 頁。

温暖的气候一直持续到西周初期，然后开始了气温下降的过程，但这时应已进入公元前 1000 年前后。[①] 再看潮湿度的问题，其实王先生在《华夏边缘》中已经引证了中国学者对河套地区的孢粉分析结果，显示河套一带在公元前 9000 ~ 前 1000 年是湿润的环境，只是到前 1000 年左右，才开始了向干旱期的转变。但他为了强证己说，竟然将此曲解为："由于世界性的干旱期发生在公元前 2000 ~ 前1000 年之间，因此可能在前 2000 年左右，这个干燥化的趋势已在逐渐进行之中。"[②] 这样就将河套的干旱期人为向前拉长了近 1000年。究竟前二千纪是否存在"世界性的干旱期"，我们不妨参照欧亚草原各地的有关实例来予以评判。

在欧亚大陆的草原带和森林草原带上，较靠西的摩尔多瓦和乌克兰地区在公元前 1500 ~ 前 900 年降水量比今天要多 100 毫米，气温则比现在的同一时令低 1 ~ 2 摄氏度，森林覆盖面积有所增加，总体上属于历史上这一地区气温和湿度非常适宜的时段。而在南俄草原，继非常干旱的公元前 2800 ~ 前 2000 年之后，气候条件逐渐好转，在公元前 1700 ~ 前 1400 年气候变得更加温暖，在以后的公元前1200 ~ 前 1000 年森林面积呈增加趋势，并且在顿河谷地最后一次出现了铁树，而农业这时也已出现在顿河谷地。总体上看，南俄一带在前 1700 ~ 前 900 年明显属于湿润期，而其中各地的具体湿润期可能在这个时间值范围上略有 100 ~ 200 年的正负摆动。与上述地区相比，仅哈萨克草原在公元前两千纪属于气候上的干旱期。不过巴尔喀什湖的水位则显示其在公元前 1910 ± 120 年时，水位尚比现代的平均值高 2 ~ 3 米，说明进入前两千纪之初当地的降雨量还是相当可

① 竺可桢：《中国近五千年来气候变迁的初步研究》，《考古学报》1972 年第 1 期；菅谷文则「中国前 20 世纪から纪元前后までの气候」载吉野正敏、安田喜宪编『讲座 文明と环境』第六卷『历史と气候』朝仓书店、1995、62 - 64 页；B. Hinsch, "Climatic Change and History in China", *Journal of Asian History* Vol. 22, 1988, pp. 138 - 139.

② 王明珂：《华夏边缘：历史记忆与族群认同》，第 81 页。

观的，直到进入公元前一千纪时才出现水位下降。① 故王氏设想的世界干旱期是在前 2000～前 1000 年之说存在的反证之多，据此可见一斑，根本不成其为放之四海而皆准的普适真理。何况从北边考古学文化分布的时限上看，夏商时期的夏家店下层文化和李家崖文化都还是定居性质的农牧兼营的文化，以后的夏家店上层文化亦复如此。故即使一些地区开始了向干冷化阶段的转变，也没有使整个北方地区较快地向游牧化过渡。② 在某些地方如青海的互助丰台卡约文化遗址所出的木材还显示在公元前二千纪的后半段内，当地气候仍然比较湿润，很可能还有森林分布。而预示着气候转旱的青海湖水位明显下降也是在前 1100～前 1000 年才发生。③ 由于丰台遗址正好处于湟河流域，故该案例对于王氏一再强调的河湟地带在前两千纪经历了气候明显干冷化的推断正构成直接的反证。

另外在王先生所选择的气象术语中，"干冷"明显是一个出现频率最高的词语，似乎"干"和"冷"的关系就犹如一对亲密无间的孪生兄弟，可是这种简单化的描述就一定符合过去的古气候特征吗？以晚期青铜时期的欧亚草原为例，考古学者通过对前 15～前 13 世纪的欧亚草原西部的居民遗址的地貌分析，认为当时的气候属于较为干燥而温暖的类型，这也可以得到古植物和古动物资料的印证，因此那时的环境条件非常有利于草原地带发展出一种兼营农牧的复合性经济形态。而到了随后的前 12～前 9 世纪时，草原的气候条件有了很大的变化，总体趋势是气温下降但春季增多的降雨会形成足以淹没早期台地上居址的洪水。④ 最近的古气象学家的研究则

---

① K V. Kremenetski, "Steppe and Forest-steppe Belt of Eurasia: Holocene Environment History", in. M Levine etc eds. *Prehistoric Steppe Adaptation and the Horse*, University of Cambridge, 2003, pp. 11 - 25.

② 林沄：《戎狄非胡论》，载《林沄学术文集》（二），科学出版社，2008，第 3～4 页。该文原刊于 1996 年由吉林文史出版社出版的《金景芳九五诞辰纪念文集》。

③ Xu Xinguo etc, "Results of the First Archaeological Excavation and Environmental Survey at Fengtai", in. *Eurasia Antiqua* 9/2003, pp. 105 - 107.

④ E. E. Kuzmina, *The Prehistory of the Silk Road* (ed by V H. Mair), University of Pennsylvania Press, 2008, pp. 60 - 63.

证实，在公元前 850 年前后，欧亚大陆开始由亚北极气候（Subbo-real）转向亚大西洋气候（Subatlantic），气候特征开始由以前的干旱温暖型一变为湿润寒冷型，从而促使南西伯利亚和中亚一带的植被显著增加，草场的载畜量也得到提高，并造成其中的部分半沙漠地带转化为草原，这对当时斯基泰人等草原居民转向全面游牧化产生了积极的推动作用。① 综上所述，若从整体上考察，当北方地带从前两千纪进入到前一千纪以后，气候的变迁规律应是从干热型向冷湿型变迁，其间各地的干湿温度变化情况可能略有地域性的差异，并且在具体开始转变的时间临界点上也有早晚之别，但大体的交替时间均处于前 1000 年的头几个世纪中，除了部分地区可能趋于干燥化以外，气候变迁的方向亦当具有大致的规律性。而那种为作者倚为立论基石的公元前两千纪的气候干冷化催生了中国北方游牧业出现的观点不仅与游牧经济产生的确切时段乖违难合，而且也与当时北亚许多地区的真实气候条件不符。

不能不指出，本章的叙述还涉及术语运用问题，王氏对"专化游牧业"一词的定义彻底混淆了游牧（nomadism）和放牧（pasto-ralism）之间的界限，这与近 20 多年来人类学界和考古学界已经日益注意到对它们加以区分的潮流趋势相比，不啻是一明显的退步。在王先生看来，无论是蒙古高原上过着典型游牧生活的草原牧民还是青海河湟地带的具有显著定居成分的放牧民，最后都可以毫不困难地被界定为"专化游牧业"的各种类型。这样通过推出一个普适性的标签化命名，中国北方地带的形态复杂的放牧 – 游牧类型实际上又一次被作者大幅度化约了，其间造成的混乱不时可见。例如作者在讨论前 2000 年以后河湟地区的考古文化变迁时②，先是引用了大陆考古学者对卡约文化性质的判定。该文化在经济形态上的农

---

① B. van Greel etc，"The Sun，Climate Change and the Expansion of the Scythian Culture after 850. BC"，in. E. M. Scott ed. *Impact of the Environment on Human Migration in Eurasia*，Dordrecht，2004，pp. 151 – 158.

② 《游牧者的抉择》，第 90 页及以下。

业－畜牧混合性在考古学界自属公认，故学界并未轻易将其定性为与"游牧"有关的考古学文化。但在王氏的笔下，卡约文化却以一个非常含混的界定——"某种形式的游牧生活"①，与他所定义的游牧硬搭上了关系。② 我们前面曾提及伦福儒教授对"半游牧化放牧"一类容易导致界说模糊的术语的批评，而现在王先生选用的这个"某种形式的游牧生活"可以说在含义暧昧上更远甚于前者。按照这种遣词表述，那么前1000年的欧亚草原的各种定居（或半定居）－放牧型居民均能够毫无分别地用它来加以界说。作者的行文中还时而给"游牧"一词加上引号，时而又直接使用，使读者不明白在作者的话语中，符合什么样的条件才算是真正的"游牧"。

尤为可商的是，王著此章由于不当地沿用气候变迁理论来解释北方地带的农牧比重变化，所以在论证时实际上又退回到赖德懋（拉铁摩尔，O. Lattimore）"逐离理论"的窠臼，他把自前2000年以来至战国时期北方地带的游牧化归结为原先居住在这一农业边缘的居民为了适应气候改变而做出的能动性选择，以通过游牧化的生计方式来更有限地利用自然资源与化解风险，最终有效地应对生态环境方面的巨大变化。③ 他在该章的最后又称，战国时期及秦汉帝国之初华夏列国对"戎狄"的征伐导致部分游牧或混合经济人群失去栖居地，从而北迁到更不宜发展农业的地方开展游牧业，并发展出新的社会组织以适应形势。④ 按照这一理论，游牧化之前的居民和之后的居民应该在种族上具有直系继承的关系，不同之处主要体现在他们从事的经济形态以及与之相适应的社会组织和前后所分布的地域上。然而该结论却因作者忽视了对前后两个不同时期的北方居民的人种类型的区分而难以成立。

按江上波夫早在半个多世纪以前发表的一篇综论中，已经综述

---

① 《游牧者的抉择》，第92页。
② 王氏书中第92页对卡约文化的上下限定在前1600年和公元初年，未知何据。
③ 《游牧者的抉择》，第97页。
④ 《游牧者的抉择》，第100页。

了从西周到春秋时代的戎狄与战国后期兴起的匈奴这样的游牧民族有着体质人种和经济形态上的根本区别。前者并非较纯粹的游牧人，而是农牧混合人群，他们在人种上也和黄河流域的华夏民族同属一系；后者则是纯粹的游牧人，不仅风俗与华夏民族不同，而且体质更接近于后来的蒙古－通古斯型人种，与华夏民族的华北类型有着显著差异。这种对体质类型的辨析实质上已经质疑了使用"逐离理论"作为解释框架的适效性，也是对此前王国维在《鬼方昆夷猃狁考》所主张的戎狄匈奴一源论的极大挑战。江上氏还认为匈奴的原居地当在比长城地带更靠北或西北方的沙漠草原地区，起先作为游牧民与中原各国没有直接往来，但到后来通过横介于华夏与草原之间的戎狄势力，了解到华夏的富饶并诱生了掠夺有利的动机，从而在战国时期以真正骑马民族的姿态南下长城地带，开始了同华夏的长期对峙，结果导致原先为戎狄所盘踞的中间地带有的沦为匈奴的南侵征战基地，有的则被东周的北方各国所并且修筑了长城以为巩固。这样双方的攻防对抗遂在长城一线上演。[①] 现在看来，江上氏上述观点的主体部分即戎狄匈奴异质说经受住了时间的考验，并得到了新论据的证实与加强。近来林沄的研究进一步指出初期匈奴本体应属于北亚人种范畴，与戎狄所属的东亚人种类型确实存在着质的差别。[②] 而新近的研究也再次否定了戎狄经济的游牧性，仍倾向于维持其为农牧混合经济形态的观点。[③] 因此北方地带在战国时期才真正开始的游牧化势必是跟早先与中原各国直接交往不多的北亚蒙古人种的南下息息相关的，故研究这一课题就必须重

---

① 江上波夫「匈奴の盛衰とその文化の変迁」载氏著『匈奴の社会と文化』（江上波夫文化史论集三）、山川出版社、1999、第 6－11 頁。原文发表于 1948 年。

② 林沄：《关于中国的对匈奴族源的考古学研究》，《内蒙古文物考古》1993 年 1/2 合期；《中国北方长城地带游牧文化带的形成过程》，《燕京学报》新十四期，2003。

③ N Di. Cosmo, "The Northern Frontier in Pre-Imperial China", in. *Cambridge History of Ancient China*, ed. by M. Loewe and E L. Shaughnessy, Cambridge University Press, 1999, p. 887, p. 947.

点着眼于新的人种在该地区的迁入及其与原有居民之间发生的替代或融合。① 舍此蹊径而在曲解气候变迁的基础上以人群和气候环境的互动选织主题，大谈特谈人类对环境的"选择"与"创造力"，虽然有助于读者在阅读过程中产生某种积极的现实关联，但毕竟于无形中模糊了历史棱镜的本色。

当然笔者对上述立场持有异议，并不表明对于环境变化的因素可以全然忽略不计，更应当注意到具有不同学术背景的学者之间所存在的对话视角的差异以期尽可能截长补短。以前两千纪特别是前1500 年以后东北赤峰的情况来看，许多研究地理环境演变的学者倾向于采用气候－环境变迁的模式来解释当地的农牧成分比重发生改变的现象，但是这一点并不能让 G. Shelach 这样的考古学者满意，后者从长时段的考察中发现赤峰地区的农业耕作从青铜时代一直向后未曾间断地延续到很晚的历史时期，表明气候变化即使存在，那么这一因素也只能在一定程度上影响人们的生活方式，远非一种决定性力量。有鉴于此并结合其他方面的考察，他最后认为当地人群对农牧生计方式的选择主要还是取决于经济－政治因素。② 而那种完全以气候－环境变迁为旨归或者将其看作造成骨牌效应的"启动力量"的学说在很大程度上让人回想到以前汤因比等人用气候曲线图来解释游牧民族扩张规律的做法，萧启庆教授曾风趣地评价汤氏的模式说，如果其能成立的话，那么历史学就该成为气象科学的一支了。③ 可惜对于大师的这种精巧设计，现在已经没有多少附和之音，即使对其学识仰之弥高的学人也不得不承认，气候环境的变动至多也仅是促使游牧民族扩张的繁复关系链中的一环而已。如此说

---

① 代表性的研究参见杨建华《中国北方东周时期两种文化遗存辨析——兼论戎狄与胡的关系》，《考古学报》2009 年第 2 期。

② G. Shelach, "Early Pastoral Societies of Northeast China: Local Change and Interregional Interaction during c. 1100 – 600. BCE", in. R. Amitai and M. Biran eds *Mongols, Turks, and Others: Eurasian Nomads and the Sedentary World*, Leiden: Brill, 2005, pp. 30 – 32.

③ 萧启庆：《北亚游牧民族南侵过程原因的检讨》，《食货》新 1 卷第 12 期，1972。

来，早已矗立于巨人肩上的当代学者本应更有理由避免重蹈前辈的覆辙。

四　传统史学方法的检讨：以文献分析与史实考察为中心

《游牧者的抉择》一书远非以考据方法治史的著作，但这并不意味着作者可以借此回避文献分析与史实考证上的诸多问题。如何精细慎重地处理文献，并据此推出结论相信是任何严肃的史学著述都应当遵守的基本学术规范。而在这一方面，该书不能说已臻完善。有的可商之处如作者对匈奴二十四长性质的论述，已在前面结合文献有过具体缕析。下面再看其他的有关实例。

该书根据《汉书》的记载，将匈奴入寇的季节制成图表，并在下页据此表分析说，上表显示匈奴对外劫掠发生在秋季较多。[1] 但根据图表，匈奴秋季入侵仅 7 次，与冬季持平，而夏季入侵则高达 9 次，故结论应当是匈奴的入侵以夏季为多。作者之所以重视秋季，大概这跟他此前曾考虑秋季或初冬是生计性掠夺的时节有关。该书后文又出现了"先零羌之旱、开等部落"的表述，[2] 其实根据《汉书·赵充国传》的记载，旱、开两小部与先零均为独立部落，仅在特定的外界压力下才以联盟的形式结合在一起，正因其与先零之间平时只维持一种互不隶属的松散关系，从而为赵充国实施分而制之的治羌战略提供了有利条件。

作者在该书第五章论述东胡民族的社会组织时，认为其社会当包括以下从低到高的四个层次：家庭－牧团－部落（邑落）－部落联盟（部）。而作为社会组织较高一级的部落联盟，其首领即是文献中的"大人"，并强调了这些南迁的鲜卑－乌桓人是以部落联盟的形式与汉朝进行互动[3]。作者所做的这一概括系根据《三国志》

---

[1]　《游牧者的抉择》，第 136 页。

[2]　《游牧者的抉择》，第 169 页。

[3]　《游牧者的抉择》，第 212～219 页。

卷 30《魏书·乌丸鲜卑东夷传》裴注所引的王沈《魏书》对乌桓的记叙：

> 常推慕勇健能理决斗讼相侵犯者为大人，邑落各有小帅，不世继也。数百千落自为一部，大人有所召呼，刻木为信，邑落传行，无文字而部众莫敢违反。氏姓无常，以大人健者名字为姓。大人已下，各自畜牧治产，不相徭役。

按这段记叙是历来学者们重建乌桓社会组织的基本史料，故对于其中各级单位的解说也存在歧异。黄烈认为落指家户，邑落则有村落、聚落之义，可能由几个氏族的结合发展而来，以血缘或宗亲关系作为纽带，部则由若干邑落连接而成。[①] 内田吟风则推论落是由二、三穹庐组成的有二十余口人的家族群，邑落是由一百数十人构成的聚落，部则是由邑落聚合形成的部族。[②] 可知王说的新颖之处在于把邑落界定为部落，而把部看作部落联盟。考虑到黄烈已经指出，邑落之名也见于同时期文献对南蛮和东夷的记叙中，因此这一名称似乎反映了东胡亦当与前者相似，其聚落具有相当定居成分。这也与此前我们对其经济形态的判断相吻合。此类以定居为基础的社会组织"邑落"能否被看作部落，似乎还不易断言。唯从具体史料的记载上考察，东汉末期上谷附近的乌桓大人所统的部众有九千余落，那么其规模似乎应当是属于部落联盟的级别，但同期右北平的乌桓大人属下的部众却只有八百余落，绝对人口数可能仅是前者的十分之一，如果也将其判定为部落联盟，则使人觉得甚不合理。按照人类学家 E. Service 等的估计，人口一般超过 5000 人的前国家时期的社会组织就已经进入"酋邦"（chiefdom）阶段，那么上谷乌桓人的组织无疑已经进化到了这种水平，而人数远少于此的右

---

① 黄烈：《中国古代民族史研究》，人民出版社，1987，第 241～247 页。
② 内田吟风「烏桓鮮卑の源流と初期社会構成——古代北アジア游牧民族の生活」，載氏著『北アジア史研究　鮮卑柔然突厥篇』同朋舎、1975、34 頁。

北平乌桓的社会组织则可能还处于部落阶段。当然 E. Service 的社会分节模式并不一定适合于乌桓的个案，但是部众数量相差悬殊的事实确实反映出乌桓各大人所统辖的社会组织的发育程度不会处在同一水平面上，忽略这一点，而径直将乌桓各部都当作部落联盟，并把其大人一律看作联盟领袖，显然又有简单化之嫌。

问题更大的是，作者未能细考文献中关于乌桓和鲜卑之间在社会组织上的记载差异，因此得出的结论在很大程度上与鲜卑的社会特征尤不契合。《三国志》卷三〇《魏书·乌丸鲜卑东夷传》裴注所引王书对东汉初期鲜卑的记叙中有"于是鲜卑敦煌、酒泉以东邑落大人，皆诣辽东受赏赐"的记载，可见鲜卑的社会组织中，邑落的首领是大人，这或相当于乌桓的小帅。[①] 其间差异说明了大人在两者社会组织中地位的不同。同一史料后面还作东汉中期，"鲜卑邑落百二十部，各遣入质"。看来鲜卑的邑落应和部落彼此对应，故鲜卑的大人在早期应被理解为单一部落的首领，这与乌桓人中间大人有时可指联盟首领有着本质的差异。此外，王沈对檀石槐早年事迹的记述也可印证这一点，"年十四、五，异部大人卜贲邑钞取其外家牛羊，檀石槐策骑追击，所向无前，悉还得所亡。由是部落畏服……遂推以为大人"。文中的卜贲邑的名字中似还带有鲜卑部落（邑落）的痕迹，他仅是一个实力有限的单个部落的领袖，因此其掳掠物才可能被年少的檀氏所追还，同样后者凭此所建立的威望以及随后被尊推的大人一职也都是局限在本部落中。只是在他最终统一鲜卑各部之后，其所设置的三部大人才像王著所言，具有联盟首领的权力，但这已到东汉末期。而且在他建立的鲜卑部落联盟瓦解以后，大人似乎又可以用来指代单一部落的首领。根据《魏书·序纪》的记载，在拓跋力微初起时，曾于 220 年"依于没鹿回部大人窦宾"，以后力微于 248 年吞并原窦宾所遗留的部人，并使"诸部大人，悉皆款服，控弦上马二十余万"，258 年通过杀害不来参加

---

① 加藤谦一『匈奴「帝国」』、23 頁。

祭天的白部大人树立权威,"诸部君长皆来助祭,唯白部大人观望不至,于是征而戮之,远近肃然,莫不震慑"。可见当时的大人更多的是指单一部落的首领。甚至晚到 4 世纪的拓跋部首领郁律(平文帝)在其死时,据《序纪》:"大人死者数十人",也应当是指和他同时遇害的鲜卑各部首领有几十人。综上所论,汉魏时期的乌桓和鲜卑的大人一名在地位上并不全然等同,后者的职权范围还发生了明显变化。① 在东汉末期檀石槐兴起之前的大多数时段中,鲜卑并不像王氏所设想的同乌桓一样,也已孕育出部落联盟的组织形式并借此与汉朝交往互动。王氏对此全然失考,故所下论断殊欠周密。

又书中所述依据唐代达奚安俨墓志②,该鲜卑后裔家族自称其祖源是黄帝子裔昌意、始均。志文中相关内容如下:"若乃二星分北掩龙沙以居宗,六月图南擅鹏溟以为大。实天命昌意,启我幽都;帝封始均,天雄弱水……分为诸国,兄弟七人,各统一部,天伦之威,达奚居上。"仅从字面含义上推敲,似乎可以像作者那样,将始均也理解为黄帝的后裔,但这一论断恰恰需要做仔细的分析。见于该墓志的祖先始均一名实际上来源于《魏书·序纪》中的"(黄帝)其裔始均,入仕尧世,逐魃于弱水之北……命为田祖"。而从功业事迹上考察,这里的始均其实指的是《山海经》卷十七《大荒北经》等中作为田祖,劝黄帝置魃于赤水(即弱水)之北的叔均,他并不像《山海经·大荒西经》中所记的始均那样与黄帝存在直接血缘关系,而是和传说中周人的祖先有着身份上的合一性,因此《魏书·序纪》中的始均实际上将始均之名与叔均的事迹整合于一身的新生产物。而在北魏朝中,在对孝文帝的上奏中采取拓跋

---

① 专门考察这一时期"大人"的论文、参见船木胜马「匈奴·乌桓·鲜卑の大人について」内田博士颂寿纪念会编『内田吟风博士颂寿纪念东洋史论集』同朋舍、1978、455–469 页。该文也未对鲜卑和乌桓的大人区别考察,但指出了后者的大人相当于中原王朝被分封的王或侯。传统的对北方民族"大人"称号的理解可看宋人庄绰的简要解说,他认为"夷狄亦指尊长为大人也",参见(宋)庄绰《鸡肋编》卷上,中华书局,1983,第 28 页。

② 《游牧者的抉择》,第 224 页。

祖先叔均说并摈弃其与黄帝存有关联说法的渤海高氏正是试图借此来抵制此前为重臣崔氏父子宣扬的拓拔祖先黄帝说。[1] 由此可见，泛泛地引用鲜卑后人的丘铭，并不加批判地将始均与昌意同等看作黄帝子裔的论断显然有欠历史认识的深度。

五 解构"解构者"：人类学宏大叙事话语与历史停滞论的合奏

该书第六章及随后的全书结语虽然篇幅不长，却是最足以展示作者理论功力和思辨素养的部分，随着作者游刃有余地穿梭于历史史实与理论预设之间，其精心编织的"人类学宏大叙事"的话语网络也就"捕捉"到深藏于朝代长河之下的历史本相，并顺手将实证史学所偏好的历史事件"解构"为受制于本相制约的历史表相。笔者每读至此，都不禁顺文浮想，假如沿袭这一话语逻辑，那么此前那些被公认为以史实考证见长的实证型史家，从孜孜探求北族源流的王国维到整体揭示西域人华化面貌的陈垣，从提出外族盛衰连环论的陈寅恪到在中古民族关系史领域建树良多的唐长孺，岂不都成了不识历史本相而终身只堪在表象层面上雕琢转圜的学匠？王先生此举表征出的治学雄心和目标诚然令人钦佩有加，不过在作者的如椽巨笔之下，却不时闪现出一些出人意料的知识性疏误。

该书称在东汉帝国灭亡之后的乱世中，五胡纷纷建立割据政权。[2] 此点显误，因五胡政权多肇兴于4世纪初的西晋覆亡前后。该书还称，鲜卑的段氏建辽西。[3] 按辽西根本不是政权国号，何"建"之有？段氏只不过利用当时混乱的局势在辽西形成了一股割据势力而已，其臣服于晋并接受辽西公的封号，以后到其后裔末波

① 以上分析参见园田俊介「北魏・东西魏时代における鲜卑拓跋氏（元氏）の祖先传说とその形成」『史滴』27号（北朝史特辑）、2005。
② 《游牧者的抉择》，第222页。
③ 《游牧者的抉择》，第222页。

时亦不过自称幽州刺史。作者在描述契丹建国历史时，称阿保机建国为辽。① 明明是耶律德光（太宗）于 938 年或 947 年建号称辽，作者却将其上延到其父阿保机那里。其又说辽末兴起的女真，原居森林草原地带。② 按以完颜部为轴心的女真人初期兴起于松花江流域，此地多为森林耕地，纵使偶见草地滩涂分布，也说不上是足以让女真人悠闲自得地吟啸牧曲，徙迁牛羊的草原。据此可见作者创用的"森林草原"一词失之于滥。作者在书中称明末松花江流域森林草原带的建州女真崛起。③ 按建州女真在明代早期曾活动于今吉林东北与黑龙江东南一带，待到明末作为独立的政治力量兴起之际，早已定居在辽东的浑河流域及其附近，怎能还说是在松花江流域的什么"森林草原带"呢？作者在书中又称元代蒙汉史家认为统天下者无论来自草原或中原皆为炎黄之后。④ 但至少我们从《蒙古秘史》《史集》等文献中发现当时的大多数蒙古人包括其史家毫无此种观念，从未把蒙古大汗的祖源与三皇五帝一脉相承的炎黄帝系相衔接，甚至明清时期的蒙古史学著作亦无此种思想的流露。作者此处抒发的议论恐怕只是个人的遐想。作者还称乌桓在东汉以后在中国文献典籍中销声匿迹。⑤ 事实上乌桓一直到东晋后期都还屡见于当时的记载，只不过文献中多作乌丸而已。除了这类明确有误的地方外，作者的一些提法还显得不够严谨周密，例如作者在论证唐帝国具有接纳混合各方传统的特征时，所举的证据之一是"帝国内历任宰相也多有出身北方草原部族者"。⑥ 实际上稍稍翻检《新唐书》卷六一至六三《宰相表》中罗列的有唐一代数以百计的宰辅人选，就会发现符合"出身北方草原部族"条件者实在是寥寥无几，有些名臣如长孙无忌、元稹、元结等只能说是"有北族血缘"（借

---

① 《游牧者的抉择》，第 226 页。
② 《游牧者的抉择》，第 226 页。
③ 《游牧者的抉择》，第 228 页。
④ 《游牧者的抉择》，第 244 页。
⑤ 《游牧者的抉择》，第 251 页。
⑥ 《游牧者的抉择》，第 223 页。

用前述作者自己的话语）而已，真正既出身北方草原部族而又享有
入朝拜相殊遇的仅有像浑瑊这样的个别特例。事实上在整个唐朝时
期，草原部族的子弟主要还是需凭借担任武职并握有军功方能获取
出人头地的仕用机缘，其中个别如哥舒翰、安禄山等虽能借此成长
为雄踞一方的强藩，但中朝枢机重臣的要职对其来说，仍然是不会
轻易开放的，故作者的此番表述显然有失准确。

当然水平再高的学术著作亦无法避免种种失误甚至有时可能还
是严重的谬失，此点已成当前学界的共识。以此而论，我们对于上
举值得商榷的叙述也不必过多细责，对其致误的具体原因更无须私
加忖度，姑且说它们表明作者著书时对于细节之处有些推敲得不够
精细缜密，完稿后又未认真复核检查。毕竟作者的才气和创造力主
要还是表现在依托"关键词"或工具概念对基本史实以及实证史学
的理路进行了全新的解构或者重释，并在此基础上形成了自己的理
论。深受作者赏擢的这些概念的来源固然多元，但均被作者通过历
史人类学的思维和方法进行了语义的改造和使用语境的重新设定，
这正如其揭出的原自社会学家创造的表象－本相这对概念。作者通
过符号概念编织而成的话语网络不仅铺天盖地似的包举席卷了上下
几千年的浩繁史实，而且也在无形中将读者置于其所打造预设的强
势话语语境中，在效果上已经给读者促成了一种"宏大叙事"般的
强烈冲击。细玩作者的这套横贯历代、打通古今的解释模式，不难
看出其在论证上依然延续其正文前面几章归纳出的草原（匈奴）－
"森林草原"（东胡）－高原河谷（西羌）简单三分法的模式。

在东汉结束以后，遵循草原模式发展的民族主要有突厥和蒙
古，两者如匈奴一样都结合成汗国的体制与周边的农业国家长期互
动，但隋唐时期的突厥和明代后期的蒙古又均因其内部的不同部分
分别与各自所对应的农业地域（中原或西域）产生了紧密的交往联
系而渐生隔阂，终于催生汗国的东西分裂，犹如此前匈奴部众做出
的南下或者西迁的不同选择。

遵循"森林草原"模式发展的民族则先后有契丹、女真和满

洲，它们通常采取如鲜卑－乌桓那样的部落联盟的组织形式与中原王朝互动，并且积极发展农牧，同时吸纳汉人移民以壮大自身力量，最终部分或全部地统治中原。

遵循高原河谷模式发展的民族主要是羌人的后继族人，如隋唐时期的党项诸部，他们一般仍如西羌那样以部落的方式与外界互动，凌驾于部落之上的统治权力发育尤其迟缓，有的还与早先的羌人类似，被中原王朝有意识地加以内迁，从而融入西北边疆的社会洪流中，甚至可能应运而生为地方政权。至于仍旧留在当地的羌系部族，则基本上长期维持着部落级的小政治体现状。

作者依据这一匠心独具的解释模式，清楚地向读者描绘出存现于其心目中的历史演进的基本轨迹，并进而"发现"了导致相似轨迹一再重演的历史本相——近似的生态环境，故人们在生计选择、榨取外来资源和发展社会组织上都因受到环境的左右而显示出明显的规律性。作者随后作为对这种论述模式的有机补充，也指出了这种历史本相的可变性和发展性，并将其归结为"人"的行动抉择，且以之联系现实。而具体的历史事件或者现象在这套设计精巧的带有明显二元对立色彩的话语体系中都被人为地安排在"表象"的位置上以服务于作者的定位与调遣。由此一位历史人类学者最终就从宏观层次上完成了他对历史解构的全部过程，同时也颠覆和审判了实证史学一贯所秉持的学术立场。王先生构建的这一宏大叙事在解释上自有其醇厚的魅力所在，但能够在多大程度上成立依旧取决于基本史实的审查检验，而不论这种具体史实是否应被简单地定性为"表象"？下面即从基本的史实检讨入手。

首先需要声明笔者对作者所使用的"游牧"一词常常是持保留态度的，故在论述中有时需要转引作者原文时，适当地做了术语调整但尽量不影响对作者原意的表述。作者在描述突厥汗国的分裂原因时，为了证明其沿照匈奴式发展轨迹前行，将起因归于东突厥与中原关系密切而西突厥与内亚定居城邦及游牧－放牧部族共生。按早在6世纪中后期木杆可汗时期，随着突厥帝国扩张的军事需要，就已经形成了权力二元化特征，即由室点密专门经略中亚，而木杆可汗本人则直接控制蒙古高原。两人之间达成权力与势力的分配和妥协，即一方面室点密需承认木杆可汗为突厥汗国的大可汗也是名义上的唯一最高统治者，但另一方面室点密也享有可汗的称号，统率十姓部落以实际经营西域地区。室点密的可汗地位在汉文史料和突厥文史料中都有记载。[①] 这种对势力范围的明确划分实际上已经奠定了以后西突厥正式自立的基础。故从现实地位而非正式名分上看，早先沙畹（É. Chavannes）将室点密当作西突厥第一可汗不为无见。[②] 至于西突厥与中原的关系较东突厥与后者疏远则更属王氏的臆测，因为恰恰是在 582 年间，隋文帝主动采取亲近西突厥而疏离东突厥的策略，并在政治上有意抬高对其的礼遇规格而且也取得了不错的效果，以致加深了东、西突厥的猜忌不和。此后数年，汗国内部即爆发了有西突厥卷入的大规模内战，事实上宣告了形式上统一的突厥汗国的正式分裂。故王氏对东、西突厥的分裂原因的解说系出虚构，不足凭信。探究草原汗国易分裂性的真正原因离不开对草原社会的整体性观察，既应吸取学界最近对游牧国家特有的政治体制的分析，同时也要注意到 M. R. Dromp 所说的导致内亚政权不稳固的各种所谓"离心力"成分，其中不仅包括游牧经济的自主分散性，部族联盟内部不同族群的冲突，而且也涉及因其疆域过于辽阔而采取的与之适应的分权体制等因素。[③]

关于作者对汉魏时期的鲜卑社会组织的不当论述，我们在前面已予指出。这里要补充的是，当 3 世纪中后期以拓跋鲜卑人为核心凝聚成实力可观的部落联盟时，他们的活动地带主要是在从阴山以南一直延伸到桑干河上游的大同盆地地区，主要政治中心是在代北－盛乐一

---

① 吴玉贵：《突厥汗国与隋唐关系史研究》，中国社会科学出版社，1998，第 15~19 页。

② 〔法〕沙畹（É. Chavannes）：《西突厥史料》，冯承钧译，中华书局，1958，第 43 页。

③ M. R. Dromp, "Centrifugal Forces in the Inner Asian Heartland", *Journal of Asian History* Vol. 23, 1989.

带，约相当于从今内蒙古中南部到晋冀北部。这些地方可以说是传统的农牧交错分布地带，适合狩猎，远非"森林草原"地区。① 而且此前檀石槐部落联盟建立时，其政治中心也是位于今大同东北方的弹汗山，故可看出对于鲜卑人来说，其部落联盟形式的真正隆兴并非是在所谓的辽西森林草原地带，而是肇现于漠南－代北的农牧相间之区。随着鲜卑部落联盟的巩固与发展，到 4 世纪后期的什翼犍时期，已经大致建立了都城，设置了基本的官僚机构，并自立年号，显示鲜卑这时业已启动了由部落联盟阶段向国家体制嬗变的过程。至于作者叙述的契丹，在何种程度上能够使用部落联盟一词也需要认真探讨。因自7、8 世纪之交，契丹的部落联盟首领就开始自称可汗，先是李尽忠的自任无上可汗，以后又有屈列称洼可汗，到阻午可汗时正式构成了由八部组成的部族制政权。② 故不宜将部落联盟一词无保留地用在阿保机称汗之前的任何阶段的契丹社会中。作者继之论述的女真人，不仅根本不是勃兴于森林草原地带，而且在阿骨打的自立建国历程中，由于其控制的三江地区距离中原农业区过于偏远，所以无法像契丹那样大量吸纳由农耕区辗转迁来的汉人移民。此外，以前女真人的社会组织从未超出过部落联盟的发育水平。因此，比较阿保机和阿骨打的开国历程，可知他们各自所承载的政治遗产和能够有效动员的人力资源均有很大的差别，更何况契丹人与女真人的自身生计方式也大不相同，前者以牧为主，后者则以农业和渔猎为生。故简单地套用一种基于错误理解的生态环境论之上的发展模式来绘制他们的所谓相似轨迹其实是对大量基本历史事实的一种曲解。

作者在文中将蒙古汗国设立的万户、千户、百户体制说成是为了将牧民固定在各级领袖的领地内，以防各部相互攻掠。③ 这实际

---

① 〔日〕前田正名：《平城历史地理学研究》，李凭等译，书目文献出版社，1994，第 267～276 页。
② 爱宕松男「东洋史学论集」第三卷『キタィ・モンゴル史』三一书房、1990、第 206－213 页。需要指出、可汗一名很可能源自鲜卑人，而且起初只是部落首领之意、以后才产生出君主的含义。
③ 《游牧者的抉择》，第 227 页。

上是一种倒果为因的解释。按上述体制本身只是一种军事动员机制，故其各级长官管辖的户数都是相当于需要随时听命应征的军人性质，故在这一过程中，不可避免地要破坏原先草原上的以血缘为纽带的氏族 - 部落结构。[①] 以后随着蒙古帝国的持续扩张，许多千户、百户的驻地均由草原移到了中原或者伊朗，这样使得该体制的草原游牧成分大大减少直至完全褪色，何况有时为了军事征战的需要，还特地从其他领主那里抽调人户作为出征亲王的私产（滕哲），如同旭烈兀西征所表现的那样，故当初制定这一政策主要是在成吉思汗家产制国家的分配体制下，着眼于更有效地进行人力资源的调配和征发。因此我们一方面看到有的部落在蒙古草原上确实各有分地（农土），但另一方面该部落有大量人员从草原上外流到了中原、伊朗等地，从而渐渐切断了其与草原社会的基本联系。那种牧民被领主人身控制连同各部的分地相对固定化的现象仅仅是这一制度在草原上实行的客观结果，如将其理解为实施的主要目的，则未免有些本末倒置。与之类似的因果倒置的论述还反映在作者对明代东、西蒙古分裂对立原因的解说上，作者没有考虑早先脱欢 - 也先时期的瓦剌曾与明朝大力发展通商关系并且一度统一蒙古草原的史实，也对瓦剌此后由于在与东蒙古势力的角逐中渐处下风方改为重点向西发展的过程置于不顾地位，过分强调是瓦剌和东蒙古各自所互动的对象（西域和明朝）不同，才导致其最后东西对立。[②] 另外作者

---

① 有关的基本史料参见〔波斯〕拉施特编《史集》第一卷第二分册，余大钧等译，商务印书馆，1983，第 363 ~ 383 页。

② 关于对 15 世纪上半期瓦剌通使次数的逐年统计，参见 H. Serruys, *Sino-Mongol Relations during The Ming* Ⅱ: *The Tribute System and Diplomatic Missions* (*1400 - 1600*), Bruxelles 1967, pp. 165 - 166; 对双方交易的专门研究参见 D. M. Farquhar, "Oirat-Chinese Tribute Relations, 1408 - 1446", in. *Studia Altaica: Festschrift für Nicolaus Poppe zum 60 Geburstag*, Wiesbaden, 1957, pp. 60 - 68. 作者指出随着瓦剌在北亚的势力扩张，其跟明朝的交易量也随之上升，其交易的物品来自对其属下部落的搜括，而得到的丝织品又被用于购买西域的商品。由此可见瓦剌与明朝的贸易关系对其重要程度。关于也先死后，瓦剌主力的西迁，参见白翠琴《瓦剌史》，吉林教育出版社，1991，第 140 ~ 160 页。

将俺答汗招纳汉族移民在漠南经营农业的行为视为突破历史本相的创举，又嫌评价过高。毕竟当时板升密集的丰州川一带在历史上长期以来属于农牧交错地带，发展混合兼营的经济并不足奇，而且更早的游牧政权如匈奴内部就已有一定数量的汉人从事农业耕作。

再看作者阐述的以羌系民族为主的高原河谷模式，也有值得商榷的地方。作者虽然在讨论时以河湟为中心，但所涉及的民族如党项等即使在早期，其活动范围的重心也不仅限于此地。故作者所考察的这一模式所包含的地域实际上对应的是指川甘青藏民族走廊地区。而这一广袤地区的民族关系比较复杂，其原居于此的土著居民多属氐羌系统。诚然这些人群的通常结合方式往往局限在部落的单元下，没有发展出更高一级的政治组织，部落联盟的组织形式常常带有权宜性而且不够稳定。但是至晚在隋唐之际吐蕃对外扩张之时，这一走廊及附近的部分地方也已发展出了远比部落形式更高的社会组织，如分布在青海南部的苏毗、四川西部的附国都形成了拥有国王的政权。而11世纪的青海的吐蕃也以青唐－宗哥为中心兴起过实力足以抑制西夏扩张的青唐羌政权，兴盛时间近一个世纪。此外，该走廊的高原河谷地带因正好处在童恩正所论述的从东北到西南的半月形传播带上，故北方民族常常有举族南下，进入该地区定居的大规模迁徙行为。而这些民族随后在该地区建立的社会组织常常又高于所谓的部落一级。比较典型的早期事例即魏晋时期的慕容鲜卑的一支南入甘青地区，后来建立了吐谷浑汗国政权，长期统治这一地域，直到初唐以后被吐蕃吞并。晚期又有明末清初的蒙古人大量入居青海，先入主此地的是土默特蒙古人首领火落赤和察哈尔蒙古人首领却图洪台吉，以后又被实力更加强劲的西蒙古和硕特人顾实汗所取代，后者的子孙遂长期游牧居留于此地。外来民族的入主及其社会组织的发展程度足证当地生态环境所形成的某种格局实际上是完全可以被打破的。故上面这些个案对作者提出的高原河谷模式来说，均是不可回避的反例。作者所论述的内容可议之处尤多，如其说9世纪时吐蕃的瓦解是由于无力消除内部因资源问题而引起的部落战争,[①] 此点并无充足史料的支撑。[②] 作者在注释中，还曾指出河湟一带的部族进入关陇以后，会引起当地社会的动荡，并引发割据一方的政治势力出现。[③] 为此他举的例子先后有五胡时期的政权，唐代西北诸藩镇，五代至宋代的西夏等。然而关陇一隅是造就唐朝霸业的龙兴重地，当时并不存在势力足以自立于中央之外的所谓"西北诸藩镇"，况且这里也不是后来党项西夏政权赖以立国的发迹之地。

　　行文至此，可以说笔者对王先生的三分法式的论证模式的检讨大致告一段落，显然作者文中存在的大量与基本史实相出入的论述使得他所构建的理论体系在很大程度上像是在沙上建塔。通过对作者学说的检查最终映显出，他所描绘的那些貌似相似的"历史轨迹"不仅常常与历史史实凿枘不合，而且其背后所依赖的生态环境决定论实际上也是相当的有心无力，无论是在分析史前时候北方地带的农牧转型上，还是被用于解说历史时期的族群结合形式的演进。令人尤为失望的是，王氏的这种决定论最终在历史观上落入一种带有强烈循环色彩的历史停滞论中，因此我们在书中能够见到作者在论述河湟地区时采用这样的表述："所以，到了宋代一切又回到原点"，[④] 可是接下来他就不得不表示在当时崛起于此地的唃厮啰政权是个例外，然而人们有理由相信，如要书写河湟地区在宋代的历史的话，那么该政权绝不是一个可以被忽视的例外，因为它对这一地区的历史发展面貌起着决定性的塑造作用。假如没有其存在的话，那么人们简直无法设想当时的河湟社会又该是何种景象。以上

---

① 《游牧者的抉择》，第 231 页。
② 关于吐蕃晚期分裂的宗教和政治原因参见山口瑞凤「儀軌・王の二子と吐蕃の分裂」『駒沢大学佛教学部论集』11、1981、214 – 233 页；Yamaguchi Zuiho（山口瑞凤），"The fiction of King Dar-ma's persecution of Buddhism"，in. Jean-Pierre Drège ed. *De Dunhuang au Japon：etudes chinoises et bouddhiques offertes à Michel Soymié*，Genève 1996，pp. 231 – 258.
③ 《游牧者的抉择》，第 232 页注释 19。
④ 《游牧者的抉择》，第 229 页。

所举仅仅是作者史观的一个具体而微的写照，事实上当他人为地勾勒出三分法的模式并把几千年来的众多民族像做选择题那样逐一对号入座时，就已经定下了这种停滞论的基调，该史观再与作者宏大叙事般的阐释手法相结合，使得出现在其笔下的始终都是一波又一波的人群遵循这三种模式作周而复始的历史运动，而最终每一模式下的不同人群却都留下了大致相同的运行轨迹，这正是作者致力于向读者描绘的游牧－放牧人在中国历史上的基本面貌。

结语　实证史学与理论模式的关系——相互排斥还是互补与结合

从上文对王著的评析来看，似可认为王明珂使用人类学的理论方法来改造民族史研究的动机诚然是美好的，而且也拥有令人向往的灿烂前景，但最后反映在该书中的具体实践则可谓有得有失，尽管作者在理论建构上费尽了心力，却由于回避实证方法的合理采用，实质上已经悄悄改换了历史进程中的某些面貌，使得书中"构建"出的古人在一定程度上并非古人。表象已失真，又何从追探本相？[①] 以此作为评判标准，该书的学术建树似较作者此前研究羌族等西南族群的专著略有逊色。不过，客观地说，撰写一部从中国北方游牧社会的早期起源一直向后延伸到晚近时期的专著，仅就资料整理来看，即已构成一项极富挑战性的工作，因为这需要作者对历史学、考古学、民族语言等不同学科的方法论都要有深切了解，而且还要求对国外学界在这一研究领域所积累的上百年已有成果了如指掌。如果还欲在理清材料的基础上更上层楼，最终得出新颖原创的解释阐述和对比综合的诊断归纳，那么无疑尚需作者对各种社会科学的理论和方法有着精深的钻研和把握，且善于自创体系以将

① 对于作者设定的表象与本相的二分法的批评，参见姚大力《重新讲述"长城内外"——评〈游牧者的抉择：面对汉帝国的北亚游牧部族〉》，载氏著《读史的智慧》，复旦大学出版社，2010，第123~125页。

其融会贯通。而在如今学科林立，专业分隔的知识背景下，要想同时具备上述这些素养条件，对于研究者个体而言，只能是无法实现的梦想。

由此观之，作者在构建理论体系方面的缺失倒也不足深病，只是对学科分化现状的承认不应成为学者拒绝不同学科或学派间进行对话和交流的理由。而至少就民族史研究领域而言，人类学的理论修养在提升研究者的洞察力与开阔他们的研究视角诸方面贡献良多。正是从这一点上出发，尽管本章此前以实证的立场略带挑剔地指出了该书存在的多方面问题，但笔者仍然从总体上坚持本章一开始对王著的评价，这是目前汉语学术圈内对传统游牧社会研究最具纵深性的一部佳作。无论是其对不同类型的材料的梳理整合，还是到令人耳目一新的宏大叙事的提出，都对读者来说极具启发性和颠覆性，使人们在阅读中不时能够欣赏领略到书中化腐朽为神奇的大家手笔，由此带来的思想上的历练和精神上的愉悦都是那些貌似平稳实则平庸的陈陈相因之作从根本上无法比拟的，该书的这些优点想必专业学界及读者大众自会有公论，此处无须多费笔墨赘言。笔者深信，将来任何一位有志于重拾此篇主题的学者，都难以轻松绕过这部在学术史上具有里程碑地位的宏著。[1]

同时该书瑕瑜互见的事实也提醒我们，当社会科学的理论模式

---

① 东西方学界在 2007 年前后陆续刊出了几部主要以考古学的视角来考察从青铜时代直到早期铁器时代欧亚草原历史变迁的专著，代表性的有 David W. Anthony, *The Horse the Wheel and Language*：*How Bronze Age riders from the Eurasian Steppes Shaped the Modern World*，Princeton University Press, 2007; P. Kohl, *The Making of Bronze age Eurasia*, Cambridge University Press, 2007; 林俊雄『スキタイと匈奴游牧の文明』讲谈社、2007; 雪岛宏一『スキタイ骑马游牧国家の历史と考古』雄山阁、2008 等。上述作品集中反映了这批潜心研究欧亚草原早期放牧 - 游牧社会的资深专家的长期探索心得，其中的某些章节与王书讨论的主题均有一定的交集，若干结论观点也可以与之对照比较，另外 D. Sneath 于 2007 年刊出的新著 (*The Headless State*：*Aristocracy Orders, Kinship Society, Misrepresentations of Nomadic Inner Asia*, New York, 2007)，则对人类学界一度流行的游牧社会平等性的观点及其背后所预设的理论架构进行了全面的批判，它们值得有兴趣的国内专业读者作延伸阅读。

被导入具体史学研究中时，必须走与实证史学紧密结合的道路，否则理论模式再高明，都可能在实践过程中遭致滥用而最终改塑掉历史的本来面目，长此以往，则将使历史学研究求真的一面处于被丢弃殆尽的境地。尽管史学界长期以来在如何处理实证史学与理论模式的关系上歧见纷纭，迄未形成统一共识，但是笔者始终认同多年以前严耕望先生曾系统表述过的一种观点：社会科学理论只是历史研究的辅助工具，不能以运用理论为主导方法。笔者同时也相信，只要能将实证史学的优长与社会科学理论的作用结合得恰到好处，那么借此产生的著述必将长久地屹立于那些能够经受住时间考验的学术精品的行列中。

最后关于本章的日文参考文献注释，有几点需作纠正。第144、256页出现的护雅夫《二四大臣——匈奴国家の统治机构の研究》标题有误，应为《プリッアク〈二四大臣——匈奴国家の统治机构の研究〉について》，其文是护氏对美籍乌克兰学者普里察克（O. Pritsak）发表在西德学术期刊上的商榷性论文的反批评。《二四大臣——匈奴国家の统治机构の研究》实际上只是普氏原作的德文标题的日译，故并非护氏论文的真正题目。第114、120、256等页还屡将江上波夫早年的大作《ユゥラシア古代北方文化》（《欧亚大陆的古代北方文化》）误排为《エゥラシア古代北方文化》。第144、256页称护雅夫的《匈奴的国家》一文原刊于《史学杂志》第59卷9期，正确的出处是同名杂志的第59卷5期。第258页所列出的刊载内田吟风氏论文《乌桓族に关する研究》（《关于乌桓族的研究》）的《满蒙史论丛》第四卷实际上是出版于1943年，而非作者标注的1939年。另外在第258页及相应的正文中内田吟风的著述下面，分别列出了《乌桓鲜卑之源流と初期社会构成》和《乌桓族に关する研究》两则不同的条目，实际上它们却是同一篇论文，只不过初刊于《满蒙史论丛》第四卷时使用的是后一标题，而当1975年由同朋舍结集出版内田氏的论文时，又将其改换为前一标题，并收入作者的相关论集中，两者的文字内容基本保持了一致。作者这种不加任何必要的说明，径直将二者分列的做法颇容易让人误以为它们是主题与行文迥然有别的不同论文。以上有些差池实际上在王氏 90 年代发表在史语所集刊上的文章中即已出现，但不知何故竟一直未作更正并迁延至今，这些误失使得那些不太熟悉日本东洋史研究成果的专业读者在查找日文原著过程中容易出现本不必要的麻烦和误解。

王书刊出以后，国内外关于匈奴考古的研究又有了新的进展，故这里特做一点补充，较重要的用中文写作出版的专著和译著分别是马健：《匈奴葬仪的考古学探索——兼论欧亚草原东部文化交流》，兰州大学出版社，2011；杨建华、邵会秋、潘玲：《欧亚草原东部的金属之路：丝绸之路与匈奴联盟的孕育过程》，上海古籍出版社，2016；〔苏联〕鲁金科：《匈奴文化与诺彦乌拉巨冢》，孙危译，马健校注，中华书局，2012。在最后一书中译注者还增补了他们所获知的与匈奴有关的中外文研究文献目录（主要侧重于考古方面），可供读者进一步挑选阅读。笔者这里仅补充一则书目信息。上引文献目录中提到的曾在 2008 年蒙古国召开的匈奴考古国际学术讨论会上宣读的论文已经列为"波恩亚洲考古系列"的第五卷正式结集出版，全书由导言和 37 篇来自包括中国学者在内的多国学者提供的研究性论文组成，均用英语撰写定稿，正文内容在 570 页以上，并附有关于匈奴研究的长达近 70 页的参考文献目录，对于国内学界了解欧美国家在早期内亚历史与考古研究方面的最新进展极为有用，参见 U. Brosseder etc eds. *Xiongnu Archaeology：Multidisciplinary Perspectives of the First Steppe Empire in Inner Asia*，Bonn，2011.

最新关于欧亚大陆晚期青铜时代的气候由干热型转向湿冷型的研究报告则 L M. Popova，"Paleoecological Evidence for Vegetation，Climate，and Land-Use in the Lower Samara River Valley"，in. D W. Anthony etc eds. A Bronze Age Londscope in the Russian Steppes：The Somara Valley Proiect UCLA Costen Insti. of Archaeology Press，2016，pp. 91 – 102。

第六章

从森部丰看日本粟特研究的新动向

自 1997 年发表第一篇与粟特人活动相关的学术成果开始，此前最初在大学院修习期间关注唐代后期河北藩镇问题的森部豊（1967～）逐渐转入粟特人在中国中古时期的政治作用这一领域，并先后围绕该课题刊布发表了一系列论文著述。时至 2010 年，他将部分旧作增补修订后以相互照应的章节编排方式重新确定其前后次序，并加写"绪论"与"结论"从而在体例上构成了一部以全面考察论述粟特问题为中心的系统性专书。此即由关西大学东西学术研究所在 2010 年发行的《粟特人的东方活动与东部欧亚世界历史的展开》。① 它的出版堪称战后日本东洋史学界在半个多世纪以来推出的仅有的一部以粟特人为书名标题的真正意义上的个人专著，由此也就在很大程度上填补了该国东洋史研究领域内的一段空白。② 记得当初法国学者魏义天（É. de la Vaissière）的鸿著《粟特商人史》（*Histoire des marchands sogdiens*）在 2002 年作为法兰西高等中国研究院专刊之一种付梓后，对自己的学术成果素称自信的日本学者尝不无遗憾地点评说，以其国学界在粟特研究领域内积累的悠久传统和深厚造诣而论，像这样的震撼性著作本应率先问世于日本而非他

---

① 　森部豊『ソグド人の东方活动と东ユ-ラシア世界の历史的展开』关西大学出版部、2010。此书的正文加上参考文献与专名索引计 379 页、其前配有彩色图版和目录等相关内容 14 页。

② 　以笔者管见所及、虽然考古学者菅谷文则此前已经刊行了一部以『支配丝路文化的粟特人』为题目的著作、但该书分量较小、仅为数篇短文札记的合集、与严格的学术独著的篇幅要求尚有距离。参见菅谷文则『滋贺县立大学最终讲义シルクロ-ド文化を支えたソグド人』サンラィズ出版株式会社、2008。

国。① 现在森部氏大作的及时结集，适宜说是在近二十多年来粟特学研究日趋国际化的时代背景下日本东洋史学者所取得的最新成就及其学术实力的全面展现，因此无论是就具体微观的考察得失而言，还是就其研究背后所预设的理论方法和切入视角来看，都值得中国学界做一番认真的评介梳理工作，从而在全面掌握其成果的基础上更好地取长补短，以期收获攻玉之效。②

一 森部氏著作的基本结构介绍

绪论之后的六章和补论中的两章均是由此前发表的单篇论文增补组合而成，但考虑到作者业已进行了删汰重复并使之互为照应的技术处理工作，且加写了序言结语部分，故更适于将全书视为由八篇论文重组形成的有机整合体。新增加的绪论重在揭明作者选取本课题的问题意识：以澄清解释 7~10 世纪的北中国所经历的政治变化为旨归，在时间断限上大体以唐初设置羁縻州为上限，以五代宋初的沙陀集团动向为下限，地域上则主要聚焦在黄河以北的华北平

---

① Moriyasu Takao（森安孝夫），"Research on the History of the Sogdians along the Silk Road, Mainly from Sogdiana to China", *Acta Asiatic* Vol. 94, 2008, p. 3. 魏氏的著作旋于 2004 年推出了经过增补的法文修订版，并被翻译成英文，作为莱顿大学东方学著作系列中的中亚部分下的一种出版。最近国内出版界又据此刊行了该书的中文译本。参见 É. de la Vaissière,（trans. by J. Ward）*Sogdian Traders: A History*, Leiden: Brill, 2005；魏义天：《粟特商人史》，王睿译，广西师范大学出版社，2012。

② 全书结构如下：
　　第 1 章　北中国东部的粟特人的活动与聚落的形成
　　第 2 章　安史之乱之前河北的北亚 - 东北亚诸族的分布与安史军队的渊源
　　第 3 章　7~8 世纪的北亚世界与安史之乱
　　第 4 章　粟特系突厥的东迁与河朔三镇的动静
　　第 5 章　河东沙陀的兴起与粟特系突厥
　　第 6 章　北中国的吐谷浑与粟特系突厥——河北省定州市博物馆所藏宋代石函的介绍与考察
　　结论
　　补论 1　安史之乱的平息与昭义藩镇的形成
　　补论 2　从昭义藩镇所见的唐朝与河朔三镇的关系

原和代北地区（即书中所称的带有广义色彩的"河北"）。唯作者的
整体思考倾向是将这种政治变迁归并到由诸多族群共同角逐促成的
北亚－东北亚的局势巨变的宏观背景下加以考察，并将其定性为与
中国国内的"唐宋变革"相平行的另一股历史潮流。作者在绪论中
还详细缕析了以往学界对于安史之乱和沙陀崛起这两大历史事件的
研究历史，简要提示了引入新史料以开启粟特人研究对于深入探究
这类传统课题所起到的重要性，并为此重点介绍了以石刻史料为主
的新材料情况，还就书中相关概念术语的运用试作界定。

正文的第 1 章以朝代及时间的先后为序，总共分 7 节叙述了粟
特人从东汉开始，经过西晋十六国，再至北魏北齐时期，最后直到
整个唐代时期在广义的河北地带及其附近的入驻定居活动，并归纳
出粟特聚落点在地理上的分布特点系遵循了自北朝以来沿太行山东
麓驿道向北延伸并一直抵达燕山山脉以北的营州的大致规律。其中
该章最富原创性的成果即作者集中披检出 7 世纪末唐代恒州开元寺
三门楼石柱与天宝以降幽州房山云居寺石经题名中保存的前人未曾
系统利用过的大量粟特系居民的相关信息，并据此进一步分析了该
群体的通婚对象、职业身份等社会状况。

正文的第 2 章重点考察了安史之乱之前以北亚－东北亚各族为
构成来源的河北地区羁縻州群的建置变化与位置移动。作者以信息
量充分的图表与简明扼要的文字论述相配合的方式清晰地概括出各
羁縻州的发展变迁历史及与相关各族的对应情况，并以之解说安史
军队兵源构成与这些羁縻州居民之间存在的关联性。文中所涉及的
羁縻州居民成分中既包括了契丹、奚、靺鞨等东北各族，也包括了
随着东突厥第二汗国瓦解以后新流入的所谓粟特系突厥人员。两者
共同形成了以后安史之乱得以爆发的军力基础。

全书的第 3 章进一步考察了安史之乱前后活动在安禄山辖区附
近的粟特系突厥的两大来源及其不同的形成背景。其中的一种即是
前文论述过的在东突厥第二汗国崩溃后进入幽州附近的隶属于草原
汗国的余众势力，而另一类则是从东突厥第二汗国复兴之初即留居

于六胡州一带的所谓六州胡集团。作者在此章中重点揭示了东突厥第二汗国灭亡所促使的粟特系突厥大量迁徙入境与安氏军力增强所存在的因果联系，而安氏本人则充分利用其血统的混合性，有效地将粟特商人与粟特系突厥集团一同招致麾下，为其发动反唐起事奠定了经济与军事上的双重基础。比较前面的内容可知，该章其实系作者对于上章论述的史实拓展与观点发挥。

随后的第 4 章则将考察对象延伸到安史之乱平息后新出现的河北藩镇上。该章先以个案的形式考述了卢龙、成德（含义武、横海）两大藩镇下属的若干粟特系武将的经历活动，然后再将考察的焦点转向三镇中地理位置最靠南的魏博节度使，重点分析了河北藩镇中唯有其才存在陆续以粟特系武人（史宪诚、何进滔及其后人）担任节度使的特定历史背景。作者认为，魏博节镇的兵员来源原本多以并不熟悉弓马戎务的本地农户为主，但为了适应紧张的军事形势，故特地从西部的六胡州经代北一线引进了大量以骑射见称的粟特系突厥，从而导致该藩镇军队的核心渐以粟特人军团为核心。后者的积极拥戴最终促使 9 世纪前期的魏博节镇出现了四位粟特系武人相继长期担任节度使的特殊政治现象。

紧接的第 5 章则从考察作为六州胡的粟特系突厥在唐代后期的行踪活动为主线，重点论证了其在代北地区与迫于吐蕃势力才迁徙到河东道北部的沙陀集团的结合情形，并联系新出墓志史料再度指证了所谓沙陀三部落中的萨葛、安庆两部均系由粟特系突厥构成的政治集团。此外，作者在该章中不仅论述了粟特系突厥集团不仅在唐亡之后的一系列五代沙陀王朝中所起到的重要作用，而且还具体揭示了留在代北当地的粟特系突厥一直到 10 世纪的宋辽对抗时期仍然大体保持部落组织的历史情形。

正文的第 6 章则属前章最后部分的自然扩展，因上章末节的论述中已经涉及代北的粟特系武人在宋初被中央编入禁军以安置在对辽防御前线的问题；而该章新根据定州所出北宋至道元年（995）铭记石函上出现的吐谷浑武官人名录，指出了其中存在着显著的粟特人成分。他还进一步结合吐谷浑在代北地区的迁入历程及其与粟特系突厥混居的有关史实综合分析了北宋前期由吐谷浑人组成的军队中出现粟特人成分的历史背景。就整体而论，该章叙述可谓将前人容易忽视的文物资料置于宏大历史场景下予以分析解读的经典个案，堪称一篇以小见大的杰作。正文最后的结论部分则全面归纳了前面各章的主要观点，综合梳理出粟特人在河北地带从安史之乱以前到辽宋对峙时期各大时段的主要发展特征。他还在最后探讨粟特系军人的起源问题时注意到除了粟特系突厥这一大系统外，还参照相关研究提出了粟特商人的地方性武装很可能构成了另一重要的途径，并就进一步的研究做了展望说明。

补论的两篇均重在分析唐代后期以河东泽、潞两州为核心的泽潞节度使和属于安史降将系统下的相卫节度使合并形成的昭义藩镇的成立过程及其政治面貌。其中补论中的第1篇主要分析了昭义藩镇所掌控的地理交通上的优势条件以及其辖区内对于盐铁、谷物等重要经济资源的开发与利用，因此从交通和经济上的角度分析了这一藩镇所具有的自给自足的经济基础。而补论中的第2篇则围绕昭义藩镇的节镇人选的产生、其内部屡次出现的军人叛乱以及中央政府对于该藩镇的前后态度变化这三个主要方面来系统考察安史之乱后中央王朝与河北藩镇间的复杂政治关系。

二　东洋史大背景下的日本粟特学研究之特征

从以上对全书各章内容要点的概述可以看出，森部氏的著作可谓全面承袭了日本东洋史学界注重新材料的发掘与史料辨析的传统学风，在此基础上取得了坚实而丰硕的研究业绩，就研究成果的实证性而言，足以代表其国学界在相关领域所达到的最新水准。尤其应当指出的是，他对前人注意不够的新材料的敏锐把握与合理运用显然是全书论证最精彩的部分，也是最值得国内学界关注借鉴的地方。这对于业已习惯认真阅读日本东洋史论著并从中取益的中国学者们来说，想必并不意外。不过中国学界在评论日本东洋史研究成果时，一个相当普遍的认知倾向是较为看重日本学者的考据成就，而对于其研究成果背后所隐含预设的理论方法观以及某类先验性判断则相对忽略。笔者在通读了森部氏的大作以后，深感如果对后者缺乏透彻的了解分析，那么恐怕难以对作者的研究思路做出准确的把握与判断。而要较好地做到这一点，那有必要先对日本粟特研究的传统与 20 多年来的学术重心变迁稍做梳理。

与中国学界相仿，同样擅长使用汉文史料的日本东洋史学界对粟特学的研究从一开始也是聚焦在粟特人的入华问题上以便充分发挥其学科优势，具体反映在早期桑原骘藏和羽田亨等人的研究上。特别是前者于 1926 年发表的长文《隋唐时代前来中国的西域人》在方法论上对于后学产生了更大的影响，某种意义上可以看作其国粟特研究的先驱性奠基石。① 在此后的大半个世纪中，日本学界相继取得的粟特历史研究成果多数均可归类在以运用汉文史料为基础的"汉学"研究领域内。比较而言，以主要运用非汉文史料（包括传世的阿拉伯文 – 波斯文文献、粟特各城邦发行的钱币铭文材料及层出不穷的各类考古文物资料等）来直接探究粟特本地历史与文化的著述一直都显得相对稀见。虽然 20 多年来，日本的伊朗学家在释读粟特语文献上取得了突破性进展，已经为东洋史学界应用这些第一手珍贵资料创造了极其难得的学术条件。不过该变化尚远未导致其国的粟特学研究由汉学模式转入学术训练迥然不同的伊朗学范式下，故就整体而论，目前日本的粟特学研究依然与俄、法这些西方传统粟特学研究大国保持着截然不同的路数风格。俄国的粟特学研究因为长期以来拥有对中亚考古资料的近乎垄断的掌握，因此自然也就在粟特本土的考古文物与艺术史、钱币学等领域的研究上处于其他国家难以与之竞争的遥遥领先的地位；而法国的粟特学研究在

---

① 桑原骘藏「隋唐時代に支那に来往した西域人に就いて」『内藤博士還暦祝賀支那学論叢』弘文堂、1926、611 – 643 頁。

战后早已彻底脱离了当初伯希和开创的汉学模式，现今成果最多的葛乐耐（F. Grenet）是对粟特宗教文化有独到造诣的伊朗学家，其弟子魏义天则偏重于使用阿拉伯文史料，并尤为熟悉中亚伊斯兰化之初的历史史实。德国的代表性粟特学专家 M. Mode 也是长于对粟特本土历史文化的考察，他的学生 S. Stark 关注的学术视野更加宽广，唯重点落在考察粟特人与突厥的政治 - 文化交往上。因此就当前粟特学研究的国际性来看，宜认为正是凭借对汉文史料的娴熟征引，日本的东洋史学者方可说是在中国之外对于粟特人入华问题最具发言权的专业人士。

另外，通过回顾日本学界的研究成果，还应当意识到其研究群体在使用汉文史料上经历了从传世文献到新出资料的转变过程。还在桑原骘藏、羽田亨、石田幹之助等前辈学人发表论著后数年，当时供职于北京图书馆的年轻学者向达充分利用了该馆收藏的丰富墓志拓片资料，在 1933 年的《燕京学报》专号上刊出了近于专著的《唐代长安与西域文明》。向著超出前述日本学者研究之处即在于他首次系统利用了不见于传世文献的墓志史料来全面梳理入华粟特人的历史史实。这对于偏重于倚靠传世文献的传统汉学模式来说是一个重要的方向性革新。不过随后日本学者在较长的时间里似乎对于这种通过发掘新材料来研究粟特人历史的学术路径没有做出明确的回应，仅有一些学者（石田幹之助、那波利贞、神田喜一郎等）尝试利用刊布的若干敦煌文书来对与粟特人相关的问题加以考察。相较而言，承袭京都大学研究传统的小野川秀美在 1942 年发表的长文《河曲六胡州的沿革》代表着利用传世文献研究粟特人问题的最后高峰。该文不仅是六胡州专题研究的开山之作，而且也采用了相当的篇幅来处理五代时期粟特后裔的活动等重大问题，可谓首篇全面追溯六胡州粟特人的起源、发展、演化、消亡整幅历史过程的力作。① 日本

---

① 小野川秀美「河曲六胡州の沿革」『東亜人文学報』第 1 卷第 4 号、1942、193 - 226 頁。

学界普遍评价该文在引用汉文史料的水准上超出了后来的加拿大汉学家蒲立本在《通报》上发表的同样以六胡州粟特人为研究对象的大作《论内蒙古的一处粟特人殖民地》。[①] 后者至今仍是欧美学界研究入华粟特人问题的必引之作。不过由于小野川氏的研究兴趣在战后完全转移到中国近代思想史领域，故以后没有在这一领域继续做出贡献。

真正标志着日本东洋史学界粟特问题研究的重心业已转移到新史料上的里程碑是池田温利用法藏敦煌文书研究唐代沙州从化乡粟特聚落的开创性成果《八世纪中叶敦煌的粟特人聚落》（1965）。[②] 该文在引用出土文书以究明入华粟特人历史方面远远超出了以前发表的论著，并为学界采用文书类资料开展类似课题的探究树立起全新的个案典范。以后随着 20 世纪 80 年代初期国家文物局古文献研究室等单位联合整理的多卷册《吐鲁番出土文书》的陆续出版，进一步促进了日本学者对于入华粟特人尤其是在西域和河西一带活动的粟特商胡等阶层的研究。其代表性的个人成果首推荒川正晴在近年结集出版的《欧亚世界的交通·交易与唐帝国》，书中数章内容均与西域粟特人问题直接相关。[③] 然而也要看到，作为新史料类型之一的出土文书本身即有一定的局限性，例如文书所反映的地域信息过于集中在西域和河西走廊一带，仅有个别如《张君义文书》等才涉及其他地区的粟特胡人情况。文书反映的入华粟特人多以从事贸易活动的流动性商胡或者定居性农人为主，另有少数透露出粟特人在当地政府机构中担任公职或服役当差的具体情形。整体上看，它们揭示的粟特人当时涉足的职业阶层还是颇为有限的。上述局限

---

① E. G. Pulleyblank, "A Sogdian Colony in Inner Mongolia", *T'oung Pao* Vol. 41, 1952, pp. 317 – 356.

② 池田温「8 世纪中叶にゝける敦煌のソグド人聚落」『ユーラジア文化研究』1、1965、49 – 92 頁；中译本参见辛德勇译《八世纪中叶敦煌的粟特人聚落》，载刘俊文主编《日本学者研究中国史论著选译》第九卷，中华书局，1993，第 140 ~ 219 页。

③ 荒川正晴『ユーラジアの交通・交易と唐帝国』名古屋大学出版会、2010。

再加上文书信息量本身的不足，导致学者们要利用它们配合当时所发生的重大历史事件展开精密的政治史研究常常并不容易。而文书资料的这一弱项恰恰在另一类以碑志等石质材料为核心的新史料中得到了弥补与克服。石见清裕、森部丰等人即可看作现在日本东洋史学界主要以后一类新材料作为研究对象的学术中坚。

由于碑文、墓志等石质材料作为文献载体的高容量特性，使得这类新史料一般来说能够保存更为丰富可观的历史信息，也较易和传世文献实现对证互补，因此利用这类材料做出的研究成果多数属于政治史和民族史的范畴。正因为如此，日本东洋史学界时下流行的某些预设性理论和先验性判断遂直接成为指引这类具体研究的基本思路。以森部氏的这部著作为例，所谓的"粟特系突厥"这一概念成为贯穿全书各章的中心线索似的关键词。其使用的上限开始于7世纪前半期的唐代贞观年间，最初指涉的是当时在东突厥第一汗国灭亡以后被安置在河套南部六胡州地带的粟特胡人，此后这一概念又适用于8世纪东突厥第二汗国衰落时流入唐朝的粟特人。它还被进一步用于安史之乱后的河北藩镇中的那些昭武九姓胡身上。其使用的下限甚至晚到了10世纪时宋初吐谷浑禁军中的粟特裔胡姓军官群体中。[①] 该术语虽然很早就被提出，但当时的命名者并未给出精确的定义，而现在按照森部丰的简要解释，其概念核心是指游牧化或突厥化的粟特人。[②] 日本学者目前将该词的英文对译名称拼作Sogdian-Turks，认为其指代的是那些拥有粟特血统但同突厥或突厥系骑马民族发生接触并相互影响，最后吸收了游牧文化并以骑射见长因而娴熟地掌握了征战技能的人群。[③] 还有的日本学者进而将该词与"美籍华人"或"日裔巴西人"这样的族属概念相类比，认为

① 森部丰『ソグド人の东方活动と东ユーラジア世界の历史的展开』、98－110页、179－181页、233－234页。
② 森部丰『ソグド人の东方活动と东ユーラジア世界の历史的展开』、10页注4。
③ Moriyasu Takao（森安孝夫），"Research on the History of the Sogdians along the Silk Road, Mainly from Sogdiana to China", p. 13.

其包括那些家世出身和本人的体质特征均为粟特人但所操语言和生活方式已大半突厥化的人群。① 据此可知作为定语成分的"粟特系"一词旨在强调种族血统出自粟特一面,而中心语"突厥"更多则是作为政治性或文化性概念而存在。日本学术界创制的该术语实际上反映的是一个由种族(粟特血统)加文化(游牧化－突厥化)结合形成的二元共同体。那么在它的具体施用语境下,究竟是种族的因素大于政治－文化的因素呢,还是后者的重要性超过前者呢?

从森部氏将其向后延伸到 8 世纪中期直到 10 世纪末期的使用情况看,宜可推知该概念自身更为凸显种族血统的因素,因为在这一长时段内曾经称雄北亚的东突厥第二汗国早已化为不可复追的历史陈迹,漠北草原相继经历了回鹘和契丹统治称霸的时代,遂导致原先在草原汗国体制下作为"政治－文化"共同体的突厥也就随之失去了存在的基础。在这样的前提背景下,自可察知其后河朔藩镇内和五代宋初王朝体制下的那些拥有粟特血统的胡人在文化上已经难于再用原本只是适用于草原环境下的"游牧化－突厥化"来描绘定性,故所谓的"粟特系突厥"其实仅剩下"粟特系"还留有少许指示价值。因此"粟特系突厥"主要只是一个种族血统色彩十分鲜明的人群集合体名称。该概念的提出和界定恰恰反映了日本粟特学界在识别中古时期的人群共同体时秉持的是过度重视出身血统的观察方法,并由此形成一种时空维度模糊不清而认知趋于僵化机械的先验判断。这一倾向早在多年以前石见清裕发表的论唐朝开国与匈奴费也头政治集团关系的论文中就已隐现。此文对于与李唐皇室联姻的窦氏的血统出自河套胡族政治集团的考察本身自可成立,但过于强调这一集团的匈奴血统因素而完全回避该政治集团在河西(相当于以后唐朝关内道的北部一带)经历的多族群间的融合变迁,从而

---

① Iwami Kiyohiro (石见清裕), "Turks and Sogdians in China during the T'ang Period", *Acta Asiatic*, Vol. 94, 2008, p. 57.

在结论上导出唐的开国得力于匈奴系政治集团甚多的主观性认识。①
至于这种缺陷对于森部氏的实证研究所造成的负面影响，本章将在
下节中具体列示。

在对"粟特系突厥"这一基本概念的内核一分为二地进行剖析
之后，我们再来关注森部氏的研究对于空间和时间两大基本维度的
处理。先看空间问题，著作的"导论"中明确宣称鉴于"中国世
界"与"北亚世界"不可分割，故需要将"北中国"与北亚－东北
亚视作同一个历史空间单元来加以把握。书中对"世界"的划分与
把握其实较早可以追溯到田村实造提出的"亚洲四分论"。后者基
于所谓的"文化圈"学说认为亚洲自先史时代以来就形成了四大不
同的地域单位：东亚世界、北亚世界、南亚世界、西亚世界。东亚
世界以中国为中心，而北亚世界以满蒙为中心。作为塞外史的北亚
史不属于中国史，两者有着彼此不同的历史发展轨道。北亚与东亚
分属于游牧和农耕两种不同的文化圈。② 田村氏的学说基本继承了
战前日本满蒙史的理论核心，即出于大陆扩张的政治目的将蒙古与
东北的历史从中国史的范围中彻底剔除，同时又采用基于经济生态
的文化圈理论予以粉饰。而现在一方面森部氏所采用的"中国世
界"与"北亚世界"的划分在概念上因袭了田村氏的学说，以"中
国世界"涵概所谓的"北中国"，其具体定义为京、津、冀、豫、
晋、陕、宁夏诸地区和内蒙古自治区的一部分，而与之形成对照的
"北亚世界"依然是以过去日本学者习用的所谓"满蒙"为核心。③

① 石见清裕「唐の建国と匈奴の费也头」『史学杂志』第 91 编第 10 号、1982。石见
氏撰写此文的意图是尝试从地域性政治集团的视角对于陈寅恪、布目潮沨等学
者论述的唐朝建立主要得力于胡汉混合的"关陇集团"旧说加以修正，故刻意
求新地提出当时决定李唐王业成败的尚另有一个与之不同的地域性血缘政治集
团（盘踞河西的匈奴系费也头势力）。此说其实很早即被译介到国内，但似乎并
未在学界引起广泛讨论。参见周伟洲译《唐之建国与匈奴费也头》，《西北史地》
1984 年第 2 期。中古时期河西的大致范围参见周一良《魏晋南北朝史札记》，中
华书局，1985，第 357～358 页。
② 田村实造『北アジアにおける历史世界の形成』ハーバート・燕京・同志社东方文
化讲座委员会、1956、1－5 頁。
③ 森部丰『ソグド人の东方活动と东ユーラジア世界の历史的展开』、1 頁。

另一方面他所超出旧有学说的地方又在于将"北中国"和"北亚 – 东北亚"合并看作一个整体，即所谓的位于帕米尔高原以东的"东部欧亚世界"的共同组成部分，后者作为空间关键词清晰地反映在书名和其中的"导论"中。就名称和范围而言，该关键词实际上又受到其导师妹尾达彦选用的"欧亚大陆东部"这一地理概念的影响。唯后者还囊括了华南、青藏高原和通常被划入"中亚"的天山南北的广袤区域。妹尾氏还在随后的论述中具体以都城变迁为例，说明了它们通常正是位于指代中国内地的"内中国"与满蒙地区所代表的"外中国"的结合地带。① 而在森部氏的具体研究中，他是通过考察 7～8 世纪的东突厥汗国两度瓦解后其内部粟特人向"北中国"的流动来贯彻他的上述整合式研究主张的。其实类似的考察思路早在陈寅恪的著作中就已明确显现。陈氏在分析河朔地区的中亚胡人出现的三重原因时，特别将其中的"中因"归结为东突厥之败亡，并续加论述称"然则中国河朔之地不独当东突厥复兴盛强之时遭其侵轶蹂躏，即在其残败衰微之后亦仍吸收其逃亡离散之诸胡部落，故民族受其影响，风俗为之转变"。②

再从时限上看，森部氏著作关注的时代主要是 7～10 世纪。这在相当程度上与早年内藤湖南提出的"唐宋变革"所涉的时期重合。作者在绪论中指出其处理的对象是包括整个"东部欧亚世界"在这一时期所经历的历史社会大变动，故已超出了"中国史"的研究界限，而"唐宋变革"则只是发生于"中国国内"的与之平行的变迁运动。因此作者对这段长达 400 年的历史时期的谱系发展的定位也不再是沿用传统的"唐→宋"朝代直线演进观，而是将"粟特系突厥"在政治上发挥重要作用的后唐等一系列政权单独列出，用

① 妹尾达彦「中华の分裂と再生」载『岩波讲座・世界历史』9『中华の分裂と再生（3 – 13 世纪）』岩波书店、1999、第 8 – 13 页。
② 陈寅恪：《唐代政治史述论稿》，上海古籍出版社，1997，第 44、47 页。

"沙陀系王朝"来加以概括。值得注意的是作者所定义的这一名称不仅包括了最高统治者为沙陀人的后唐、后晋、后汉、北汉,甚至还包括了汉人郭威建立的后周与继之而起的北宋。[①] 这样过去一直被学界看作典型汉人政权的宋朝就被彻底颠覆为北族王朝谱系中的一员。如此迥异于以往的认识落差,不能不让人深感有必要深入追寻新说得以孕育的学术土壤。

这种对宋朝的全新定位其实代表了近年来日本内亚史学者对于其国宋史学界所流行的以高度评价宋代中华文化繁荣为核心的"宋代至上主义"观的反思与修正。此前专攻蒙元史的杉山正明特地选用"沙陀国家"一词来概括五代中的后唐及其后继王朝,正如他用"拓跋国家"来涵盖从北魏到唐朝的系列王朝。其杉山正明后又将后唐至后汉的王朝更替明确视为沙陀族内部所展开的权力斗争的结果,而所谓的作为这一时期北中国统治者的"沙陀集团"也被看作由多个核心并存形成的政治联合体。至于后周虽然表面上不是沙陀族政权,但该军事政权的权力胚胎仍然与此前的沙陀国家几无变化;同样代周自立的北宋王朝也是从沙陀权力谱系中建立的政权。[②] 同时考虑到沙陀族从大的族群谱系上属于突厥人(テコルク族)所建立的王朝兼又确立了汉式国号,故杉山氏还将沙陀族建立的各政权归入"突厥族的中华王朝"。比他走得更远的是森安孝夫,他明确将 10 世纪的沙陀诸王朝(后唐至后汉以及汉人建立的后周)与同时期兴起的辽、甘州回鹘、西州回鹘等均定性为当时欧亚大陆新出现的"早期征服王朝",具有共同的政治属性。[③] 再来比较森部氏

---

① 森部豊『ソグド人の東方活動と東ユーラジア世界の歴史的展開』、239 頁。

② 杉山正明「中央ユーラジアの歴史構図」載『岩波講座・世界歴史』11『中央ユーラジアの統合(9-16 世紀)』岩波書店、1997、50-51 頁。

③ 森安孝夫『シルクロードと唐帝国』講談社、2007、第 61 頁、307-308 頁。森安氏在表述中同样将沙陀王朝界定为突厥系,唯他对于突厥一词给出的假名拼写作"トルコ"、实际上后者是指现代政治意义上的土耳其、与古代的突厥存在用法上的差别。自护雅夫以来、不少日本学者均用"トルコ"指代突厥、这一不严谨的措辞容易在古代族名和现代国名间造成混淆。

给出的"沙陀系王朝"的范围，不难发现其展现的学术理路清晰地承袭了上述两位学者的基本观点，并且在具体方面又予以推进，例如他对宋初武将集团中具有粟特姓氏人员的考察等。① 这些源自内亚史学者的学说在观念上对于传统认识的冲击是显而易见的，尤其清晰地表现在：一是彻底消解了以前中国史研究中赋予沙陀贵族建立的五代政权的汉化王朝的定性；二是将汉人建立的后周－北宋政权置定在突厥系"沙陀王朝"的历史延长线上；三是10世纪中期以后形成的宋与契丹的长期对峙已有别于传统意义上那种来源途径各异的南北朝似的对立隔阂，现在两者的权力来源共同植根于"后回鹘时代"内陆亚洲的军政集团。② 森部氏的研究对于这套理论的贡献即在于他以"粟特系突厥"的活动为主线，上下串联起数百年间发生在"东部欧亚大陆"的重大史事，进而凸显"粟特系突厥"所起的历史作用，最终绘出一幅从安史之乱到北宋建国的全新画面。

如果认真发掘隐藏在这套貌似精致缜密的学说体系背后的思想意识，不难发现其着眼点还是过度纠结在统治集团的非汉人出身血统上，似乎这类政治集团始终是保持强烈排他性的血缘共同体，而对其经历的变迁融合如蕃汉共存共治等历史现象则漠然置之。与之相反，中国学界一直倾向于接受早年陈寅恪讨论胡汉问题时所下的"文化之关系较重而种族之关系较轻"的论断，这在认识论上带有"文化至上主义"（Culturalism）的倾向。以五代时期为例，研究者常常聚焦在沙陀贵族为争取中原士人的政治认同而主动采取的亲近接受汉文化的行为措施上，故在承认其保持一定传统风习的前提下，较多地从"汉化"或"同化"的视角来体察当时民族关系的大

---

① 森部豊『ソグド人の东方活动と东ユーラジア世界の历史的展开』、206－208 页。
② 按照杉山氏的解说，契丹与沙陀以前均为回鹘汗国的附属，随着 840 年回鹘在漠北统治的结束，这些原本处于依附地位的政治集团遂启动了力量重组和空间迁徙的新进程。

体格局与历史潮流的基本走势。① 一般来说，中国学界所认可的五代沙陀王朝严格限于君主为沙陀人的后唐、后晋、后汉三朝，几乎不存在将后周和北宋也并入这类政权的意见。况且即使以后唐三朝而论，也有学者明确质疑沙陀王朝的提法，认为上述三朝并未形成一个以沙陀贵族集团作为王朝统治支柱的核心力量，而是不分蕃汉，一体使用；实际起决定作用的政治人物仍多为汉人，故与汉族王朝并无本质区别。② 上述论断或有可议之处，但其中所包含的不宜夸大这类政权的民族色彩的认识大体符合五代时期的基本史实。此后樊文礼在新著中采用"代北集团"来概括以后唐三朝为主的统治阶层，作者创制的上述关键词显然带有更多地突出地域性的用意。按照樊氏的观点，它虽然以代北沙陀三部为核心，却是一个融合吸收了同样来自此地区的其他北方民族和汉族共同构建形成的军人政治集团。该集团的多民族结合性从根源上决定了后唐三朝并未实行蕃汉有别的民族歧视乃至压迫政策，这与此前五胡入主中原所建立的政权以及以后的辽、金、元、清均有实质性差别。对于已不再是沙陀贵族称帝的后周时期，一方面最高统治者仍然出自这一集团，而另一方面武将集团中出身自代北河东者已经开始明显下降，仅在担任节度使职务的人选中尚占优势，这反映出该集团出现了瓦解的征兆。更晚到了北宋王朝建立以后，重文抑武政策的实行终使此前作为统治上层并长期把持重要武职的代北集团趋于彻底消解。③ 最近的研究也证实恰恰是在沙陀入主中原的五代时期，原先在唐代后期曾趋向尖锐化的"胡化"与"汉化"之争日渐淡出士人的关注视野，出自代北的沙陀等族也越来越多地融入了汉族社会。降至宋

① 有关这一议题的论述可参见傅乐成《沙陀之汉化》，载氏著《汉唐史论集》，联经出版事业公司，1977，第319~338页；李鸿宾：《沙陀贵族汉化问题》，《理论学刊》1991年第3期；王义康：《沙陀汉化问题再评价》，《陕西师范大学学报》1995年第4期。陈海涛、刘惠琴：《来自文明十字路口的民族——唐代入华粟特人研究》，商务印书馆，2006，第294~299页等。
② 陶懋炳：《五代史略》，人民出版社，1983，第5页。
③ 参见樊文礼：《唐末五代的代北集团》，中国文联出版社，2000。

初，统治阶层人士中所具有的非汉人血统成分在人们的观念中更是趋于淡化及至消逝，最终促使在历史上曾产生了重大影响的"胡/汉"对立的语境完全消解。[①] 故民族间的自然融合（当然未必仅限于"汉化"或"同化"）才是五代宋初历史的基本走势，而这一时期起到主线作用的仍然还是权力更迭导致的政治斗争而非外族征服所造成的民族矛盾。

至于森部氏以实证的手法钩沉出的宋初将包括一部分"粟特系突厥"在内的代北系吐谷浑军人作为禁军安置在对辽防御前线的史实不仅没有对上述结论提出挑战，而且还以新材料的角度补充完善了前说。这一个案研究犹如以小见大的历史缩影一样支持了张广达先生在一篇综论中所做的精辟论述："在契丹与宋朝开始新一轮交往的时候，沙陀等外族在中国正史中的身份变成了内蕃。中国历史上中原与北方民族交往中'外蕃'变'内蕃'、'内蕃'变'汉人'的过程又经历了一次轮回。正是在这样的背景之下，沙陀人建立的后唐、后汉、后汉被中原王朝的叙事文本纳入了正统序列"。[②] 概括而言，随着 10 世纪上半期契丹在北方的勃兴扩张与沙陀势力退出代北，复加上樊氏长期保持在华北平原上的强大军事压力共同导致了诸如吐谷浑之类的主动或被动转入中原以求生存的代北民族首先从保持相对独立性的"外蕃"转变为部分依附于王朝体制下的"内蕃"，然后又进一步由这类部分保留部落组织和习俗的"内蕃"彻底转化成被吸纳入中央直属军事力量下驻防于河北、河东的职业化军人。可以断言，定州吐谷浑禁军最终的历史归宿仍然不会逸出由"内蕃"一步步转变为"汉人"的通常轨迹，对他们来说，这一变迁历程只是一个或长或短的时间问题而已。事实上，大批拥有蕃胡血统及其文化背景

---

① 邓小南：《祖宗之法：北宋前期政治述略》，三联书店，2006，第 80～102 页。
② 张广达：《从"安史之乱"到"澶渊之盟"：唐宋变革之际的中原与北方》，载《基调与变奏：七至二十世纪的中国》三"政治 外交 军事编"，台湾政治大学历史系，2008，第 19 页。

的职业化善战军人的投身军旅或有助于解释五代与宋初的军事文化中以标榜个人武艺与勇敢为主的野战取向和个人英雄主义传统曾盛行一时。①

三 森部氏著作在史实细节上的可商之处

在本节中笔者将简要讨论书中存在的一些细节问题。正如上节所指出，过度重视血统出身的观察方法会对作者的实证研究带来一些负面的影响。这首先表现在作者在确定何为"粟特人"或"粟特化突厥"时有标准失之于宽的"泛粟特"倾向。作者在首章利用房山题记讨论粟特人问题时是以对所谓粟特胡姓的调查为依据的，即凡是出现了相关胡姓的人名均被判定为粟特人。如此简单化的处理遂导致两点疑问：一是不少姓氏本身对于汉人来说亦非稀有，在缺乏足够背景信息的情况径直将此姓主人判断为粟特胡人显然有疏失之嫌。具体而言，其中冠以曹、史、何、石等姓氏的题名都存在其主人本为汉人的可能，复加上从森部氏归纳的资料看，此类姓氏的主人在选择通婚对象上也未囿于昭武九姓的范围内，因此仅有那些姓氏后又继之以胡名的人名才能较无争议地确定其粟特背景，如作者统计表格中列出的何叱拨、何忽硨、何腾兴等。② 惜更多的相关人名并未出现明确的胡名信息，这使我们难以有效地追溯出其出身血统究竟是否与粟特胡人有关。故作者列出的大量有关人名在与粟特的联系上均处于疑似之间而难下定论。二是作者列出的粟特姓氏还包括了某些与之无关的胡姓，例如罗姓、白姓③。作为胡姓之一的罗姓来历尤为复杂，鲜卑、西突厥、印度、吐火罗、骨咄等均可

---

① 曾瑞龙：《经略幽燕（979~987）：宋辽战争军事灾难的战略分析》，香港中文大学出版社，2003，第111~114页。

② 见《粟特人》，第40页。叱拨是对粟特名马的称谓，参见蔡鸿生《唐代九姓胡与突厥文化》，中华书局，1998，第225~230页。忽硨疑为突厥语，或为"大"（ulugh）之义。此外敦煌从化乡的不少粟特人名中也含有突厥语成分。

③ 见《粟特人》，第49、53、301~311页。

能是其来源，但与昭武九姓关系甚浅。① 白姓是胡人中与康姓并列的另一大姓，正如当时以谐音方式流传的俗语中所说的："五百年之狐，姓白姓康。"而这一白姓实际上来自塔里木盆地的龟兹，此点早已成为没有争议的学界共识。② 故森部氏将其计入粟特胡姓之列殊为不当。另外还有一些所谓的粟特姓氏本身存在较大争论。以翟姓来说，将其比定为高车姓氏的传统观点尚有相当的说服力。③ 目前尝试将该姓与粟特联系起来的一则证据是隋代《翟突娑墓志》中出现的墓主之父曾担任萨宝职务的简短记载，但这至多表明翟姓可能源出中亚的某一国度，是否属于粟特诸小城邦之列尚无明确证据④。何况现在尚无法排除非粟特人在萨宝机构中任职的可能性，这正如在唐初太原的萨宝府中担任长史的即有焉耆龙氏一样。⑤ 而当时的史氏胡人中还有不少本自并非粟特系统的突厥贵族阿史那氏，故其情况也存在两属的可能。⑥ 需要指出的还有，森部氏将姓氏信息有欠完整的妇女人名如阿白、阿安、阿石等⑦尽数列为粟特人的处理办法也有可议之处。

　　然而单纯以所谓的粟特胡姓为标准判断入华粟特人的族属早已被学者证明是颇具风险的。魏义天曾特别以某些曹姓乐师为例说明其更可能来自龟兹而非粟特。此外某些安氏胡人的祖源可以追溯到

---

① 姚薇元：《北朝胡姓考》，科学出版社，1958，第 395 页；桑原骘藏『隋唐时代に支那に来往した西域人に就いて』，651 页；池田温：《八世纪中叶敦煌的粟特人聚落》，辛德勇译，载刘俊文主编《日本学者研究中国史论著选译》第九卷，中华书局，1993。

② 姚薇元：《北朝胡姓考》，第 371～376 页；向达：《唐代长安与西域文明》，三联书店，1957，第 11～12 页；桑原骘藏『隋唐时代に支那に来往した西域人に就いて』，645–649 页。

③ 姚薇元：《北朝胡姓考》，第 310～312 页；林梅村：《稽胡史迹考——太原新出土隋代虞弘墓志的几个问题》，载氏著《松漠之间：考古新发现所见中外文化交流》，三联书店，2007，第 179～180 页。

④ 张广达：《祆教对唐代中国之影响三例》，《法国汉学》第一辑，清华大学出版社，1996，第 145 页。

⑤ 荣新江：《隋及唐初并州的萨保府与粟特聚落》，载氏著《中古中国与外来文明》，三联书店，2001，第 174～176 页。

⑥ 姚薇元：《北朝胡姓考》，第 316～317 页。

⑦ 《粟特人》，第 53、297～298 页。

安息的可能性尚未完全排除。① 还有一个问题需要思考的是，如果
这些粟特背景的人群已经趋于被汉人社会所融合同化，那么是否还
有充足理由称其为粟特人或者只应视其是粟特后裔？这一点在森部
氏的著作中被完全忽略了，但已经引起了其他学者的关注。魏义天
和汉学家童丕在一篇未被森部丰注意到的论文中指出了安史之乱以
后在华粟特人社会所经历的同化与掩饰行为。政治环境的巨变促成
了朝野上下对胡人敌意的空前滋生，因此越来越多的粟特人开始有
目的地掩饰其籍贯与出身，甚至主动改易姓氏。这种情况导致 8 世
纪后粟特社群的情况极少为人所知而那些身份明确的粟特人很快就
从汉文史料中消失了。有充分理由判断多数粟特家族已经加快了融
入汉人社会的步伐。而另一方面，唐朝与吐蕃等在西方的长期战事
也阻止了新的粟特移民从其本土来到中国，而阿拉伯在中亚的军事
征服又削弱了粟特精英的地位，并最终促使其丧失了作为商业民族
的经济竞争力。② 此外，当时还有不少粟特人主动迁徙到相对"胡
化"的河北藩镇中求得生存以避免受到歧视性待遇。③ 不过时间一
长，这些粟特人同样开始了融合的进程，只是同化他们的多为北方
民族而已。例如曾担任魏博节度使的史宪诚，虽然他本人其实系粟
特后裔，但《旧唐书》中他的传记却称："其先出于奚虏"，本人也

---

① É. de la Vaissière，（trans. by J. Ward）*Sogdian Tranders：A History*，pp. 120 – 121.
桑原骘藏认为中古时期的安氏基本均来自粟特安国而与安息无关。这一观点引
起了富安敦的驳议，后者力主著名的武威安氏家族与安息确有渊源关系。不过
他的这一新见并未被学者全面接受，有关武威安氏是否拥有安息背景的疑问至
今仍未有定论。魏义天基本倾向于桑原的旧说，但也认为安氏中的李抱玉一族
来自安息而非粟特。有关的争论参见 A. Forte，"Kuwabara's Misleading Thesis on
Bukhara and the Family Name An 安"，*Journal of the American Oriental Society*
Vol. 116/4，1996；荣新江：《富安敦〈质子安世高及其后裔〉》，《中古中国与外
来文明》，第 427～440 页；É. de la Vaissière，（trans. by J. Ward）*Sogdian Traders：
A History*，p. 62.

② É. de la Vaissière et É. Trombert，"Des Chinois et des Hu：Migrations et Intégration
des Iraniens orientaux en milieu chinois durant le haut Moyen Âge"，*Annales：Histoire*，
Sciences Sociales 59/5 – 6，2004，pp. 963 – 965.

③ 荣新江：《安史之乱后粟特胡人的动向》，《暨南史学》第二辑，暨南大学出版
社，2003，第 102～123 页。

自称"蕃人"而非"胡人",这反映了昭武九姓后裔渐渐被北蕃部族同化的史实。类似的情况还可举出宋初武将米信。以后五代时期的沙陀将领康福在《新五代史》的本传中则又有"我沙陀种也,安得谓我为奚"之类的认同表示。历史上奚人进入河朔及其附近要早于沙陀,故这些粟特后裔首先认同于奚以求自安当可理解,待到唐末五代沙陀集团势力坐大以后又再度改变族属认同竟相以沙陀自居同样还是出于维护其地位的政治考量。故五代王朝涌现的拥有昭武九姓血统的沙陀武将群体正反映了这种族际融合的水到渠成。[①] 此外又如森部氏研究所揭示的,还有粟特后裔在五代时期融入吐谷浑部族的情况。据此可知,从唐代后期到五代时期,以沙陀为主的北方蕃族也陆续吸收了大量粟特人的成分,从后者的轻于改变族属与认同渐趋多元化来看,不宜再将其笼统地称为共同体色彩鲜明的粟特人或者突厥系粟特,而只应看作已经融入相关民族并具有新的族裔身份的胡人后裔。降至宋朝建立以后,随着代北集团的最后消解和北宋－契丹南北对立格局的定型,吸收融入了显著粟特成分的沙陀、奚、吐谷浑等也悄然完成了由蕃入汉的转变。

以下再列出书中其他值得继续讨论的地方。如作者倾向于接受将《诸葛亮集》所收的227年蜀后主诏书中受凉州诸国王支配的康居胡侯康植比定为粟特的学界意见。[②] 这种说法可备一解,唯目前将2~3世纪汉文文献中的康居勘同为粟特的问题因涉及诸多方面的争论故尚未最终解决。此外有学者认为,即使晚到了粟特语古信札出现的4世纪时,当时来到汉地的粟特人依然没有采用如康姓之类的汉姓。[③] 因此这里所见的完全汉化的名字康植对于入华粟特人来说是否有些出现得过早,这一点似也应纳入考量中。

---

① 徐庭云:《沙陀与昭武九姓》,载《庆祝王鍾翰先生八十寿辰学术论文集》,辽宁大学出版社,1993,第335~246页。
② 《粟特人》,第29~30页。
③ 张广达:《从"安史之乱"到"澶渊之盟":唐宋变革之际的中原与北方》,第7页。

该书第二章所列唐代在河北设立的羁縻州多与西北大学出版社
1998 年出版的《唐代羁縻府州研究》（刘统著）的相关部分重合。
新近李松涛刊出的专著也以专章的篇幅讨论了这一问题，较之刘氏
旧作与森部丰新著，李松涛还进一步考察了容易被人忽略的原属东
北蕃族的乌罗浑部于安史之乱前在以幽州为中心的河北一带的具体
活动。① 这一研究可补前作之阙。

该书第三章②及第四章中③将"柳城胡人"李怀仙认定为安史
部下的粟特系武将的判断尚缺乏证据。作者的这一处理大概源自他
过于信从其国学者提出的"胡"一词在唐代多指粟特人的观点④。
然而对于这一问题还是应以具体分析为宜，因为唐代内地还分布着
大量来自焉耆与龟兹的西域人士，分别冠以汉姓的龙氏与白氏，他
们习惯上也被称作胡人。其在语言和文化上不仅不是粟特人，甚至
也不属于广义上的伊朗语族。同样与粟特人同属伊朗语族但又有明
显语言文化差异的入华西域胡人还有于阗的尉迟氏和疏勒的裴氏。
故对于"胡"与粟特的重合程度不应估计过高。事实上戴何都在译
注《安禄山事迹》时即将"胡"翻译成"西域人"（Sérindien）。⑤
至于以李氏受封的"武威郡王"断定其本自河西粟特更显证据不
足，因封爵与本贯无关的情况所在多有。重要的是，李怀仙在两
《唐书》的本传中都明确提到其"世事契丹"，全然不像一个从漠北
突厥"胡部"流入营州的具有明显粟特背景的胡人。

第三章在论述六胡州成立的时间时仍取传统的调露元年（679）
说。⑥ 不过最近研究者又检出《太平寰宇记》转述旧本《周书》的
记载，内称"（周）武帝曾立六胡州于灵、夏两州界，以按诸胡。

---

① 李松涛：《唐代前期政治文化研究》，学生书局，2009，第 229~232 页。

② 《粟特人》，第 94 页。

③ 《粟特人》，第 125~126 页。

④ 《粟特人》，第 76 页。

⑤ R. des Rotours, *Histoire de Ngan Lou-chan* (*Ngan Lou-Chan che tsi*), texts chinois, traduction et notes, Paris, 1962, p. 1. No. 3.

⑥ 《粟特人》，第 100~101 页。

至隋又分鲁、契、依等三州，于马岭县界置厈州，亦以处胡人。至唐永徽以前，七州之名犹存"。据此推断单以名称而论，作为统称的六胡州和其具体下属的某些州名出现的时间或要早于 679 年。①该章引用的《旧唐书》卷八中的一条史料中的粟特人名断句作："兰池州叛胡显首伪称叶护康待宾·安慕荣，为多览杀大将军何黑奴，伪将军石神奴·康铁头等。"②据点校本中间的人名当作"伪多览杀大将军何黑奴"。该章又将《唐维州刺史安侯（附国）神道碑》中安附国出仕的维州置于远在川西的维州。③而张广达早就指出此处之维州显然与剑南道所属之维州维川郡无关。④樊文礼进而从剑南道维州设置的历史背景考虑论证当时该州的刺史必是羌人首领董屈占，而与胡人安氏无关。故后者监管之维州亦当位于六胡州一带。⑤另，该章所引用的《康阿义屈达干神道碑》中的"庶为已用密奏公充部落都督"，⑥应在"已用"二字后面点断。

第四章所引《史宪章墓志铭》"獯鬻以十氏为鼎甲，蕃中人呼阿史那氏，则其苗蔓也"时，仅简单地将"獯鬻"翻译为"中国北方的异民族"。⑦联系下面出现的"阿史那氏"可知，此处"獯鬻"必指突厥无疑，其大意是说突厥以阿史那氏为首的十氏（部）为蕃中名门贵胄。这里的十氏应与西突厥的"十姓"或"十箭"无涉，实际上与《周书·突厥传》记述的其先祖讷都六遗留下的十妻及其所生子有关。根据这一传说当讷都六去世后，"十母子内欲择立一人"，最后由其小妻之子阿史那以"向树跳跃，能最高者"被推选

---

① 张广达：《从"安史之乱"到"澶渊之盟"：唐宋变革之际的中原与北方》，第 9 页。参见（宋）乐史《太平寰宇记》卷三九《关西道十五·长泽县》"六胡州"条按语。
② 《粟特人》，第 102 页注 1。
③ 持相同意见者尚有周伟洲先生，参见氏著《唐代六胡州与"康待宾之乱"》，《民族研究》1988 年第 3 期。
④ 张广达：《唐代六胡州等地的昭武九姓》，载氏著《西域史地丛稿初编》，上海古籍出版社，1995，第 272 页注释 27、28。
⑤ 樊文礼：《唐末五代的代北集团》，第 46～47 页。
⑥ 《粟特人》，第 113 页注 157。
⑦ 《粟特人》，第 155 页。

为主。这也意味着阿史那姓在突厥部落联盟中统治地位的正式确立。故有学者曾判断古突厥人部落联盟的最初结构是由十部组成，以后西突厥人中还长期保持了这一基本模式，而在东突厥人中渐至发生改变，陆续加入其联盟中的部落数量不再局限于这一成数。①不过史料中偶然也透露出突厥人对于突厥最初"十姓"的组合仍留有记忆。反映 8 世纪中后期北边形势的李筌《太白阴经·黄河北道》即将通过阴山向北到达的漠北称为"前十姓之地"，学者尝以"十姓"在文献中多指西突厥为由，故疑此处出现的这一名称为误记。② 其实这里的"十姓"正是指代北朝末年在蒙古草原上兴起并取代柔然的早期突厥部落联盟。同样上引丘铭中的"獯鬻以十氏为鼎甲"亦当作如此理解。当然作为粟特后裔的史氏将其先世与突厥王族联系起来自然仅是一种政治上的附会和宣传。另，该章对《旧唐书·何进滔传》中相关文字的翻译中未就"进滔客寄于魏，委质军门"一句的后半部分加以译释，③ 它实际上是对何氏以类似义子的身份父事藩镇节度使一事的委婉表述。

第五章沿用蒲立本的意见，将沙陀三部中的"索葛"（萨葛、薛葛）勘同为粟特（Soghd）的音译。④ 此观点确实得到了许多学者的赞同。不过一直以来也有学者持有异议。艾伯华较早指出该词原形或是突厥语"索葛"（Saqal-"胡须"之义）。⑤ 最近艾骛德重新提出这种与蒲立本观点相左的比定结论。⑥ 考虑到突厥语"索葛"

---

① K. Czeglédy, "On the Numerical Composition of the Ancient Turkish Tribal Confederations", *Acta Orientalia Academiae Scientiarum Hungaricae* Vol. 25, 1972, pp. 279–280.

② Edwin G. Pulleyblank, "A Geographical Text of the Eighth Century", in. *Silver Jubilee Volume of the Zinbun-Kagaku-Kenkyusyo Kyoto University（1929–1954）*, Kyoto, 1954, pp. 306–307.

③ 《粟特人》，第 158 页。

④ 《粟特人》，第 195 页等。

⑤ W. Eberhard, "The Sha-t'o and their Culture", in W. Eberhard, *Conquers and Rulers*, Leiden, 1965, p. 143 No. 4.

⑥ Ch P. Atwood, "The Notion of Tribe in Medieval China: Ouyang Xiu and the Shatuo Dynasty Myth", in. D. Aigle etc eds. *Miscellanea Asiatica: Mélanges en l'honneur de Festschrift in Honour of Françoise Aubin*, Sankt Augustin, 2010, p. 612 No. 61.

一词确曾有过作为官名（索葛吐屯）或部名（突骑施中的索葛莫贺部）的用法，① 因此后一种可能性目前还不能排除。该章还注意到作为碑记史料的《李克用墓志铭》和作为正史《旧五代史·武皇纪》中关于李克用祖先谱系记载的显著差别，并就此做了疏通解释。② 其中的有关论断如对朱邪与沙陀关系的解说等富有启发意义，但显然还有待新出史料的证实。另，该章列出了《宋史》中对多位粟特后裔将领（即作者所用的"粟特系突厥"）的出身与籍贯的叙述，以表明宋朝是沙陀王朝的继承政权及王朝军事基础的连续性。③然而宋初此类传记中的相应文本常常有意淡化传主们的民族背景，改之以一般性地回溯其籍贯，且通常并不再像五代那样动辄上溯到"代北"、"沙陀"，而只是简单地叙及他们在中原的落籍地而已，这正如世代生活在此的普通汉人一样。上述书写变化折射出民族意识的日趋淡薄与消散。④ 故我们应以发展变动的眼光来全面看待粟特后裔群体从五代到宋初经历的族属意识变迁。故在宏观考察从五代向北宋的转变过程中，既要注意到其间具有的继承性，更要认识到由于长期量变最终引发的质变性结果。

第六章引《册府元龟》卷九七二"外臣部·朝贡五"的一段文字作"（后唐明宗长兴二年二月）突厥首领杜阿·熟吐浑康万琳各进马"。⑤ 实际上根据《五代会要》卷二九的记载，"长兴二年正月，其（突厥）首领杜阿熟来朝贡"。《五代史记》卷七四相关内容中杜阿熟作杜阿热。而"阿熟"一词可能是突厥语 ašuq（"头盔"）之意。⑥ 据此可知森部氏的断句有误，当改作"突厥首领杜阿熟、吐浑康万琳各进马"。

---

① 韩儒林：《突厥官号考释》，载氏著《穹庐集》，上海人民出版社，1982，第309页。
② 《粟特人》，第190页及以下的内容。
③ 《粟特人》，第206页及以下的内容。
④ 类似的分析也参见邓小南《祖宗之法：北宋前期政治述略》，第96~98页。
⑤ 《粟特人》，第230页注297。
⑥ 〔法〕哈密屯：《五代回鹘史料》，耿昇等译，新疆人民出版社，1982，第108、158页。

本节最后拟指出的是，从作者的研究视角来看，具有明确的整合内亚史与中国史的问题意识，但这样一来就需要尽可能多地掌握各国学者的研究成果，而不仅限于中日学者的相关论述。就此点而论，作者对欧美国家研究动态的了解似局限在一定范围内。像该书所涉及的柘羯（chakar）问题，[①] 魏义天的有关论著即有过深入探讨。[②] 此外突厥学家 P. Golden 的一篇论文也直接涉及这一课题。[③] 根据这些研究，柘羯之士在中亚是专门负责主人安全的近侍亲兵（comitatus），具有自成团体且只对其主人效忠的内闭性。应该说，这一集团和《安禄山事迹》所述的本义为"蕃人健儿"并被收养为"假子"的曳落河群体虽然在勇武善战方面有近似之处，但就职能与数量来看还是有实质区别的，真正意义上的前者是作为忠诚侍从专门保障主人的人身安全，组织规模应遵循量少质精的原则；而后者则更多地充当战役突击力量被直接投放于一线疆场，事实上已具备单独军种的性质，故可像《安禄山事迹》和《资治通鉴》中所称的竟然有八千之众。实际上，反映唐朝平叛战争的有关史料分别在不同的场合提到过二者，各见于两《唐书》的《封常清传》和《房琯传》。以后曳落河所具有的独立兵种的特征一直延续到辽代的拽剌军体制中。[④]

---

① 《粟特人》，第 91 页。

② É. de la Vaissière, "Chakars d' Asie Centrale: à propos d' ouvrages récents", *Studia Iranica* Vol. 34, 2005, pp. 139 - 149;" Čakar sogdiens en Chine", in. *Les Sogdiens en Chine*, ed. É. de la Vaissière etc, Paris, 2005, pp. 255 - 260. 后一论文的中译文参见〔法〕魏义天（É. De la Vaissière）：《粟特柘羯军在中国》，阿米娜译，载荣新江等主编《法国汉学》第十辑《粟特人在中国——历史、考古、语言的新探索》，中华书局，2005，第 235～240 页。森部氏仅在己著出版后所发表的一篇概论中才提到了后一论文，参见森部豊「増補 7～8 世紀の北アジア世界と安史の乱」載森安孝夫編『ソグドからウイグルへ——シルクロード東部の民族と文化の交流』汲古書院、2011、186 頁。

③ P. Golden, "Somes Notes on the *Comitatus* in Medieval Eurasia with Special Reference to the Khazars", *Russian History* Vol. 28, 2001 (*Festschrift for Thomas S. Noonan*), pp. 7 - 10.

④ 蔡美彪：《曳剌之由来及其演变》，载中国社会科学院民族研究所主编《中国民族史研究》，中国社会科学出版社，1987，第 24～26 页。应予指出，汉文习用的"柘羯军"易给人留下其本为单独军种的错觉。

故作者引用本国学者的论断认为两者实为同义语的看法有失
缜密。

又森部氏书中多处论及安史之乱中的关键人物史思明，而在这
一问题上还应参考法国钱币学家蒂埃里发表的《史思明五考》一
文。① 作者细致考察了史氏在血统和文化上具有的粟特 - 突厥混合
特性，复根据他在被其部属谋害的紧要时刻转而叱骂背叛者曹将军
为"胡"的表现并比照当初安禄山在宴会上以"胡"自居进而责骂
哥舒翰为"突厥"的行为，指出史思明更倾向于自认为突厥人。另
外考古所见史氏墓葬中所出玉册上的"昭武皇帝"这一名称曾被研
究者怀疑是昭武九姓皇帝之意，并进而将其作为史思明生前具有粟
特胡人的身份认同的佐证。而作者却支持吉田豊视之为君主常用谥
号的观点，并逐一调查了"昭武皇帝"作为谥号在中古历史上的出
现情况，结果发现在史氏之前的两例均为十六国的胡族统治者，此
后的两例则相继见于五代后梁和宋初对太祖生父的追谥。因此史氏
玉册中的"昭武皇帝"亦当具有类似性质而与所谓的粟特认同实无
关联。此外史氏称帝时的皇帝尊号及其模仿唐朝钱币发行的元宝款
式也均是汉文化的典型风格，并无醒目的异域特色。此前森安孝夫
曾把"安史之乱"的发动者拔高为值得大书特书的后世"征服王
朝"的历史先驱，甚至以这一事变作为整个欧亚大陆历史的分水
岭。② 然而根据蒂埃里的实证研究，安史上层所奋斗追求的政治理
想也仅仅是建立一个虽志在取代唐朝但依然充满中华文化风格的汉
式王朝而已。③

---

① F. Thierry, "Cing Notes sur Shi Siming (759 – 761)", in. Ph. Gignoux etc eds. *Trésors d'Orient Mélanges offerts à Rika Gyselen*, Paris, 2009, pp. 359 – 379.

② 森安孝夫『シルクロードと唐帝国』第 306 – 307、310 頁。森部氏对这一观点的简评参见氏著『増補 7 ~ 8 世紀の北アジア世界と安史の乱』，176 – 177 頁。

③ 与史氏类似，"大燕"王朝的创始者安禄山在起事前后热衷于利用"五星聚会"预示圣人出世的传统天象政治理论作为王业兴起于燕地的鼓动宣传。这同样不像是一位身上有着"征服王朝历史先驱"光环的划时代政治家的做派。参见仇鹿鸣《五星会聚与安史起兵的政治宣传——新发现燕〈严复墓志〉考释》，《复旦学报》2011 年第 2 期。

　　森部氏的学术研究多从粟特与突厥的交往联系着眼，并在此基础上以所谓的"粟特系突厥"这一概念来统览全书各章。值得注意的是，前面介绍过的德国学者 S. Stark 在 2008 年出版了以其博士学位论文为基础的专著，全面深入地讨论了当时突厥与粟特在政治与文化领域上接触交流的问题，堪称目前这一领域最有深度的力作。此著在取材上可谓文献与考古并重，虽然其讨论的重点定位在西突厥与河中粟特城邦的互动关系上，但全书的第四部分亦以相当的篇幅考察了东部草原地区的突厥人与粟特的双边关系，具体论述了本为商贾的粟特人逐渐以多元化的职业身份（政治谋士、外交人员、近侍军人等）渗透入草原汗国内部的史实。其中对于森部氏书中屡屡论及的康阿义屈达干，作者也以近乎专节的篇幅，对于这一活跃于草原汗国的粟特人物进行了个案详解，得出了颇富启发性的结论，即康氏家族久已进入突厥上层，而其本人更是彻底融入了突厥宫廷（Ordu）的最高层统治圈子，以至在这一集团中并未因为血统出身被视为异己而遭到排斥。① 此点显示，即使在突厥汗国尚未解体的时期，对于那些所谓的"粟特系突厥"人士的种族出身因素在政治生活中所起的作用也不应一概估计过重，而"粟特系突厥"本身是否具有族裔共同体的资格也还需要慎重考虑。②

四　对粟特人武装化的历史背景的点滴思考

　　从以森部氏为代表的日本内亚史学者们的研究来看，其主流化

---

① S. Stark, *Die Alttürkenzeit in Mittel-und Zentralasien: Archäologische und Historische Studien*, Wiesbaden: Dr. Ludwig Reichert Verlag, 2008, SS. 289 – 314, 特别是 SS. 310 – 314。

② 以森部氏落笔较多的三位"粟特系突厥"的早期代表人物安禄山、史思明、康阿义来看，前者确有强烈的粟特胡人认同，后两人的自我族属定位却更偏重于突厥而非粟特，故即使在统一的突厥政治体尚存的时期，"北亚世界"中的粟特人就已经开始了族属认同改变的过程。据此而论，前述"粟特系突厥"是否确系历史意义上的族群共同体尚有很大争议。

的意见是把粟特人的游牧化和尚武化归因于其在北方地带与突厥人的接触过程中所受到的影响。此外还有一些学者注意到北朝以来随着丝绸之路沿线一系列粟特聚落的相继建立，逐渐出现了在其商人自卫性武装的基础上形成地方化粟特军人集团的趋势。一方面这些分析本身确实能够找到证据支持，但另一方面我们也不应忽视，仅就粟特本土而言，6世纪后期才兴起的突厥人远非粟特人接触到的最早游牧人。那些于7世纪前期在《大唐西域记》中给玄奘留下强烈印象的视死如归的康国"赭羯之士"其实有着更为古老的军事文化传统。以下拟简要地追溯原本以农商定居著称的粟特地区与游牧民族的深厚关系。

考古学家于1980年在撒马尔罕西北的 Orlat 村附近的 Kurgan-tepe 遗址的库尔干式墓葬中发掘出明显带有游牧文化特色的文物，即一套清晰地刻有战斗、狩猎图案纹样的骨牌，据推断原本是用于死者身上的带饰。这批带有强烈军事特征的遗物以后被学界习惯性地称作 Orlat 骨牌。其中的一面分上下两个单元绘出了两组武士决斗的盛大场面，上面的一组兼有骑马者相互用长剑厮杀和骑士与步卒格斗的情景，下面的一组则反映的两位骑兵用弓矢瞄准一位落马的士卒和另一位同样持弓射击的步卒。画面上这两组互为敌手的武士均用甲胄包裹全身，颇有后来所谓甲骑具装的风格，显得十分英武。另一面牌饰则画出了三位轻装武士稳坐在疾驰的乘骑上发箭追杀猎物的狩猎场面，其形象的细部描绘同样十分生动逼真。最早整理发表这批资料的普加琴柯娃曾撰文分析有关内容，她指出交战双方的武士从相貌与着装上应属于同一民族，体质特征似为非蒙古人种，在族属集团上属于公元前2至公元1世纪入侵粟特的游牧化康居人。而同一时期粟特的考古也证实其居民属于印欧系的东地中海人种。而这一战争场景或反映了该部族内部的不同氏族或部落为争夺权力而发动的内战。作者最后认为 Orlat 骨牌的艺术题材已经预示了以后公元5~8世纪征战-狩猎主题在粟特艺术中的凸显。① 普氏给出的断代得到其他一些俄国学者的赞同。阿布杜拉耶夫也认为骨牌所出墓地的主人当为这一时期的游牧人群，只是在族属的鉴定上他更倾向于将其识别为被匈奴人和月氏人驱逐逃向大夏之地的那些游牧民族。② 他还在另一文章中具体指出了骨牌战斗画面中的多位武士身披的重铠甲胄为锁子甲。③ 而在最近发表的一篇论文里，他又将 Orlat 墓地的主人具体比定为在公元前 3 至前 2 世纪由锡尔河北岸南迁进入粟特的布哈拉和撒马尔罕的塞人游牧部落。④

　　然而将装备如此精良的重装甲胄出现在粟特城邦的时间定在公元前明显有些断代过早。⑤ 不少学者转而考虑将其制作时代后移于公元一千纪的早期以后。其中拉斯波波娃将骨牌出现的甲胄形制特别是其中的高领铠甲与南西伯利亚和库车壁画中的类似实物对比后更倾向于将其划定在公元 4～6 世纪。⑥ 此外为普加琴柯娃所论及的具有类似龙头形制的军旗外观也与库车壁画中骑士所持的兽头形旗幡相近，研究者还指出了这类实物尚见于晚期粟特壁

① G. A. Pougatchenkova, "L'Image du K'ang-Kiu dans l'Art Sogdien", in. G. Gnoli etc eds. *Orientalia Iosephi Tucci Memoriae Dicata*. Ⅲ, Roma: IsMEO, 1988, pp. 1143 – 1158.

② K. Abdullaev, "Nomadism in Central Asia: The Archaeological Evidence (2ⁿᵈ – 1ˢᵗ Centuries B. C.)", in. A. Invernizzi ed. *In the Land of the Gryphons: Papers on Central Asian Archaeology in Antiquity*, Firence, 1995, pp. 157 – 161.

③ K. Abdullaev, "Armour of Ancient Bactraia", in. A. Invernizzi ed. *In the Land of the Gryphons: Papers on Central Asian Archaeology in Antiquity*, pp. 174 – 175.

④ K. Abdullaev, "Nomad Migration in Central Asia", in. J. Cribb etc eds. *After Alexander: Central Asia before Islam*, Oxford Univ. Press, 2007, pp. 87 – 93.

⑤ 也有的学者将其断代于稍晚于此的公元 1～2 世纪时期。参见 U. Brosseder, "Belt Plaques as an Indicator of East-West Relations in the Eurasian Steppe at the Turn of the Millennia", in. U. Brosseder, etc eds. *Xiongnu Archaeology: Multidisciplinary Perspectives of the First Steppe Empire in Inner Asia*, Bonn: Rheinische Friedrich-Wilhelms-Univ., 2011, p. 395.

⑥ V. I. Raspopova, "Sogdian Arms and Armours in the Period of the Great Migration", in. M. Mode etc eds. *Arms and Armour as Indicators of Cultural Transfer: The Steppes and the Ancient World from Hellenistic Times to the Early Middle Ages*, Wiesbaden: Dr. Ludwig Reichert Verlag, 2006, p. 78.

画中。① 另一位粟特学家 M. Mode 经过仔细比较这两种差距迥异的
断代之后，倾向于放弃将 Orlat 遗物与月氏入侵大夏等历史事件相联
系的时代偏早的结论，而改为接受公元 4~5 世纪的较晚结论。② 作
者此文还重新分析了骨牌上战斗内容的含义，认为其主人公表现的
是在激战中濒于死亡的英雄形象，并指出了其和晚期粟特壁画中的
武士决斗情景具有一定的可类比性。故尽管在断代上不同于普加琴
柯娃，但两位学者一致注意到骨牌艺术题材与晚期粟特壁画内容的
联系。现在以佐证较充分的 4~5 世纪的断代结论来看待 Orlat 牌饰，
自会有助于加深游牧势力在前突厥时期业已进入粟特中心地区的认
识。当然至于在这一时代入侵粟特地区的游牧人的族属来源和种族
特征，目前还存有争议，仅能初步根据文献判断是与西迁前的原匈
奴部落联盟隐约存在某种关联的匈尼特人和寄多罗人。③ 突出战
争－狩猎特征的这套 4~5 世纪的骨牌和后期粟特壁画在艺术题材上
的若干一致性暗示了外来游牧文化影响粟特本土的长时性。其中早
期牌饰上描绘出的重装甲胄、某些武具装备及骑士奔驰射猎的姿势
等可以至为明显地在晚期标志性的粟特壁画和银盘图案上找到。④
从这一文化背景着眼，以柘羯为代表的那些"尚武型"粟特武士的

---

① B. Brentjes, "Zur Westtrift Ost-und Zentralasiatischer Motive in Skythischer Zeit", in. G. Hazai Hrsg. *Sprache*, *Geschichte und Kultur der Altaischen Völker*, Berlin, 1974, SS. 156 – 157.

② M. Mode, "Heroic Fights and Dying Heroes. The Orlat Battle Plaque and the Roots of Sogdian Art", in. M. Compareti etc eds. *Ērān ud Anērān: Studies presented to Boris Il'ič Maršak on the Occasion of his 70th Birthday*, Venezia, 2006, pp. 420 – 424.

③ 关于在《粟特商人史》出版以后发表的论及该主题的西文代表性著述参见 F. Grenet, "A View from Samarkand: The Chionite and Kidarite Periods in the Archae-ology of Sogdiana (fourth to fifth centuries A. D.)", in. M. Alram etc eds. *Coins, Art and Chronology II: The First Millennium C. E. in the Indo-Iranian Borderlands*, Wien, 2010, pp. 267 – 281. 国内学者的近作参见万翔《寄多罗人年代与族属考》,《欧亚学刊》第九辑，中华书局，2009，第 115~160 页。日本学者的概述参见吉田豊「ソグド人とソグドの歴史」載曽布川寛等編『ソグドの美術と言語』臨川書店，2011、22 – 25 頁。

④ 类似的分析参见 B. I. Marshak/V. I. Raspopova, "Les Nomads et la Sogdiane", in. H. -P. Francfort ed. *Nomades et Sédentaires en Asie Central*, Paris, 1990, p. 181.

好战形象当滥觞于 6 世纪突厥入侵河中之前的"后匈奴"时代。[①]
而这些凭借个人勇武承担类似后来蒙古大汗身边的亲信怯薛和那可
儿角色的粟特柘羯受到颉利可汗的重用信任也就不足为奇。[②]

粟特对突厥军事文化的影响不仅在于作为亲随侍卫的柘羯群体
的引入,而且还反映在某些重要的作战装备上。最典型的应是以护
身锁子甲为特征的甲骑具装。过去曾有学者认为骑士与坐骑均披甲
胄的甲骑具装在突厥军队中极其少见,后者惯用的制胜战术是以充
分发挥轻骑兵的机动性为前提条件的。[③] 然而实际上草原游牧民族
从周边文化圈中(波斯、粟特、中国等)引进甲骑具装组建重装骑
兵的情况并不罕见,早期的阿瓦尔人和后来的突厥人在这方面具有
诸多共性。[④] 而札甲与锁子甲在这一时期较多地用于突厥骑兵的装
备上,其中的锁子甲源出萨珊王朝,并且康国等粟特城邦也以制作
输出这种甲胄闻名。中世纪时期的阿拉伯、唐朝和吐蕃均通过粟特
人为中介开始了解并使用这种特殊规制的铠甲。[⑤] 同样锁子甲在突
厥的出现也被认为是借鉴自粟特或伊朗。[⑥] 当然粟特人在传播护身
甲胄的知识技术方面并不仅限于锁子甲,像库车壁画和朝鲜半岛所
出的类似于 Orlat 骨牌上武士所着的保护颈部的高领铠甲就被推测与

① 关于粟特与不同时期游牧人关系的简要阐述参见 B. I. Marshak/V. I. Raspopova,
"Les nomads et la Sogdiane";更早时期与塞人部落的关系参见 N. N. Negmatov,
"La synthèse Saco-Sogdienne sur le Syr Daria moyen", in. H. -P. Francfort ed. *Nomades
et Sédentaires en Asie Central*, pp. 211 – 214. 葛乐耐(F. Grenet)也指出,从更深
层来看,粟特社会体现着尚武和尊贵的价值,这是从萨尔马提安人霸权时代继
承下来的观念。参见〔法〕葛乐耐(F. Grenet)《粟特人的自画像》,毛民译,
载荣新江等主编《法国汉学》第十辑《粟特人在中国——历史、考古、语言的
新探索》,第 314 页。

② S. Stark, *Die Alttürkenzeit in Mittel-und Zentralasien:Archäologische und Historische
Studien*, SS. 307 – 310.

③ 王援朝:《唐初甲骑具装衰落与轻骑兵兴起之原因》,《历史研究》1996 年第 4 期。

④ S. Stark, *Die Alttürkenzeit in Mittel-und Zentralasien:Archäologische und Historische
Studien*, S. 169.

⑤ B. Laufer, *Chinese Clay Figures*, Chicago:Field Museum of Natural History, 1914,
pp. 244 – 257.

⑥ S. Stark, *Die Alttürkenzeit in Mittel-und Zentralasien:Archäologische und Historische
Studien*, SS. 167 – 168.

粟特商人的贸易活动有关。①

至于作为"粟特系突厥"吸收突厥文化的另一特征:"游牧化"也有必要具体分析。除了前述粟特与游牧人之间的长期互动联系外,更要注意到前者原本就拥有为实现"游牧化"而必须掌握的各类实用牧畜知识。粟特地区自古以出产名马闻名于世,例如前面提到的叱拨就是屡见于唐人笔下带有传奇色彩的优良马种。以后某些粟特人能够在六胡州等地担任监牧官职,显然与他们所具有的这方面专业技能有直接关系。② 粟特人对于内亚游牧生活中的其他常见畜种也拥有相当的饲养经验。唐代文献《广志》《酉阳杂俎》均述及康居(粟特)以盛产大尾羊而知名,后者是分布于中亚、西亚的一种历史悠久的特殊绵羊品种,以尾部生长的大脂肪块而得名。③包括粟特在内的中亚还是单峰驼(Bactrian Camel)的主要原产地,后者在内亚草原上也被广泛饲养。故相比其他的定居民族,虽然离开本土却素有培养优良畜种传统的粟特人,在内亚草原地带转入游牧 – 畜牧生活未必需要克服明显的文化生态差异。

最后值得思考的一点是 8 世纪中后期以降大量六胡州胡人前往河北藩镇的政治原因。森部氏著作中曾对文献中有明确记载的若干粟特人的进入河朔进行了分期,第一期是安史之乱期间;第二期是建中至贞元年间(780~804);第三期是 9 世纪初的元和年间。(第 172~175页)第一期的情况可以置而不论,关键是如何解释以后粟特人从河曲大量东移的原因。以前小野川秀美的解释是中唐以后党项人入据河曲地带成为当地的主要民族,因此促成了粟特胡人的迁出。这种观点自

---

① U. Jäger, *Reiter, Reiterkrieger und Reiternomaden zwischen Rheinland und Korea: Zur Spätantiken Reitkulture zwischen Ost und West*, 4. – 8. *Jahrhundert N. Chr*, Beier & Beran, 2006, S. 91.

② 山下将司「唐の監牧制と中国在住ソグド人の牧马」『东洋史研究』第 66 卷 4 期、2008;荣新江:《唐代六胡州粟特人的畜牧生活形态——2007 年西北农牧交错地带城址与环境考察纪略》,载《舆地、考古与史学新说:李孝聪教授荣休纪念论文集》,中华书局,2012,第 666~674 页。

③ 榎一雄「大月氏の大尾羊について」参见『榎一雄著作集』第一卷、汲古书院、1992、287 – 291 页。原文发表于 1949 年。

有一定的说服力。不过更重要的原因还是应该联系这一时期吐蕃在河曲地带大举扩张的史实予以考虑。从德宗一朝开始，此前在代宗年间曾经进入关中长安的吐蕃调整了对唐用兵的重点，其扩张矛头直指唐关内道的北部，以夺取分布有大量天然牧场足以提供重要畜牧资源的灵州、夏州、盐州等为目标。① 由此造成了唐蕃双方在这一区域的近半个世纪的反复争夺。位于灵、夏附近的六胡州也连带成了饱受吐蕃兵锋袭扰的四战之地。在这种持久军事对抗促生的危相环生的时局下，越来越多的粟特胡人为规避风险，转而向东寻找生存空间，直至进入武装冲突烈度相对缓和且以"胡化"著称的河朔藩镇。这在当时动荡的局势下不失为一种较好的出路。②

补 记

本章内容当初发表时得到了现已执教于武汉大学的胡鸿老师的帮助与指正，笔者在此表示感谢。另外最近由漓江出版社推出的《丝路译丛》首辑《玄奘之旅》拟收的六部译著均在很大程度上展示了欧美学术界对粟特研究的较新成果，首批《突厥人、粟特人与娜娜女神》等三种已于 2016 年底面世，或可供国内学界参考。

此外，近期德、日学者各出版了以粟特人在中国为主题的新著，即 P. Wertmann, *Sogdians in China：Archaeological and Art Historical Analoses of Tombs and Texts from the 3*rd *to the 10*th *century AD*, Darmstadt：Verlag Philipp von Zabern，2015；石见清裕等《ソグド人墓志研究》，汲古书院，2016。青年学者福岛惠的既刊相关论文也于 2017 年由汲古书院结集出版。

---

① D. Twitchett, "Tibet in Tang's Grand Strategy", in. Hans Van de Ven ed. *Warfare in Chinese History*, Leiden：Brill，2000，pp. 106 – 109，pp. 150 – 160；穆渭生：《唐蕃战争后期的盐州保卫战始末》，载《史念海教授纪念文集》，三秦出版社，2006，第 216 ~ 222 页。

② 森部氏仅在解释 786 年部分六州胡东渡黄河后在石州接受马燧招抚时才归之于吐蕃军事威胁的东进，参见森部书第 174 页。

溯往与展望

  在本书最后的结语部分中，笔者拟提出几点个人对近百年来内亚史发展历程的观察结论。首先，我们不能忽视，像伯希和、斯坦因这一代主要生活在 20 世纪前期的学者，他们的学术工作往往与殖民时代的历史大环境息息相关。换言之，政治对学术的宰制在那个时期是非常普遍的现象，隶属于广义"东方学"范围下的内亚历史与考古研究显然无法幸免。当今天的读者在面对伯希和的考证巨著《马可·波罗注释》和斯坦因以高度敬业的工作精神先后完成的多卷本大型考古报告时，再将眼下西方学者的相似主题的学术著述置于旁边作为对照，一种今不如昔的怀旧情绪或会油然而生，甚至还可能对那个能够诞生出大师级学者的殖民时代充满好感，并为这一大时代在二战以后的终结感到惋惜。

  对此我们本应清醒地看到，尽管那个时代确实产生过以后再也无法复制的学术巨匠，但是并不值得人们为之憧憬留恋，尤其是对于中国这个在欧美"东方学"扩张过程中损失珍贵文化遗产近乎最多的国家来说，就更是如此。殖民时代遗留的惨痛后果，当以张承志在《从象牙塔到吐鲁番》中概括得最为深刻而形象，"对中亚的主人来说，不利是连环式的，对过去的抗议尚未喊出声来，又必须正视过去中产生的学问。对于当时的被侮辱，被席卷一空的人来说，世界确实是不公正的：十九世纪末的文化掠夺生下的儿子，今天一个个都是如山的学科巨人"。不能因为殖民时代培育扶植过一批标志性的东方学名宿，就忘掉它对我们民族带来的无以弥补的莫大创伤，反倒对之产生认同心理，这正如不宜因为清朝孕育出钱大昕、段玉裁那样在学识上令人钦佩的朴学大师，就要像王国维那样无条件地认同帝制统治，更不能因为民国时期出现过陈垣、余嘉锡、杨树达这几位足以和乾嘉巨子进行平等学术对话的考据大家，就"何不食肉糜"地羡慕宣扬民国时代的政治学术环境优于新中国一样。

殖民时代下不可避免的崇尚功利实用的风气以及强调为殖民政治服务的学术导向常常直接左右了学者研究的方向和深度。正如本书导言中所述，斯坦因恰是凭借着他和英印殖民政府的良好关系，才能通过官方渠道源源不断地得到人员保障、技术支持和经费资助。当然反过来说，他也必须投桃报李，尽可能地以学术考察为掩护，在新疆一带进行具有军事情报刺探性质的测绘工作。故人们不难发现，在没有卫星定位系统服务的 20 世纪前期，斯坦因考古报告中所附地点的坐标精度之准确，所绘地图的覆盖区域之详尽，以至这些重要地理信息完全可以直接施服务于军事用途。因此，斯坦因的整个人生兼具正反两面性，一方面其留下的辉煌学术遗产使其无可争辩地成为 20 世纪中亚考古领域中贡献最大的一位学者，另一方面他还忠实地扮演着在英俄（包括后来的苏联）为争夺瓜分中亚殖民利益而竞相疯狂下注的"大赌局"中，替大英帝国鞠躬尽瘁，甘效犬马之劳的"马前卒"角色。

相比之下，正由于法国受国力所限不愿在殖民事务上更多地介入中亚，故缺乏奥援的伯希和与殖民体制的瓜葛，相较斯坦因来说，至少在表面上没有那么显著。[①] 其间不甘被边缘化的他还曾在"一战"结束之后以"蒙古通"的身份卷入协约国在远东策划的针对布尔什维克的政治阴谋中，为此告别学术的时间足有三年之久，

---

① 当伯希和的学术传人韩百诗在 1978 年逝世后，印度学家菲力奥扎（J. Fillozat）发表了悼念性评论。他为韩百诗不能像伯希和那样亲赴内亚进行考察感到惋惜，并归咎为在其生活的时代，内亚已经不再对西方开放了。然而如同本书导言所述，伯希和也仅仅得到了一次实地调研发掘的机会，以后法国官方和私人便不愿再对此类活动追加投资或者继续赞助了，甚至有关伯希和此次考察的学术报告也是从 20 世纪 60 年代时，才因各种条件的具备齐全而陆续得到整理出版。

可惜后来还是一无所获，铩羽而归。尽管他的投机政治纯属得不偿失，但其浓厚的殖民情结还是至死不改。直到"二战"末期欧洲战场结束前夕，伯希和仍在为法国保留在印支的殖民利益奔走呼吁，甚至不顾自己身体欠佳，在其去世的当年专门为此去了一趟美国。对他这种终身沉浸在法兰西殖民扩张的虚幻美梦里，并从镇压义和团爱国运动时就开始心甘情愿地为列强利益献身的殖民体制的卫道士来说，在 1945 年即早早离世未尝不是一种幸运或解脱。倘若他活到了 50 年代，获悉侵越法军在由韦国清将军作为军事顾问全程协助指挥的奠边府之役战败后，被迫缴械投降时，其伤心欲绝的程度，恐不亚于当初因古德里安将军的坦克驶入巴黎时感受到的那种国丧一般的切肤之痛。总之，从学术成就上看，伯希和固然是一个近于完美的知识理想主义者，但其作为殖民时代的产儿，终究和它有着割舍不断的血脉关系。[①] 既然殖民时代既不美好更不公正，那么对于与之关联的东方学研究具有的政治色彩，我们也完全不需为其辩护，这才不失为客观谨严的学者气度。明乎此，我们就不会再像榎一雄那样，站在与美国政界关系紧密，深具保守派意识形态色彩的中东问题专家刘易斯（B. Lewis）一边，以学术权威的口吻，厉声呵责萨义德对东方学所做的言之有据的批评和揭露。[②]

[①] 现实社会中大多数知识理想主义者会倾向于采取独善其身，远离大众，为知识而知识的态度立场，除非发生外敌入侵，一般来说他们和政治的关联相对疏远，这表现在陈寅恪、钱锺书等人的立身处世上。而像伯希和这类情况实属少见，或许王国维在俄国革命爆发后的偏激反应可以与之类比。盖王氏一向在意识形态上极端保守，故此次方才不惜主动涉足政治，千方百计想通过第三方人士游说北洋政府参加巴黎和会的外交代表，怂恿其时正欲全力解决山东问题的后者向协约国方面提议，共同出兵镇压扑灭被他目为"乱党"的苏维埃政权。其活动的成效可想而知。幸而这批信函直到 90 年代才被刊布在北京图书馆出版的《文献》期刊上，如果要是在 80 年代以前就被发现公布，那不知会造成多大的政治麻烦。

[②] 榎一雄「イスラム百科辞典の系譜」载『榎一雄著作集』第三卷、汲古書院、1993、第 390 页注释 41。原文发表于 1983 年。萨义德的学说对于眼下的中国尤富现实意义，因为后者正和众多前殖民地国度一样，在全球化的浪潮中遭受"自我东方化"的流毒侵害却犹不自知，这清晰地体现在甘肃永昌将子虚乌有的罗马城宣传得煞有其事；而历史古城中甸干脆直接更名为香格里拉，真是假做真来真亦假。

令人遗憾的是，殖民时代虽然在"二战"以后寿终正寝，但是忌惮敌视新生事物的西方国家很快又制造发动了针对社会主义国家阵营的"冷战"。冷战的长期延续致使相关学者难以接近或前往社会主义国家领土中的内陆亚洲地区进行真正意义上的学术考察，也无法指望和那里的专业同行建立起稳定而有效的学术交流机制。故西方学界对内陆亚洲地区的历史考古研究在很大程度上受到了阻碍，这就促使许多研究者只能选择前往内陆亚洲的"替代区域"以稍稍弥补这种重大缺憾。此类区域包括了本书导言所述西德学者长期工作的以兴都库什山区为中心的北巴地区，藏学家杜奇（G. Tucci）领导下的意大利考古队进行田野发掘的巴基斯坦斯瓦特等地。此外查希尔国王时期的阿富汗和伊斯兰革命之前的伊朗也成为许多专家经常涉足的国度。还有一些涉足游牧问题的西方人类学者则前往土耳其的安纳托利亚高原从事实地调研，就像艾伯华（W. Eberhard）、R. P. Lindner 和 R. Cribb 等的学术成果展示的那样。[1] 部分研究萨满教的宗教学者还因为无法前往萨满教传统最为浓郁而典型的西伯利亚等地进行田野实习，最后甚至不得不选择在东亚边缘的韩国开展工作，给人以聊胜于无之感。[2]

这种情况和那时研究中国的西方学者因为不能前往大陆，而只能满足于在我国港台和东南亚华人聚居地开展学术调研如出一辙。当然随着冷战时代的终结，年青一代的西方学者才可以较为自由地出入真正地理意义上的亚洲腹地，通过与相关国家地区的同行开展富于成效的学术合作，积极从事各项与历史学、考古学和人类学有

---

① 其中 R. Cribb 研究游牧考古的经典著作最近已有中译本行世。参见〔澳大利亚〕罗·克里布《游牧考古学——在伊朗和土耳其的田野调查》，李莎等译，郑州大学出版社，2015。

② 一个罕见的例外是，20 世纪 70 年代与北约尤其是和美国关系转冷的法国主动寻求与苏联和解，故阿马雍获得了前往外贝加尔等地进行田野考察的难得契机，最终完成了北亚萨满教研究的名著《追魂》，并在 1990 年正式出版。其篇幅之大，在同类主题个人著作中恐仅次于早年史禄国所著的《通古斯人的心智精神体系》。如此可遇而不可求的机缘当然不是其他西方国家的同行所能奢望的。

关的科学考察活动，故近二十年来，他们的此类研究成果如雨后春笋一般涌现，且其中采用英语发表的比例也越来越高。不过由于前一个"隔绝期"毕竟过于漫长，因此当时的西方研究成果尤其是直接用英语发表者在数量上就显得颇为有限，明显不如俄文和德文，尽管像塞诺在印第安纳大学建立的机构等也推出了包括译著在内的不少英文学术出版物。故中国学者如果要加深对冷战时期国外内亚研究成果的了解，那么还需重视对英语以外的学术工具的掌握运用。

冷战的结束距今已经 20 多年了，而在这最近的 20 年间，西方内亚史研究经历的最大变化应该是悄然完成了学者的代际轮换。一大批在伯希和去世前后的 20 世纪中叶步入学界的学人纷纷谢世，从 1995 年辞世的柯立夫开始，直到 2016 年猝然离去的罗依果（Igor de Rachewiltz）。逝者群体中包括了孟格斯（Karl H. Menges）、石泰安（R. A. Stein）、耶特马尔（K. Jettmar）、哈密屯（J. Hamilton）、海希西（W. Heissig）、富安敦（A. Forte）、普里察克（O. Pritsak）、德福（G. Doerfer）、毕达克（L. Petech）、巴赞（L. Bazin）、傅海波（H. Franke）、蒲立本（E. G. Pulleyblank）等著名学人。如果在这个名单中再加上同一时期逝去的西方伊朗学家和伊斯兰学家以及东欧与日本的相关同行，那么无疑还会拉得更长。本书重点评析的学者中也有两位作古于这一时段，即 2011 年和 2012 年先后去世的塞诺和乌瑞夫人，其中塞诺的去世昭示着"后伯希和时代"的彻底结束，因为他大概是伯氏弟子中在世的最后一人。如何超越学者个案以系统总结这一代人的学术成就，并梳理揭示他们与伯希和等上代学者在学问上的各种异同，目前的时机尚不能说十分成熟。这是因为他们距离我们眼下所处的时间节点稍嫌过近，许多事实恐怕只有等到历史冷却沉淀了许久之后，人们才能透视观察得较为清晰。因此，对笔者来说，对这一辈人学术地位的整体性综合评估远不像本书对伯希和、斯坦因等更早一代的学者定位得那么明快直观。

那么我们还可以对今后的西方内亚史研究做哪些概观式的展望呢？对这个问题的回答显然会是见仁见智，故下面陈述的内容仅属个人在阅读外文资料之余的一点私见，无意希求读者附和与赞同。首先，从外文成果发表的语种上看，英文所占的比例已经越来越高，尤其体现在期刊论文中，以至德、法等国的传统东方学刊物上也开始大量刊载英语论文。这反映出在全球化的趋势下，英文在相关学术界内的地位日益凸显，同时也暗示了欧陆国家的传统东方学传统也在逐渐经历"美国化"的蜕变。估计以上趋势在未来多年内还会一直延续下去，自然这对中国学界较为有利，毕竟多数中青年学者平时最熟悉的工作外语还是英语和日语，而对其他几种欧洲学术语言则相对隔膜。不过，反过来说，对于有志于终身从事内亚史研究的学者而言，德、俄、法等小语种仍然有其难以替代之处，尤其是这些国家的学者在拟推出其篇幅较长的专著时，往往还是更倾向于选择采用自己得心应手的母语来写作。

其次，在研究路数和学风方面，考据性质的成果所占的比例逐步下降，而综合运用各种社会科学理论的论著则越来越多。正如本书在评价傅礼初时所指出的，相关学风的转换从20世纪70年代以来就已出现，只是最近20年间发展得更加迅速而已。看来上述趋势以后仍会加速延续下去，同时还会带动厚今薄古，重视近代乃至转入当下的强调实用的学术风气，这对中国学者来说，或也存在有利的一面，即我们可以借此缩短在考据上和前两代西方学者之间存在的显著差距，从而改变以前那种仅仅是面受聆训的学生地位，早日迎来在学术上足以"师夷长技以制夷"的那一天。实现后来居上的前提则是我们在考据方法上能够把中国传统史学的优长和西方比较语言学的精华有机完美地整合为一体。故伯希和等人的成果仍具有不可取代的正面示范效果。此外，我们在吃透各种考据治史方法的同时，也不能漠视对各种社会科学理论的了解和学习，在后一方面贡献良多的傅礼初为学界做出了另一种值得遵循的表率。[1] 总之，

---

[1] 当下较为年轻一代的国内民族史工作者普遍表现出对民族学－人类学理论的了解及应用兴趣，希望在不久的将来，这批学人中也能够涌现出像王明珂那样有思维穿透力和深远影响力的历史人类学者。

只要我国学人能够切实做到眼界自信与考据自信，那么逐渐在内亚史研究的整体水平上接近甚至达到国际前沿水准并非没有可能。

此外，以国内的相关研究而言，如何更为快捷有效地追踪国外学界的最新研究进展并与之保持同步自然极为重要。令人欣慰的是，随着国家经济的飞速发展，以前突出困扰学界的图书馆因经费限制购置外文专业图书数量不足的老大难问题，如今已经在相当程度上得到了缓解。试以当前国家图书馆每年购入外文书的数量来看，较之二三十年前，显见增长得十分迅速。可惜大概因为缺乏专业引导，即使像国家图书馆这样的大型藏书机构，依然存在书多刊少的短项，即每年订阅的东方学专业期刊的种类尚十分有限，无以满足专业读者的查阅需求。而时下最感急需的莫过于编撰一部内容相对完整的内亚研究书目指南，以尽可能地全面收录西方各主要国家在"二战"以后出版的相关专著（含各种形式的论文集）信息，如此甚便专业人士特别是那些正在撰写学位论文的年轻研究生参考利用。关于国内学界与国外同行进行密切交流的重要性更是毋庸置疑，唯有关情况不宜由笔者这种从未有过出国经历的人来归纳。

最后，在对外学术交流过程中，国内的相应机构和部门也应严格依照法律，注重对国家权益的自觉维护，切忌不可让前述张承志控诉的历史悲剧再度上演。堪为教训的是，20 世纪末瑞士人鲍默（Ch. Baumer）利用中国对外开放之机，居然在当地向导的指引下潜入新疆沙漠腹地的古代遗址，私自进行发掘并采集文物，还险些带走其非法获得的相关物品，真是让人感觉"一夜回到解放前"。可是后来我们的学者在专业学术期刊上发表书评介绍鲍默的考古活动时，也许是为外人讳，就对此类严重侵害国家主权的行为只语未提，更未进行任何道义上的谴责。以笔者私见，这种做法或有可商，因为学者的远离政治，潜心治学并不等于他要自动放弃其本应承担的社会责任，何况此事关乎国家主权。事实上早有学者直言不讳地指出，国内的许多新发现，往往是先对国外同行开放，慷慨准许其使用材料，却对本国同行设置了种种限制和障碍，如此不平等的待遇差别业已在很大程度上妨害了中国学术的健康发展。[①] 看来当初社科院考古所的老所长夏鼐在考古开放与合作等问题上的老成持重立场，恰恰有其先见之明，绝不能轻易贬之为封闭保守，对抗时代潮流。[②] 至于萨义德对东方学政治性的揭露批判，就更值得中国学界在"自我东方化"思潮尘嚣直上的当下反复吟味，认真思量。[③]

[①] 水涛：《中外文明比较中的方法论问题》，《中原文物》2000 年第 1 期。

[②] 对夏鼐为人治学的不同评价分别参见 Enzheng Tong, "Thirty Years of Chinese Archaeology (1949 - 1979)", in. P. L. Kohl ed. *Nationalism*, *Politics*, *and the Practice of Archaeology*, Cambridge Univ. Press, 1995；pp. 189 - 190, 195 - 196. 姜伯勤：《敦煌吐鲁番文书与丝绸之路》，文物出版社，1994，"缘起"。笔者完全认同姜先生的观点。

[③] 时下国内知识界对之进行的最为犀利深刻的批评当数张承志《世界与我们的学术》，《回族研究》2011 年第 4 期。张氏唯其独有的身为北大考古专业毕业生与伯希和再传弟子的罕见双重教育经历使得他对殖民主义及其遗产的省思展现出他人难以企及的知识深度和思想高度。

图书在版编目（CIP）数据

重释内亚史：以研究方法论的检视为中心／钟焓著
. -- 北京：社会科学文献出版社，2017.10（2019.12 重印）
ISBN 978 - 7 - 5201 - 1516 - 2

Ⅰ. ①重…　Ⅱ. ①钟…　Ⅲ. ①亚洲 - 历史 - 研究
Ⅳ. ①K300.07

中国版本图书馆 CIP 数据核字（2017）第 244508 号

重释内亚史
——以研究方法论的检视为中心

著　　者／钟　焓

出 版 人／谢寿光
项目统筹／郑庆寰
责任编辑／王　展　郑庆寰

出　　版／社会科学文献出版社·皮书出版分社（010）59367127
　　　　　地址：北京市北三环中路甲 29 号院华龙大厦　邮编：100029
　　　　　网址：www.ssap.com.cn
发　　行／市场营销中心（010）59367081　59367083
印　　装／北京盛通印刷股份有限公司

规　　格／开　本：787mm × 1092mm　1/16
　　　　　印　张：24.5　字　数：335 千字
版　　次／2017 年 10 月第 1 版　2019 年 12 月第 2 次印刷
书　　号／ISBN 978 - 7 - 5201 - 1516 - 2
定　　价／68.80 元

本书如有印装质量问题，请与读者服务中心（010 - 59367028）联系